Bodensee
Oberschwaben

VERLAG KARL BAEDEKER

Die wichtigsten Reiseziele

** Top-Reiseziele – auf keinen Fall versäumen!

Bad Buchau.......... 77	Uhldingen-Mühlhofen
Bad Schussenried	Birnau........... 217
Kirche Steinhausen.. 84	Weingarten........ 226
Friedrichshafen..... 112	
Konstanz.......... 129	
Lindau 155	
Mainau........... 162	
Meersburg 166	
Reichenau......... 179	
Riedlingen	
Zwiefalten........ 188	
Obermarchtal 189	
Singen	
Hohentwiel....... 196	
St. Gallen 197	

Kirche Birnau ▶ S. 218

* Herausragende Reiseziele – möglichst besuchen!

Bad Saulgau 80
Bad Wurzach 90
Biberach 94
Bregenz. 103
Dornbirn 109
Hegau 120
Höri 122
Kressbronn 141
Kreuzlingen 143
Langenargen. 148
Liechtenstein 149
Radolfzell 173
Ravensburg. 174
Rorschach. 192
Stein am Rhein 206
Überlingen 209
Wangen im Allgäu . . 223

Der malerische Obermarkt in Konstanz ▶ S. 135

Lindau mit seinem beeindruckenden Hafen ▶ S. 156 / 157

Inhalt

Natur, Kultur, Geschichte

Seite 12 – 67

Landschaftsbild am Überlinger See ▶ S. 15

Zahlen und Fakten
Allgemeines	12
Naturraum	14
Pflanzen und Tiere	22
Bevölkerung	25
Wirtschaft	26

Geschichte 32

Berühmte Persönlichkeiten 42
Baedeker SPECIAL "Sanfte Zauberfluth" 46

Kunst und Kultur 52
Kunstgeschichte	52
Baedeker SPECIAL Malende Mönche	54
Bildung und Wissenschaft	66

Reiseziele von A bis Z

Seite 68 – 229

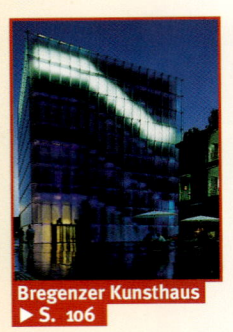

Bregenzer Kunsthaus ▶ S. 106

Routenvorschläge 70

Arbon	76
Bad Buchau	77
Bad Saulgau	80
Bad Schussenried	83
Bad Waldsee	87
Bad Wurzach	90
Biberach	94
Bodman-Ludwigshafen	101
Bregenz	103
Dornbirn	109
Friedrichshafen	112
Baedeker SPECIAL Giganten am Himmel	116
Hegau	120
Höri	122
Baedeker SPECIAL Künstler auf der Höri	124
Immenstaad	128

Konstanz	129
Baedeker SPECIAL Pythia vom Bodensee	139
Kressbronn	141
Kreuzlingen	143
Langenargen	148
Liechtenstein	149
Lindau	155
Mainau	162
Meersburg	166
Radolfzell	173
Ravensburg	174
Reichenau	179
Riedlingen	185
Romanshorn	191
Rorschach	192
Singen	195
St. Gallen	197
Steckborn	204
Stein am Rhein	206
Stockach	208
Überlingen	209
Uhldingen-Mühlhofen	214
Baedeker SPECIAL Wohnen auf Pfählen	216
Wangen im Allgäu	223
Weingarten	226

Tulpenblüte auf der Mainau ▶ S. 163

Anreise	232
Auskunft	233
Autohilfe	238
Badeseen	238
Bahnverkehr	239
Behindertenhilfe	239
Busverkehr	240
Camping	240
Einkaufen und Souvenirs	242
Essen und Trinken	243
Feiertage	244

Praktische Informationen von A bis Z

Seite 230 – 291

Ferien auf dem Bauernhof	244
Ferienwohnungen	245
Flugsport	245
Geld	246
Golf	247
Heilbäder	247
Hotels	248
Internet	258
Jugendherbergen	258
Karten	259
Literaturempfehlungen	260
Mietwagen	262
Museumseisenbahnen	262
Notdienste	263
Post	264
Radwandern	264
Reisedokumente	266
Reisezeit	266
Restaurants	267
Baedeker SPECIAL Felchen, Knöpfle und Seewein	272
Schifffahrt	277
Sport	280
Sportschifffahrt	281
Telefon	282
Tierparks	282
Touristenkarten	283
Veranstaltungskalender	284
Baedeker SPECIAL Die fünfte Jahreszeit	286
Verkehrsbestimmungen	288
Wandern	289
Wassersport	289
Zollbestimmungen	290

Gottlieben: Hotel Waaghaus ▶ S. 251

"Schwedenschenke" auf der Mainau ▶ S. 271

Kleines Bodensee-Lexikon	292
Register	294
Verzeichnis der Karten und grafischen Darstellungen	298
Bildnachweis	299
Impressum	300

Schiffsverkehr im Lindauer Hafen ▶ S. 277

See-Zauber –

Imperia
Die Statue einer Kurtisane am Hafen von Konstanz

Vom Zauber des Bodensees beseelt, schrieb Annette von Droste Hülshoff die Verse: "Mir ist er gar ein trauter Freund/Der mit mir lächelt, mit mir weint/Ist wenn er grünlich golden ruht/Mir eine sanfte Zauberfluth..." Ob im glitzerndem Sonnenschein oder bei aufsteigenden Nebelschwaden, der Bodensee ist als drittgrößtes Binnengewässer Europas allemal faszinierend nicht zuletzt durch seine reizvolle Einbettung in die lieblich fruchtbare Voralpenlandschaft, hinter der die Kette der verschneiten Alpengipfel aufragt.

Rebhänge bei Meersburg, Gemüsefelder auf der Reichenau, Obstplantagen bei Immenstaad prägen das Landschaftsbild ebenso wie die alten Bäume und Blumenrabatten auf der Insel Mainau oder die Waldgebiete auf dem Bodanrück mit der steilen Marienschlucht. Die gepflegten Uferpartien laden zum Spazierengehen oder Rad wandern ein. Oder wie wär's mit Tretboot fahren in Überlingen oder gar einem Segeltörn vor Lindau? Abheben kann man mit dem Zeppelin oder geruhsam mit einem Ausflugsdampfer das pittoreske Panorama genießen. Arien vor nächtlicher Seekulisse bieten die Bregenzer Festspiele und beim Konstanzer Seenachtsfest erhellt prachtvoller Feuerzauber den

Meersburg
die meistbesuchte Stadt am Bodensee

Abendstimmung
in Sipplingen

Barock-Himmel

Nachthimmel. Ungestüm, scheppernd und prasselnd ziehen Eckhexe, Blätzlesnarr und Hansele während der schwäbisch-alemannischen Fasnet durch die Altstadtgassen. Für Kulturbegeisterte gibt's Entdeckungsreisen in die Stein- und Bronzezeit im Pfahlbaudorf von Unteruhldingen, zu den Mönchen ins Mittelalter in den ehemaligen Klöstern der Reichenau, St. Gallen und Salem, zum spätmittelalterlichen Bischofssitz und Konzilsort Konstanz, zur trutzigen Meersburg oder in die mauerumwehrten Altstädte von Ravensburg und Wangen. Himmelan gerissen wird das Herz dagegen durch die barocken Rauminszenierungen, ob in der Birnauer oder Steinhausener Wallfahrtskirche oder in den einstigen Klosterkirchen Weingarten und Zwiefalten, wo das Auge vor Höllenängsten schaudert und lustvoll im Paradies spazieren geht. Von rauschenden Himmelsfesten geleiten die neckischen Putti zur irdischen Tafel, die in zahlreichen historischen Gasthäusern bereitet wird, wo Seeweine, Kretzer, Felchen und Knöpfle, Reichenauer Gemüse und Tettnanger Spargel den Gaumen der Gäste verwöhnen.

Fasnet
Bodensee und Oberschwaben sind Hochburgen der Narren.

Lindau
An der Hafenpromenade herrscht immer reges Leben.

9

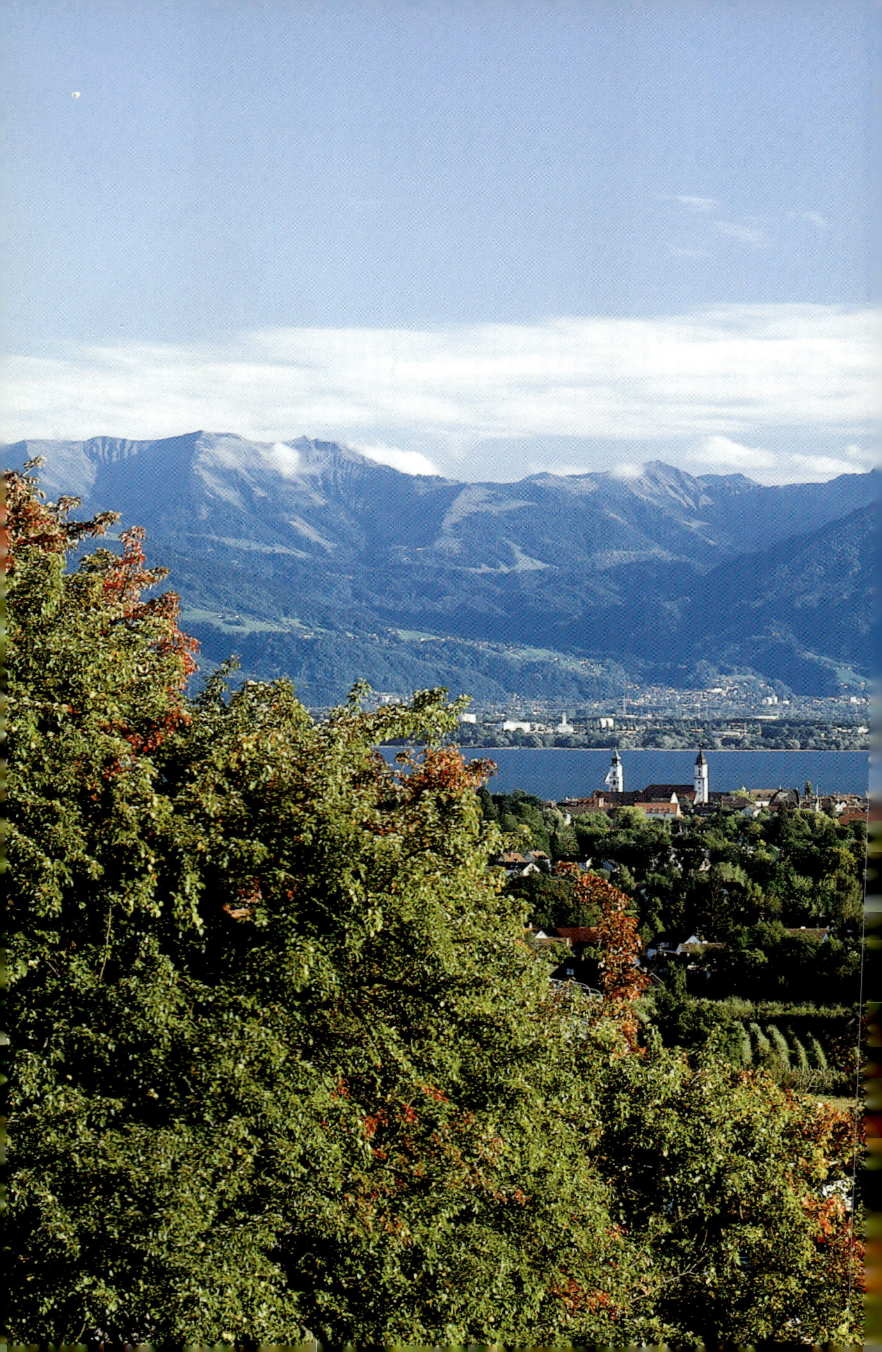

Natur, Kultur, Geschichte

Zahlen und Fakten

Allgemeines

Lage

Der in diesem Reiseführer beschriebene Bodenseeraum umfasst den südlichsten Teil des deutschen Bundeslandes Baden-Württemberg, den südwestlichen Zipfel des Bundeslandes Bayern, schließt aber grenzüberschreitend den österreichischen Seeufersaum des Bundeslandes Vorarlberg, das Alpenrheintal mit dem Fürstentum Liechtenstein sowie die schweizerische Bodenseeregion der Kantone Thurgau und St. Gallen mit ein. In seinem deutschen Teil

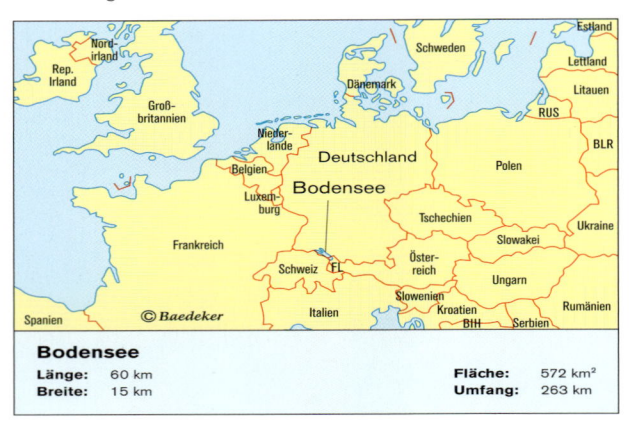

Bodensee
Länge:	60 km	Fläche:	572 km²
Breite:	15 km	Umfang:	263 km

zählt der Bodenseeraum gleichzeitig zum größeren Oberschwaben. Dieser historische Raumbegriff zielt auf das Land südlich von Donau und Schwäbischer Alb, im Westen begrenzt durch den Hegau mit seinen Vulkanbergen, im Osten heute bis zur baden-württembergisch-bayerischen Grenze reichend, obwohl ursprünglich der Lech die Grenzlinie bildete.

Fläche

Der Bodensee selbst, anteilig Deutschlands bei weitem größter Binnensee (572 km²), steht nach dem ungarischen Plattensee (591 km²) und dem Genfer See (582 km²) an dritter Stelle in der Rangfolge der ausgedehntesten Seen Mitteleuropas und an zweiter Stelle der Alpenrandseen. Er gliedert sich, von Südosten nach Nordwesten verlaufend, in den Obersee, das sich von der Bregenzer Bucht bis zum

◀ Bei Lindau bietet sich eine herrliche Aussicht auf das gegenüber liegende Schweizer Bodenseeufer.

Fläche (Fortsetzung)

Konstanzer Eichhorn erstreckende große und tiefe Hauptbecken, sowie die beiden wesentlich schmäleren, kürzeren und viel weniger tiefen Zweigbecken von Überlinger See zwischen Bodanrück und Linzgau und Untersee, der vom Hauptbecken durch eine bei Konstanz vom Rhein durchschnittene Landbrücke getrennt ist und in seinem nördlichen Teil den Gnadensee zwischen der Insel Reichenau und dem Bodanrück sowie den Zeller See in der Bucht von Radolfzell zwischen den Halbinseln Höri und Mettnau ausbildet.

Namensherkunft

Im Altertum bezeichnete man den Bodensee lateinisch als Lacus Brigantinus, als Bregenzer See. Im frühen Mittelalter tauchten die Benennungen Lacus Acronius oder Lacus Moesius, auf deutsch Kostnizer See bzw. Konstanzer See, auf. Seit der Karolingerzeit waren die Bezeichnungen Podmensee, Bodmensee, Bodamer See und Bodmer See üblich nach der bedeutenden Pfalz Potoma = Bodema bzw. Bodman.
Um 900 wurden diese Namen im Kloster St. Gallen als Lacus Podamicus bzw. Lacus Potamicus latinisiert. Wolfram von Eschenbach erwähnte Bodemsê um das Jahr 1200. Der erste bekannte Beleg für die heute übliche Bezeichnung Bodensee stammt aus einer St. Gallener Urkunde von 1438. Den auswärtigen Teilnehmern des Konstanzer Konzils (1414 – 1418) waren diese Bezeichnungen zu kompliziert. In der englischen, französischen und italienischen Sprache heißt der Bodensee deshalb nach dem Konzilsort Lake Constance, Lac de Constance und Lago di Costanza.

Wissenswerte Daten

Zwischen Bregenz und Stein am Rhein beträgt die Seelänge 76 km, zwischen Bregenz und Stockacher Aach-Mündung 63 km, zwischen Bregenz und Konstanz 46 km. Die größte Seebreite liegt zwischen Kressbronn und Rorschach mit 14,8 km. Der Seeumfang entlang der Uferlinie bei mittlerem Wasserstand beläuft sich auf 273 km, davon 177 km auf deutschem (155 km in Baden-Württemberg, 18 km in Bayern), 69 km auf schweizerischem und 27 km auf österreichischem Territorium. Die größte Seewassertiefe wurde im Tiefen Schweb des Obersees zwischen Fischbach und Uttwil mit 254 m ausgelotet, im Untersee mit 46,40 m, im Zeller See mit 26 m und im Gnadensee mit 22 m.

Staatsgrenzen im Bodensee

Der Verlauf der Staatsgrenzen im Bodensee zwischen den drei Anrainern Bundesrepublik Deutschland, Schweiz und Österreich ist weithin unbestimmt. Nach unverbindlichen Schätzungen gehören 55 % der Wasserflächenanteile zu Deutschland, 34 % zur Schweiz und 11 % zu Österreich. Im Sinn einer Realteilung wurde lediglich für den Untersee in einem 1854 zwischen dem Großherzogtum Baden und dem Kanton Thurgau geschlossenen Vertrag die Grenze auf die Längsmittellinie dieses Seebeckens festgelegt. Der auf drei Seiten von deutschem Territorium begrenzte Überlinger See gehört bis zur Linie Meersburg – Eichhorn (Konstanz) zum deutschen Bundesland Baden-Württemberg. Im Obersee ist der Grenzverlauf nur für den Bereich des Konstanzer Trichters etwa in der Längsmitte der Konstanzer Bucht durch eine badisch-schweizerische Vereinbarung fixiert.

Realteilung oder Kondominium

Für den gesamten restlichen Obersee fehlt ein völkerrechtlich verbindliches Abkommen über die Gebietshoheit. Die Frage, ob er ein

Allgemeines

Allgemeines (Fortsetzung)

internationales Gewässer (Kondominium) darstelle oder auf die Uferstaaten aufgeteilt sei (Realteilung), ist offen. Baden-Württemberg und die Schweiz plädieren für die Realteilung, der Freistaat Bayern hingegen für das Kondominium. Österreich vertritt die Haldentheorie, wobei die Halde (ein ufernaher Streifen mit maximal 25 m Wassertiefe bei mittlerem Wasserstand) als Staatsgebiet des Anrainers gilt, der Rest als Kondominium aller Seeuferstaaten. Seit dem Ende des Ersten Weltkrieges wird jedoch meist in allseitig stillschweigender Duldung ein aus der Praxis erwachsener Grenzverlauf angenommen, wie er z. B. im Schifffahrtsübereinkommen geregelt ist.

Naturraum

Bodenseeraum

Der Bodenseeraum ist Teil des nördlichen Alpenvorlandes, das vom Genfer See im Westen bis zum Wiener Becken im Osten reicht. Die Entwicklungsgeschichte dieses Großraumes ist aufs engste mit jener der Alpen verbunden, die nicht nur das Werden der Landschaft, das Klima und die Vegetation des Alpenvorlandes beeinflusst haben, sondern auch dessen Besiedlung und wirtschaftliche Entwicklung.

Die Nordgrenze des Bodenseeraumes markiert die Donau, die Ostgrenze der Donauzufluss Iller. Die Südgrenze bildet eine Linie, die den Flussläufen der Thur und der Sitter bis zum Alpenrhein folgt. Die Westgrenze schließlich markieren der Rheinfall von Schaffhausen und die Hegau-Vulkankegel.

Herausragender Eckpunkt des Bodenseeraumes im Norden ist der 767 m hohe Bussen bei Riedlingen, Oberschwabens "heiliger Berg". Im Südosten, bei Isny, ist die Adelegg mit dem 1118 m hohen Schwarzen Grat eine nach Norden weit vorgeschobene Bastion der Voralpen. Im Süden des Bodenseeraumes erhebt sich das Alpstein-Massiv mit dem 2502 m hohen Säntis als prägnante Felsenburg, und ganz im Westen gewahrt man die Hegau-Vulkane als "des Herrgotts Kegelspiel".

Erdgeschichte

Während der Tertiärzeit, die vor etwa 70 Mio. Jahren begann und vor rund 2 Mio. Jahren endete, wurden die Alpen aufgefaltet. Gesteinsschichten, die zuvor mehr oder weniger flach lagerten, wurden infolge plattentektonischer Bewegungen zusammengeschoben und emporgehoben. Während sich die Alpen heraushoben, entstand weiter nördlich, d. h. zwischen Schwäbischer Alb und Alpen, ein tiefer Trog, der zeitweise ein Randmeer des damaligen Mittelmeeres und zeitweise ein riesiger Süßwassersee war. Dieser Trog wurde wechselweise mit Meeresablagerungen sowie Fluss- und Seeablagerungen aufgefüllt.

Im Spättertiär kam es nördlich und nordwestlich des heutigen Bodensees zu heftigem Vulkanismus, an den heute noch die Vulkanberge des Hegaus erinnern. Ebenfalls im späten Tertiär schlugen größere Steinmeteoriten auf die Erdoberfläche. Dabei wurde nicht nur der Krater des Nördlinger Rieses ausgesprengt, sondern wahrscheinlich auch das eigentliche Bodenseebecken, wie entsprechen-

Der Rheingletscher der Riß- und Würmeiszeit hat das Landschaftsbild des Bodenseeraums entscheidend geprägt.

de geologische Befunde im Raum St. Gallen nahe legen. Auf jeden Fall erfolgte am Ende der Tertiärzeit eine tektonische Absenkung im Bodenseeraum. Während des letzten Eiszeitalters, das vor ca. 720 000 Jahren begann und erst vor rund 10 000 Jahren zu Ende ging, stießen mehrmals mächtige Gletscherströme von den Alpen kommend mehr oder weniger weit nach Norden vor. Im süddeutschen Alpenvorland unterscheidet man vier Eiszeiten, die nach den Flüssen Günz, Mindel, Riß und Würm benannt sind. Das heutige Landschaftsbild des Bodenseeraumes haben vor allem die beiden letzten Kaltzeiten, die Riß- und die Würmeiszeit, nachhaltig geprägt. In der Rißeiszeit stieß der Rheingletscher gar bis zum Südrand der Schwäbischen Alb vor, wie man an mehreren Stellen sehen kann.

Auf seinem Weg von den Alpen zur Alb lagerte der rißeiszeitliche Rheingletscher enorme Mengen Schutt, Geröll, Sand und Lehm ab, die man als Moränen bezeichnet. Nach dem Abtauen des Eises der Rißkaltzeit blieben diese Moränen als Höhenzüge liegen. Nicht mehr ganz so weit nach Norden ist der würmeiszeitliche Rheingletscher vorgestoßen. Allerdings hat er zumindest bis zu einer Linie Pfullendorf–Bad Schussenried–Bad Waldsee die rißeiszeitliche Moränenlandschaft überformt und beispielsweise nördlich von Ravensburg einen mächtigen Moränenwall hinterlassen.

Heute kann man in Oberschwaben gut zwischen der eher flachwelligen rißeiszeitlichen Altmoränenlandschaft im Norden und der lebhaft-hügeligen Jungmoränenlandschaft im Süden bzw. im Bereich des Bodenseebeckens unterscheiden. Der Vorläufer des heutigen Bodensees war wesentlich größer. Nach Norden erstreckte er

Erdgeschichte (Fortsetzung)

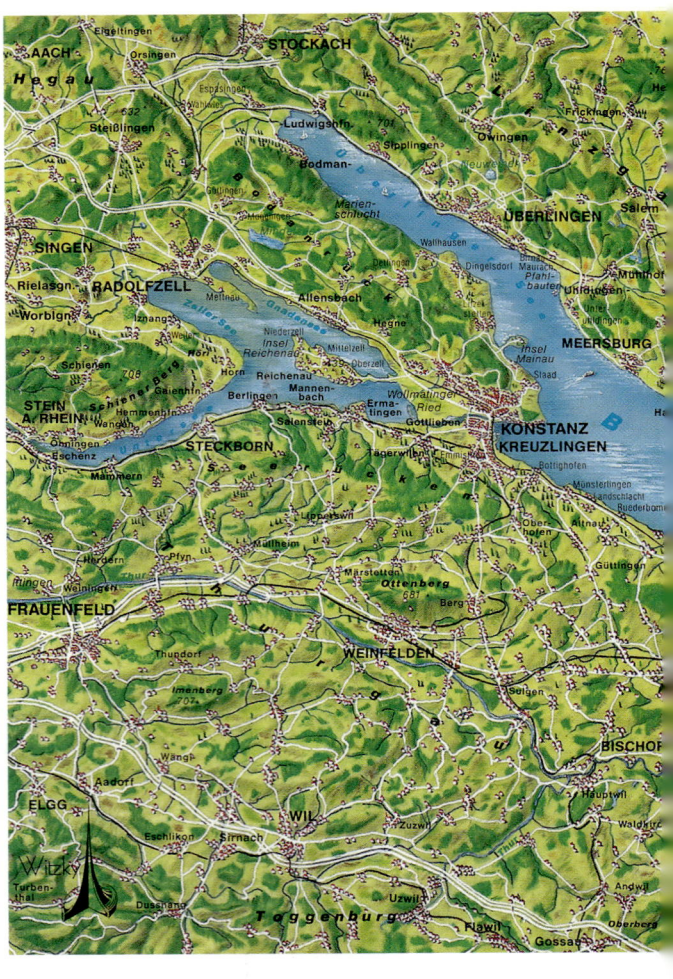

Erdgeschichte sich ins Schussental bis zum Moränenwall nördlich von Ravens-
(Fortsetzung) burg, und im Süden nahm er wie ein Fjord das Tal des Alpenrheins
bis in den Raum Chur ein. Mit einem Seitenarm hatte er Verbindung mit dem Walensee und dem Zürichsee.

Landschaftliche Gliederung

Bodensee Der nach dem Genfer See zweitgrößte Alpenrandsee liegt in einer klimatisch begünstigten und wohl durch Meteoriteneinschlag vorgezeichneten tektonischen Senke. Die eiszeitlichen Gletscher haben ein bis zu 400 m tiefes Zungenbecken ausgehobelt, das später jedoch von den Zuflüssen wieder mit Schutt, Kies, Sand und Lehm teilweise aufgefüllt worden ist. Der 46 km lange, bis 14,8 km breite und bis 252 m tiefe Obersee reicht von Bregenz bis Konstanz. Zwischen Konstanz und Meersburg zweigt westlich der schmälere, geradezu fjordähnliche Überlinger See ab, der etwa 20 km lang, 2 bis 4 km breit und bis zu 147 m tief ist. Durch eine bei Konstanz vom Rhein durchschnittene Landbrücke ist der reich gegliederte Untersee vom Hauptbecken getrennt. Der Untersee wird durch den Schiener Berg, die Halbinsel Höri und die schmale Landzunge der Mettnau bei Radolfzell fingerförmig in den Gnadensee, den Zeller See

Bodensee
(Fortsetzung)

Naturraum

Bodensee (Fortsetzung)

und den eigentlichen Untersee gegliedert. Der Spiegel des Bodensees liegt bei mittlerem Wasserstand bei 395 m ü. d. M. Der Wasserstand schwankt zwischen sommerlichem Höchststand und spätwinterlichem Niedrigstand um rund 2 m. Auf Grund der Erdwölbung ist natürlich auch der Seespiegel gewölbt. Aus diesem Grund kann man auch nicht von Lindau nach Konstanz sehen, denn der "Wasserberg" erreicht auf dieser ca. 45 km langen Distanz eine Höhe von rund 41 m.

Die mit 254 m tiefste Stelle des Sees liegt zwischen Fischbach und Uttwil. Pro Sekunde fließen durchschnittlich 320 bis 380 m^3 Wasser in den See, etwa zwei Drittel dieser Menge führt allein der Alpenrhein zu. Mit einem Volumen von fast 50 km^3 ist er Mitteleuropas größter Trinkwasserspeicher. Bodenseewasser wird heute zur Versorgung der Bevölkerung bis in den Raum Stuttgart gepumpt.

In allen drei Becken des Bodensees gibt es je eine Insel: Lindau am östlichen Ende des Obersees, die Blumeninsel Mainau am Eingang zum Überlinger See und die Gemüseinsel Reichenau inmitten des Untersees.

Hegau

Das westliche Hinterland des Bodensees ist der Hegau, dessen Landschaftsbild von tertiärzeitlichen Vulkankegeln geprägt ist. Die beiden bekanntesten sind der 689 m hohe Hohentwiel bei Singen und der weiter nördlich 644 m aufragende Hohenkrähen.

Der Hegau vermittelt zwischen dem Bodenseeraum, dem Hochrheingebiet, dem Schwarzwald, der Baar und der Südwestalb. Im östlichen Hegau befindet sich Deutschlands stärkste Quelle, der Aachtopf. In jeder Sekunde dringen aus dieser Quelle durchschnittlich 8500 l (bei Hochwasser bis 24 000 l) Wasser aus dem stark verkarsteten Untergrund und Einzugsbereich der jungen Donau an die Oberfläche.

Linzgau

Das seenahe nordwestliche Hinterland des Bodensees bildet der Linzgau, ein klimatisch begünstigtes und von etlichen kleineren Flussläufen durchzogenes Jungmoränenhügelland, das im 833 m hohen Höchsten gipfelt. Wälder, Felder, Obstkulturen und Streusiedlungen sind charakteristisch für diese Landschaft.

Oberschwaben

Der größte Teil des nördlichen Bodensee-Hinterlandes wird unter dem Begriff Oberschwaben zusammengefasst. Gemeint ist damit die hügelige, noch stark landwirtschaftlich geprägte Jung- und Altmoränenlandschaft zwischen dem Bodenseebecken und der Donau. Ihre Ostgrenze markiert die Iller.

Jungmoränenhügelland

Nordwärts bis etwa in Höhe einer Linie Pfullendorf – Bad Schussenried – Bad Waldsee erstreckt sich das erst während und nach der letzten Eiszeit entstandene Jungmoränenhügelland mit seinem bewegten Relief. Ganze Girlanden von Moränenwällen, Sand- und Kiesterrassen sowie heute von Seen, Mooren und Riedflächen ausgefüllte ehemalige Gletscherzungenbecken und -stauseen prägen das Landschaftsbild.

An vielen Stellen liegen so genannte Findlinge, d. h. mehr oder weniger mächtige Gesteinsbrocken, die von den eiszeitlichen Gletschern aus den Alpen ins Vorland verfrachtet worden sind. Hier gibt es noch viel Wald und ausgedehnte Feuchtgebiete wie beispielsweise das Pfrunger Ried und das Wurzacher Ried sowie zahllose kleinere Seen.

Altmoränenland

Nördlich der Linie Pfullendorf – Bad Schussenried – Bad Waldsee, bis zur Donau, wird die Landschaft flacher und eintöniger. Hier breiten sich die Sand- und Schotterflächen, Moränen und Seen der Rißeiszeit aus. Schon in früher Zeit wurde hier Ackerbau betrieben. Trotzdem gibt es auch hier größere Waldgebiete, so beispielsweise den Wagenhart zwischen Ostrach und Bad Saulgau.

Allgäu

Südöstlich einer Linie Ravensburg – Bad Wurzach erstreckt sich das Allgäu als landschaftlich abwechslungsreichster Teil des Alpenvorlandes. Auch hier sind die Spuren der letzten Eiszeit noch frisch erhalten. Außerdem sind die Vorberge des Hochgebirges bereits von der Alpenfaltung erfasst und entsprechend hoch herausgehoben. Die vielen und wasserreichen Flüsse und Bäche haben hier tiefe Kerbtäler, Tobel und Schluchten gegraben.

Sanft breitet sich die noch stark landwirtschaftlich geprägte Hügellandschaft Oberschwabens aus – hier bei Bad Wurzach.

Bregenzer Wald

Südöstlich vom Bodensee erheben sich die hohen Berge des Bregenzer Waldes, dessen nordwestlichste Bastion der 1064 m hohe Pfänder bei Bregenz ist. Hier befindet man sich bereits mitten in der stark gefalteten Vorbergzone der Alpen.

Rheintal (Alpenrhein)

Zwischen den Bergen des Bregenzer Waldes im Osten und dem schweizerischen Alpsteinmassiv im Westen weitet sich das breite und relativ dicht besiedelte Tal des Alpenrheins, durch das einstmals der eiszeitliche Rheingletscher nach Norden vorstieß. Mit ungeheuren Mengen Sand und Schotter hat der Rhein inzwischen sein Tal aufgefüllt und ist im Begriff, ein mächtiges Delta in den südöstlichen Bodensee vorzuschieben.

Naturraum

Appenzeller Land
Westlich des Alpenrheins erheben sich die landschaftlich mit dem Allgäu vergleichbaren Balkone des auch heute noch stark von der Weidewirtschaft geprägten Appenzeller Landes. Beherrscht wird diese Landschaft von der mächtigen Felsenburg des Alpsteinmassivs mit dem 2502 m hohen Säntis als dem höchsten und imposantesten Aussichtsberg des gesamten Bodenseeraumes.

St. Galler Land, Thurgau
Nordwestlich vom Rorschacherberg erstreckt sich das Alpenvorland der Nordostschweiz mit dem stark industrialisierten städtischen Verdichtungsraum St. Gallen – Rorschach – Arbon. Im klimatisch begünstigten Hinterland des Thurgauer Bodenseeufers wird noch viel Obstbau, vereinzelt sogar Weinbau betrieben, was der Gegend zu dem Beinamen "Mostindien" verholfen hat.

Seerücken
Zwischen dem Tal der Thur und dem Untersee wölbt sich der als Wander- und Radlerrevier geschätzte Seerücken bis 612 m auf. Im Gegensatz zum nahen Bodenseeufer ist es hier oben oftmals empfindlich kühl. Auch breiten sich hier noch einige größere Waldungen aus.

Seerhein
Kurz vor dem schweizerischen Bilderbuchstädtchen Stein am Rhein fließt der Rhein wieder aus dem Bodensee und fließt in einem geologisch noch recht jungen Tal in nordwestlicher Richtung. Bei Schaffhausen stürzt er – quasi an der Nahtstelle von Schweizer und Schwäbischem Jura – über eine recht widerständige Kalksteintreppe in die Tiefe, um daraufhin als Hochrhein am Südrand von Hotzenwald und Schwarzwald weiterzufließen.

Bodenschätze

Sand und Kies
Wer von Ulm aus durch die Region Oberschwaben fährt, dem fallen sofort die vielen Sand- und Kiesgruben ins Auge. Die Sand- und Kiesvorkommen in den Talauen und Flussterrassen Oberschwabens sowie des Alpenrheintals werden von der Bauwirtschaft gewonnen und verarbeitet, beispielsweise als Betonzuschlagstoffe und Straßenbaumaterial.

Tone
An mehreren Stellen im oberschwäbischen Alpenvorland können Tonvorkommen als Rohstoffe für Ziegeleien ausgebeutet werden.

Moor
Einige oberschwäbische Kurorte verdanken ihre Existenz den nahe gelegenen Mooren. Das dunkelbraun-schwärzliche und feuchte Material wird als heilkräftiger Zusatz in Moorbädern gegen verschiedene Krankheiten verwendet.

Erdöl und Erdgas
Nach dem Zweiten Weltkrieg wurden auch in Oberschwaben Erdöl- und Erdgasexplorationen vorgenommen. Bei Tiefbohrungen ist man dann in den Juraschichten und auch in den Sandsteinen des Keupers auf Erdöl und Erdgas gestoßen. Ab den späten 1950er-Jahren bis in die 1990er-Jahre hinein förderte man an mehreren Stellen diese Bodenschätze. Einige der seinerzeit leer gepumpten Lagerstätten, so beispielsweise bei Wilhelmsdorf, werden heute als unterirdische Gasspeicher genutzt, in die Fremdgas (u. a. aus Russland) eingepresst wird.

Im Molassebecken zwischen der Schwäbischen Alb und den Alpen **Thermalwasser** tauchen die Wasser führenden Gesteinsschichten der Jurazeit tief unter mächtige tertiäre Sedimente ab. Daher ist der Oberjuragrundwasserleiter von Thermalwasser erfüllt, dessen Temperatur bis auf über 80 °C ansteigt. Auch in den darüber liegenden Sandsteinschichten des Molassetroges zirkuliert bis zu 35 °C warmes Thermalwasser. Diese Wässer sind heute an mehreren Stellen für Kurzwecke sowie zur Gewinnung von Wärmeenergie erschlossen, so in Aulendorf, Bad Buchau, Bad Waldsee, Bad Wurzach und Bad Saulgau. Auch in Konstanz, Meersburg und Überlingen verspricht man sich einiges von der Thermalwassernutzung.

Klima

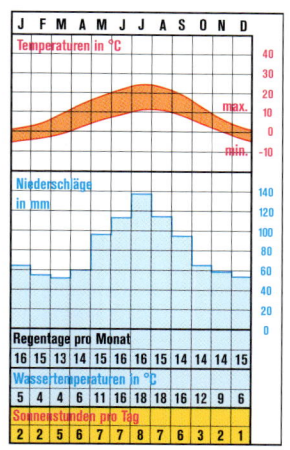

Friedrichshafen

Die Landschaft rund um den Bodensee gehört zu den Gegenden in Deutschland, in denen ein besonders mildes Klima herrscht. Je weiter man sich allerdings vom See entfernt, desto rauer wird es. Die südliche und relativ tiefe Lage des Seebeckens führt zur Ausprägung eines sehr gemäßigten regionalen Klimas, in dem der Frühling schon sehr zeitig einsetzt und sich der Herbst meist erst relativ spät bemerkbar macht. Das günstige Seeklima ermöglicht gartenbauliche Sonderkulturen (Obst, Gemüse, Wein) in größerem Stil und lässt auf der Insel Mainau sogar eine mediterrane Vegetation gedeihen. **Klimacharakter**

Im Bodenseeraum sind die Temperaturschwankungen weniger stark als in den meisten anderen Gebieten Süddeutschlands. Der Grund dafür ist die Temperaturen ausgleichende Wirkung des großen Wasserspeichers Bodensee. Die im Bodenseewasser gespeicherte Sonnenenergie ist oft bis weit in den Herbst spürbar und trägt zu einer merklichen Abschwächung der im Bodenseehinterland mitunter recht ausgeprägten winterlichen Kälte bei. Die mittlere Jahrestemperatur liegt bei +9 °C. Im Sommermonat Juli wird eine Durchschnittstemperatur von knapp 20 °C erreicht, im Wintermonat Januar sind es am See allerdings nur noch −1 °C, im Hinterland noch weniger. **Lufttemperaturen**

Der Bodensee erwärmt sich wegen der späten Schneeschmelze in den Alpen und der damit verbundenen starken Kaltwasser-Zufuhr erst relativ spät. Doch manchmal werden in geschützten Buchten schon im Juli 20 °C erreicht. Wie bereits erwähnt, wird die Wärme ziemlich lange gespeichert, so dass man gelegentlich noch im Oktober 17 °C Wassertemperatur messen kann. **Wassertemperaturen**

Hin und wieder kommt es vor, dass der ganze Bodensee im Winter zumindest für einige Tage von einer Eisschicht bedeckt ist. Diese **Seegfrörne**

Klima (Fortsetzung)	den ganzen See betreffende "Seegfrörne" hat sich allerdings vom 9. Jh. bis heute nur 33 Mal ereignet. Wesentlich öfter sind jedoch die nordwestlichen Ausläufer des Bodensees, insbesondere der Zeller See, der Gnadensee und auch der Überlinger See zugefroren.
Niederschlag	Die jährliche Niederschlagsmenge nimmt in sehr auffälliger Weise von West nach Ost zu. Die Gründe sind folgende: Der westliche Bodenseeraum liegt im Regenschatten (Lee) von Schwarzwald, Südwestalb und Schweizer Jura. Im Durchschnitt werden hier pro Jahr 700 bis 800 mm Niederschlag registriert. Ganz anders sieht es am östlichen Bodensee aus, der bereits im Stau der Allgäuer Alpen und des Bregenzer Waldes liegt: In Friedrichshafen misst man mehr als 900 mm Niederschlag pro Jahr. Noch weiter östlich, in Lindau, sind es bereits 1300 mm, und in Bregenz registriert man gar 1500 mm Niederschlag im Jahr! Die höchsten Niederschlagsmengen fallen im Spätfrühling und Frühsommer. In Verbindung mit der noch anhaltenden Schneeschmelze in den Alpen kann der Bodensee dann sogar Hochwasser führen, so letztmals im Jahr 1999. Am niedrigsten sind die Regen- bzw. Schneemengen im Februar.
Nebel	Durch die Verdunstung des noch relativ warmen Bodenseewassers entstehen in den Herbst- und Wintermonaten Nebel über dem See und in Ufernähe. Werden die frühherbstlichen Nebel noch von den Winzern als "Traubenkocher" geschätzt, so drücken die lang anhaltenden winterlichen Nebel auf die Gemüter vieler Menschen.
Winde	Die meiste Zeit des Jahres wehen am Bodensee nur leichte Winde, und oft ist es auch windstill. Gelegentlich aber, so beim Heraufziehen von sommerlichen Gewitterfronten oder beim Durchzug besonders stark ausgeprägter und kleinräumiger Tiefdruckwirbel in der kalten Jahreszeit, peitschen heftige Stürme den See und können einen Wellengang mit bis zu 2 m hohen Wogen verursachen. Sogar Wind- und Wasserhosen sind Phänomene, mit denen man am Bodensee zu rechnen hat.
Föhn	Bei besonderen Konstellationen der Großwetterlage im Herbst und Winter, aber gelegentlich sogar noch im Frühsommer, sorgt der von den Alpen herunterstürzende Fallwind namens Föhn für starken Temperaturanstieg, ausgesprochen klare Sichtverhältnisse – die Alpen sind dann zum Greifen nah – und vor allem für viele Beschwerden bei wetterfühligen Menschen. Er erreicht im östlichen Bodenseeraum nicht selten Sturmstärke, denn er fegt – vom Alpenhauptkamm herunterstürzend – von Süden her durch das Alpenrheintal ins Bodenseebecken und weiter hinaus nach Oberschwaben. Linsenförmige Wölkchen am blauen Himmel und ein wolkenfreier Streifen über den Alpen kündigen sein baldiges Herannahen an.

Pflanzen und Tiere

Allgemeines	Ebenso vielgestaltig wie der Naturraum ist auch die Pflanzen- und Tierwelt rund um den Bodensee. Trotz der relativ dichten Besiedlung und der starken Nutzung der Landschaft durch Gartenbau, Land- und Forstwirtschaft gibt es noch zahlreiche Naturrefugien, in denen man eine ausgesprochen artenreiche Flora und Fauna studieren bzw. beobachten kann.

Flora

Direkt am Seeufer gibt es Röhricht mit Schilfrohr, Seegras, Seggen bzw. Riedgräsern und Pfeifengras. Im Frühling blüht hier viel Vergissmeinnicht. Landeinwärts steht Feuchtigkeit liebender Bruchwald mit Weiden (auch Silberweiden), Pappeln (besonders Schwarz- und Silberpappeln), Birken, Erlen (vor allem Schwarzerlen) und sogar Kreuzdorn. In den ufernahen Riedbereichen, so z. B. im Wollmatinger Ried findet man auch Lungenenzian und Knabenkraut. Das Eriskircher Ried ist bekannt für seine Irisblüte, die von Mitte Mai bis Mitte Juni dauert.

Seeufer

> **Baedeker TIPP) "Naturschiffahrt"**
>
> Ein besonderes Erlebnis ist eine naturkundliche Schifffahrt auf dem Untersee. Auf der halbtägigen Rundreise mit einem Linienschiff und der Bodensee-S-Bahn "seehas" geben naturkundliche Erläuterungen Einblicke in Flora und Fauna des Gebiets (Informationen beim NABU-Naturschutzzentrum Wollmatinger Ried: ☎ 0 75 31 / 7 88 70).

Die Berge und Hügel des oberschwäbischen Alpenvorlandes sind – soweit nicht gerodet – von Waldschöpfen bestanden. Da es sich meist um Wirtschaftswald handelt, dominieren hier Nadelhölzer wie Fichten. In den weniger gut zugänglichen schluchtartigen Tälern und Tobeln gibt es aber auch Erlen, Eschen und Eichen. Zudem sieht man im Frühling viele Wildkirschbäume blühen. An feuchten Standorten gedeihen – ebenso wie am Bodenseeufer – Schwarzpappeln und Silberweiden.

Jungmoränenlandschaft

In den Mooren und Rieden der Jungmoränenlandschaft, beispielsweise im Wurzacher Ried und im Wollmatinger Ried, breiten sich Torfmoose, Wollgräser sowie diverse Sauer- und Süßgräser aus. Typisch für diese Standorte sind auch Heidekraut, Stendelwurz, Fieberklee und Mehlprimeln. Die Moor- und Riedflächen sind durchsetzt mit Birken und Weiden sowie mit anspruchslosen Fichten und Kiefern. Pflanzenkenner entdecken an diesen Standorten auch den Insekten fressenden Sonnentau sowie den als Gewürz und Badezusatz geschätzten Rosmarin.

In der flachwelligen und weithin gerodeten Altmoränenlandschaft im Norden gibt es größere Nadelwaldbestände, wobei hier nach und nach die bislang übliche Fichtenmonokultur durch junge Mischwälder ersetzt wird. In Feuchtgebieten wie beispielsweise am Federsee oder in den Niederungen der Donauzuflüsse gedeihen Federgräser, Wollgräser, Teichampfer und Schwertlilien. Typische Frühlingsblüher sind Hahnenfuß, Schlüsselblume und Trollblume. Im Federseeried stehen zudem Moorbirken, Moorkiefern und Moorweiden.

Altmoränenlandschaft

Im Gebirge gedeihen vielerlei Laub- und Nadelbäume, darunter vor allem Buchen, Eichen, Erlen, Eschen, Fichten und Kiefern. Je höher man kommt, desto kleinwüchsiger werden die Bäume und desto eher treten Nadelhölzer in den Vordergrund. Typische Gebirgsblütenpflanzen sind Anemone, Aurikel, Mehlprimel, Gelber und Blauer Enzian, Eisenhut, Alpenrose, Silberdistel und Türkenbund. Ferner findet man hier oben auch vielerlei Orchideen und Sonnentau. Vereinzelt kommen Felsnelken, Küchenschellen und Schwalbenwurz vor.

Voralpen

Wirtschafts-pflanzen

Die Bodenseeregion ist ein wahrer Obst- und Gemüsegarten. In geschützten Hanglagen am See wird Wein angebaut. Landeinwärts breiten sich Erdbeerfelder sowie Apfel-, Birnen- und Kirschplantagen aus. Wichtige Sonderkulturen sind die Gemüsefelder auf der Insel Reichenau sowie die Hopfengärten im Raum Friedrichshafen – Tettnang.

Fauna

Seen und Teiche

Im Bodensee, in vielen kleineren Seen und Teichen Oberschwabens sowie in Flüssen und Bächen sind etliche Fischarten heimisch, die heute allerdings zumeist in Fischbrutanstalten herangezogen und dann in den Gewässern ausgesetzt werden. Am bekanntesten und als Speisefisch sehr beliebt sind die Felchen, die am bayerischen Bodenseeufer auch "Renken" genannt werden. Auf Platz 2 der Hitliste stehen die Barsche, die am deutschen Seeufer "Kretzer" und auf der Schweizer Seite "Egli" heißen. In den Seen des Bodenseehinterlandes, so beispielsweise im Mindelsee, hat man schon bis zu 2 m lange und bis zu 60 kg schwere Welse (Waller) gefangen. Begehrte Speisefische sind ferner Seeforelle, Lachsforelle, Bachforelle, Saibling (Röteli), Brasse, Barbe, Trüsche und Hecht.

Bodenseeufer

In den Feuchtgebieten am Bodensee brüten vielerlei Wasser- und Watvögel. Hier sieht man Brachvögel, Kolbenenten, Haubentaucher, Singschwäne und Seeschwalben. Weißkopf- und Lachmöwen folgen dem Kielwasser der Ausflugsschiffe. Auch Kiebitze und Schnepfen trifft man hier an. Im Schilf "schimpfen" die Rohrspatzen (Schilf- und Rohrsänger). Immer mehr Graureiher und Kormorane konkurrieren mit Hobbyanglern und Berufsfischern.

Moore und Riede

Auch in den landeinwärts gelegenen Moor- und Riedflächen kann man Rohrsänger, Haubentaucher, Schwäne Enten, und Brachvögel sehen. Dazu gesellen sich noch Ammern, Meisen und Rallen. Auf Frösche macht eine allmählich wieder wachsende Zahl von Weißstörchen Jagd. Spitzmäuse und andere Kleinsäuger werden oft von Weihe, Milan und Waldohreule erbeutet. Im Gestrüpp kommen relativ zahlreiche Ringelnattern und manchmal giftige Kreuzottern vor.

Immer mehr Störche leben wieder am See.

Auf den Feldern und in den Wäldern des Bodensee-Hinterlandes sind alle "gängigen" Säugetiere heimisch, darunter natürlich auch Reh, Hase, Kaninchen, Igel, Haselmaus, Waldmaus, außerdem sogar der Siebenschläfer. Diese Kleinsäuger werden nicht nur an Land von Fuchs und Dachs dezimiert, sondern auch aus der Luft von Bussard, Habicht, Turm- und Wanderfalke, Milan, Waldohreule und Uhu gejagt. Fleißige Sänger sind Ammern, Meisen und Rotkehlchen, die gelegentlich allerdings vom Geschrei der Eichelhäher übertönt werden.

Tiere
(Fortsetzung)

In den schwerer zugänglichen Berggebieten lebt noch viel Rot- und Schwarzwild. Recht häufig sieht man Rehe. Örtlich bereiten Wildschweine den Landwirten Ungemach. In abgelegenen Bereichen gibt es auch noch Auerwild. Mit etwas Glück kann der Wanderer in der Matten- und Felsregion der Voralpen auch Gämsen und Murmeltiere beobachten. Krächzende Dohlen haben es auf die Brotkrümel und sonstigen Essensreste der Bergwanderer abgesehen. Und hoch in den Lüften zieht der eine oder andere Steinadler seine Kreise.

Gebirge

Bevölkerung

Oberschwaben und der Bodenseeraum sind durch die geschichtliche Entwicklung vom alemannischen Kernraum zur grenzdurchzogenen Peripheriezone geraten. Doch auch wenn der hier beschriebene Raum drei verschiedenen Staaten angehört – Bundesrepublik Deutschland, Schweizerische Eidgenossenschaft, Republik Österreich – so ist er doch als Ganzes Teil des ursprünglich schwäbisch-alemannischen Siedlungsgebietes.

Bevölkerungs-
entwicklung

Fern der politischen Machtzentren verharrte das Gebiet als Bauernland. Erst um 1900 setzte an nur wenigen Stellen eine zaghafte Industrialisierung ein. Das damit einhergehende Bevölkerungswachstum war sowohl im oberschwäbischen Raum als auch in der schweizerischen Bodenseeregion weniger stark als am deutschen Bodenseeufer, wo die Gründung einzelner Industriebetriebe schon vor dem Ersten Weltkrieg und in der Zwischenkriegszeit erfolgte. Betrug das Wachstum der Bevölkerung in rund 80 Jahren zwischen 1871 und 1950 im nördlichen Oberschwaben 30 bis 50 %, am schweizerischen Bodenseeufer um 50 %, so verdoppelte sich die Bevölkerungszahl in der deutschen Bodenseeregion. In der Zeit nach dem Zweiten Weltkrieg wuchs die Bevölkerung im größten Teil Oberschwabens etwa im Durchschnitt des deutschen Bundeslandes Baden-Württemberg.

Der deutsche Bodenseeraum erfuhr dagegen, verstärkt durch die Wertschätzung als Freizeitregion, ein überdurchschnittlich starkes Siedlungs- und Bevölkerungswachstum: Lagen die Werte zwischen 1950 und 1985 in Oberschwaben allgemein bei 30 bis 40 %, ähnlich auch im schweizerischen Bodenseeraum, so bewegten sie sich im deutschen und österreichischen Bodenseegebiet durchweg zwischen 60 und 90 %.

Derzeit leben in dem in diesem Reiseführer beschriebenen Raum ca. 1,1 Mio. Menschen, wovon rund 800 000 Bewohner auf den deutschen Teil, etwa 180 000 auf den schweizerischen Teil, etwa 100 000

Bevölkerungs-
stand

25

Bevölkerung (Fortsetzung)	auf Österreich und 32 000 auf das Fürstentum Liechtenstein entfallen. Während das nördliche Oberschwaben mit 50 und 100 Einwohnern pro Quadratkilometer relativ dünn besiedelt ist, weisen die deutsche und österreichische Bodenseeregion mit bis über 500 Einwohnern pro Quadratkilometer eine hohe Bevölkerungskonzentration auf. Besonders die größeren Städte wie St. Gallen, Konstanz, Friedrichshafen, Singen, Ravensburg, Dornbirn, Bregenz, Lindau und Radolfzell sind wirtschaftliche und kulturelle Mittelpunkte der Region sowie Kernzonen für Verstädterungsvorgänge.
Konfessionen	Mit Ausnahme jenes Teiles der schweizerischen Bodenseeregion, der zum Kanton Appenzell gehört, bekennt sich die einheimische Bevölkerung des Bodenseeraumes und Oberschwabens mehrheitlich zur römisch-katholischen Kirche. Die geschichtlich begründete Konfessionsverteilung hat in der Zeit nach dem Zweiten Weltkrieg durch den Zuzug von Heimatvertriebenen und ausländischen Arbeitskräften eine gewisse Veränderung erfahren.

Wirtschaft

Landwirtschaft

Betriebsstrukturen	Unmittelbar um den Bodensee ist das Eigentum der einzelnen Landwirte kleinflächig und über die gesamte Markung verteilt. Um Schäden, z.B. durch Hagelschlag oder Parasitenbefall, im einst dominanten Weinbau einzugrenzen, waren die Bauern daran interessiert, eine möglichst große Verteilung ihrer Felder zu erreichen. Dies, verbunden mit einer ohnehin sehr begrenzten Betriebsgröße von durchschnittlich 5 ha, ergab eine Zersplitterung der einzelnen Flurstücke, die der heutigen modernen Bewirtschaftung eher hinderlich ist, allerdings eine Nutzlandschaft ergibt, die sich durch Vielfalt und Abwechslungsreichtum auszeichnet.
Viehzucht und Milchwirtschaft	Im nördlichen Oberschwaben mit seinen ausgedehnten Ackerfluren überwiegt die Viehzucht mit Schweinemast und Ferkelzucht. Im südlichen Oberschwaben sowie im schweizerischen und österreichischen Anteil der Bodenseeregion mit seinem dominierenden Grünland ist die Milchwirtschaft bestimmend; dies gilt auch für das Allgäu.
Obstbau	In Bodenseenähe begünstigt das milde Klima den Anbau von Sonderkulturen. Auf beiden Breitseiten des Sees erstrecken sich vom Uferbereich bis weit ins Hinterland hinein ausgedehnte Obstkulturen. Überwiegen im deutschen Bodenseeraum weitflächige Niederstammkulturen, so gibt es auf österreichischer Seite im Alpenrheintal noch viele, teilweise überalterte Hochstammkulturen; auf der schweizerischen Seite ist das Verhältnis zwischen Nieder-, Halb- und Hochstämmen ausgewogener. Das Bodenseeobst wird auf deutscher Seite vorwiegend über große Genossenschaften vermarktet. In der Schweiz geht ein beträchtlicher Teil der Obsternten in Großmostereien oder Fruchtkonservenfabriken. Augenfällig für den Touristen ist jedoch der Obstverkauf unmittelbar an den Straßen oder beim Erzeuger.

Der Bodensee ist bekannt für gutes Obst.

Gemüsebau

Besondere Bedeutung besitzt der Gemüsebau auf der Bodenseeinsel Reichenau, wenngleich häufig in Gewächshäusern, sowie im vorarlbergischen Rheintal um Lustenau. Um Tettnang wird neben Spargel auf einem ausgedehnten Areal Hopfen angebaut.

Weinbau

Die Wildrebe war vermutlich schon in vorgeschichtlicher Zeit am Bodensee heimisch. Die Römer brachten die Gutedel- und die Elblingtraube, Karl der Große die Tiroler und die Orléanstraube an die Seeufer, wo sich die Klöster als Förderer der Weinkultur auszeichneten. Eine im Archiv des Konstanzer Rosgartenmuseums aufbewahrte historische Bodenseekarte belegt, dass im 18. Jh. Weinstöcke in großer Zahl rings um den See zu finden waren. Zu Beginn des 19. Jh.s waren hier über 3000 ha Land mit Weinreben bepflanzt. Heute bestehen größere Weinbaugebiete (bis 400 m) nur noch im westlichen Teil: in Baden-Württemberg bei Meersburg (Staatsweingut), Hagnau (1881 Gründung des ersten badischen Winzervereins), Markdorf, Bermatingen, Überlingen (Städtisches Rebgut), Bodman, Konstanz (Spitalkellerei), Allensbach, auf der Insel Reichenau sowie über den Ufern der Halbinsel Höri, ferner bei Kressbronn. Kleinere Rebareale finden sich darüber hinaus auch am schweizerischen Rand des Alpenrheintales zwischen St. Margrethen und Altstätten, wobei hier der häufige Föhn ein wesentlicher klimatischer Gunstfaktor für den Weinbau ist.

Torkel

Aus der Zeit des intensiven Weinbaus der vergangenen Jahrhunderte rings um den Bodensee sind noch ein gutes Dutzend großer alter Baumpressen in mehr oder minder gutem Zustand erhalten, die man zur Gewinnung des Rebensaftes benutzte. Früher hat es in der Region vermutlich einige Hundert solcher Baumkeltern gegeben, die gemeinhin der oder die "Torkel" genannt werden. Diese Bezeichnung leitet sich ab von dem lateinischen Verb "torquere" ("drehen", "winden") bzw. von dem Substantiv "torculum" ("Drehpresse"). Die Hauptteile eines Torkels waren überwiegend aus Eichenholz, die stärkerer Abnutzung ausgesetzte Spindel aus härterem Holz, z.B. Hainbuche oder Birnbaum, gefertigt. Die Ausmaße dieser Pressanlagen waren beträchtlich: Die Länge betrug 8 bis 14 m, die Breite bis zu 4,50 m und die Höhe bis zu 5,50 m. Je nach Größe, Druckbaumzahl und Unterbau lag das Gesamtgewicht des

**Torkel
(Fortsetzung)**

Torkels zwischen 10 und 20 Tonnen. Dementsprechend unterschiedlich war auch die Aufschüttmenge der Traubenmaische: Sie belief sich auf etwa 2500 bis 5000 kg Weintrauben. Der gesamte Pressvorgang dauerte rund acht Stunden. Im Schnitt wurden aus 1000 kg Weintrauben ungefähr 750 l Most gepresst.

Fischerei

Die ersten Menschen, die am Bodensee lebten, waren Jäger und Fischer. Demnach dürfen die wenigen noch verbliebenen Berufsfischer ihre Tätigkeit als ältestes Gewerbe am See verstehen. Nachdem im 19. Jh. die Überfischung fast zum Erliegen der Fischerei geführt hatte, bewirkten die Gründung von Fischzuchtanstalten sowie die Einführung von Regelungen für den Fischfang und der Fangmethoden eine erneute Zunahme des Bestands. Die Zahl der Patentinhaber als Berufsfischer dagegen hat rapide abgenommen, von rund 400 (1975) auf etwa 220 (1990) und heute gerade einmal 160, wobei davon lediglich 10 % als Berufsfischer gelten, während die Mehrzahl einen weiteren Beruf ausübt. Die Fangerträge unterliegen starken Schwankungen; im Durchschnitt kommen sie auf mehrere Hundert Tonnen Fisch im Jahr.

Am Bodensee gibt es nur noch wenige Berufsfischer.

Tourismus

Unter den Dienstleistungsgewerben genießt der Fremdenverkehr im Bodenseeraum eine Vorzugsstellung. Sein Umfang hat in den vergangenen Jahrzehnten stark zugenommen. Zu dem herkömmlichen Ferienbetrieb mit längeren Aufenthalten gesellt sich der Ausflugsverkehr an den Wochenenden, so dass der Bodensee wie auch Oberschwaben zu beliebten Naherholungsgebieten geworden sind, was sich allerdings in einer starken Belastung der Bodenseeuferstraßen in der Hochsaison niederschlägt.

Tourismus (Fortsetzung)

Industrie

Wenngleich der Bodenseeraum samt Oberschwaben gewiss nicht zu den industriell überformten Wirtschaftsräumen Mitteleuropas zählt, sondern in ihm traditionell die vielfältigen landwirtschaftlichen Kulturen das Landschaftsbild bestimmen, in Seenähe ergänzt um zahlreiche Fremdenverkehrs- und Freizeiteinrichtungen, so haben sich doch einzelne Städte zu wirtschaftlichen Schwerpunkten mit bemerkenswerter Industrie entwickelt. Unmittelbar am Bodenseeufer sind dies in Deutschland Friedrichshafen, Konstanz, Radolfzell und Überlingen, in der Schweiz Romanshorn, Arbon und Rorschach, in Österreich Bregenz; im weiteren Seeumland hingegen haben Städte wie Singen, Ravensburg, Weingarten, Wangen im Allgäu, Dornbirn oder St. Gallen ein recht beträchtliches Industrieaufkommen.

Schwerpunkte

Die Textil- und Bekleidungsindustrie geht auf die schon im Mittelalter überregionale Bedeutung besitzende Leinenweberei im Bodenseeraum zurück, die zunächst in Konstanz, später in Ravensburg und St. Gallen blühte. Während sich im oberschwäbischen Raum die Standorte der Textilmanufakturen allmählich auf die Schwäbische Alb verlagerten, verblieben sie seit dem 19. Jh. mit dem Schwerpunkt auf der Baumwollverarbeitung im nordostschweizerischen Raum und im Vorarlberger Alpenrheintal vor Ort. Rund ein Drittel der gesamten Schweizer Textilindustrie ist im östlichen Teil des Kantons St. Gallen mit der gleichnamigen Stadt als Wirtschaftsmittelpunkt der schweizerischen Bodenseeregion konzentriert. Die Vorarlberger Textilindustrie ist ihrerseits führend in ganz Österreich.

Textilindustrie

Die Maschinenbau- und Metallindustrie hat sich im Bodenseeraum teilweise aus der Textilindustrie heraus entwickelt. In und um Friedrichshafen markiert die um die Wende vom 19. zum 20. Jh. erfolgte Gründung der Zeppelinwerke Anfang und Aufschwung der Industrie. Heute sind ihre Nachfolgebetriebe die Motoren- und Turbinen-Union (mtu), die Zahnradfabrik Friedrichshafen (ZF) zur Getriebeherstellung und die Zeppelin-Metallwerke sowie die Unternehmensgruppe Dornier für Luft- und Raumfahrt die wichtigsten Arbeitgeber der Region.

Metallindustrie

Etliche Industriebetriebe im westlichen Bodenseeraum gehen z. T. auf schon im 19. Jh. erfolgte Filialgründungen Schweizer Unternehmen zurück. Als weit über die Grenzen dieser Gegend hinaus bekannte Beispiele seien die Firmen Schiesser in Radolfzell und Maggi in Singen erwähnt. Der weit verbreitete Obstbau und die Milchwirtschaft liefern die Grundstoffe für Betriebe der Nahrungsmittelindustrie wie Fruchtkonservenfabriken und Getränkehersteller.

Weitere Industriezweige

29

Industrie (Fortsetzung)

Eher dezentral liegen die Standorte der Grundstoffindustrie wie Kieswerke und Ziegeleien, welche die Sand-, Kies- und Tonlager ausbeuten.

Wasserwirtschaft

Trinkwasserreservoir Bodensee

Als geradezu unerschöpfliches Wasserreservoir mit ca. 50 Mrd. m^3 und einer mittleren jährlichen Durchflussmenge von ca. 11 Mrd. m^3 hat der Bodensee eminente Bedeutung für die Trinkwasserversorgung sowohl der Uferbereiche und des Hinterlandes, in denen es an Quell- oder geeignetem Grundwasser mangelt, als auch weiter entfernter Siedlungsräume. Insgesamt ist der See Trinkwasserlieferant für schätzungsweise 4,5 Mio. Menschen vor allem im deutschen Bundesland Baden-Württemberg sowie in der schweizerischen Bodenseeregion.

Schon 1893/1894 war bei Rorschach ein erstes Seewasserpumpwerk für die Stadt St. Gallen errichtet worden, später bei Romanshorn eines für Amriswil. Die 1958 in Betrieb genommene Entnahmeanlage des 1954 gegründeten Zweckverbandes Bodensee-Wasserversorgung (BWV) bei Sipplingen am Überlinger See beliefert in einem 1700 km langen Leitungsnetz die Bodenseeregion und den Mittleren Neckarraum bis zum Odenwald mit Trinkwasser.

Qualität des Bodenseewassers

Nachdem sich die Qualität des Bodenseewassers in der Nachkriegszeit in erschreckendem Maß verschlechtert hatte, sahen sich die Anrainerstaaten veranlasst, dieser Entwicklung wirksam Einhalt zu gebieten. Seit 1959 bemüht sich eine in St. Gallen ins Leben gerufene internationale Gewässerschutzkommission um die Reinhaltung des Sees. Inzwischen konnte die Wasserqualität durch die Einrichtung diverser Abwasserkläranlagen rings um den See erheblich verbessert werden. Die hohen Investitionen haben die Schadstoffbelastung so weit verringert, dass mittlerweile das Bodenseewasser sauber ist wie seit Jahrzehnten nicht mehr. Problematisch bleiben jedoch nach wie vor die hohen Rückstände aus Landwirtschaft, Obst- und Gartenbau durch Dünge- und Pflanzenschutzmittel sowie das hohe Aufkommen an motorisierten Wasserfahrzeugen und nicht zuletzt die fortschreitende Uferverbauung.

Schifffahrt

Allgemeines

Auf keinem anderen europäischen Binnensee ist die Schifffahrt so stark entwickelt wie auf dem Bodensee, wo mittlerweile jedes Jahr 4 Mio. Gäste mit der Weißen Flotte über den See schippern. Rund 60 000 Privatboote sind am Bodensee registriert, zuzüglich der 35 Motor- und Fährschiffe, die im Verkehrsverbund die meisten Uferorte während der Saisonmonate miteinander verbinden. Große Schiffswerften bestehen in Kressbronn, Friedrichshafen und Romanshorn; Bootswerften sind vielerorts ansässig, am deutschen Ufer besonders konzentriert in Radolfzell, Wallhausen und Bodman-Ludwigshafen.

Entwicklung

Schon die Römer unterhielten eine Bodenseeflotte zur Verbindung ihrer Uferstützpunkte. Die Alemannen betrieben Übersetzverkehr,

Zwischen den Uferorten am Bodensee – wie hier in Meersburg – herrscht reger Linien- und Ausflugsschiffverkehr.

z. B. nach Überlingen. Im Mittelalter gab es zahlreiche Fährverbindungen über den See. Im Dreißigjährigen Krieg griffen die Schweden mit einer Seeflotte Uferstädte an. Im 18. Jh. benutzte auch die Thurn-und-Taxissche Post die flachen Bodensee-Segelschiffe ("Lädinen"). Regelmäßiger Dampfschiffverkehr begann 1824 mit dem in Friedrichshafen gebauten Raddampfer "Wilhelm". Die erste Dampfschifffahrtsgesellschaft für den Bodensee und Rhein wurde 1830 gegründet. Im Jahr 1869 überquerte erstmals ein Eisenbahntrajekt den See von Friedrichshafen nach Romanshorn; 1876 gab es rund 20 Dampfschiffe auf dem See. Im Zug des technischen Fortschritts des 20. Jh.s wurde der Antrieb der Schiffe von den Schaufelrädern auf Schrauben umgestellt. Der letzte Schaufelraddampfer, die "Stadt Überlingen", versah noch bis 1963 seinen Dienst; die 1913 vom Stapel gelaufene "Hohentwiel" befährt nach kompletter Restaurierung als Museumsschiff seit 1990 wieder den See. Ab 1925 wurden die Dampfmaschinen durch Dieselmotoren ersetzt. Im Jahr 1928 erfolgte die Eröffnung des Fährbetriebes zwischen Staad (Konstanz) und Meersburg. Der Eisenbahnfährverkehr zwischen Friedrichshafen und Romanshorn wurde dagegen 1976 eingestellt.

Heute wird der Schiffsverkehr auf dem Bodensee von den Vereinigten Schiffahrtsunternehmen für den Bodensee und Rhein (VSU) mit 36 Schiffen betrieben. Das Unternehmen besteht aus der Bodensee-Schiffsbetriebe GmbH (BSB), aus der Bodensee-Schifffahrt der Österreichischen Bundesbahnen (ÖBB), der Schweizerischen Schifffahrtsgesellschaft AG (SB) und der Schweizerischen Schifffahrtsgesellschaft Untersee und Rhein (URh).

Schifffahrt
(Fortsetzung)

Geschichte

Vorgeschichte

Altsteinzeit

Von Jagd, Fischfang und gesammelten Beeren lebten vor rund 20 000 Jahren Menschen in der vom Eis geformten Seenlandschaft in einem arktisch rauen Klima, vor dem sie zeitweilig in Höhlen Schutz suchten. Aus den Höhlen bei Thayngen im Schweizer Kanton Schaffhausen, besonders aus dem Kesslerloch, wurden zahlreiche kunstvoll bearbeitete prähistorische Werkstücke der späten Altsteinzeit (ca. 10 000 v. Chr.) geborgen.

Mittelsteinzeit

Nach dem Ende der vierten Eiszeit besserte sich das Klima von 8000 bis 5000 v. Christus. Die Menschen zogen mit Harpunen und Netzen zum Fischfang aus, fällten mit der Steinaxt Bäume zum Hüttenbau, schufen Geräte aus Tierknochen und Geweihen, lernten mit Bogen, Pfeilschaft, Paddel und Schlingen zum Vogelfang umzugehen.

Jungsteinzeit

In der Jungsteinzeit (ca. 5000 – 2000 v. Chr.) brachten Bandkeramiker, die vermutlich aus dem unteren Donauraum (Pannonien) kamen, die Ackerbaukultur nach Südwestdeutschland. Ein Siedlungsstreifen zog sich vom Hochrhein durch den Hegau bis zur Donau. Weniger am Obersee, sondern schwerpunktmäßig am Unter- und am Überlinger See entstanden Pfahlbaudörfer.

> *Baedeker* TIPP) **Einblick in die Vorzeit**
>
> Wer sich für die Pfahlbaukultur interessiert, der sollte sich unbedingt das sehr anschauliche Pfahlbaumuseum in Unteruhldingen ansehen, in dem Pfahlbauten aus der Stein- und Bronzezeit rekonstruiert sind. Es bietet bei seinen Führungen einen sehr lebendigen und "hautnahen" Einblick in das Leben der Menschen in der Frühzeit.

Bronzezeit

In der Bronzezeit (ca. 1800 – 700 v. Chr.), der Epoche der Hügelgräberkultur und der Urnenfelderkultur, machten sich erneut Einflüsse aus dem südosteuropäischen (pannonischen) Raum bemerkbar, von wo die ersten bronzenen Gegenstände in den Bodenseeraum gelangten. Eine befestigte Inselsiedlung (1100 – 800 v. Chr.) grub man zusammen mit Einbäumen, Herdstätten, Waffen und Gebrauchskeramik in Buchau am Federsee aus.

Eisenzeit

Mit Beginn der Eisenzeit verschwanden die Pfahlbaudörfer, die Menschen siedelten häufiger im Landesinneren. Der Hallstatt-Kultur der älteren Eisenzeit (ca. 750 – 450 v. Chr.) werden Fürstengräber etwa auf dem Ottenberg oder im Eugensberg bei Salenstein mit reichen Grabbeigaben wie Lanzenspitzen, Dolche, Armreifen und Gürtelschließen zugerechnet. Um das Jahr 500 v. Chr. drangen keltische Stämme in den Bodenseeraum und nach Oberschwaben ein. Die Kelten der La-Tène-Kultur (jüngere Eisenzeit; ca. 450 – 1. Jh. v. Chr.) bauten stadtähnliche Anlagen (oppida) sowie kleinere Befestigungswerke und betrieben erste Eisenschmelzen.

Vorgeschichte (Fortsetzung)

Römerzeit (1. Jh. v. Chr. – 4. Jh. n. Chr.)

Im Verlauf des ersten vorchristlichen Jahrhunderts drangen die Römer über die Alpen in den keltischen Kulturraum des nördlichen Alpenvorlandes vor, besiegten die Helvetier bei Bibracte und unterwarfen bis 15 v. Chr. die keltischen Vindeliker sowie die vermutlich illyrischen Räter. Der Bodensee, lat. Lacus Brigantinus, gehörte fortan von Brigantium (Bregenz) bis Tasgaetium (Stein am Rhein) zum Grenzgebiet der römischen Provinz Raetien. Weitere größere römische Gründungen am Seeufer waren Arbor Felix (Arbon) und Constantia (Konstanz). Ferner entstanden an strategisch wichtigen Punkten unter Kaiser Domitian Militärlager entlang dem obergermanisch-rätischen Limes.

Im Jahr 259 brachen die Alemannen, ursprünglich zwischen Havel und Elbe beheimatet, zum ersten Mal diesen Grenzriegel auf und drangen sengend und mordend bis Augusta Raurica (Kaiseraugst) vor. In der Folgezeit konnten die römischen Garnisonen am See noch den wichtigen Heerweg von Ost nach West schützen. Der römische Kaiser Constantius rühmte sich 335 des Sieges über die Alemannen am Bodensee. Um 400 fielen die Westgoten über die Alpen in die Poebene ein und besiegelten das Ende der Römerherrschaft nördlich der Alpen. Die nachdrängenden Alemannen nahmen das Land um den Bodensee in ihren Besitz, lebten als Ackerbauern und Viehzüchter, nutzten den Boden gemeinsam als Allmend und siedelten mit ihren Sippen in Weilern, die meist auf "-ingen" endeten wie im Fall von Wollmatingen, was soviel bedeutet wie Ort der Leute des Walmuot.

Frühmittelalter (5. – 10. Jh.)

Im Verlauf des 5. Jh.s prägten Sprache, Lebens- und Siedlungsformen der Alemannen den Bodenseeraum und die Nordschweiz, ohne dass daraus eine großräumige Herrschaftsstruktur mit eigener Verwaltung entstand. Die Alemannen akzeptierten zwar einen Herzog, ließen sich aber gleichzeitig von verschiedenen Adelssippen und Kleinkönigen regieren. Um 500 wurden sie den mächtigeren Merowingerkönigen tributpflichtig und teilten fortan die politischen Geschicke des Merowingerreichs. Als die Franken im 8. Jh. die Vorherrschaft errangen, wurde das alemannische Herzogtum um 750 in das Frankenreich eingegliedert, in Grafschaften geteilt und von fränkischen Adeligen verwaltet. Am Westende des Überlinger Sees bei Bodman wurde unter den karolingischen Herrschern eine Königspfalz errichtet.

Herrschaftsbildung

Die Christianisierung erfolgte durch iro-schottische Wandermönche wie Columban und seinen Schüler Gallus, die um 610 am Bodensee als Missionar tätig waren. Etwa zur gleichen Zeit wurde Konstanz Bischofssitz und damit zur wichtigsten Stadt im Boden-

Christianisierung

33

Frühmittelalter (Fortsetzung)

seeraum. Das Bistum Konstanz reichte in der Folgezeit von Ludwigsburg bei Stuttgart bis zum Gotthardmassiv in der Schweiz, von Breisach am Oberrhein bis nach Kempten im Allgäu und war das größte im Reich. Aus der Einsiedelei des Gallus von 612 entstand um 720 das große Benediktinerkloster St. Gallen, und auf der Reichenau entwickelte sich seit der ersten Klostergründung 724 durch Pirmin ebenfalls ein geistliches und kulturelles Zentrum. Diese Reichsklöster waren für Jahrhunderte tragende Säulen der Ordnung und des Rechts, bildeten Geistliche aus und berieten die Großen im Reich. Außerdem betrieben die privilegierten Äbte wie auch der Bischof von Konstanz eine eigene Politik, wozu die schwach ausgeprägte fränkische Zentralgewalt vor allem im 9. Jh. reichlich Spielraum ließ.

Territoriale Zersplitterung

Im 10. Jh. zerfiel die Herrschaft der Karolinger. Das entstehende Deutsche Reich litt unter den sächsischen Königen Heinrich I., Otto I. bis Otto III. unter politischen Anfangsschwierigkeiten. In dieser Zeit rivalisierten die Grafengeschlechter der Welfen, der Heiligenberger und Nellenburger, die Grafen von Bregenz, der Bischof von Konstanz und die Klöster von St. Gallen und Reichenau um Macht und Einfluss. Dank der besseren Verbindungen zum Königs- und Kaiserhaus stiegen die Welfen als mächtigste Lehnsherren im Bodenseegebiet empor. Die Eheverbindungen der Töchter Welfs I., Judith († 843) mit Kaiser Ludwig I., dem Frommen, und Emma († 876) mit König Ludwig dem Deutschen, trugen wesentlich zum Aufstieg dieses fränkischen Adelsgeschlechts bei, das umfangreichen Besitz in Schwaben, Rätien und Bayern erwarb.

Welfen, Staufer und Habsburger (11. – 14. Jh.)

Welfen

Mit Welf III. starb 1055 die ältere, männliche Linie der Welfen aus, und das Erbe ging auf seinen Neffen Welf IV. († 1101) über. Auf dem Martinsberg lag eine Burg der Welfen. Dorthin berief Welf IV. Benediktinermönche, die ab 1056 die Abtei Weingarten zum Heiligtum des Heiligblutes und zur Grablege der Welfen machten. Trotz großen Ehrgeizes gelang den Welfen der Aufstieg zum Königtum nicht, denn nach dem Tod ihres Verwandten, Kaiser Lothars III., 1138 wurde mit Konrad III., dem Herzog von Schwaben, ein Staufer zum deutschen König gewählt.

Staufer

Bereits 1079 hatte Friedrich I. den Herzogstitel von Schwaben erhalten, sich mit Agnes, der Tochter Kaiser Heinrichs IV. vermählt und seiner Familie die Burg auf dem Hohenstaufen errichtet, wonach sich die Dynastie fortan nannte. Im 12. Jh. rivalisierten Welfen und Staufer um die Vormacht im Reich und gelangten kurzfristig seit 1156 unter den Vettern König Friedrich I. Barbarossa (Staufer) und Herzog Heinrich der Löwe von Sachsen und Bayern (Welfe) zum Ausgleich. Politische Konflikte führten schließlich 1180 zur Entmachtung Heinrichs und zur Zerschlagung des welfischen Herrschaftsbesitzes.

Kaiser Friedrich Barbarossa erwarb große Besitzungen am Bodensee, um von dort im Rahmen seiner Italienpolitik die Alpenpässe wirksamer kontrollieren zu können. Im Konflikt mit den oberitalienischen Städten wurden 1153 und 1183 in Konstanz Friedensschlüsse vereinbart, ohne auf Dauer die Reichseinheit zwischen Deutschland und Italien festigen zu können. Immerhin profitierte der Bodenseeraum fortan als Drehscheibe des transalpinen Handels von der Politik der Staufer. Vor allem unter Kaiser Friedrich II. war die Gründung von Reichsstädten ein Mittel, die eigene Macht zu stärken und die feudale Agrarordnung zurückzudrängen zugunsten einträglicher Handels- und Markttätigkeiten der Bürger in den Städten.

Staufer (Fortsetzung)

Mit der Wahl Rudolfs I. zum deutschen König übernahmen nach den Staufern 1273 die Habsburger von der aargauischen Habichtsburg die Herrschaft im Reich. Der Bodensee wurde nun zur Ausgangsbasis für die habsburgische Eroberung Österreichs und der Steiermark. Nach dem Tod Rudolfs I. schlossen die schweizerischen Waldstätten Uri, Schwyz und Unterwalden 1291 den Ewigen Bund, in dem die Schweizerische Eidgenossenschaft ihren Ursprung hat. Mit dem "Rütli-Schwur" versprachen sie sich gegenseitige Hilfe bei der Wahrung ihrer überlieferten Rechte gegen die habsburgische Machtpolitik. Zwischen 1296 und 1337 verloren zudem die mächtigen Grafen von Monfort immer mehr Herrschaftsrechte in Vorarlberg an die Habsburger und schlossen einen "Ewigen Bund" mit Österreich.
1391 vereinigten sich die Vorarlberger Landstände zu einer Eidgenossenschaft. Im Verlauf des 14. Jh.s verloren die Habsburger allerdings fast ihren gesamten schweizerischen Besitz. Am Bodensee konnte sich durch das Fehlen einer starken Zentralmacht der niedere Adel mit Namen wie Waldburg, Zeil, Wolfegg, Trauchburg, Kißlegg und Waldsee profilieren, durch Vererbung, Heirat und Kauf beträchtlichen Besitz und Einfluss gewinnen. Die Insel Mainau war von 1272 bis 1805 Deutschordenskommende.
Die Habsburger setzten wie schon die Staufer auf die Förderung der Städte. Eigene Gerichtsbarkeit und Verwaltung, Münzrecht und Zollprivilegien ermöglichten einzelnen Städten die Erlangung der Reichsfreiheit und den schnellen Aufstieg zu Handelsmetropolen in Verbindung mit der aufblühenden Leinen- und Barchentweberei. Als Reichsstädte hatten Überlingen, Ravensburg, Diessenhofen, Biberach, Buchau, Lindau und Konstanz wirtschaftliches und politisches Gewicht. Zu den von den Habsburgern begünstigten Orten zählten die so genannten Donaustädte Riedlingen, Munderkingen, Mengen, Ehingen, Saulgau und Waldsee. Tettnang war dagegen eine Gründung der Grafen von Montfort.
Seit dem frühen 14. Jh. gingen die großen Bodenseestädte untereinander Bündnisse ein, um den handelswichtigen Landfrieden zu wahren und ihre Freiheiten gegenüber dem Adel besser verteidigen zu können. Um 1380 entstand die erste Handelsgemeinschaft von Kaufleuten hauptsächlich aus Ravensburg, Konstanz und Lindau, die sich als Große Ravensburger Handelsgesellschaft bezeichnete. Wiederholt kam es in den Städten zu Unruhen, denn die Handwerkszünfte wollten die Alleinherrschaft des Kaufmannspatriziats nicht dulden. In Lindau erzwangen 1345 die Zünfte eine gleichberechtigte Stadtregierung aus Handwerkern und Handelsherren. In St. Gallen erstritten die Weber 1353 eine Zunftverfassung und die Unabhängigkeit vom Abt des Klosters. In Konstanz verweigerten 1389 die Schneidergesellen die Arbeit, um bessere Arbeitsbedingungen zu erreichen.

Habsburger

Spätmittelalter (15./16. Jh.)

Appenzeller Krieg

Im Appenzeller Krieg (1401 – 1408) entlud sich der Zorn der Appenzeller Bürger und Bauern gegen den Abt von St. Gallen, der über seine Grundherrschaft und Vogteirechte eine volle Landesherrschaft durchsetzen wollte. Große Teile Vorarlbergs und die Stadt St. Gallen unterstützten die Appenzeller, während der Bund der Bodenseestädte, der schwäbische Adel und ein österreichisches Heer dem Abt von St. Gallen zur Seite standen. Trotz Niederschlagung des Aufstandes schloss Appenzell 1411 ein Bündnis mit der Eidgenossenschaft. Dank geschickter Politik gewann der Schweizer Bund weitere Territorien hinzu, z. T. als "zugewandte Orte", die seinen Schutz genossen, aber zunächst nicht in die Eidgenossenschaft aufgenommen wurden wie Thurgau und Appenzell, Schaffhausen und die Stadt St. Gallen.

Konstanzer Konzil

Eine Glanzzeit erlebte Konstanz mit dem 16. Ökumenischen Konzil von 1414 bis 1418, als sich ca. 50 000 Teilnehmer aus ganz Europa versammelten, um das Große Schisma von 1378 zu beenden. Zu Beginn des Konzils wurde der böhmische Kritiker der Papstkirche, Jan Hus, 1415 in Konstanz als Ketzer verbrannt. Nach Absetzung bzw. Rücktritt der drei in Avignon, Rom und Pisa gewählten Päpste wurde Martin V. 1417 gewählt und kehrte als allgemein anerkannter Papst endgültig nach Rom zurück. Im selben Jahr belehnte der deutsche König Sigismund den Nürnberger Burggrafen Friedrich VI. von Hohenzollern mit der Mark Brandenburg, so dass die Geburtsstunde Preußens am Bodensee schlug.

Konflikte Schweiz – Deutsches Reich

Als das Haus Habsburg 1439 die Schweiz wieder Österreich unterwerfen wollte, löste sich die Eidgenossenschaft formal vom Reich. In der Folgezeit betrieben die Stadt und die Abtei St. Gallen, Schaffhausen und Stein am Rhein die Aufnahme in die Schweizer Eidgenossenschaft, die ihrerseits 1460 den Thurgau eroberte. Zur Wahrung ihrer Interessen schlossen deshalb 1488 der württembergische Graf Eberhard im Bart, Herzog Sigmund von Tirol und die schwäbischen Reichsstädte den Schwäbischen Bund. 1495 wurde Graf Eberhard von Kaiser Maximilian zum Herzog von Württemberg ernannt, bevor es 1498/1499 zum Schwabenkrieg kam, der mit einer Niederlage für Kaiser und Reich endete, denn die Schweizer Eidgenossenschaft schied aus dem Deutschen Reich aus. Im Frieden zu Basel wurden die bis heute noch gültigen Staatsgrenzen zwischen Deutschland und der Schweiz im Bodenseegebiet festgelegt. Konstanz, das sich dem Schwäbischen Bund angeschlossen hatte, verlor dabei alle Hoheitsrechte im Thurgau und wurde Grenzstadt ohne eigenes Territorium. 1516, im Friedensschluss mit Frankreich, verzichteten die Schweizer auf die Rolle einer Krieg führenden Macht und proklamierten für die Zukunft vollkommene Neutralität. 1523 fiel die Nordhälfte der Herrschaft Bregenz an Habsburg, so dass Vorarlberg mit Ausnahme von Hohenems und Blumenegg unter österreichischer Herrschaft stand.

Reformation

Die Reformation, 1521 in Konstanz durch Ambrosius Blarer eingeführt, brachte erneut Unruhe in die Bodenseeregion. Der Konstanzer Bischof musste nach Meersburg fliehen. Die Schweizer Städte Schaffhausen und St. Gallen nahmen die Lehre Zwinglis an. Im

Friedensschluss 1531 nach dem Zweiten Kappeler Krieg, der mit der Niederlage und dem Tod Zwinglis endete, erhielten die Schweizer "Orte" das Recht, über ihr Glaubensbekenntnis selbst zu entscheiden. Das Herzogtum Württemberg wurde nach der Vertreibung Herzog Ulrichs von der Österreichischen Zwischenregierung unter Zwangsverwaltung (1520–1534) gestellt. Als der Herzog 1534 zurückkehrte, führte er die Reformation in seinem Land ein. Konstanz, das sich als Reichsstadt dem protestantischen Schmalkaldischen Bund angeschlossen hatte, geriet nach dessen Niederlage 1547 im Krieg gegen Kaiser Karl V. in Reichsacht, wurde 1548 zur österreichischen Landstadt degradiert und rekatholisiert.

Spätmittelalter (Fortsetzung)

Wie andernorts wehrten sich im Zuge der Reformation auch im südlichen Oberschwaben die Bauern gegen die immer drückender werdenden Lasten und schlossen sich 1525 unter ihren Anführern Eitel Hans Ziegelmüller und Dietrich Hurlewagen zum "Seehaufen" zusammen, um ihre in den so genannten Zwölf Artikeln aufgelisteten politisch-religiösen Forderungen durchzusetzen. Die Landbesitzer waren anfangs schlecht gerüstet und wollten durch Verhandlungen Zeit gewinnen. Dann aber schickte der Schwäbische Bund Georg III., Truchsess von Waldburg, später Bauernjörg genannt, mit einem Heer gegen die Aufständischen. Ziegelmüller und seine rund 8000 Gefolgsleute brachten daraufhin Buchhorn (heute Friedrichshafen), Meersburg, Kloster Salem, das Schloss der Grafen von Monfort in Tettnang und die Dörfer am Überlinger See kurzfristig in ihre Gewalt. Eine blutige Entscheidungsschlacht bei Weingarten, wo sich rund 20 000 Bauern gegen eine Minderzahl von Truppen unter dem Truchsess von Waldburg versammelt hat-

Bauernaufstände

Karte des Bodensees und angrenzender Gebiete von 1540

Spätmittelalter (Fortsetzung) — ten, konnte jedoch verhindert werden, weil sich die Parteien im Weingartner Vertrag auf die Einsetzung von Schiedsgerichten zur rechtlichen Klärung der bäuerlichen Forderungen bei gleichzeitiger Straffreiheit für die Aufständischen einigten. Dieser Vertrag wurde allerdings nie Realität, zumal andernorts, wie auch im Hegau durch die Ritterschaft von Hohenems, die Bauernaufstände blutig niedergeschlagen wurden und das schwere Los der Bauern für lange Zeit unverändert blieb.

Wirtschaft — Nach der Entdeckung Amerikas 1492 änderte sich die Wirtschaft Europas grundlegend durch den Überseehandel mit erheblichen Nachteilen für den Wirtschaftsraum Bodensee, der vom einst bedeutenden Umschlagplatz zur Durchgangsstation für den Güterverkehr auf den wichtigen europäischen Handelsrouten herabsank. Die Große Ravensburger Handelsgesellschaft musste deshalb 1530 ihre Tätigkeit einstellen. Die Textilherstellung blieb zwar noch ein herausragender Wirtschaftssektor, verlagerte sich aber auf das Schweizer Bodenseeufer, vor allem nach St. Gallen, wo fortan technisch besser und qualitätsvoller Tuch- und Stickereiwaren produziert wurden. Auf der deutschen Seite hatte Konstanz seine Wirtschaftskraft vollends eingebüßt nach Verlust der Reichsfreiheit, lediglich die Reichsstadt Lindau profitierte weiterhin vom Salzhandel und die Reichsstadt Überlingen vom Getreidehandel.

Vom Dreißigjährigen Krieg zum Wiener Kongress

Dreißigjähriger Krieg (1618 – 1648) — Im Dreißigjährigen Krieg eroberten die Kaiserlichen das protestantische Herzogtum Württemberg, das sich Gustav Adolf von Schweden angeschlossen hatte. Die Schweden besetzten Buchhorn (heute Friedrichshafen), Bregenz und die Insel Mainau, belagerten jedoch Konstanz, Überlingen und Lindau vergeblich. Im Westfälischen Frieden von 1648 wurde die im Krieg neutral gebliebene Schweiz als souveräner Staat anerkannt, allerdings versäumte man, die politischen Grenzen im Bodensee festzulegen. Die wieder hergestellte feudale Ordnung und der Absolutismus ermöglichten in der zweiten Hälfte des 17. Jh.s Adel und Geistlichkeit in Oberschwaben und am Bodensee unter Ausnutzung aller Ressourcen eine nie zuvor gesehene Prachtentfaltung im Stil des Barock.

18. Jahrhundert — Zu Beginn des 18. Jh.s verteidigten die Vorarlberger im Spanischen Erbfolgekrieg ihr Land gegen Frankreich, und auch in den Napoleonischen Kriegen trug der Vorarlberger Landsturm 1799 bei Feldkirch einen Sieg über die Franzosen davon. 1798 war bereits die gesamte Schweiz von den französischen Truppen besetzt worden. Die alte Eidgenossenschaft wurde in die Helvetische Republik umgewandelt, einem künstlichen Einheitsstaat nach französischem Vorbild. Gegen Ende des 18. Jh.s gründeten Genfer Emigranten in Konstanz Textilmanufakturen, deren Nachfolger noch heute existieren. Schon im Vorfeld der Bauernbefreiung kam es zu den so genannten Vereinödungen, bei denen zerstückelte Feldflächen zu einheitlichen Arealen zusammengelegt wurden. Die Zahl der Höfe schrumpfte, viele verarmte Landbewohner wanderten aus oder wurden Tagelöhner an den Webstühlen, die um 1800 immerhin rund 40 000 Menschen um den See den Broterwerb ermöglichten.

1803 führte der Reichsdeputationshauptschluss zur Auflösung der geistlichen Fürstentümer, wovon das Kloster Salem als größter Grundbesitzer am härtesten betroffen war. Mit diesen Ländereien wurde der deutsche Adel für seine an Frankreich abgetretenen linksrheinischen Gebiete entschädigt. Die Mediatisierung hatte die Eingliederung kleinerer in größere politische Gebilde zur Folge und bedeutete den Verlust der Reichsfreiheit für die meisten Städte. Der römisch-deutsche Kaiser Franz II. proklamierte 1804 ein eigenes alle habsburgischen Erblande umfassendes österreichisches Kaiserreich und legte nach Gründung des Rheinbundes auf Druck Napoleons 1806 den römisch-deutschen Kaisertitel ab. Napoleon teilte schließlich das deutsche Bodenseegebiet unter den mit ihm verbündeten Großherzogtum Baden, Königreich Württemberg und Königreich Bayern auf, dem auch Vorarlberg zugeschlagen wurde, das sich 1813 jedoch wieder Österreich anschloss. 1815 trafen sich in Wien die europäischen Staatsmänner, um die Neuordnung Europas nach dem Sturz Napoleons zu beschließen und restaurierten die alte Fürstenherrlichkeit. Im gleichen Jahr regelte der Schweizer Bundesvertrag die politischen Angelegenheiten von nunmehr 22 Kantonen. Im Frieden von Paris wurde der Schweiz von den gegen Napoleon verbündeten Staatenwelt immerwährende Neutralität zugesichert.

Ende des römisch-deutschen Kaiserreichs

19. / 20. Jahrhundert

Nach einer langen Periode der Bedeutungslosigkeit begann 1824 mit der Einrichtung der Liniendampfschifffahrt eine neue Ära am Bodensee, die auch das Entstehen des Fremdenverkehrs begünstigte.

Dampfschifffahrt

Am 12. April 1848 rief Friedrich Hecker auf dem Konstanzer Stephansplatz die erste Deutsche Republik aus. Die Bewegung wurde jedoch im Keim erstickt, und die letzten Freischärler flüchteten in die Schweiz. Nach dem Scheitern der 1848-er Revolution auch andernorts hatten die Fürsten wieder das Sagen.

Freiheitsbewegung

Um 1860 war die Mechanisierung bei Webereien und Spinnereien so weit vorangeschritten, dass man Teile Vorarlbergs und des Schweizer Seeufers mit der Textilproduktion im englischen Manchester verglich. Vor allem Schweizer Kapital wurde investiert, z. B. im wichtigen Eisenbahnknotenpunkt Singen am Hohentwiel, wo die Nahrungsmittelfabrik Maggi und die Schaffhausener Eisen- und Stahlwerke Georg Fischer ihre Standorte hatten. Auch in der Landwirtschaft kam es zu neuen Produktionsformen, die u. a. die Erträge im Hopfen- und Obstanbau steigerten. Im Beisein des badischen Großherzogs Friedrich I. wurde 1863 die internationale Eisenbahnstrecke Waldshut – Schaffhausen – Singen – Radolfzell – Konstanz ("Hochrheinbahn"; 89 km) in Betrieb genommen. 1867/1868 verabschiedeten die Bodenseeanrainerstaaten in Bregenz eine Internationale Schiffahrts- und Hafenordnung (ISHO) für den Obersee und den Überlinger See und eine ähnliche Verordnung für die Schifffahrt auf dem Untersee und Rhein. Von 1879 an überquerte die Eisenbahnfähre den Bodensee von Friedrichshafen nach Romanshorn bis zur Einstellung 1976. Um 1900 machte eine techni-

Kapital und Arbeit

19. / 20. Jahr-
hundert
(Fortsetzung)

sche Großleistung den Bodensee wieder interessant durch den Bau von lenkbaren Luftschiffen durch Ferdinand Graf von Zeppelin. Der Erstaufstieg des "LZ 1" fand im Jahr 1900 in Manzell bei Friedrichshafen statt.

Erster
Weltkrieg
(1914 – 1918)

Der Erste Weltkrieg, in dem die Schweiz neutral blieb, setzte die Grenzlandgemeinschaft am Bodensee zunächst außer Kraft. Im Rahmen der Kriegsproduktion wurden in den Zeppelinwerken in Friedrichshafen etwa ein Drittel der deutschen Flugzeuge gebaut. Kriegsmüdigkeit und soziale Not führten im letzten Kriegsjahr 1918 zu Großdemonstrationen der Arbeiterschaft in Friedrichshafen und Lindau.

Berühmt wurde der Bodensee mit dem Bau von Luftschiffen in Friedrichshafen durch Ferdinand Graf von Zeppelin; die LZ 127 "Graf Zeppelin" ging 1929 an den Start.

Weimarer
Republik
(1919 – 1933)

Nach dem Zusammenbruch des deutschen Kaiserreichs waren die Anfangsjahre der Weimarer Republik zunächst von sozialer Not geprägt, erst allmählich wuchs wieder Vertrauen in den grenzüberschreitenden Bodenseehandel und Tourismus. In der neuen Republik Österreich wurde Vorarlberg von Tirol abgetrennt und erhielt eine eigene Landesregierung. Claude Dornier entwickelte in seiner Manzeller Flugzeugwerft bei Friedrichshafen eine Reihe von Großflugbooten.
Im Jahr 1925 trafen Vertreter aus dem gesamten Bodenseeraum im schweizerischen Mannenbach am Untersee zu einer internationalen Bodensee-Verkehrskonferenz zusammen. 1928 eröffnete der Fährbetrieb auf dem Überlinger See zwischen Staad (Konstanz) und Meersburg.

Nationalsozialistische Herrschaft (1933 – 1945)

Nach dem "Anschluß" Österreichs an das Deutsche Reich wurde Vorarlberg 1939 dem Reichsgau Tirol zugeschlagen. Von den Verheerungen des Zweiten Weltkrieges (1939 – 1945), in dem die Schweiz ihre traditionelle Neutralität wahren konnte, blieben die Ufer des Bodensees – mit Ausnahme der Industriestadt Friedrichshafen und ihrer Rüstungsbetriebe – weitgehend verschont.

Nach 1945

Am Ende des Zweiten Weltkriegs wurden die Gebiete am Bodensee von alliierten Truppen besetzt und den französischen Besatzungszonen in Deutschland und Österreich zugeordnet. In der Nachkriegszeit entwickelte sich der deutsche Bodenseeraum allmählich zu einem Ferien- und Erholungsgebiet. Neben der intensiv betriebenen Landwirtschaft, vor allem Obst- und Gemüsebau, sowie dem regen Handel und Gewerbe gab es auch wieder Industrieansiedlungen. Vorarlberg teilte als westlichstes Bundesland der wieder erstandenen Republik Österreich ihre Geschicke und nahm einen beachtlichen Aufschwung. In der Bundesrepublik Deutschland wurden nach heftigen Auseinandersetzungen die Länder Baden (Südbaden), Württemberg-Baden und Württemberg-Hohenzollern zum Bundesland Baden-Württemberg mit der Landeshauptstadt Stuttgart durch die Volksabstimmung 1951 zusammengefasst.
Elisabeth Noelle-Neumann gründete 1947 in Allensbach das Institut für Demoskopie, um den Wiederaufbau Deutschlands durch kritische Meinungsumfragen zu begleiten. Im schweizerischen St. Gallen konstituierte sich 1955 eine internationale Gewässerschutzkommission für den Bodensee. Im Februar 1963 wurde die einzige Seegfrörne des 20. Jh.s wie ein Volksfest gefeiert. 1966 wurde die Universität Konstanz gegründet, die zusammen mit der älteren Hochschule und Universität St. Gallen sowie der 1920 gegründeten Schule Schloss Salem zu den renommierten Bildungseinrichtungen der Region gehört.
1976 trat die von den Seeuferstaaten unterzeichnete Bodensee-Schiffahrtsordnung (BSO) in Kraft trat. Die 1989 in Bregenz tagende 10. Internationale Bodenseekonferenz beschloss u.a. die Bevorzugung von motorlosen Booten bei der Vergabe von Liegeplätzen und die Einführung von Abgasvorschriften für Schiffsmotoren. Die legendären Zeppeline erstanden mit dem neuen Zeppelin NT wieder auf. Dieser startete 1997 zu seinem Jungfernflug und führt heute Rundflüge über den Bodensee durch. 1999 wurde der Bodensee von einem schweren Hochwasser heimgesucht. Der Wasserpegel erreichte in Konstanz 5,65 m, die höchste Marke seit mindestens 60 Jahren. Eine der schwersten Katastrophen in der europäischen Luftfahrt ereignete sich 2002 in der Nähe von Überlingen bei einem Zusammenstoß einer russischen Passagiermaschine der Baskirian Airlines mit einer deutschen Frachtmaschine des Paketdienstes DHL, bei dem 71 Passagiere, überwiegend Kinder und Jugendliche, ums Leben kamen.

> **Baedeker TIPP) Zeppeline**
>
> Für Liebhaber der legendären Zeppeline ist das schön gestaltete Zeppelin Museum in Friedrichshafen ein Muss. Hauptattraktion des Museums ist der Nachbau eines Teils des Zeppelins "Hindenburg", der auch von innen zu besichtigen ist.

Berühmte Persönlichkeiten

Cosmas Damian Asam
Maler, Baumeister
(1686 – 1739)

Der einer bayerischen Künstlerfamilie entstammende Cosmas Damian Asam wurde in Benediktbeuren geboren. In Rom ausgebildet und von Bernini beeinflusst, übertrug er die illusionistischen Gestaltungsmittel der Hochbarockmalerei in den Bodenseeraum und nach Oberschwaben. Zu seinen Werken zählen u. a. die Deckenfresken in der Klosterkirche von Weingarten sowie Altarbild und Deckenbild in der Nepomukkapelle von Meßkirch.

Giovanni Gaspare Bagnato
Baumeister
(1696 – 1757)

Der aus Como stammende Giovanni Gaspare Bagnato wurde als Deutschordensbaumeister ins südwürttembergische Altshausen zum Schlossneubau berufen und war seit 1732 für die Errichtung der Schlosskirche auf der Insel Mainau verantwortlich. Das Kornhaus in Rorschach und die Stiftskirche in Lindau sind ebenfalls seine Werke. Ferner war er an der Planung des Neuen Schlosses von Meersburg, des Klosterneubaus von Salem und des Münsters von St. Gallen beteiligt. Bagnato, der in seiner Formensprache dem strengen Baukörperprinzip französischer Prägung mit plastischen Dekorakzenten folgte, verstarb auf der Insel Mainau.

Beer
Baumeisterfamilie
(17. / 18. Jh.)

Der aus Au im Bregenzer Wald gebürtige Baumeister Franz Beer von Bleichten entstammt einer weit verzweigten Baukünstlerfamilie, die das Vorarlberger Bauschema als Variante der Barockarchitektur um 1700 in ganz Süddeutschland und der Schweiz verbreitete durch die Errichtung zahlreicher Wandpfeilerkirchen. Diese einschiffigen Kirchenräume haben anstelle von Seitenschiffen kräftige in das Schiff hineinragende Wandpfeiler, die Kapellennischen ausbilden. Nach Beers Vorstellungen und Plänen entstanden u. a. die Klosterkirche von Weingarten, das Kloster Münsterlingen, die Stiftskirche von Obermarchtal und die Prämonstratenserklosterkirche Weißenau bei Ravensburg. Ab 1705 lebte Franz Beer in Konstanz und wurde für seine Verdienste 1722 geadelt. Johann Michael Beer (1696 – 1780) war Baumeister an der Stiftskirche von St. Gallen, wo auch Johann Ferdinand Beer (1731 – 1789) wirkte, der zudem die Klostergebäude des Benediktinerstifts in Bregenz-Mehrerau schuf.

Emanuel Freiherr von und zu Bodman
Schriftsteller
(1874 – 1946)

Der aus einer alten badischen Adels- und Diplomatenfamilie stammende Emanuel Freiherr von und zu Bodman wurde in Friedrichshafen geboren und lebte nach Studienaufenthalten in München, Zürich und Berlin bis zu seinem Tod im schweizerischen Gottlieben. Sein schriftstellerisches Werk steht dem Neoklassizismus und der Neoromantik nahe. Zartheit und Stimmungsfülle durchdringen Bodmans Gedichte, Feinsinn seine Novellen. Er schrieb aber auch volkstümliche Erzählungen und Dramen um ideelle Konflikte.

Andreas Brugger
Maler
(1737 – 1812)

Als Sohn eines leibeigenen Bauern in Kressbronn am Bodensee geboren, wurde Andreas Brugger 1755 von den Grafen von Montfort zu Franz Anton Maulbertsch nach Wien geschickt, bei dem er für mehrere Jahre Schüler war. Nach einem Studienaufenthalt in Rom entwickelte er sich zu einem der bedeutendsten Barockmaler Süddeutschlands. Seine Deckenfresken und Altarbilder sind charakteristische Beispiele für den fantasievollen Übergang vom Spätbarock zum Klassizismus. Zu seinen hervorragendsten Werken zählen die Deckengemälde über Hauptschiff und Chor der ehemaligen Damenstiftskirche St. Cornelius und Cyprian in Bad Buchau, die großen Deckenbilder im Langhaus der Kirche St. Verena in Bad Wurzach sowie seine Arbeiten in den Schlössern von Tettnang und Salem, ferner in Rorschach und Hohenems. Weitere Werke Bruggers, etwa der "Flötenspieler" oder das "Kinderbild", befinden sich im Museum von Langenargen, wo der Maler über 40 Jahre bis zu seinem Tod lebte.

Otto Dix
Maler
(1891 – 1969)

Der aus dem ostthüringischen Untermhaus, heute ein Stadtteil von Gera, stammende Otto Dix gilt als bedeutender Vertreter des kritischen Verismus. Nach Kriegsdienst im Ersten Weltkrieg malte er zunächst im wirklichkeitsverfremdenden Stil des Dadaismus, um anschließend in einem krass realistisch-kritischen Stil die Gesellschaft der Weimarer Republik ins Visier zu nehmen. Von 1927 bis 1933 wirkte Dix als Professor an der Dresdener Kunstakademie, wurde aber von den Nationalsozialisten seines Amtes enthoben und ab 1934 mit einem Ausstellungsverbot belegt. Geißelte Dix mit schonungslos detailliertem, zuweilen ins Groteske gesteigertem Realismus den Krieg sowie politische und soziale Missstände, insbesondere die Entwürdigung und Ausbeutung des Menschen in den Zwanziger Jahren, so zog er sich während der NS-Diktatur auf die unauffällige Landschaftsmalerei im altdeutschen Stil zurück. Nach dem Zweiten Weltkrieg kritisierte er die genusssüchtige bundesdeutsche Wirtschaftswundergesellschaft.
Seit 1936 lebte der Künstler in Hemmenhofen auf der Halbinsel Höri und verstarb in Singen. Aus seiner Zeit am Bodensee stammen u. a. die Buntglasfenster (1958) zur Petrusgeschichte in der evangelischen Kirche von Öhningen-Kattenhorn und zahlreiche Bildwerke, die in seinem Atelier- und Wohnhaus in Hemmenhofen zu betrachten sind.

Claude Dornier
Flugzeug-
konstrukteur
(1884 – 1969)

Der in Kempten im Allgäu geborene Claude Dornier studierte an der Technischen Hochschule in München, legte 1907 sein Examen zum Diplomingenieur ab, arbeitete zunächst als Statiker in verschiedenen Firmen und trat 1910 in den Luftschiffbau der Friedrichshafener Zeppelinwerke ein, wo er 1913 zum persönlichen wissenschaftlichen Berater des Grafen von Zeppelin avancierte. Im Jahr 1922 wurden die Zeppelinwerke in "Dornier Metallbauten GmbH" umbenannt. Mit diesem Unternehmen begründete Dornier maßgeblich den Ruf der deutschen Luftfahrtindustrie.

Dornier
(Fortsetzung)

Durch seine Pionierarbeiten im Metallflugzeugbau sowie die erfolgreichen Konstruktionsleistungen auf dem Gebiet hochseefähiger Flugboote ("Do X", "Do 26") und von Hochleistungslandflugzeugen gehört er zu den herausragenden Persönlichkeiten in der Geschichte der deutschen Luftfahrt.

Die nach dem Zweiten Weltkrieg gebildete Dornier-Gruppe wurde 1985 mehrheitlich von der Daimler AG übernommen und ist u. a. in der Umwelt-, Verkehrs-, Medizin- und Kerntechnik tätig. Das Dornier-Museum im Neuen Schloss in Meersburg gibt Einblick in das Wirken von Dornier.

Feuchtmayer
Künstlerfamilie
(17. / 18. Jh.)

Die aus dem oberbayerischen Wessobrunn stammende Künstlerfamilie Feuchtmayer (Feuchtmayr, Faichtmayr, Feichtmayr) hat eine Reihe bedeutender Stuckateure, Altarbauer und Bildhauer hervorgebracht, deren herausragende Leistungen weit über den bayerisch-fränkischen Raum hinausgehen. So gilt der Bildhauer Joseph Anton Feuchtmayer (1696 – 1770) als der Hauptmeister der Rokoko-Bildnerei im Bodenseeraum, der bewegt-dramatischen Ausdruck mit einer Neigung zum Spielerisch-Grotesken verband. Er schuf u. a. die Ausstattung der Schlosskapellen in Meersburg und auf der Insel Mainau, der Wallfahrtskirche Birnau und von Kloster Salem, den Hochaltar der Franziskanerkirche in Überlingen, das Chorgestühl der Stiftskirche in St. Gallen und der Abteikirche in Weingarten. Dem genialen Rokoko-Stuckateur Johann Michael Feuchtmayer (1709 – 1772) verdankt die Nachwelt u. a. die Stuckdekoration in der Kirche von Zwiefalten.

Hl. Gallus
Mönch
(550 – 645)

Der aus Irland stammende Mönch Gallus wurde von Columban zum Priester geweiht und machte sich mit diesem im Jahr 590 auf, um als Missionar in Gallien und Alemannien zu wirken. Während einer Rast machte sich ein Bär über die Mahlzeit her. Furchtlos zwang Gallus den Bären, Holz für den Bau der Kirche herbeizuschaffen, wofür er Nahrung erhalten solle, aber auch die wilden Tiere abwehren müsse. Um das Jahr 612 gründete er "in der grünen Wildnis zwischen Bodensee und Säntis" eine Einsiedelei, aus welcher um 720 ein Kloster und bald darauf unter Abt Otmar die Benediktinerabtei St. Gallen entstand. Es wird berichtet, dass der hochbetagte Gallus in Arbon am Bodensee verstorben sei. In St. Gallen wird Gallus häufig mit seinem Attibut, dem aufgerichteten Holz tragenden Bären, dargestellt.

Martin
Heidegger
Philosoph
(1889 – 1976)

Der Philosoph Martin Heidegger, in Meßkirch geboren, war einer der bedeutendsten Denker des 20. Jh.s. 1923 wurde er ordentlicher Professor der Philosophie in Marburg und übernahm 1928 als Nachfolger von Edmund Husserl die Professur in Freiburg im Breisgau. Im Zentrum seines Denkens steht die Seinsfrage, die er in drei Phasen erforscht mit der Frage nach dem "Sinn von Sein" (1922 – 1933), mit der Frage nach der "Wahrheit des Seins" (1934 – 1946) und der

Frage nach der "Ortschaft des Seins" (ab 1947). Heidegger gilt als Begründer der modernen Existenzphilosophie, der großen Einfluss auf die Theologie (In-der-Welt-Sein des Menschen), Psychologie (Daseinsanalyse) sowie Kunst und Literatur ausübte. Von 1945 bis 1951 durfte er aufgrund eines Verbots der französischen Besatzungsmacht wegen seines Engagements für den Nationalsozialismus kein Lehramt ausüben. Bis heute ist Heideggers Engagement für die Nationalsozialisten Gegenstand von Diskussionen. In seinem Geburtsort Meßkirch gibt es ein Heidegger-Archiv.

Heidegger (Fortsetzung)

Der als Sohn eines baltischen Missionspredigers in Calw in pietistischer Strenge aufgewachsene Hermann Hesse entzog sich 1892 nach einem einjährigen Aufenthalt im evangelisch-theologischen Seminar in Maulbronn durch Flucht den Erwartungen seiner Eltern und begann später eine Buchhändlerlehre in Tübingen. Nach vorübergehender Tätigkeit als Antiquar in Basel entschloss sich Hesse 1904 freier Schriftsteller zu werden. Reisen führten ihn durch Europa und Indien (1911), bis er sich später im Tessin niederließ, 1923 Schweizer Staatsbürger wurde und fortan in Montagnola lebte. Hesse erhielt 1946 den Nobelpreis für Literatur und 1955 den Friedenspreis des deutschen Buchhandels. Naturinnige Neuromantik und psychologisches Einfühlungsvermögen prägen sein Frühwerk, das im wesentlichen ab 1904 in Gaienhofen am Höri entstand, wo er bis 1912 mit seiner Familie lebte. Dort vollendete er "Unterm Rad", schrieb die Erzählungen "Diesseits", "Nachbarn" und "Umwege", die Kindheits- und Jugenderlebnisse in Calw und Maulbronn verarbeiten. 1910 erschien der Musikerroman "Gertrud" neben zahlreichen Gedichten und Prosaskizzen über die Bodenseelandschaft und das Dorfleben. Berühmt wurde er später durch die Werke "Steppenwolf" (1927) und "Glasperlenspiel" (1943).

Hermann Hesse Schriftsteller (1877 – 1962)

Baedeker TIPP: Hesse-Museum

Wer sich Einblick in das Leben von Hermann Hesse in Gaienhofen verschaffen möchte, sollte das dortige Hermann-Hesse-Höri-Museum besuchen. Das Museum umfasst die ehemaligen Wohnräume des Dichters, wo Hesse auch als Maler präsentiert wird.

Der im südböhmischen Husinec geborene Bauernsohn Jan Hus (Johannes Huß) war zunächst Prediger in Prag an der Bethlehemskapelle, später Magister an der dortigen Karlsuniversität (1409/1410

Jan Hus Kirchenreformer (um 1370 – 1415)

Baedeker SPECIAL

"Sanfte Zauberfluth"

Die Dichterin Anna Elisabeth Freiin von Droste zu Hülshoff (1797 – 1848), auf der Wasserburg Schloss Hülshoff bei Münster in Westfalen geboren, lebte ab 1841 bis zu ihrem Tod überwiegend im Alten Schloss von Meersburg.

Den Bodensee hatte die "Droste", wie Annette von Droste-Hülshoff ehrerbietig genannt wurde, erst in späten Lebensjahren in ihr poetisches Herz geschlossen, als sie sich wiederholt wegen ihrer angeschlagenen Gesundheit bei ihrer Schwester Jenny und ihrem Schwager Joseph Freiherr von Laßberg, der 1837 das Alte Schloss gekauft hatte, in dem badischen Landstädtchen Meersburg aufhielt. In ihrem Gedicht "Auf hohem Felsen lieg ich hier" beschrieb sie den Bodensee als Spiegel ihrer Seele: "Mir ist er gar ein trauter Freund/Der mit mir lächelt, mit mir weint/Ist wenn er grünlich golden ruht/Mir eine sanfte Zauberfluth/Aus deren tiefen klaren Grund/Gestalten meines Lebens steigen/Geliebte Augen, süßer Mund/Sich lächelnd zu mir neigen ..." Vom Herbst 1841 bis zum Februar 1842 verfasste sie im Alten Schloss allein 53 Gedichte, nicht zuletzt inspiriert durch das tägliche Zusammensein mit dem Dichterfreund Levin Schücking, der eine befristete Anstellung als Bibliothekar beim Freiherrn von Laßberg erhalten hatte und sie bestärkte, die Gedichtsammlung "Meersburger Lieder" fortzuschreiben und zu publizieren. Heiterkeit und Melancholie prägen gleichermaßen ihre Bodenseegedichte, wenn sie zum einen "An Philippa"

Die Droste, wie sie respektvoll genannt wird.

schreibt: "Im Osten quillt das junge Licht,/Sein goldner Duft spielt auf den Wellen,/Und wie ein zartes Traumgesicht/Seh' ich ein fernes Segel schwellen;/O könnte ich, der Möwe gleich,/Umkreisen es in lust'gen Ringen!/O wäre mein der Lüfte Reich,/Mein junge lebensfrische Schwingen! ..." und in einem andern Gedicht "Am Bodensee" klagend formuliert: "Ueber Gelände, matt gedehnt,/Hat Nebelhauch sich wimmelnd gelegt,/Müde, müde die Luft am Strande stöhnt ..."

Erste Erfolge

Das Erscheinen ihres bei Cotta in Stuttgart verlegten Gedichtbandes im September 1844 erfüllte sie mit Genugtuung und bewirkte erstmals große Anerkennung, obwohl sie sich geweigert hatte, vor ihrem 40. Lebensjahr eigene Werke zu veröffentlichen. Fortan wurden ihre Gedichte häufiger in Zeitungen und Zeitschriften abgedruckt. Als die Dichterin im selben Jahr mit dem Geldsegen das so genannte Fürstenhäusle oberhalb der Meersburger Altstadt erwarb, um darin ihrem Dichterinnenleben zu frönen, schrieb sie in einem Brief: "... so betrachte ich Meersburg wie die zweite Hälfte meiner Heimath, und bin auch wirklich recht gern dort, – nicht nur, was den Aufenthalt im Schlosse anbelangte ..., sondern auch das Städtchen ist so angenehm ... man ist völlig unbelästigt, kann ganz angenehmen Umgang finden, Musick, Lecture, mehr als man erwarten konnte, und darf auch, andrerseits, sich zurückziehn, z. B. wie ich, fast isolirt leben ohne Nachrede und piquirtes Wesen fürchten zu dürfen ..." Allerdings riss der Kontakt zur westfälischen Heimat nicht ab, denn im Herbst 1844 reiste sie mit ihrer Mutter zurück auf deren Witwensitz Rüschau bei Münster und kehrte erst wieder im Oktober 1846 an den Bodensee zurück, gezeichnet von schwerer Krankheit. Bereits als Kind war sie häufig kränkelnd, aber musikalisch, schauspielerisch und zeichnerisch begabt. Erste lyrische Versuche unternahm sie als Achtjährige während der Sommerferien bei ihren Großeltern von Haxthausen im ostwestfälischen Bökendorf. Anton Matthias Sprickmann nahm sich ab 1812 der jugendlichen Dichterin an und förderte sie literarisch bis 1819. In dieser Zeit lernte sie die Brüder Jakob und Wilhelm Grimm kennen, nahm am Sammeln von Volksliedern und Märchen teil, schloss Bekanntschaft mit dem Maler Ludwig Grimm und Amalie Hassenpflug. 1818 arbeitete sie an dem Versepos "Walter", verliebte sich für einige Zeit unglücklich und schrieb seit 1820 religiöse Gedichte, die, gesammelt in „Das geistliche Jahr", postum 1851 erschienen. Eine ärztlich empfohlene Luftveränderung führte sie 1825 an den Rhein, wo sie auf Vermittlung ihres Onkels mit den Bonner Professoren August Wilhelm Schlegel, Eduard d'Alton und Josef Ennemoser Kontakt aufnahm. Während ihres zweiten Besuchs am Rhein 1828 begann sie mit der Arbeit am "Hospiz auf dem Großen St. Bernhard". 1831 lernte sie Johanna Schopenhauer kennen und begegnete erstmals in Rüschhaus Levin Schücking, mit

Arbeitszimmer der Dichterin im Alten Schloss in Meersburg

dem sie bis 1846 eine innige Freundschaft verband. Auf einer Besuchsreise nach Eppishausen im Thurgau, wohin ihre Schwester mit dem Germanisten und Sammler Joseph von Laßberg geheiratet hatte, lernte Droste-Hülshoff den Bodenseeraum kennen.

"Die Judenbuche"

Wieder zurück in Rüschhaus, bearbeitete sie erstmals den Stoff für "Die Judenbuche", die 1842 als Kriminalnovelle nach einem historischem Ereignis verdichtet wurde zu einer religiösen, psychischen und sozialen Milieuschilderung. Naturgedichte und Balladen folgten, die wiederholt in ihrer westfälischen Heimat spielten wie "Heidebilder" (1841 – 1842) und darin die Ballade "Der Knabe im Moor": O schaurig ists übers Moor zu gehn, / Wenn es wimmelt vom Heiderauche, / Sich wie Phantome die Dünste drehn / Und die Ranke häkelt am Strauche, / Unter jedem Tritte ein Quellchen springt, / Wenn aus der Spalte es zischt und singt ..." Die Bedrohung menschlichen Daseins durch Naturgewalten blieb auch ein Merkmal der späten Lyrik der Droste. Dabei verband sie wie kaum zuvor stimmungsgeladene, ins Symbolistische gehende Sprachbilder mit manchmal detailhaft-realistischer Beobachtung. Ihre ungemein hohe Sensibilität führte zu gesteigerter Ausdrucksfähigkeit, auch angesichts der schwächer werdenden körperlichen Verfassung. Nach langem Siechtum starb sie am 24. Mai 1848 nach heftigem Bluthusten im Alten Schloss zu Meersburg. Aus dem Gedicht "Lebt wohl" an Levin Schücking klingen ihre Worte nach: ...Laßt mich an meines Sees Bord / Mich schaukelnd mit der Wellen Strich, / Allein mit meinem Zauberwort / Dem Alpengeist und meinem Ich ..."

Hus
(Fortsetzung)

Rektor). Seine kirchlichen Reformideen, die auf den Gedanken des englischen Reformers John Wyclif gründeten und zugleich in engem Zusammenhang mit dem aufkeimenden tschechischen Nationalismus standen, wirkten weit über die Grenzen Böhmens hinaus. Schon als Prediger wandte er sich gegen die absolute Autorität des Papstes, kritisierte den weltlichen Kirchenbesitz und forderte eine böhmische Nationalkirche, worin er vom Volk und König Wenzel bestärkt wurde. Nach Predigtverbot und Bann durch Papst Alexander V. 1411 stellte Hus in seiner sich auf die Bibel berufenden Streitschrift "De Ecclesia" ("Über die Kirche") die Kirche als unhierarchische Versammlung der Gläubigen dar, die nur Christus, nicht aber den Papst als Haupt anerkenne. Im Jahr 1414 begab sich Hus unter von König Sigismund zugesichertem freien Geleit nach Konstanz, wurde dort dennoch verhaftet, da er seine Ansichten vor dem Konzil nicht widerrufen wollte, wegen Ketzerei zum Tod verurteilt und 1415 auf dem Scheiterhaufen verbrannt. Der Märtyrertod machte Hus zum Helden der kirchenreformerischen und sozialrevolutionären Bewegung der Tschechen, die sich nach ihm Hussiten nannten.

Ernst Jünger
Schriftsteller
(1895 – 1998)

Als 18-jähriger Gymnasiast ging der in Heidelberg geborene Ernst Jünger 1913 zur Fremdenlegion, diente als Freiwilliger im Ersten Weltkrieg und blieb bis 1923 bei der Reichswehr. Nach dem Studium der Zoologie und Philosophie lebte er ab 1926 als freier Schriftsteller, zuletzt in Wilflingen, wo er 1998 verstarb und ein Museum an ihn erinnert. Seine aus dem Ersten Weltkrieg gewonnene Erkennntnis des "heroischen Nihilismus" kommt in den Tagebuchskizzen "In Stahlgewittern" (1920) und im Essay "Der Kampf als inneres Erlebnis" (1922) zum Ausdruck. Häufige geistige Standpunktwechsel bestimmen seine Werke der Dreißigerjahre im Bemühen um eine philosophische Analyse des Zeitgeistes, wozu die Erzählung "Auf den Marmorklippen" gehört. Nach dem Zweiten Weltkrieg thematisiert Jünger wiederholt das Verhältnis von Individuum und Macht, Natur und Technik wie in "Heliopolis"(1949) und "Gläserne Bienen"(1957).

Franz Anton
Maulbertsch
Maler
(1724 – 1796)

Der Barockmaler Franz Anton Maulbertsch kam in Langenargen zur Welt und war ab 1739 bis zu seinem Tod in Wien ansässig. Zunächst erhielt er seine Ausbildung an der dortigen Kunstakademie, deren Mitglied (1759) und Professor (1770) er später wurde. Visionäres und Expressives verband Maulbertsch zu effektvoll-dramatischen Kompositionen, vor allem bei Deckengemälden für Kirchen, Schlösser und Bibliothekssäle in Österreich, Böhmen und Ungarn. Ferner entstanden etliche bedeutende Altarblätter, von denen einige im Museum von Langenargen und im Zeppelin Museum in Friedrichshafen zu sehen sind.

Franz Anton
Mesmer

Der aus Iznang auf der Halbinsel Höri am Bodensee gebürtige und in Meersburg verstorbene Mediziner Franz Anton Mesmer (1734 bis

1815) begründete die Lehre vom animalischen (tierischen) Magnetismus, die nach ihm "Mesmerismus" genannt wird. Als Arzt trat er durch seine Erfolge mit der von ihm entwickelten Magnetotherapie hervor, die als Vorläuferin der Hypnosetherapie gilt.

Mesmer
(Fortsetzung)

Hermann Müller (später Müller-Thurgau) wurde im thurgauischen Tägerwilen geboren, besuchte das Lehrerseminar in Kreuzlingen am Bodensee, absolvierte ein naturwissenschaftliches Studium in Zürich und Würzburg und erhielt 1902 den Professorentitel an der Eidgenössischen Technischen Hochschule in Zürich. Bereits 1876 wurde der junge Wissenschaftler zum Leiter des Instituts für Pflanzenphysiologie an der Weinbauschule im rheingauischen Geisenheim berufen. Dort widmete er sich ganz der Weinrebenzucht und stellte 1882 seine Neuzüchtung, eine Kreuzung der Rieslingrebe mit der Silvanerrebe vor, die nach ihm benannte Müller-Thurgau-Rebe, die früh reifende, bukettreiche Weine mit feinem Muskatgeschmack hervorbringt. Im Jahr 1891 wurde Müller-Thurgau als erster Direktor an die neu gegründete Eidgenössische Forschungsanstalt für Obst-, Wein- und Gartenbau in Wädenswil am Zürichsee berufen, wo er auf den Gebieten des Weinbaus und der Bekämpfung von Pflanzenkrankheiten bahnbrechend wirkte.

**Hermann Müller-Thurgau
Botaniker
(1850 – 1927)**

Der aus Karlsruhe gebürtige und auch dort verstorbene Joseph Victor Scheffel, seit 1876 adelig, studierte Jura in München, Heidelberg und Berlin und arbeitete anschließend als Rechtspraktikant. Im Jahr 1852 unternahm er als Malerpoet eine erste Italienreise und schied anschließend aus dem Staatsdienst aus, um ein Wanderleben als freier Schriftsteller am Bodensee, bei St. Gallen und in Heidelberg zu führen. Von 1857 bis 1859 arbeitete er als Fürstenbergischer Bibliothekar in Donaueschingen. Seit 1863 hielt er sich in Meersburg beim Freiherrn von Laßberg auf. Aus Gesundheitsgründen begab er sich 1872 nach Radolfzell am Bodensee, wo er sich auf der Halbinsel Mettnau eine Villa, das "Scheffelschlößle", bauen ließ. Scheffel trat als Lyriker, Versepiker und Erzähler mit romantisch verklärten historischen Stoffen hervor. Seinem Roman "Ekkehard" war ein großer Erfolg beschieden ebenso wie seinen Kommersliedern "Als die Römer frech geworden" oder "Wohlauf, die Luft geht frisch und rein".

**Joseph Victor von Scheffel
Dichter
(1826 – 1886)**

Der aus Wangen im Allgäu gebürtige und in Konstanz verstorbene Franz Joseph Spiegler erhielt seine Ausbildung zum Maler in München, Wien und Ottobeuren. Ab 1727 war er längere Zeit in Riedlingen an der Donau ansässig und wurde 1752 fürstbischöflicher Maler in Konstanz. Er gehört zu den Meistern der spätbarocken Architekturmalerei in Oberschwaben. Seine Deckenmalereien in den Klosterkirchen Salem und Zwiefalten, ferner seine Fresken in der Damenstiftskirche von Lindau und in der Schlosskirche auf der Bodenseeinsel Mainau verbinden bewegungsreiche Figureninszenierung mit kühner Raumwirkung.

**Franz Joseph Spiegler
Maler
(1691 – 1757)**

Berühmte Persönlichkeiten

Heinrich Suso
Mystiker
(1295? – 1366)

Heinrich Seuse (latinisiert Suso), der Sohn eines Konstanzer Patriziers, nahm den Namen seiner Mutter an, trat 1308 als Novize bei den Konstanzer Dominikanern ein, studierte um 1324 in Köln bei dem berühmten Meister Eckhart, war um 1330 Lektor der Theologie im Konstanzer Inselkloster und seit 1335 in oberrheinischen und schweizerischen Frauenklöstern tätig. Von 1339 bis 1346 hielt sich Suso als Verbannter in der Reichsstadt Diessenhofen auf und übersiedelte infolge der Auseinandersetzungen zwischen Kaiser Ludwig dem Bayern und dem Papst nach Ulm an der Donau, wo er bis zu seinem Ende im Konvent lebte. Susos theologische Schriften stehen deutlich unter dem Einfluss der Lehren des Thomas von Aquin und des Meisters Eckhart. Seine theologischen Hauptwerke "Leben", "Büchlein der Wahrheit", "Büchlein der ewigen Weisheit" und "Briefbüchlein" sind in deutscher Sprache geschrieben. Der lyrische und bilderreiche Sprachstil zeichnet Suso als den dichterisch wohl begabtesten deutschen Mystiker aus.

Thumb
Baumeister-
familie
(17./18. Jh.)

Die im Bregenzer Wald beheimatete Baumeistersippe Thumb war neben der Familie Beer Hauptträger der Vorarlberger Bauschule, die um 1700 die süddeutsche Barockarchitektur vom italienischen Vorbild befreite durch die Errichtung zahlreicher Wandpfeilerkirchen als neuen Typus. Besondere Merkmale ihrer Kirchen sind tonnengewölbte einschiffige Langhäuser, deren kräftige Wandpfeiler Kapellen ausnischen, über denen Emporen liegen. Die Gebrüder Michael Thumb († 1690) und Christian Thumb († 1726) errichteten gemeinsam u. a. die Klosterkirche in Obermarchtal und die Schlosskirche in Friedrichshafen. Peter Thumb (1681 – 1766), der Sohn von Michael Thumb, ist der Erbauer der Wallfahrtskirche Birnau sowie der Klosterkirche in St. Gallen.

Christoph Martin
Wieland
Dichter
(1733 – 1813)

Christoph Martin Wieland, der neben Lessing bedeutendste Dichter der deutschen Aufklärung, wurde als Pfarrerssohn in Oberholzheim bei Biberach geboren, wo er seine Kindheit und Jugend verbrachte. Von 1747 bis 1749 erfuhr er eine pietistische Erziehung im Kloster Bergen bei Magdeburg. Nach philosophischen Studien in Erfurt und einem nicht abgeschlossenen Jurastudium in Tübingen (1750 – 1752) wandte er sich der Literatur zu. Im Jahr 1769 erhielt er eine Professur für Philosophie an der kurmainzischen Universität in Erfurt, wurde dann Erzieher am Weimarer Hof und lebte ab 1775 als Schriftsteller in Weimar und auf seinem Gut Oßmannstedt. Wieland entfaltete eine sehr rege literarische Tätigkeit mit Verserzählungen, Kleinepen und Dramen. Daneben übertrug er 22 Shakespeare-Dramen ins Deutsche, ferner übersetzte er antike Autoren wie Horaz, Lukian, Euripides und Cicero. Als Herausgeber der ersten bedeutenden deutschen Literaturzeitschrift "Teutscher Merkur" nahm er Einfluss auf die Geschmacksbildung des 18. Jh.s.

Wieland
(Fortsetzung)

Ferdinand Graf von Zeppelin, als Spross eines 1806 in den Grafenstand erhobenen württembergischen Zweiges der mecklenburgischen Uradelsfamilie Zeppelin in Konstanz geboren, besuchte zunächst die Kriegsschule in Ludwigsburg, dann die Universität in Tübingen und das Polytechnikum in Stuttgart. Während des amerikanischen Sezessionskrieges hielt er sich als Beobachter in den USA auf, wo er 1863 erstmals einen Aufstieg mit dem Fesselballon unternahm. Nach der Teilnahme als Offizier an den deutschen Feldzügen der Jahre 1866 und 1870/1871 schied er 1891 als Generalleutnant aus dem Militärdienst aus. Zeppelin widmete sich fortan der Luftschifffahrt und baute – nach Berechnungen des Ingenieurs Theodor Kober – überwiegend aus eigenen Mitteln das erste lenkbare Starrluftschiff, das im Jahr 1900 in Manzell am Bodensee aufstieg und bereits alle wesentlichen Konstruktionsmerkmale der insgesamt 129 späteren "Zeppeline" besaß, die trotz vieler Rückschläge in seiner Friedrichshafener Luftschiffwerft gebaut wurden. Graf von Zeppelin verstarb in Berlin und wurde in Stuttgart beigesetzt.

Ferdinand Graf von Zeppelin Luftschiffbauer (1838 – 1917)

Bad Waldsee ist der Stammort der bedeutenden oberschwäbischen Bildhauerfamilie Zürn, deren Sprösslinge im Bodenseeraum, im bayerisch-österreichischen Innviertel und in Olmütz/Mähren im 17. und 18. Jh. wirkten. Jörg Zürn richtete sich ab 1606 eine Werkstatt in Überlingen am Bodensee ein, wo er den holzgeschnitzten, farbig gefassten Marienaltar und das mit spätgotischem Wuchs und Renaissanceformen durchsetzte Kalkstein-Sakramentshaus (1611) der Münsterkirche schuf. Der monumentale, vielfigurige geschnitzte Hauptaltar im Münster gilt als eine der originellsten Leistungen des deutschen Manierismus mit einerseits noch Rückgriffen auf die großen spätgotischen Schreinflügelaltäre und andererseits der Umsetzung des Formenvokabulars der Renaissance.

Jörg Zürn Bildhauer (um 1583 – um 1635)

Berühmte Persönlichkeiten

Kunst und Kultur

Kunstgeschichte

Römische Antike

Der Bodenseeraum gelangte erst seit der Regierungszeit des Kaisers Augustus unter römischen Kultureinfluss, der überwiegend von den an der römischen Reichsgrenze stationierten Soldaten vermittelt wurde. Eine provinzialrömische Kultur entfaltete sich von der Mitte des 1. bis zur Mitte des 3. Jh.s n. Chr. in den größeren Orten Raetiens wie Brigantium (Bregenz), Constantia (Konstanz), Arbor Felix (Arbon) und Tasgaetium (Burg bei Stein am Rhein). Kastelle, Heerstraßen, Wasserleitungen, Thermenanlagen, Foren mit öffentlichen Gebäuden, Mietskasernen und vornehme Atriumhäuser sowie stattliche Gutshöfe auf dem Land gehörten zum Erscheinungsbild der römischen Zivilisation. Auf dem Gebiet der Skulptur übernahmen die Römer meist in Form von Kopien griechische Statuen, schufen aber selbst meisterhafte Porträtbüsten und Reliefszenen auf Sarkophagen. Farb- und formreiche Mosaike und Wandmalereien, Glaskunst, Kleinbronzen, Gemmen, Kameen, Medaillen und Silbergeschirre zählen ebenfalls zu den kunsthandwerklichen Leistungen der Römer. Einblicke in die provinzialrömische Kultur vermitteln die Funde im Archäologischen Landesmuseum in Konstanz und im Vorarlberger Landesmuseum in Bregenz.

Romanik

Karolingische Kunst

Nach den Wirren der Völkerwanderungszeit und dem Untergang des Weströmischen Reichs vollzog sich vom Ende des 8. bis zum frühen 10. Jh. eine Erneuerung der christlichen Kunst durch das Erbe der Antike, vor allem durch die Übernahme spätantiker-byzantinischer Vorbilder, die sich mit germanischen Formen im Frankenreich durchdrangen. Großartigstes Beispiel spätkarolingischer Baukunst ist die Stiftskirche St. Georg von Oberzell auf der Reichenau. Über der frühen Form einer Hallenkrypta mit vier Säulen erhebt sich die von 896 bis 913 erbaute flach gedeckte Säulenbasilika als doppelchörige Anlage. Das Querhaus ist zellenartig angelegt mit abgeteilter Vierung, über der ein gedrungener Turm emporwächst. Wegen der darunter liegenden Krypta ist der Ostteil stark erhöht mit eingezogenem Chor. Von der einst bedeutenden karolingischen Pfalz Potoma als königlicher Verwaltungs- und Aufenthaltsort, die nahe der heutigen Pfarrkirche von Bodman stand und von der sich als Bodamersee der Bodenseename herleitet, ist nichts mehr erhalten. Auch von der großartigen Buchmalerei in den Klöstern der Reichenau ist bis auf ein Evangelistar (s. Abb. S. 55) des späten 10. Jh.s in der Schatzkammer von Mittelzell vor Ort nichts mehr zu finden. Nur die Klosterbibliothek von St. Gallen bewahrt noch kostbare illuminierte Handschriften vom Früh- bis zum Hochmittelalter. Vermittelt durch die Hofschule Karls des Großen, wandten sich die anfangs noch vom Ornament und Tierstil geprägten Illuminatoren der Handschriften immer mehr der ausdrucksvollen Darstellung der menschlichen Gestalt zu. Auch die Schmuck- und Elfenbeinschnitzkunst, vornehmlich bei Buchdeckeln, erlebte einen Aufschwung. In der kleinen Sylvesterkapelle in Überlingen-Goldbach befinden sich karolingische Wandmalereien des 9. Jh.s mit Wundertaten Christi im saalartigen Langhaus sowie einer Reihe von sechs mal zwei auf einer Bank sitzenden, ins Gespräch vertieften Aposteln im rechteckigen Chorraum.

Romanik (Fortsetzung)

Die sich aus den Namen dreier römisch-deutscher Kaiser (Otto I. bis Otto III.) herleitende Stilstufe der frühen Romanik in Nachfolge und Fortsetzung der karolingischen Kunst von der 2. Hälfte des 10. Jh.s bis ins erste Viertel des 11. Jh.s zeichnet sich durch den Bau monumentaler doppelchöriger Basiliken aus, die im Inneren zum Teil mit Emporen und Stützenwechseln zwischen Säule und Pfeiler ausgestattet sind. Das gebundene System aus der Maßeinheit des Vierungsgrundrisses führt zu einer harmonischen Ordnung der blockhaften Bauteile.

Trotz einiger baulicher Veränderungen wie der Einfügung eines gotischen Chors bietet das Münster St. Maria und St. Markus in Mittelzell auf der Reichenau als dreischiffige doppelchörige Basilika mit östlichem und westlichem Querhaus einen guten Raumeindruck vom frühromanischen Kirchenbau des 10./11. Jh.s. Im Konstanzer Münster bildet die Krypta des 10. Jh.s einen dreischiffigen Raum mit sechs Säulen, deren vier mit Akanthusblättern fein verziert sind. Zeitgleich erreicht die Buch- und Wandmalerei in den Klöstern St. Gallen und auf der Reichenau eine zuvor unbekannte Vergeistigung und Monumentalisierung des Menschenbildes (Baedeker Special S. 54/55).

Einmalig sind die monumentalen Wandmalereien (um 1000) in St. Georg in Reichenau-Oberzell mit Darstellungen der Wundertaten Christi. Der Erzählstil fasst die zeitlich nacheinander folgenden Geschehnisse nach byzantinischer Art in einem Bildraum zusammen. Ausdrucksträger ist die übergroße, durch Kreuznimbus gekennzeichnete Christusfigur mit von magischer Kraft erfüllter Gebärde, die die Menschen in ihren Bann zieht. In der Tradition spätantiker Stadtbilder stehen dabei die Hintergrundszenen, die farblich fein abgestuft sind von Braun-Grün bis zu Blau als Luftraum über der Erde.

Ottonische Kunst

Während der hochromanischen Epoche von 1050 bis 1150 unter der Herrschaft der römisch-deutschen Kaiser aus dem Geschlecht der Salier, die neben der Geistlichkeit und dem Hochadel Stifter und Träger der meisten Großbauten waren, entstand in Konstanz in der zweiten Hälfte des 11. Jh.s der hochromanische Langbau der Münsterkirche mit seiner eindrucksvollen Säulenarkadenreihe im Mittelschiff. Auf der Reichenau bietet trotz teilweiser Barockisierung die ehemalige Stiftskirche St. Peter und Paul in Niederzell als Säulenbasilika mit formschönen Kapitellen und ursprünglichem Drei-

Salische Kunst

Baedeker SPECIAL

Malende Mönche

Vom 8. bis zum 11. Jh. waren die Klöster in St. Gallen und auf der Insel Reichenau bedeutende Zentren der Buchmalerei, in denen die prachtvollsten Bilderhandschriften Europas gefertigt wurden.

Es waren irische Wandermönche, die in den noch jungen Benediktinerklöstern im Bodenseeraum der traditionsreichen Buchmalerei im 7. und 8. Jh. neue Impulse gaben und besonders dem Kloster St. Gallen zur ersten Blüte der illuminierten Bücher verhalfen. Vor der Erfindung des Buchdrucks mussten in den von Mönchen betriebenen Skriptorien, den Schreibwerkstätten der Klöster, Abschriften für die Verbreitung von Büchern hergestellt werden. Diese Atelierbetriebe waren in der Lage, die Gesamtherstellung von Büchern – von der Zubereitung des Pergaments bis zur Illumination und Bindung – durch entsprechende Fachkräfte zu übernehmen.

Im Skriptorium

Der St. Gallener Klosterplan wies das Skriptorium als ein geräumiges Gebäude aus, und man vermutet, dass dort mindestens sieben Schreiber ständig tätig waren, die an Stehpulten kostbaren Handschriften bearbeiteten. Die Scriptores genannten Schreiber sorgten für die kunstvolle Schrift, dem Miniator (von lat. miniatus = rotgefärbt) oblagen die mit roter Mennige aufgetragenen Bildumrandungen und Initialen, die Anfangsbuchstaben sowie die farbigen Kapitelüberschriften. Die zum Teil ganzseitigen illustrativen Bildszenen dagegen schuf der Illuminator, von lat. illuminare abgeleitet, was soviel wie erleuchten und schmücken bedeutet. Geschrieben und gemalt wurde auf Pergament, auf geglätteter Tierhaut also, wobei die Ausschmückung der Seiten durch Rohrfeder mit Tusche und Mennige über Pinselzeichnungen mit Wasserfarben bis zu aufwändiger Deckfarben- und Goldmalerei reichte. Zum Schluss wurde das Schreibwerk in einen prachtvollen Einband mit kunstvollen Beschlägen und Schließen gebunden. Hauptsächlich dienten die Abschriften der Nutzung in der eigenen Klosterbibliothek zu Studienzwecken. Vielfach gab es aber auch auswärtige Auftraggeber für die klösterlichen Skriptorien, häufig Welt- und Ordensgeistliche, aber auch Fürsten und die königlich-kaiserlichen Familienmitglieder, die die Bilderhandschriften zur höheren Ehre Gottes, für ihr eigenes Seelenheil und zum Ruhme der Kirchen und Klöster stifteten.

St. Gallener Psalter

Das lebhafte Interesse nicht zuletzt der karolingischen Herrscher führte bereits unter Abt Hartmut zur Aufwertung der Buchmalerei in St. Gallen, und so entstand der ihm gewidmete Folchart-Psalter.

Der Folchart-Psalter entstand um 870.

chart-Psalter um 870 als Prachthandschrift. Der Psalter war als liturgisches Buch eine Sammlung der 150 Psalmen des Alten Testaments für das Stundengebet. Das bildnerische Interesse kreiste dabei in der Regel um die Gestalt König Davids, der als Sänger, Heros und Vorläufer Christi Anlass zu allerlei historisierend-erzählerischen Malszenen bot. Unter dem von 890 von 919 regierenden Abt Salomon III. gewann das St. Gallener Skriptorium europaweiten Ruf durch den Schreiber und Maler Sintram, den Dichter Notker Balbulus und Tuotilo als Elfenbeinschnitzer und Goldschmied. Sintrams und seiner Mitarbeiter Meisterwerk ist das Psalterium Aureum, der Goldene Psalter, benannt nach der Schrift in goldenen Unzialminuskeln und der reichen Goldornamentik, die zum Teil auf ganzseitigen Miniaturen zum Ausdruck kommt. Die St. Gallener Schule entwickelte einen eigentümlichen dekorativen Linienstil mit Rahmenleisten und bewegtem Umriss der Figuren, die auf dem purpurnen Hintergrund ausgespart waren.

Reichenauer Schule

Unter der Herrschaft Kaiser Ottos I. (962 bis 973) verstärkte sich die staatskirchliche Tendenz. Die Schaffung von mächtigen Reichsklöstern war die Folge, verbunden mit einem starken Aufschwung regionaler Buchmalereizentren durch kaiserliche Förderung. Unter den sächsischen Kaisern profitierte am meisten davon das Reichskloster Reichenau, wo zwischen dem 10. und der ersten Hälfte des 11. Jh.s die kostbarsten und prächtigsten illuminierten Handschriften des Reiches entstanden. Das Reichenauer Skriptorium stand zwar stilistisch in der Nachfolge St. Gallens, erwarb sich aber durch seinen neuartigen zeichnerischen Realismus und das plastische Formverständnis eigene Verdienste. Nach den Hauptschreibern der Reichenauer Schule unterscheidet man stilistisch die Eburnat-Gruppe und die Ruodprecht-Gruppe. Von Ruodprecht stammt der um 980 geschriebene Egbert-Psalter in der Biblioteca Communale in Cividale im Friaul mit vielen Heiligen- und Bischofsdarstellungen. Berühmte Meisterleistungen der Schreibergruppe unter Leitung von Liuthar sind das Evangeliar Ottos III. (um 1000), das Perikopenbuch Heinrichs II. (1002 bis 1014) und die Bamberger Apokalypse, die sich jetzt in der Staatsbibliothek in München befinden. Einzig ein Evangelistar (Mitte 9. Jh.) mit einer eingeklebten Miniatur aus dem 11. Jh. ist von der einst großen Zahl der Bücher auf der Reichenau selbst noch zu finden, und zwar in der

Kostbares Evangelistar (9. Jh.) aus der Reichenauer Malschule

Schatzkammer des Münsters von Mittelzell.

Monumentalmalerei

Ihre Vollendung findet die Reichenauer Schule in der Monumentalmalerei der neun Wundertaten Christi (985 – 997) auf den erhöhten Mittelschiffwänden der St.-Georg-Klosterkirche in Oberzell. Dieser Zyklus in den verblassten Originalfarben zählt weltweit zu den bedeutendsten romanischen Wandmalereien. Der ins Langhaus eintretende Betrachter nimmt das Wundergeschehen in Teilszenen wahr, wobei die großen Rechteckbildfelder durch hervorragende Komposition und Farbabstufungen ebenso bestechen wie durch quasiperspektivische Sichtweisen in der Landschafts- und Architekturdarstellung. Hinzu kommt ein Höchstmaß an Ausdruck. Nach 1050 schwindet die führende Rolle der Reichenauer Schule in der Buchmalerei, doch ihre kostbaren Werke zeugen noch heute vom mönchischen Leben, eingebunden in Gebet, Arbeit und Kunstschaffen.

Romanik (Fortsetzung)

apsidenchor einschließlich der Zentralapsisausmalung mit dem thronenden Christus inmitten der Evangelistensymbole und den beiden Kirchenpatronen ein gutes Raumbild des ausgehenden 11. Jh.s, in das sich auch noch die zwei übereinander geordneten Bogenreihen mit Propheten und Aposteln (um 1100) einreihen. Die Klosterkirche St. Georgen (um 1060) in Stein am Rhein bildet den Bautypus einer flach gedeckten Säulenbasilika ohne Querschiff. In Schienen hat sich mit der Kirche St. Genesius eine schlichte flach gedeckte Pfeilerbasilika des 11. Jh.s erhalten. Vereinzelt finden sich in den Kirchenschätzen noch romanische Ausstattungsstücke wie Weihwasserkessel, Reliquienbehälter und Kruzifixe, z. B. in der Schatzkammer des Münsters von Reichenau-Mittelzell.

Staufische Kunst

Die spätromanische Epoche von 1150 bis 1250, in etwa zeitgleich mit der Herrschaft der Stauferkaiser, gibt dem Profanbau neue Impulse, beispielsweise durch den Pfalz- und Burgenbau und nicht zuletzt durch den Rathaus- und Wohnbau vor allem in den von den Stauferkaisern begünstigten Reichsstädten. Blockhafte Bauformen, mit Rundbogenportalen und Zwillingsfenstern mit Überfangbögen verziert, herrschten vor. Durch vielfache Überbauung sind jedoch nur wenige Reste staufischer Baukunst in den Bodenseestädten erhalten. Das Alte Schloss in Meersburg ist im Kern ein imposanter stauferzeitlicher Burgbau. Der Rheintorturm in Konstanz vermittelt noch einen Eindruck der Stadtbefestigung um 1200, auch Teile des Mauerrings von Lindau wie die Heidenmauer oder der Mangturm gehören zum ausgehenden 12. und frühe 13. Jahrhundert. In Arbon entstand in dieser Zeit ebenfalls der Turm des Schlosses. In der Krypta des Konstanzer Münsters hängen die wohl Anfang des 13. Jh.s als Bauzier gestalteten Holzscheiben mit kupfervergoldeten Darstellungen der hll. Konrad und Pelagius sowie eines Adlers als Johannessymbol (s. Abb. S. 133).

Gotik

Sakralbau

Von Frankreich her hält der gotische Baustil im Verlauf des späten 13. und 14. Jh.s Einzug in den Bodenseeraum. Der extreme Vertikalismus der französischen Gotik findet aber keine unmittelbare Nachahmung. Fein gegliederte Türme, figurenverzierte Portale, Spitzbogen und buntfarbige Maßwerkfenster, äußeres Strebewerk zur Stützung der Hochschiffwände und mehrteilige Wandgliederungen im Innern sind Eigenarten des gotischen Kirchenbaus. Kreuzgewölbe bilden die Raumabschlüsse, deren Rippen vor allem in der Spätgotik immer dekorativer zu Stern- und Netzgewölben gestaltet werden. Vom ehemaligen Dominikanerkloster in Konstanz hat sich der Kreuzgang (um 1260–1270) mit seinen schönen frühgotischen Spitzbogenarkaden erhalten. Als kleiner zwölfeckiger Sandsteinbau wurde um 1280 das Heilige Grab in frühgotischen Maßwerkformen mit Figuren aus der Jugend Christi sowie der Zwölf Apostel in der Mauritiusrotunde des Konstanzer Münsters errichtet. Bedeutendster Sakralbau der Hochgotik ist die Kirche der ehemaligen Zisterzienserabtei Salem, die in sparsamer Bauornamentik ab 1297 als

Heiliges Grab

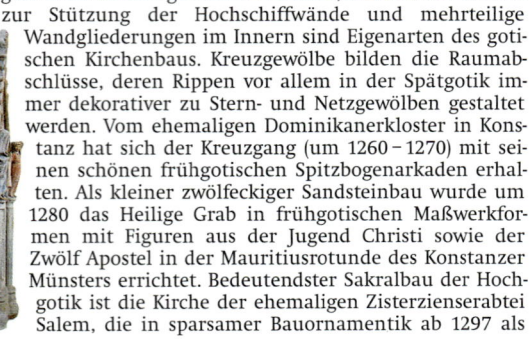

kreuzförmige Basilika errichtet wurde. Die nach den Ordensbaugewohnheiten turmlose, aber nunmehr stark durchfensterte Westfassade erhielt einen schmuckreichen Dreiecksgiebel und das nördliche Querhaus ein großes Maßwerkfenster als Abschluss. Die Liebfrauen-Pfarrkirche von Ravensburg ist eine stattliche Basilika des 14. Jh.s mit fein skulptiertem Portalbogenfeld. Im Konstanzer Münster wurden im Übergangsstil von der Hoch- zur Spätgotik die Seitenschiffe, der Kreuzgang, der Kapitelsaal und die Turmanlage umgestaltet. Virtuos gemeißelt wurde im nördlichen Querhaus des Konstanzer Münsters die "Schnegg" genannte Spindeltreppe (um 1438) mit Brüstungsreliefs. Das Überlinger Münster St. Nikolaus bietet ein gutes spätgotisches Raumbild des 15./16. Jh.s mit Laubwerkkapitellen an den Rundstützen und einem mit Rankenmalerei verzierten Netzrippengewölbe.

Gotik (Fortsetzung)

Im Profanbau schmückte ein offener Laubengang das Erdgeschoss, Spitzbogenportal und Kreuzstockfenster gliederten die Fassaden, und die Giebelseiten wurden getreppt oder gestuft. Die Altstadtgassen und Plätze von Konstanz, Meersburg, Lindau und Ravensburg bilden zum Teil noch recht ansehnliche Ensembles meist spätgotischer Bürger- und Zunftbauten. Zahlreiche Tore und Türme überwiegend aus dem 14. bis frühen 16. Jh. markieren den Verlauf des mittelalterlichen Mauerrings der ehemaligen Reichsstadt Ravensburg. Eindrucksvoll ist in Konstanz das so genannte Konzilsgebäude, das 1388 als wuchtiges Korn- und Lagerhaus mit markantem Speicherdach am Seeufer entstand. Das Waaghaus (1498) in Ravensburg, ein Kaufhaus mit Lagerhalle im Erdgeschoss, ist mit hohen Staffelgiebeln versehen.

Profanbau

Die anmutige, im typisch gotischen S-Schwung in reichem Faltenwurf gearbeitete Muttergottes aus Sandstein in Reichenau-Mittelzell, der thronende hl. Nikolaus in Röhrenfalten am Choreingang des Überlinger Münsters, die majestätische Sitzmadonna im Konstanzer Rosgartenmuseum und das empfindungsvolle Andachtsbild mit Christus und Johannes im Kloster Heiligkreuztal sind Höhepunkte der Skulptur des 14. Jh.s. Eine selten schöne spätgotische Bronzegrabplatte für Georg I. Truchsess von Waldburg († 1467) in sorgfältiger Wiedergabe aller Details in Gesichtszügen, Rüstung und Emblemen bewahrt die Stiftskirche St. Peter in Bad Waldsee. Bedeutende Gold- und Silberschmiedearbeiten des 14. und 15. Jh.s waren Schreine in Treib- und Gravurtechnik wie der Markusschrein (um 1303) und der Johannes- und Paulusschrein (1310 – 1320) in Reichenau-Mittelzell sowie der Hausherrenschrein (1412/1540) im Überlinger Münster. Ab 1489 wurde das Rathaus in der Reichsstadt Überlingen erweitert und erhielt dabei einen durch Jacob Ruß getäfelten Ratssaal (1490 – 1494) mit Stabwerk, Kielbögen, Rankengeflecht und Figuren zur Reichs- und Stadtgeschichte.

Skulptur

Die 1348 datierte Kreuzigungsdarstellung in der Oberen Sakristei des Konstanzer Münsters ist ein ausdrucksvolles Beispiel des feinlinigen Stils der internationalen Gotik, der sich in mehreren Kapellenausmalungen im 15. Jh. fortsetzt. Der einfache Rechtecksaal der Leonhardskapelle in Landschlacht ist fast vollständig ausgemalt mit Fresken der Passion (um 1350) und einem Leonhardszyklus (um 1432). In der Kirche Unserer Lieben Frau in Eriskirch schildern die

Malerei

Gotik (Fortsetzung)

Chorfresken (um 1400 – 1410) Ereignisse aus dem Alten Testament und die Langhausfresken (bis 1430) aus dem Neuen Testament. Unter dem Eindruck des Konstanzer Konzils entstanden um 1417 die Fresken in der Konstanzer Augustinerkirche mit Anspielungen auf die damaligen programmatischen Auseinandersetzungen. Hervorragende Werke der Glasmalerei sind das große Chorfenster (vor 1312) in Heiligkreuztal, auf dem weibliche Heilige dargestellt sind, sowie das in leuchtenden Farben gehaltene Stifterfenster (1412 bis 1427) des Grafen Heinrich von Monfort in der Eriskircher Kirche. Selten frühe Beispiele der Profanmalerei sind die Darstellungen der Leinen- und Seidenherstellung im Haus zur Kunkel (um 1312) in Konstanz.

Renaissance und Manierismus

Die in Italien zwischen 1420 und 1520 vollzogene Ablösung der Gotik durch die Renaissance erfolgte im Bodenseeraum erst ab Mitte des 16. Jh.s und durchmischte sich mit der Formensprache der Spätgotik zum Manierismus. Vor dem Hintergrund tiefgreifender Erschütterungen des traditionellen Weltbildes durch Entdeckungsfahrten, Reformation, Bauernkriege, Türkengefahr verlor die klassisch-antike Kunst ihre Vorbildfunktion und wird durch einen manierierten, d. h. übertrieben künstlichen und unnatürlichen, Formwillen verdrängt.

Baukunst

Auffallend ist der spielerische Umgang mit konstruktiven Elementen und die Ornamentfülle in der Baukunst. Schweifwerk, gesprengte Tor- und Fenstergiebel, Figurennischen, Roll- und Beschlagwerk sowie illusionistische Fassadenmalereien schmücken vor allem die Bürgerbauten und Rathäuser in Konstanz, Meersburg, Lindau und Stein am Rhein.
Auf dem Gebiet des Schlossbaus ist der weit verbreitete Typus der Vierflügelanlage mit vorspringenden Ecktürmen für die Grafen von Zimmern in Meßkirch bis 1567 von Jörg Schwartzenberger realisiert worden.
Schloss Heiligenberg ist ein eindrucksvolles Stilbeispiel für den Manierismus mit einem um 1600 prächtig gestalteten Rittersaal, dessen überreich geschnitzte Kassettendecke Jörg Schwartzenberger aus Meßkirch schuf. Für die Grafen von Hohenems baute der Lombarde Martino Longhi ab 1562 einen Renaissancepalast italienischer Prägung mit antikisierenden Blendbögen, Nischen und Gesimsbändern.

Malerei

Die perspektivische Erschließung des Raumes in Verbindung mit der Entdeckung der Landschaft und die humanistische Sicht auf den Menschen bestimmen die Renaissancemalerei.
Der anonyme Meister von Meßkirch erlangte überregionale Bedeutung als hervorragender Kolorist in Verbindung mit spätgotischer Empfindsamkeit.
Der Festsaal des Abtes David von Winkelheim im Kloster St. Georgen von Stein am Rhein wurde bis 1516 u. a. mit römischen Geschichtsthemen und einer anschaulichen Schilderung der Zurzacher Messe von Thomas Schmid und seinem Gehilfen Ambrosius Holbein höchst lebendig ausgemalt.

Detail vom Zürnaltar im Überlinger Münster

Die Skulptur des Manierismus im Bodenseeraum wurde geprägt von Hans Morinck, der seit 1578 in Konstanz im Münster und in St. Stephan Grabdenkmäler, eine ausdrucksvolle Annengruppe, Passionsreliefs und ein elegantes Sakramentshäuschen gestaltete. Von den Händen Jörg Zürns und seiner Brüder stammen ab 1606 die bedeutendsten und zugleich größten vielszenigen Schnitzaltäre hauptsächlich im Überlinger Münster. Die hoch getürmten Aufbauten präsentieren eine Fülle figürlicher und ornamentaler Plastik. In der Martinskirche in Meßkirch hinterlassen auswärtige Bildhauer in der zweiten Hälfte des 16. Jh.s prächtige lebensgroße Bronzeepitaphien der Grafen von Zimmern.

Renaissance und Manierismus (Fortsetzung)

Barock und Rokoko

Weniger die Bürger, sondern Fürsten und katholische Geistlichkeit, darunter besonders die Benediktiner- und Prämonstratenserorden, sind die Auftraggeber für die sinnenfrohe Prachtentfaltung nach dem Elend des Dreißigjährigen Kriegs. Die Baumeister des Barock ab Mitte des 17. Jh.s und seiner als Rokoko bezeichneten Spätphase ab etwa 1730 neigen zu zentralisierenden Raumkonzeptionen. Kuppeln und gestufte Türme, vor- und zurückspringende Glieder verleihen den Baukörpern der Kirchen und Schlösser Schwung und Bewegung. Aufwändige Innenausstattungen in farbigem Stuckmarmor mit verspieltem Dekor, Figuren von verzücktem Ausdruck und großartige Illusionsmalerei steigern das Raumerlebnis, wobei vielfach die Auflösung der Grenzen zwischen Architektur, Malerei und Plastik im Sinn eines Gesamtkunstwerks angestrebt wird.

Eine Besonderheit im barocken Sakralbau Süddeutschlands und der Schweiz war um 1700 die Abkehr vom italienischen Vorbild zugunsten der Durchsetzung des so genannten Vorarlberger Bauschemas durch eine Gruppe von Baumeistern und Handwerkern überwiegend aus Au im Vorarlberg wie den Familien Thumb und Beer sowie Caspar Moosbrugger. Sie errichteten Wandpfeilerkirchen als einschiffige tonnengewölbte Räume, die anstelle von Seitenschiffen kräftige in das Schiff hineinragende Wandpfeiler erhalten, die Ka-

Sakralbau

Vorarlberger Bauschema

Barock und Rokoko (Fortsetzung)

pellennischen ausbilden, über denen Emporen liegen. Das Querschiff ist schmaler als das Mittelschiff und nur wenig ausladend. Der eingezogene lang gestreckte Altarraum führt zur Verbreiterung der Chorseitenräume, so dass der Eindruck einer Emporenhalle entsteht, da die Pfeiler von der Basis als Freipfeiler hochgezogen werden. Bestes und neben der Wallfahrtskirche auf dem Schönenberg bei Ellwangen auch frühestes Beispiel für das Vorarlberger Bauschema ist die 1686 begonnene frühbarocke zweitürmige ehemalige Prämonstratenser-Chorherrenstiftskirche in Obermarchtal. Nach dem Tod seines Bruders Michael 1690 übernahm Christian Thumb zusammen mit Franz Beer die Bauleitung. Das Hauptschiff ist als großer Wandpfeilersaal mit Tonnengewölbe gestaltet. Die Wände sind zweigeschossig gegliedert durch die weit in den Innenraum tretenden Wandpfeiler, die in der unteren Zone Seitenkapellen ausnischen und darüber gerade Emporen tragen. Das wenig breite, kaum ausladende Querhaus wirkt dem Langraum entgegen, bevor ein schmaler lang gezogener Chor den Abschluss bildet. Von 1695 bis 1701 entstand die doppeltürmige Schlosskirche von Friedrichshafen unter der Bauleitung von Christian Thumb als Wandpfeilerhalle mit geraden, aber nicht durchlaufenden Emporen. Die Klosterkirche St. Remigius (1711 – 1716) in Münsterlingen ist ein kleines Meisterwerk von Franz Beer in der Zusammenfügung von einem durch Wandpfeiler gegliederten und tonnengewölbten Langhaus mit querschiffartigem Ovalkuppelbau und Rechteckchor mit Tambourkuppel.

Klosterkiche Weißenau

Die St.-Peter-und-Paul-Kirche des ehemaligen Prämonstratenserstiftes Weißenau (1711 – 1724) gestaltete Franz Beer als Wandpfeilerhalle mit lichtdurchfluteten Galerien und einer Fassade mit seitlichen Glockentürmen. Die Benediktinerabteikirche von Weingarten (1715 bis 1723) ist das architektonische Gemeinschaftswerk von Caspar Moosbrugger, Franz Beer, Johann Georg Fischer, Christian Thumb und Frisoni. Den Mittelpunkt der riesigen kreuzförmigen Zentralbauanlage mit konkaven Emporen bildet die Vierung mit der 67 m hohen Tambourkuppel. Mächtige Wandpfeiler teilen das Langhaus in einzelne Gewölbeabschnitte und stützen die mit Gewölbegurten abgegrenzten Hängekuppeln.

Kirche Steinhausen

Von 1727 bis 1733 baute Dominikus Zimmermann in Steinhausen einen längselliptischen Kirchenraum mit zehn eingestellten Pfeilern, die die Flachkuppel tragen. So entstand eine Synthese aus Freipfeilerhalle mit Zentralbau, epochal im deutschen Barock. Nach unbefriedigenden Vorarbeiten wurde Johann Michael Fischer 1740 nach Zwiefalten berufen und errichtete bis 1752 einen tonnengewölbten Wandpfeilersaal, der nördlich und südlich von je vier Kapellen mit ausschwingenden Emporen begleitet wird, die von Doppelsäulen begrenzt sind. Eine Flachkuppel spannt sich über die von dem geräumigen, aber kurzen Querhaus betonte Vierung, an die sich der leicht eingezogene Mönchschor anschließt.

Kathedrale von St. Gallen

Die Kathedrale von St. Gallen (1755 – 1766) ist die gemeinsame Schöpfung von Peter Thumb, der Langhaus und Rotunde schuf, und Johann Michael Beer, der den Chor mit Doppelturmfassade errichtete. Hier glückte im Barock stets angestrebte harmonische Durchdringung von Zentralbau und Längsrichtungsbau. Der kreisrunde Mittelbau korrespondiert nach Osten und Westen mit gleichen Längsbauten, alle begleitet von zwei mitschwingenden Seitenschiffen. Glanzvoller Höhepunkt des Rokoko ist die Wallfahrtskirche Birnau (1746–1750) von Peter Thumb, der sie nicht im Vorarlberger Bauschema errichtete, sondern als Saalkirche, die durch drei kleiner werdende Räume gestaffelt ist. Das Langhaus schwingt leicht aus, Chorraum und Apsis werden mit Bogendurchgängen schmaler angegliedert. Der Emporenumgang passt sich den ausschwingenden Wandformen harmonisch an. Die zweigeschossige Wandgliederung leitet über in das mit Stichkappen versehene Spiegelgewölbe im Langhaus sowie in die Kuppeln von Chor und Apsis. Der Bau der ehemaligen Prämonstratenserstiftskirche (1777–1786) von Rot an der Rot zeigt bereits frühklassizistische Formen. Grund- und Aufriss des Innenraums folgen zwar noch dem Vorarlberger Schema, vermitteln aber einen nüchternen, sachlichen Raumeindruck, bei dem ein Ausgleich zwischen aufragenden pilasterbesetzten Wandpfeilern mit ionischem Gebälk und durchlaufenden Emporen als horizontale Gliederung erreicht wird.

Barock und Rokoko (Fortsetzung)

Ein Meisterwerk des Barock ist die Wallfahrtskirche Birnau, deren prachtvolles Inneres einen besonderen Raumeindruck vermittelt.

Der barocke Schlossbau im Bodenseegebiet und in Oberschwaben war zunächst dem französischen Vorbild als symmetrischer Flügelbau mit vorderem Ehrenhof und rückwärtiger Parkanlage verpflichtet. Architekt des Neuen Schlosses von Kißlegg war Johann Georg Fischer, der eine parknahe Rechteckanlage schuf in drei Geschossen mit zwei seitlichen Nordflügeln. Giovanni Gaspare Bagnato wandelte Altshausen in ein Barockschloss um. Auffällig ist u. a. der dreigeschossige durchfensterte Torbau (1731–1732) mit Rundbogenportal, Wappenkartusche, kleinem Volutengiebel und haubenbedecktem Uhrtürmchen. Das Mainauschloss (1739–1746) ist ebenfalls eine Schöpfung Bagnatos als Dreiflügelanlage mit betontem

Profanbau Schloss

Barock und Rokoko (Fortsetzung)

Mitteltrakt. Von 1723 bis 1728 wurde das Schloss in Bad Wurzach hochgezogen als würdevolle, um einen Ehrenhof gruppierte Dreiflügelanlage mit einem prächtigen Treppenhaus, durch das der Besucher über zwei gewundene Treppenläufe zum antiken Götterhimmel des Deckenfreskos hinaufgeleitet wird. Die Konstanzer Fürstbischöfe ließen sich von 1712 bis 1741 das Neue Schloss in Meersburg errichten mit Planungsbeigaben von Christoph Gessinger, Balthasar Neumann und Franz Anton Bagnato. Im vorgezogenen Mitteltrakt befindet sich das repräsentative Treppenhaus, von dem man im ersten Geschoss den prächtigen Festsaal erreicht, von dem aus sich die Räume der Seitentrakte erschließen. Christoph Gessinger war der Schöpfer des Schlosses von Tettnang (1712–1725), das nach einem Brand durch Jakob Emele von 1755 bis 1770 als viertürmiger, würfelförmiger Bau mit mittenbetonten dreigeschossigen Flügeln wiederhergestellt wurde.

Bibliotheksbau

Da die Klöster und Bischofskirchen auch Stätten der Bildung waren, sollten für die kostbaren Handschriften und Drucke benutzerfreundliche und repräsentative Bibliotheksbauten entstehen. In Bad Schussenried entstand von 1752 bis 1763 nach Plänen von Dominikus Zimmermann, ausgeführt von Jakob Emele, ein Rechtecksaal, von 16 stuckmarmornen Säulen gestützt und von 28 Fenstern erhellt, in blau-weißen und rotbraun-goldenen Farbtönen als Meisterwerk des Rokoko. Der Büchersaal der Stiftsbibliothek (1758 bis 1767) in St. Gallen ist ein bewegter, in seinen Maßen ausgewogener und festlich gezierter Raum.

Wohnbau

Vielfach wurden die älteren Fachwerkhäuser im späten 17./18. Jh. in den Städten durch mehrgeschossige Steinhäuser mit ausgebautem Mansardendach ersetzt. Die Fassaden wurden mit Bandel- und Laubwerk oder Lüftlmalerei fantasievoll geschmückt. Das erste Geschoss wurde in der Regel mit vornehmen Wohnräumen wie im Schlossbau zur Beletage ausgebaut. Barocke Ensembles findet man u. a. in den historischen Zentren von Meersburg, Lindau, St. Gallen und Wangen im Allgäu. In Lindau ist das Haus zum Cavazzen ein imposanter Barockbau (1728/1729) mit Bemalung und geschwungenem Dach und das Neue Rathaus ein dekorativer schlossartig breiter Bau (1706–1717). Das Rathaus in Wangen wurde von 1719 bis 1721 barock erweitert und mit einer von Säulen und Pilastern gegliederten mittenbetonten Fassade und einem prächtigen Volutengiebel versehen.

Malerei

Der Barockmalerei, die wie kaum zuvor funktionell an die Architektur gebunden war, wuchs die Aufgabe zu, den Raum durch Wand- und Deckengemälde illusionistisch zu erweitern. Damit trennte sich die Entwicklung des Freskos, das beispielsweise in der Deckenausmalung raumsprengend den Himmel auf Erden sichtbar machen sollte, von der Tafelmalerei, die in den Formaten und Möglichkeiten der Illusionisierung zurückblieb, wenngleich Bewegungsdramatik und Helldunkelkontraste als Neuerungen aufgegriffen wurden. Wie die Architektur war auch die Malerei Repräsentationskunst der Epoche des Absolutismus und diente der Bestätigung und Verherrlichung des Machtanspruchs ihrer Auftraggeber aus dem Hochadel und der hohen Geistlichkeit. Im kirchlich-religiösen Bereich stand die "ecclesia triumphans" ("triumphierende Kirche") im Mittelpunkt mit den Hauptthemen der Dreifaltigkeit, der Glorifizierung Jesu, der Verherrlichung Mariens, der Ausbreitung des christlichen Glaubens in den vier damals bekannten Erdteilen sowie den Legenden und Visionen der Heiligen. Dabei wurde bei den Innenausgestaltungen von einem Generalthema ausgegangen, das programmatisch die Motive der Deckenfresken, der Wandbilder und Altartafeln sowie die Ausstattung mit Skulpturen festlegte. Die theologischen Programme wurden nach einem Kanon von Typisierungen und Symbolen, die in Handbüchern festgelegt waren, von den Malern umgesetzt. Cosmas Damian Asam malte beispielsweise 1718 die Kuppel der Abteikirche von Weingarten aus mit einer unübersehbaren Zahl von Engeln und Heiligen zur Glorifizierung der Kirche mit der Dreifaltigkeit im Zentrum. Franz Joseph Spiegler schuf 1751 eines der größten süddeutschen Langhausfreskos in der ehemaligen Klosterkirche Zwiefalten mit der Ausbreitung des Glaubens unter dem Schutz Mariens, bei dem der Betrachter in spiralförmiger Bewegung himmelwärts gezogen wird. Die Ausmalung der Decke (1730 – 1731) in der Wallfahrtskirche Steinhausen von Johann Baptist Zimmermann gibt den Blick frei in eine großartige Gartenlandschaft als mystische Schau Mariens, umrahmt von den Personifikationen der vier Erdteile. Johannes Zick dekorierte in Bad Schussenried von 1745 bis 1756 das Tonnengewölbe der ehemaligen Prämonstratenserstiftskirche mit Begebenheiten aus dem Leben des Ordensvaters Norbert von Xanten. Um 1760 freskierte der Augsburger Historienmaler Wolfgang Baumgartner die Wallfahrtskapelle in Baitenhausen u. a. mit Landschaftsdarstellungen zwischen Konstanz und Meersburg zur Verherrlichung Mariens. Der Sigmaringer Andreas Meinrad von Au schmückte die St.-Martins-Kirche von Meßkirch mit vielfigurigen Wand- und Deckenfresken 1773 aus. Die ehemalige Stiftskirche St. Cornelius und St. Cyprian zieren farbenfrohe Fresken von Andreas Brugger u. a. zur Stiftsgeschichte (1774 – 1777). In den Schlössern und Rathäusern kamen weltliche Programme zur Ausführung, die den Malern allerdings auch keine größere Freiheit erlaubten. Nach einem strengen ikonografisch-allegorischen Schema wurden die triumphalen Verherrlichungen regierender Häuser und politische Allegorien gemalt. Die Darstellung des guten Regiments und die Wiedergabe herrscherlicher Tugenden waren weitere Themen. Giuseppe Appiani freskierte von 1761 bis 1764 die Gewölbedecke des Treppenhauses und des spiegelgezierten Festsaals im Meersburger Neuen Schloss. Im Treppenhaus gleitet der Blick über die griechischen Götterpaare Zeus und Hera, Poseidon und Demeter zum Regenten Kardinal von Rodt, der ganz oben als Friedensbewahrer und Förderer der Künste erscheint. In Schloss Wolfegg führte 1749 Johann Martin Zick die rocaillegerahmten Fresken mit den Taten des Herkules in der Rittersaaldecke aus.

Barock und Rokoko (Fortsetzung)

Das herrliche "himmelwärtsstrebende" Deckengemälde der Kirche Steinhausen

Barock und Rokoko (Fortsetzung)

Vor allem die Stuckateure erhielten ein weites Aufgabenfeld bei der Ausschmückung von Kirchen und Schlössern. Johann Schmuzer stuckierte 1689 ganz in Weiß die Klosterkirche von Obermarchtal und überzog die Gurtbögen, Stichkappen und Rippen mit Akanthusranken, Blattwerk, Rosetten, Lorbeerstäben und Engelsköpfen. Auch die Schlosskirche von Friedrichshafen dekorierte er von 1698 bis 1700 mit weißen Blumengirlanden, Weinranken, Früchtegehängen und Muscheln. Dominikus Zimmermann fügte um 1727 bis 1733 in den Ranken- und Blattwerkstuck der Steinhauser Wallfahrtskirche verschiedene Tierfiguren wie Eichhörnchen, Biene, Schmetterling, Kreuzspinne und Fuchs ein.
Zartes weißes Bandelwerk aus Ranken, Muscheln und Rosetten von Franz Xaver Schmuzer ziert seit 1718 die Abteikirche Weingarten. In der Zwiefaltener Klosterkirche überziehen Rocaillen, Putten, Blüten und Kartuschen von Johann Michael Feuchtmayer Wände und Pfeiler. Ein Meisterwerk der bewegungsreichen Barockfigur ist der stuckmarmorne Honigschlecker-Putto (um 1750), auf die Redekunst Bernhards von Clairvaux anspielend, von Joseph Anton Feuchtmayer in der Wallfahrtskirche Birnau. Das Chorgestühl (1744–1752) der Abteikirche in Weingarten ist ein prächtiges Schnitzwerk von Johann Joseph Christian aus Riedlingen, der für die Klosterkirche in Zwiefalten u. a. die ausdrucksvolle Stuckfigur des Propheten Ezechiel schuf, dessen Vision des Leichenfeldes auf der gegenüberliegenden Kanzel erscheint.

Klassizismus

Als Antwort auf die schwelgerische Formenvielfalt des Barock griff der Klassizismus in der bürgerlichen Gesellschaft nach der Französischen Revolution verstärkt auf das Kunstideal der griechisch-römischen Antike zurück und entwickelte eine klar gegliederte Architektur aus antikisierenden Versatzstücken. Allerdings wurde regional oder örtlich nicht immer stilrein gestaltet. Bereits im Bibliothekssaal (1785–1791) des ehemaligen Klosters Ochsenhausen hält der Frühklassizismus Einzug.
In Hohenems errichtete Jakob Scheiterle in den Jahren 1796/1797 mit St. Karl Borromäus einen klassizistischen Saalbau. Das ehemalige Ritterhaus (1789) in Wangen im Allgäu von Franz Anton Bagnato zeigt ebenso kühle Noblesse wie die Schauseite des Nordtraktes (1778–1781) von Schloss in Aulendorf von Michel d'Ixnard, der auch dem Chorraum im Konstanzer Münster ein klassizistisches Gepräge gab.
Als führende Bildhauer des Frühklassizismus schufen Johann Georg Dirr und sein Schwiegersohn Georg Wieland in kühler strenger Formensprache zwischen 1771 und 1794 den Hochaltar und 26 Nebenaltäre in der Klosterkirche von Salem. Schloss Arenenberg, von 1823 bis zu ihrem Tod 1837 Aufenthaltsort von Hortense Beauharnais, der Mutter Napoleons III., erhielt ein nobles klassizistisches Interieur, in dem später auch die französische Kaiserin Eugénie lebte. Die bürgerlich-ländliche Spielart des Klassizismus hat den Wiederaufbau des Dorfes Heiden nach einer Brandkatastrophe 1838 in der Epoche des Biedermeier einheitlich geprägt mit Dorfplatz, Kirche, Rathaus und Bürgerbauten mit antikischen Stilelementen.

Vom Historismus zur Moderne

Um die Mitte des 19. Jh.s kam als Gegenbewegung zum Klassizismus der Historismus auf mit der Verwendung früherer Stile von der Neuromanik bis zum Neubarock, die bei Bahnhöfen, Rathäusern, Bankgebäuden, Fabrikantenvillen und Hotels Verwendung fanden. Schloss Monfort in Langenargen präsentiert sich beispielsweise seit 1866 in einer Art maurischem Stil. Mit Jugendstilelementen durchmischt, wurde der Hauptbahnhof in Lindau zwischen 1913 und 1922 gebaut.

Architektur

Zu Beginn des 20. Jh.s entstand als Reaktion auf die dekorativen Baustile der Vergangenheit die Funktionalismus, wie er im ehemaligen Hafenbahnhof (heute Zeppelin Museum; s. Abb. S. 114) von Friedrichshafen zur Geltung kam. Erich Hagenmeyer schuf 1933 den plastisch durchgeformten Baukörper mit Turm und Flachdach unter dem Einfluss des Bauhausstiles. Kubische Formen kennzeichnen den Klinkerbaukörper der St.-Petrus-Canisius-Kirche (1927/1928) in Friedrichshafen von Hugo Schlösser und Friedrich Wilhelm Laur. Ebendort errichtete Wilfried Beck-Erlang von 1960 bis 1962 die Kirche zum Guten Hirten als zentralisierten Betonschalenbau. Hanns Schlichte variierte in seinem Kirchenbau St. Columban 1966 die Pyramide als geometrische Form in Schiff und Turm.

Von 1966 bis 1972 entstanden unter Leitung von Wenzeslaus Ritter von Mann und Wilhelm von Wolff die sachlich-funktionalen Bauten der neu gegründeten Universität Konstanz und bereits seit 1963 die flach gezogenen Universitätsgebäude von Walter Förderer in St. Gallen. Das 2000 eingeweihte Salem College von Arno Lederer setzt postmoderne Akzente in Überlingen. In Bregenz schuf Wilhelm Holzbauer von 1973 bis 1980 den breit gelagerten, höhengestaffelten und glasstrukturierten Bau des Vorarlberger Landtags, und Hans Hollein errichtete einen postmodernen Versicherungsverwaltungsbau (1991–1993). Von Baumschlager und Eberle stammt ein spektakulärer Wohnbau in geometrisch-dynamischen Formen von 1994 in der Bregenzer Ölrainstraße.

Am Schweizer Bodenseeufer, in Altenrhein leuchtet seit 2001 die buntfarbene vielförmige und turmbesetzte Markthalle von Friedensreich Hundertwasser. Lindau erhielt 2000 ein extravagantes Spielbankgebäude von Hans Lechner als weißen Zylinder mit zwei gläsernen Quadern. Ein klar strukturierter monolithischer Baukörper aus Beton und Glas wurde als Kunstmuseum Liechtenstein 2000 von der Schweizer Architektengemeinschaft Morger, Degelo & Kerez realisiert. 1997 eröffnete das Kunsthaus Bregenz des Schweizer Architekten Peter Zumthor, ein minimalistischer Kubus mit einer Art Schindelhaut aus Milchglas.

Ende des 19. Jh.s malten Gebhard Fugel im nazarenischen Stil und Karl Caspar im historisierenden Stil Fresken und Wandbilder in mehreren Kirchen des Bodenseeraums. Walter Waentig beschäftigte sich seit 1919 in Gaienhofen spätimpressionistisch bis frühexpressionistisch mit der Landschaftsmalerei. Der Schweizer Adolf Dietrich verschrieb sich in Berlingen der Naiven Malerei und stimmungsbetonten Landschaften. Der Bregenzer Rudolf Wacker setzte sich sachlich-real mit der Landschaft und dem Porträt auseinander. Hans Purrmann gestaltete unter dem Einfluss von Henri Matisse farbrauschartige Impressionen vom Bodensee. Zwischen Expressio-

Malerei

Kunstgeschichte (Fortsetzung)

nismus und Neuer Sachlichkeit bewegt sich das Werk von Sepp Biehler. Otto Dix, Vertreter des kritischen Realismus und seit 1936 Einwohner von Hemmenhofen, malte als Spätwerk das eindrucksvolle Wandbild "Krieg und Frieden" (1957 bis 1960) im Rathaussaal von Singen. Erich Heckel, den es ebenfalls nach Hemmenhofen zog, lieferte expressionistische Landschaften (Baedeker Special S. 124/125). Max Ackermann neigt mit seinen Bildern dem Abstrakten Expressionismus und der lyrischen Abstraktion zu.

Bildung und Wissenschaft

Klosterschulen

Der Bodensee als Bildungsraum hat eine lange Tradition, die in den frühmittelalterlichen Klosterschulen von St. Gallen und der Reichenau im 9. und 10. Jh. ihren Ursprung hat. Die Benediktinermönche betrieben dort eine hoch entwickelte Lehranstalt, in der die sieben freien Künste die Basis für den Unterricht bildeten. Die Grammatik war für den lateinischen Spracherwerb wichtig. Die Rhetorik lehrte den schriftlichen und mündlichen Ausdruck, die Dialektik übte das logische Denken in Rede und Gegenrede. Arithmetik, Musik, Geometrie mit Geografie und Astronomie dienten der weiteren Erschließung des Universums auf christlicher Grundlage.

Nicht nur die Geistlichkeit, sondern auch die weltlichen Herrscher konnten von der Wissensvermittlung der Klöster profitieren. Die wissensdurstige und schöne Herzogin Hadwig, Tochter des Herzogs Heinrich von Schwaben, langweilte sich auf ihrer Burg, dem Hohentwiel, und holte sich den Mönch Ekkehart aus dem Kloster St. Gallen für lateinische Studien. Victor von Scheffel hat 1855 daraus seinen Bildungsroman "Ekkehard" entwickelt. Auf der Reichenau wirkte Abt Walafrid Strabo (842–849), der Dichter, Gelehrter und Erzieher am Kaiserhof war, Kommentare und Wörterbücher für den Unterricht verfasste sowie in seinem "Hortulus" den Gartenbau beschrieb. Der Reichenauer Benediktiner Hermann der Lahme, geboren 1013, war trotz körperlicher Behinderung "ein Mirakel des Jahrhunderts", der sich gleichermaßen hervorragend in Theologie, Astronomie, Mathematik, Geschichtsschreibung, Dichtung und Musik auskannte. Er gilt als Schöpfer der marianischen Antiphonen "Salve regina" und "Alma redemptoris mater", liturgischer Wechselgesänge zur Verehrung Mariens.

Höfische Dichtung

Im Hochmittelalter war der Bodenseeraum auch ein Zentrum der höfischen Dichtung. Der einem thurgauischen Freiherrengeschlecht entstammende Ministeriale Walther von Klingen (um 1215 bis 1286) hatte seinen Stammsitz auf der Burg Hohenklingen nördlich oberhalb von Stein am Rhein. Er war befreundet mit Rudolf von Habsburg, der 1273 den Königsthron bestieg, und verfasste Lieder im höfischen Stil jener Zeit. Burkhard von Hohenfels, als Ministeriale auf Burg Hohenfels unweit von Sipplingen beheimatet, gehörte zeitweilig zum Gefolge Kaiser Heinrich VII. und dichtete Minnelieder mit starker Bildhaftigkeit sowie lebensfrohe Tanzweisen. Oswald von Wolkenstein, der einäugige Ritter, Dichter und Diplomat, hielt sich während des Konstanzer Konzils (1414–1418) in der Stadt auf und beschrieb die Geschäftstüchtigkeit der Dirnen in dem Lied "Willst du im Leid erheitert sein". Auch das Loblied auf Konstanz "O wonnigliches Paradeis" stammt aus seiner Feder.

Bürgerschulen

Im Spätmittelalter diente die Schule nicht mehr allein der geistlichen und adeligen Erziehung, denn in den zahlreichen Städten am Bodensee entstanden die von den Bürgern getragenen Lateinschulen. In Lindau hört man 1383 von einem Schulmeister, der auch Notar der Stadt war. 1536 trennte man dort die lateinische von der deutschen Schule. Dennoch hatte die Geistlichkeit nach dem Niedergang des Klosterschulwesens weiterhin eigene Ausbildungsstätten wie die Domschule in Konstanz, wo seit 1604 auch die Jesuiten ein Kolleg für Allgemeinbildung und Theologenschulung einrichteten. In Überlingen unterhielten die Franziskaner seit 1658 eine Ausbildungsstätte. Die anspruchsvolle Mädchenerziehung erfolgte meist noch in den Frauenklöstern bis zur Säkularisation. Das staatlich organisierte Schulwesen drängte schließlich im 19. Jh. die Privat- und Konfessionsschulen in den Hintergrund.

Schule Schloss Salem

Der Politiker und Reformpädagoge Kurt Hahn gründete 1920 auf dem Gelände des ehemaligen Zisterzienserklosters Salem, das seit der Säkularisation 1803 im Besitz der Großherzöge und Markgrafen von Baden ist, eine private Internatsschule, in der die erfahrungsgestützte Einheit von Erziehung und Unterricht, von Leben und Lernen in sozialer, akademischer und musisch-kreativer Ausrichtung verwirklicht werden sollte. Da der ganzheitliche Erziehungs- und Bildungsanspruch sehr kostspielig ist, werden rund ein Drittel der Schüler durch Stipendien gefördert. Zur Schule Schloss Salem gehören die Unterstufe Burg Hohenfels, die Mittelstufe Schloss Salem, die nach einem Streit mit dem Haus Baden allein auf dem ehemaligen Klostergelände mit Mietvertrag verblieb, und die Oberstufe Salem College im 2000 eingeweihten Neubau bei Überlingen. Zwanzig Prozent der Schüler kommen aus dem Ausland, 60 % der insgesamt 670 Schüler sind Jungen, 40 % Mädchen.

Universitäten und Hochschulen

Die erste Welle der Universitätsgründungen im Spätmittelalter ging ganz und gar am Bodensee vorbei. Auch in der Folgezeit erklärt sich aus der peripheren Lage zu den Verwaltungszentren, dass es im Raum Bodensee und Oberschwaben keine jahrhundertealten Universitäten gibt. Seit 1951 treffen sich jährlich die Nobelpreisträger in Lindau und geben für kurze Zeit der alten Seehafenstadt elitäres akademisches Flair. Erst 1966 erfolgte die Gründung der Universität Konstanz, mit den Schwerpunkten Rechts-, Verwaltungs- und Geisteswissenschaften. Auch die Pädagogische Hochschule Weingarten und die Fachhochschulen in Biberach, Konstanz und Ravensburg sind erst nach dem Zweiten Weltkrieg entstanden. St. Gallen besitzt eine 1898 gegründete Handelsakademie, die 1911 zur Handels-Hochschule wurde und 1963 zur Hochschule für Wirtschafts-, Rechts- und Sozialwissenschaften (HSG), Universität St. Gallen, erweitert wurde. In Bregenz befinden sich die Bundeshandelsakademie und die Höhere Technische Bundeslehranstalt, in Dornbirn die Bundestextilschule der Republik Österreich.

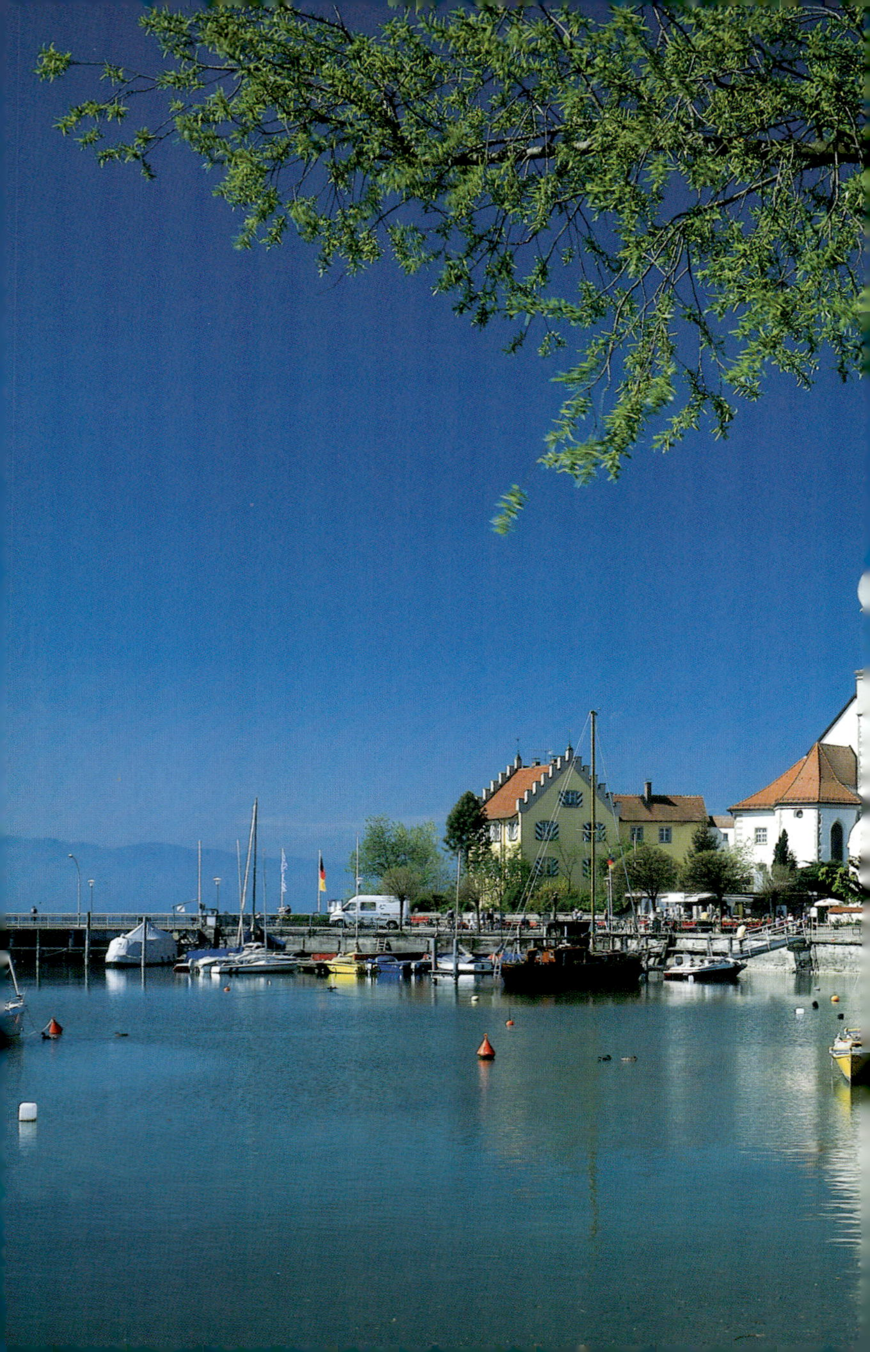

Reiseziele von A bis Z

Routenvorschläge

Hinweis	Die bei den nachstehenden Darstellungen der einzelnen Wander-, Radwanderwege und Ferienstraßen genannten bedeutenderen Landschaften, Städte und Orte findet man unter den Stichwörtern des Hauptkapitels "Reiseziele von A bis Z" ausführlich beschrieben, die übrigen Namen lassen sich über das Register am Ende dieses Reiseführers nachschlagen.
Allgemeines	Wer die Region Bodensee/Oberschwaben nicht unbedingt per Auto, Motorrad, Bus oder Eisenbahn bereisen möchte, dem sei in dieser ausgesprochenen Ferienlandschaft geraten, sich auf Schusters Rappen oder mit dem Fahrrad auf den Weg zu machen. Dies kann selbstredend auf eigene Faust ganz ohne fremde Führung geschehen, doch ein intensiveres Erleben von Land, Leuten und Sehenswürdigkeiten ermöglichen die von Kennern des Landes ausgearbeiteten und im Gelände ausgeschilderten Wander- und Radwanderwege, von denen die wichtigsten nachstehend umrissen werden.

Wandern

Bodensee-Rundwanderweg (Länge: 272 km)

Allgemeines	An erster Stelle sei hier der Bodensee-Rundwanderweg genannt, der – wie schon sein Name sagt – rund um das Schwäbische Meer führt und sämtliche reizvollen Uferorte in Deutschland, Österreich und der Schweiz berührt. Der mit einem gebogenen schwarzen Pfeil um einen blauen Punkt ausgeschilderte Bodensee-Rundwanderweg führt mit wechselndem Abstand vom Seeufer und in wechselnder Höhenlage rings um den ganzen Bodensee. Die gesamte Streckenlänge des Rundwanderweges beträgt 272 km. Man kann sie bei einem durchschnittlichen Wandertempo von etwa 4 km pro Std. – wobei ca. 10 Minuten pro 100 m Höhenunterschied hinzugerechnet werden – in rund 66 Stunden bewältigen. Mit Abkürzungen ist die Strecke 228 km lang und kann in 55 Std. zurückgelegt werden.
Verlauf	Der Bodensee-Rundwanderweg folgt auf deutscher Seite meist den Wanderwegen des Schwarzwaldvereins bzw. des Schwäbischen Albvereins; am südlichen Seeufer verläuft er gemeinsam mit den Europäischen Fernwanderwegen E 4 und E 5.

◀ **Ein malerisches Bild bietet sich dem Betrachter beim Blick auf den Bodenseeort Wasserburg.**

*Wanderwege durch Oberschwaben

Oberschwaben durchziehen mehrere vom Schwäbischen Albverein betreute Hauptwanderwege (HW 4, HW 5, HW 7 und HW 9).

Allgemeines

Main-Donau-Bodensee-Weg (Länge: 390 km)
Verlauf: Würzburg – Ochsenfurt – Creglingen – Rothenburg ob der Tauber – Kirchberg – Crailsheim – Ellwangen – Aalen – Heidenheim – Ulm – Ochsenhausen – Wolfegg – Tettnang – Friedrichshafen.
Wegzeichen: roter Querstrich und Ziffer 4 auf weißem Grund.

HW 4

Schwarzwald-Schwäbische Alb-Allgäu-Weg (Länge: 300 km)
Verlauf: Pforzheim – Herrenberg – Tübingen – Reutlingen – Sternberg – Großes Lautertal – Bussen – Biberach – Bad Waldsee – Leutkirch im Allgäu – Isny – Schwarzer Grat
Wegzeichen: roter Querstrich und Ziffer 5 auf weißem Grund

HW 5

Schwäbische Alb-Oberschwaben-Weg (Länge: 200 km)
Verlauf: Lorch – Göppingen – Filsursprung – Laichingen – Lutherische Berge – Landgericht – Zwiefalten – Bad Buchau – Bad Saulgau – Altshausen – Illmensee – Markdorf – Friedrichshafen
Wegzeichen: roter Querstrich und Ziffer 7 auf weißem Grund

HW 7

Heuberg-Allgäu-Weg (Länge: 180 km)
Verlauf: Spaichingen – Nendingen – Neuhausen ob Teck – Hoppetenzell – Stockach – Überlingen – Friedrichshafen – Tettnang – Wangen im Allgäu – Isny – Schwarzer Grat
Wegzeichen: roter Querstrich und Ziffer 9 auf weißem Grund

HW 9

Schwarzwald-Bodensee-Wege

Schwarzwald-Jura-Bodensee-Weg (Länge: 109 km)
Verlauf: St. Georgen – Bad Dürrheim – Immendingen – Radolfzell
Wegzeichen: grüne Raute auf gelbem Grund

Freiburg-Bodensee-Querweg (Länge: 178 km)
Verlauf: Freiburg im Breisgau – Wutachschlucht – Engen – Singen – Konstanz
Wegzeichen: weiß-rote Raute auf gelbem Grund

Radwandern

Bodensee-Radwanderweg (Länge: 216 km)

Der Bodensee-Radwanderweg bietet eine ausgezeichnete Möglichkeit, die vielen Gesichter des Bodensees auf gesunde und umweltfreundliche Art kennenzulernen. Er folgt den Ufern praktisch aller Seeteile und bleibt in allen drei Bodenseeanrainerstaaten mit wenigen Ausnahmen rings um den See in nächster Ufernähe. Lediglich zur Umgehung des Alpenrheinmündungsdeltas macht er einen Bogen landeinwärts und muss die südliche Uferstrecke des Überlinger Sees zwischen Bodman und Wallhausen aufgrund der topogra-

Allgemeines

Bodensee-Radwanderweg (Fortsetzung)

fischen Gegebenheiten meiden. Der Radwanderweg ist in den Anrainerstaaten einheitlich mit einem leicht erkennbaren Piktogramm (s. o.) ausgeschildert.

Fahrtdauer

Ein geübter Radfahrer wird die insgesamt 216 km rings um den Bodensee (zusätzlich rund 70 km auf dem Bodanrück zwischen Überlinger See und Zeller See, einschließlich einem Abstecher auf die Insel Reichenau) in drei bis vier reinen Fahrtagen bewältigen. Wer diese landschaftlich einzigartige Rundstrecke jedoch als weniger ambitionierter Radwanderer geruhsam genießen und die Fahrt sinnvollerweise hier und da unterbrechen möchte, der sollte sich mindestens eine gute Woche Zeit nehmen und sie nach eigenen Wünschen und Möglichkeiten einteilen.

Routenvorschläge

Der Bodensee-Radwanderweg führt auch am Schweizer Bodenseeufer entlang – wie hier in Arbon.

*Radwanderweg Donau–Bodensee

Allgemeines

Der Radwanderweg Donau–Bodensee führt von Ulm über die Donau und auf romantischen Wegen, Sträßchen und verkehrsarmen Landstraßen durch das abwechslungsreiche Oberschwaben ins württembergische Allgäu und als Höhepunkt an den Bodensee. Die Sehenswürdigkeiten der Oberschwäbischen Barockstraße liegen oft am Weg oder sind mit kurzen Abstechern zu erreichen. Der Radwanderweg Donau–Bodensee ist in drei Routen gegliedert, die sich miteinander auch zu kleineren oder größeren Rundstrecken verknüpfen lassen. Zudem ist er in beiden Richtungen beschildert, was eine leichtere Orientierung ermöglicht.

Hauptroute (160 km): Ulm – Laupheim (Abzweigung der Westroute; s. unten) – Reinstetten – Ochsenhausen – Bellamont – Unterschwarzach (Abzweigung der Ostroute; s. unten) – Bad Waldsee – Bergatreute – Wolfegg – Kißlegg – Wangen im Allgäu (Abzweigung der Ostroute; s. u.) – Neukirch – Kressbronn (Verbindung über Friedrichshafen nach Immenstaad an der Westroute, s. u.).

Radwanderweg Donau-Bodensee (Fortsetzung)

Laupheim (an der Hauptroute; s. o.) – Oberstadion – Bad Buchau (Querverbindung nach Ochsenhausen an der Hauptroute; s. o.) – Bad Saulgau – Bad Schussenried – Aulendorf – Altshausen – Ebenweiler – Wilhelmsdorf (alternativ über Ravensburg nach Markdorf oder Friedrichshafen) – Markdorf – Immenstaad (Verbindung über Friedrichshafen nach Kressbronn an der Hauptroute; s. o.)

Westroute (160 km)

Unterschwarzach (an der Hauptroute; s. o.) – Bad Wurzach – Leutkirch – Isny – Argenbühl – Wangen im Allgäu

Ostroute (170 km)

Ferienstraßen

Den in diesem Reiseführer behandelten Raum Bodensee/Oberschwaben durchziehen mehrere Ferienstraßen, die dem Urlauber sowohl die landschaftlichen Schönheiten als auch die kunst- und kulturgeschichtlichen Sehenswürdigkeiten erschließen.

**Oberschwäbische Barockstraße

An erster Stelle der Ferienstraßen im Raum Bodensee/Oberschwaben steht die Oberschwäbische Barockstraße. Die in Deutschland mit einem gelben Puttenkopf auf grünem Grund ausgeschilderte Ferienstraße erschließt zum einen ganz Oberschwaben zwischen der Schwäbischen Alb bzw. der Donau im Norden und dem nördlichen Bodenseeufer, zum anderen aber auch die gesamte Uferregion rings um das Schwäbische Meer bis nach St. Gallen im Süden und in das untere Alpenrheintal hinein. Die Raumbegrenzungen im Osten sind das Illertal und das Allgäu sowie im Westen die Stadt Meßkirch.

Allgemeines

Diese äußerst empfehlenswerte touristische Straße verspricht in erster Linie eine Fahrt ins "Himmelreich des Barock", also zu den Zeugen einer prächtigen Baukultur des 17. und 18. Jh.s, die hier zumindest für Deutschland ihre reichste Ausprägung gefunden hat. Daneben sind jedoch auch viele Beispiele anderer Stilepochen zu bewundern. Neben dem umfangreichen Angebot an außergewöhnlichen Kulturgenüssen findet der Besucher in dieser Region eine freundliche Ferienlandschaft mit ausgedehnten Wäldern, Obstwiesen, idyllischen Riedseen und vielen zur Rast einladenden Ortschaften sowie sozusagen als Krönung die weite Wasserfläche des attraktiven Bodensees mit seinen dicht besiedelten und von jeher viel besuchten Ufern.

Die Oberschwäbische Barockstraße ist in vier individuelle Routen gegliedert, die überwiegend als Rundstrecken befahren werden können; sie folgen sowohl Bundesstraßen als auch weniger befahrenen Landstraßen.

Routenverlauf

Oberschwäbische Barockstraße (Fortsetzung)	Hauptroute (400–450 km): Ulm – Blaubeuren – Erbach – Oberdischingen – Ehingen – Mochental – Munderkingen – Obermarchtal – Zwiefalten – Riedlingen – Bad Buchau – Steinhausen – Bad Schussenried – Otterswang – Altshausen – Aulendorf – Bad Waldsee – Baindt – Weingarten – Ravensburg – Weißenau – Friedrichshafen – Eriskirch – Langenargen – Tettnang – Wangen im Allgäu – Argenbühl-Eglofs – Isny – Kißlegg (Anschluss an die Ostroute; s. u.) – Wolfegg – Bergatreute – Bad Wurzach – Rot an der Rot – Ochsenhausen – Ummendorf – Biberach – Gutenzell – Laupheim – Ulm-Wiblingen
Westroute (130 km)	Altheim – Ertingen – Herbertingen – Bad Saulgau – Sießen – Ostrach – Meßkirch – Pfullendorf – Heiligenberg – Salem – Überlingen – Birnau – Meersburg – (per Fähre nach Konstanz zum Anschluss an die Südroute, s. u.) Baitenhausen – Friedrichshafen (Anschluss an die Hauptroute, s. u.)
Südroute (130 km)	Konstanz – Kreuzlingen – Münsterlingen – St. Gallen – Trogen – Hohenems – Bildstein – Bregenz – Lindau
Ostroute (80 km)	Tannheim – Buxheim – Memmingen – Ottobeuren – Kempten – Legau-Lehenbühl – Maria Steinbach – Leutkirch

*Schwäbische Dichterstraße

Allgemeines	Die durch einen Federkiel im Tintenfass symbolisierte Schwäbische Dichterstraße nimmt ihren Anfang in Bad Mergentheim im Norden von Baden-Württemberg und endet nach vielen Verästelungen in Meersburg am Bodensee. Auf den in diesem Reiseführer angesprochenen südlichen Teil dieser touristischen Straße entfallen rund 120 km (plus ca. 60 km für Abstecher). Sie führt an Orte mit Geburts-, Wohn-, Wirkungs- oder Gedenkstätten von berühmten oder auch weniger bekannten schwäbischen Dichtern.
Routenverlauf (Südabschnitt)	Warthausen – Biberach an der Riß (Verzweigungen nordwestwärts nach Oberstadion und ostwärts nach Ochsenhausen) – Bad Schussenried – Bad Saulgau – Ostrach – Frickingen – Überlingen – Radolfzell (Verzweigungen nordwestwärts nach Singen und südwärts nach Gaienhofen auf der Halbinsel Höri) – Abstecher auf die Bodenseeinsel Reichenau – Konstanz – (Fähre) – Meersburg

*Schwäbische Bäderstraße

Allgemeines	Die Schwäbische Bäderstraße – ausgeschildert mit einem Zwiebeldachkirchturm und einer Wasserwelle auf braunem Grund – verbindet Oberschwaben mit dem bayerischen Alpenvorland. Von Westen nach Osten reihen sich auf einer Strecke von rund 130 km insgesamt acht Kurorte und Heilbäder hintereinander, beginnend mit Bad Buchau am Federsee, einem Moorbad mit Thermalquelle, und endend mit Bad Wörishofen, dem wohl bekanntesten Kneippheilbad überhaupt. Die Schwäbische Bäderstraße führt meist auf weniger befahrenen Landstraßen durch die anmutigen Landschaften von Oberschwaben und Unterallgäu, wo man sich erholen kann und wo es aber auch viele Baudenkmäler zu besichtigen gibt.

Bad Buchau (Moorheilbad) – Bad Schussenried (Moorheilbad) – Aulendorf (Kneippkurort) – Bad Waldsee (Moorheilbad und Kneippkurort) – Bad Wurzach (Moorheilbad) – Bad Grönenbach (Kneippkurort) – Ottobeuren (Kneippkurort) – Bad Wörishofen (Kneippheilbad)

Schwäbische Bäderstraße (Fortsetzung)

Grüne Straße

Die eine Brücke zwischen Ostfrankreich und Süddeutschland schlagende Grüne Straße beginnt als Route Verte im lothringischen Domrémy, führt dann über Épinal und durch die Vogesen sowie das Elsass nach Neuf-Brisach am Oberrhein. Jenseits des Rheins, der hier die französisch-deutsche Grenze bildet, zieht sie als Grüne Straße von Breisach ostwärts nach Freiburg im Breisgau sowie von dort auf der Höllentalstraße über Hinterzarten, Kirchzarten und Titisee-Neustadt durch den südlichen Schwarzwald nach Engen, wo sie die in diesem Reiseführer beschriebene Region erreicht. Ihr Streckenanteil im Bodenseeraum beträgt bis Konstanz rund 60 km, bis Lindau 90 km.

Allgemeines

Engen – Eigeltingen – Stockach – Ludwigshafen (Verzweigung über Radolfzell und Allensbach nach Konstanz) – Sipplingen – Überlingen – Birnau – Unteruhldingen – Meersburg – Hagnau – Immenstaad – Friedrichshafen – Eriskirch – Langenargen – Kressbronn – Nonnenhorn – Wasserburg – Lindau

Routenverlauf (Ostabschnitt)

Reiseziele von A bis Z

Arbon   F 9

Staat: Schweiz
Höhe: 398 m ü. d. M.
Einwohnerzahl: 13 000

Lage und Allgemeines

Städtebaulicher Anziehungspunkt des am Südufer des Bodensees gelegenen Ortes Arbon ist die schöne Altstadt, die sich auf einer runden Landzunge an der Stelle des keltischen "Arbona" und des römischen "Arbor Felix" ausbreitet. In der Altstadt gruppieren sich historische Gebäude um das herrschaftliche Schloss, und eine 3 km lange Promenade zieht sich den See entlang. Wirtschaftlich prägend waren seit Mitte des 19. Jh.s die Maschinenfabrik Saurer und die Stickerei Heine. Die Automobil- und Motorenproduktion wurde in den Achtzigerjahren des 20. Jh.s eingestellt, was zu einem wirtschaftlichen Rückschlag für die Stadt führte.

Sehenswertes in Arbon

St. Martin, St. Gallus

Nördlich vom Alten Hafen erhebt sich die Kirche St. Martin, deren Chor von 1490 und deren Langhaus von 1788 stammt. Die Madonna im Innern ist ein Werk aus dem Jahr 1525. Dem hl. Gallus, der in Arbon im 7. Jh. lebte, ist die romanische Kapelle St. Gallus auf dem Friedhof neben der Kirche geweiht.

Schloss / Historisches Museum

Weiter nordwestlich erhebt sich auf den Fundamenten des 294 n. Chr. errichteten römischen Kastells das 1515 von Hugo von Hohenlandenberg erbaute Schloss mit siebenstöckigem Turm (13. Jh.). Es dient heute als Kulturzentrum. In dem Schloss ist ein interessantes Historisches Museum untergebracht, in dem Exponate von der Jungsteinzeit bis zur Gegenwart ausgestellt sind (Öffnungszeiten: Mai – Sept. tgl. 14^{00} – 17^{00}; Okt., Nov., März, Apr. So. 14^{00} – 17^{00} Uhr).

Weitere historische Gebäude

Sehenswert sind ferner die folgenden historischen Gebäude: das Rathaus, das 1791 errichtet und nach einem Brand 1994 wieder aufgebaut wurde; der um 1500 entstandene Römerhof; daneben das an die Stadtmauer gebaute Haus zur Torwache (14. Jh.); das Rote Haus (1783) und das Haus zur Straussenfeder mit hübschem Renaissancegiebel.

Saurer Oldtimermuseum

Das Saurer Oldtimermuseum (Grabenstr. 6) gibt einen Überblick über den Nutzfahrzeug-Motorenbau der Firma Saurer. Ältestes Ausstellungsobjekt ist ein 3-Tönner-Cardanwagen von 1917.

An einem hübschen Platz in Arbon steht das Rote Haus (1783).

In der Mosterei Möhl (St. Gallerstr. 213) sind Maschinen und Geräte ab der Mitte des 19. Jh.s der im Oberthurgau traditionellen Süssmost- und Apfelweinherstellung ausgestellt. Außerdem wird die Geschichte der seit 1895 bestehenden Mosterei aufgezeigt.

Arbon
(Fortsetzung)

Umgebung von Arbon

In dem unweit südöstlich gelegenen Fischerort Steinach sind beachtenswert die barocke Pfarrkirche St. Jakobus (18. Jh.) und das große Kornhaus ("Gred") von 1473.

Steinach

Bad Buchau   G 6

Höhe: 592 m ü. d. M.
Einwohnerzahl: 3900

Das Thermal- und Moorheilbad Bad Buchau, heute am Rand des Federseebeckens und bis 1780 auf einer Halbinsel des ursprünglich weit größeren Federsees gelegen, ist vor allem bekannt wegen dieses nahe gelegenen einzigartigen Naturschutzgebietes.

Lage und
Allgemeines

Sehenswertes in Bad Buchau

Das ehemalige reichsfürstliche Chorfrauenstift am Nordrand des Ortes ist ein vermutlich um 820 gegründetes Benediktinerinnen-

Chorfrauenstift

Chorfrauenstift (Fortsetzung) kloster. Im Jahr 857 wurde es Eigenkloster König Ludwig des Deutschen, dessen Tochter Irmengard hier Äbtissin war (ihr Festtag ist der 17. Juli). Später wurde das Kloster in ein hochadeliges Damenstift umgewandelt und kam nach der Säkularisierung 1802 in den Besitz der Fürsten von Thurn und Taxis. Heute beherbergen die Baulichkeiten (18. Jh.) eine Kinderheilstätte und das Stiftsmuseum. Dieses Museum zeigt sakrale Kunst der Gotik und des Barock aus der Region, und zwar Skulpturen, Gemälde und Paramente (Öffnungszeiten: Mai – Okt. Sa., So., Fei. 14⁰⁰ – 16⁰⁰ Uhr).

Stiftskirche Die am Schloßplatz gelegene ehemalige Stiftskirche St. Cornelius und Cyprian ist eine ehemals romanische und gotische Basilika, die von 1774 bis 1776 von Michel d'Ixnard im klassizistischen Stil erneuert wurde. Andreas Brugger schuf die bedeutenden Deckenfresken (1774 – 1777), darunter die Darstellung der Stiftsgeschichte im Langhaus. In der romanischen Krypta befinden sich die Gräber der Volksheiligen Adelindis sowie ihrer drei im Jahr 902 erschlagenen Söhne.

Kappel Am Weg zu dem westlich von Bad Buchau gelegenen Ortsteil Kappel steht eine von 1727 bis 1729 auf Pfählen erbaute Wehrkapelle mit barockem Inneren. Die Anhöhe bekrönt die Kappeler Filialkirche St. Peter und Paul mit Wandmalereien der Reichenauer Schule (um 1100).

**Federsee

Vor- und Frühgeschichte Den Moorlagen des Federseebeckens verdanken wir heute bemerkenswerte Einblicke in die Vor- und Frühgeschichte. Bereits während der Altsteinzeit (um 16 000 v. Chr.) lagerten Jäger an der Schussenquelle, um 6000 v. Chr. siedelten Jäger und Fischer am See. Gefunden wurden Werkzeuge und Jagdgerät. Während der Jungsteinzeit (4400 – 2000 v. Chr.) errichteten zugewanderte Bauern im bereits verlandeten Süden des Sees mehrere Dörfer (Aichbühl, Riedschachen) mit rechteckigen Häusern und Firstdächern. Sie hinterließen kunstvoll verzierte Keramik sowie Geräte aus Holz und Horn. Am bedeutendsten ist die östlich von Bad Buchau entdeckte "Wasserburg Buchau" (1100 – 800 v. Chr.), eine der palisadenumwehrten Siedlungen der Urnenfelderkultur. Die Kelten errichteten stattliche Grabhügel (um 700 v. Chr.) und die Römer Gutshöfe aus Stein. Seit dem 6. Jh. schließlich siedelten Alemannen am Federsee. Die eindrucksvollen Grabungsfunde sind im Federseemuseum zu besichtigen.

**Federseemuseum Wenn man von Bad Buchau nördlich zum Federsee fährt, trifft man auf das architektonisch gelungene Federseemuseum. Das auf Stelzen in einen Teich gestellte und damit wie ein moderner Pfahlbau wirkende Gebäude fügt sich harmonisch in die Umgebung des angrenzenden Naturschutzgebiets ein. Das Museum informiert anschaulich über die Geschichte der seit über 16 000 Jahren andauernden Besiedlung von See und Moor. Der Bogen der außergewöhnlichen und einzigartigen Funde spannt sich von den eiszeitlichen Rentierjägern, den Pfahlbauern der Stein- und Bronzezeit mit den ältesten Holzrädern Europas bis zum Weihefund aus Kappel, einem äußerst seltenen Zeugnis keltischen Glaubens (Öffnungszeiten: Apr.–Okt. tgl. 10⁰⁰–18⁰⁰; Nov.–März So. 10⁰⁰–18⁰⁰ Uhr). Außerdem ist das "Archäologische Freilichtmuseum Federsee" angegliedert, in dem vier Dorfabschnitte von der Jungsteinzeit bis zur Bronzeit rekonstruiert wurden. Die hölzernen Wände der Gebäude sind mit einer Mischung aus Kuhmist, Sand und Stroh verkleidet. Möbel gibt es nicht, denn die Steinzeitmenschen haben ein "bodennahes" Leben geführt. Im Haus waren die Menschen nur zum Kochen, Schlafen und bei Regenwetter. Ein etwa 10 km langer Archäologischer Moorlehrpfad führt vom Museum zum südlichen Federseeried, einem ansonsten unzugänglichen Naturschutzgebiet.

Federseemuseum (Fortsetzung)

Baedeker TIPP) Steinzeitleben

Wie wär's mit Brotbacken im Lehmofen, Töpfern oder Anfertigen von Werkzeugen – und zwar so wie in der Steinzeit? Dieses und noch mehr bietet das Federseemuseum an. Wer nicht selbst "Hand anlegen" möchte, kann auch zusehen bei Vorführungen von frühgeschichtlichen Handwerkstechniken wie Fischfang, Holzbau und Steinverarbeitung (Informationen: ☎ 0 75 82 / 83 50).

Der Federsee ist der Rest eines urzeitlichen, etwa 45 km² Fläche bedeckenden Sees, der das Becken einer Gletscherzunge des Rheintalgletschers von Aichbühl im Süden bis Ahlen im Norden ausfüllte. Er hatte seine größte Tiefe im Norden, so dass die allmähliche Verlandung besonders vom flacheren Südrand her (Steinhauser Ried) einsetzte. Noch um 1780 lag Buchau auf einer Halbinsel. Durch Trockenlegung weiter Seeteile in den Jahren 1788 und 1808 ging der See auf heute etwa 2 km² zurück. Seine durchschnittliche Tiefe beträgt jetzt 1 m, die größte Tiefe etwa 3 m.

Federsee

Der Federsee ist Lebensraum für eine vielfältige Tier- und Pflanzenwelt.

Bad Buchau
(Fortsetzung)

Seit 1939 stehen 1410 ha des Schilf- und Streuwiesengürtels rings um den Federsee unter Naturschutz. Das Gebiet zeigt beispielhaft den allmählichen Prozess der Verlandung in allen seinen Abstufungen. Es wurde 1999 um das 240 ha große Naturschutzgebiet "Westliches Federseeried/Seelenhofer Ried" erweitert. Die Vielfalt der Pflanzenwelt bedingt einen ebensolchen Reichtum der Fauna: Der Federsee bietet etwa 260 Vogelarten Lebensraum und 127 Vogelarten gute Brutbedingungen.

Ein 1200 m langer Holzsteg führt heute den Besucher von Bad Buchau durch Schilfdickicht und Moor zu einer Aussichtsplattform. Ein Vogelschutzlehrpfad informiert über das Federseemoor und seine Tierwelt; ein 16 km langer Fußweg umrundet das Naturschutzgebiet. Eine Reihe interessanter naturkundlicher Führungen durch das Gebiet bietet das NABU-Naturschutzzentrum Federsee (Federseeweg 6, ☎ 0 75 82/15 66).

Umgebung von Bad Buchau

Oggelshausen

Etwa 3 km östlich erstreckt sich am südlichen Ortsrand von Oggelshausen das anlässlich eines internationalen Bildhauersymposiums 1969/1970 geschaffene Skulpturenfeld mit fünfzehn modernen Steinplastiken verschiedener Künstler aus fünf Nationen. Im Rahmen eines Symposiums im Jahr 2000 kamen weitere Steinskulpturen hinzu.

Für Liebhaber von Modelleisenbahnen ist die ModellBahnSchau (MBS; Buchauer Str. 23) im Ort empfehlenswert, eine Modelleisenbahnausstellung mit schön gestalteten Modellbahnen in verschiedenen Größen (Z, N, HO, Spur 1). Eine Attraktion ist die 90 m² große Spur 1-Anlage mit handgefertigten Gebäuden (Öffnungszeiten: Apr.–Okt. Di.–So. 10^{00}–18^{00}; Nov.–März 11^{00}–17^{00} Uhr).

Kanzach

Am nördlichen Ortsausgang von Kanzach (3 km nordwestlich von Bad Buchau) ist die außergewöhnliche Rekonstruktion der Bachritterburg, eine Holzburg in Originalgröße, erstellt worden. Diese Turmhügelburg, die im 13. Jh. erbaut worden war, ist eine klassische Burgform des Niederadels und der Ministerialen jener Zeit (Öffnungszeiten: 25. Juni–Okt. Mi., So., 10^{00}–18^{00}, Sa. 13^{00}–18^{00} Uhr).

Bad Saulgau   F 6

Höhe: 587 m ü. d. M.
Einwohnerzahl: 17 000

*Thermalbad

Dank ihrer Schwefeltherme ist die Stadt Saulgau, eingebettet in die freundliche wald- und seenreiche Hügellandschaft Oberschwabens, inzwischen zum Bad ernannt worden. Die Therme findet bei rheumatologisch-orthopädischen Indikationen und bei psychosomatischen Erkrankungen Anwendung. Darüber hinaus genießt Bad Saulgau auch im Kulturleben durch regelmäßige Kunstausstellungen in der Galerie "Die Fähre" weithin Ansehen. Seit 1432 wird im Sommer (Juni/Juli) das Bächtlefest mit historischem Umzug und Kinderspielen gefeiert.

Sehenswertes in Bad Saulgau

Der brunnengezierte Marktplatz von Bad Saulgau, ein beliebter Treffpunkt der Stadt, wird beherrscht von der gotischen Kirche St. Johannes Baptist (14. Jh.) mit romanischem Turm.

Marktplatz

Bei der Kirche steht das schmucke Haus am Markt (um 1400), eines der ältesten Fachwerkhäuser in Oberschwaben. Hier befinden sich heute der Ratssaal und die "Galerie am Markt". Die Galerie stellt Kunst in Oberschwaben seit 1900 aus, u. a. repräsentative Arbeiten von Otto Dix und HAP Grieshaber (Öffnungszeiten: Mi., Sa., So. 14^{00} – 16^{00} Uhr).

Haus am Markt / Galerie am Markt

Im 1998 eröffneten Stadtmuseum (Schleifergasse) südwestlich des Marktplatzes wird die Stadtgeschichte und das Brauereiwesen dargestellt. Außerdem gibt es eine Sammlung zu Bräuchen und Festen (Öffnungszeiten: Mi., Do. 14^{00} – 16^{00}, Sa., So. 14^{00} – 17^{00} Uhr).

Stadtmuseum

Im Norden der Altstadt findet der Besucher das ehemalige Franziskanerinnenkloster (14. – 18. Jh.), in dem heute das Rathaus untergebracht ist. Nahebei sind noch Mauerreste der alten Stadtbefestigung mit dem "Katzentürmle", das einst als Gefängnis benutzt wurde, erhalten.

Rathaus, Stadtmauer

Die Hauptstraße führt südöstlich zur spätgotischen Kreuz- oder Schwedenkapelle, die im 19. Jh. erweitert wurde. Sie birgt ein bedeutendes romanisches Großkreuz, das so genannte Schwedenkreuz (um 1150), das in der Zeit der Schwedenbesetzung aufgeleuchtet und damit die erschrockenen Besatzer zur Flucht veranlasst haben soll.

Kreuzkapelle / Schwedenkappelle

Ein Highlight der Stadt ist die Sonnenhof-Therme (Am Schönen Moos) an der westlichen Peripherie von Saulgau. Sie umfasst Innen- und Außenbecken, Kaskaden- und Therapiebecken, römisch-irisches Dampfbad, Kneippanlagen, Trinkbrunnen, Liegehalle, Terrasse, Cafeteria und Liegewiese. Außerdem gibt es eine ausgedehnte Saunalandschaft. Angeschlossen ist darüber hinaus eine Kurmittelabteilung mit Massagen, Krankengymnastik und Elektrotherapie (Öffnungszeiten: tgl. 8^{00} – 21^{00} Uhr).

*Sonnenhof-Therme

Sehenswert im Ortsteil Sießen ist das um 1250 von Dominikanerinnen gegründete Kloster Sießen. Die im 16. Jh. zerstörten Konventsgebäude wurden von 1716 bis 1722 von Franz Beer und Christian Thumb neu erbaut.
Die Klosterkirche St. Markus (1726/1727) von Dominikus Zimmermann ist das Frühwerk des berühmten Barockarchitekten mit einer Raumfolge von vier flach überkuppelten Rechtecken, in denen Doppelpilaster die Wölbgurte tragen. Die Stuckzier aus Band- und Gitterwerk lieferte Kaspar Zimmermann, die Freskomalereien (1729) führte Johann Baptist Zimmermann aus.
Im Kloster Sießen lebte und wirkte die Ordensfrau Maria Innocentia Hummel, die Schöpferin der beliebten Hummelfiguren. Im Hummelsaal des Klosters sind Werke der Ordensfrau ausgestellt (Öffnungszeiten: Mo. 14^{00} – 16^{00}, Di. – Sa. 10^{00} – 12^{00}, 14^{00} – 16^{00}, So. 13^{30} – 16^{00} Uhr).

*Kloster Sießen (s. Abb. S. 82)

Das Kloster Sießen ist ein Werk der berühmten Barockbaumeister Franz Beer und Christian Thumb.

Umgebung von Bad Saulgau

Altshausen

Etwa 12 km südlich von Bad Saulgau erreicht man Altshausen (4500 Einw.), seit 1246 Sitz der Deutschordenskommende. Das ehemalige Deutschordensschloss ist jetzt Hauptwohnsitz des herzoglichen Hauses Württemberg. Der spätgotische "Alte Bau" wurde von 1729 bis 1733 nach Plänen von Giovanni Gaspare Bagnato um den "Neuen Bau" (Torhaus, Marstall, Reitschule) erweitert. Um 1770 wurde die Orangerie durch seinen Sohn Franz Anton Bagnato angefügt. Im Schloss finden Konzerte statt (Öffnungszeiten: 8⁰⁰ Uhr bis Einbruch der Dunkelheit). Die ursprünglich gotische Schlosskirche (1413) wurde von 1748 bis 1753 durch Giovanni Gaspare Bagnato umgestaltet.

Meßkirch

Lage und Allgemeines

Der städtebauliche Reiz von Meßkirch (39 km westlich von Bad Saulgau) liegt in der mittelalterlichen Altstadt, wo hübsche Fachwerkhäuser das Bild prägen. Wahrzeichen ist das Renaissanceschloss. In der ersten Hälfte des 16. Jh.s wirkte hier der Meister von Meßkirch (ca. 1490 – 1543), einer der wichtigsten süddeutschen Maler seiner Zeit.

Meßkirch ist darüber hinaus Geburtsort des Komponisten Conradin Kreutzer (1780 – 1849) sowie des Philosophen Martin Heidegger (1889 – 1976), der hier auch begraben liegt, so dass man die Stadt den Ehrentitel "badischen Geniewinkel" erhielt.

Wichtigste Sehenswürdigkeit der Stadt ist das Renaissanceschloss, eine mächtige Vierflügelanlage mit wuchtigen Ecktürmen. Seine Ost-, Süd- und Westflügel wurden ab 1557 auf Veranlassung des Grafen Christoph von Zimmern erbaut. Anstatt des geplanten Nordflügels blieb das Alte Schloss erhalten. In der Remise des Schlosses ist ein Oldtimermuseum untergebracht (Öffnungszeiten: Apr. – Okt. 2. So. im Monat 11⁰⁰ – 17⁰⁰ Uhr und n.V., ☎ 0 75 71/1 37 06). Der angeschlossene Hofgarten wurde um 1740 als Schlosspark im französischen Stil mit 300 Linden angelegt.

Meßkirch (Fortsetzung)

Die Kirche St. Martin, der bedeutendste Sakralbau der Stadt, wurde im 16. Jh. errichtet und im 18. Jh. im Barockstil umgestaltet. Im Innern leuchten die Wand- und Deckenfresken (um 1773) des Sigmaringers Meinrad von Au, u. a. mit dem Abendmahlsgeschehen über dem Altarraum, umrahmt von den vier Erdteilen, den theologischen Tugenden Glaube, Hoffnung, Liebe und den vier Evangelisten. Das rechte Nebenaltarbild mit der Heiligen Sippe und das Hochaltarblatt mit der Kreuzigung sind ebenfalls Schöpfungen von Meinrad von Au, die Stuckarbeiten schuf Jakob Schwarzmann. Sehr schön ist der nordseitige Nebenaltar mit einer "Anbetung der Könige" (1538) des Meisters von Meßkirch. Prachtvoll sind die Bronzeepitaphe (16. Jh.) der Grafen von Zimmern. Die angebaute Nepomukkapelle wurde von den berühmten Brüdern Asam mit Stuck und Fresken ausgestaltet.

*St. Martin

Im großen Saal des Rathauses kann man im Heidegger Archiv dem Leben und Werk des großen Philosophen nachgehen. Ausgestellt ist die umfangreiche Büchersammlung des Philosophen.

Heidegger Archiv

Das kleine Heimatmuseum nahe dem Rathaus zeigt vor- und frühgeschichtliche Funde, altes Handwerk sowie Erinnerungen und Porträts von Abraham a Santa Clara. Außerdem gibt es ein Conradin-Kreutzer-Zimmer (Besichtigung n. V., ☎ 0 75 75 / 2 06 46).

Heimatmuseum

Bad Schussenried   G 6 / 7

Höhe: 570 – 630 m ü. d. M.
Einwohnerzahl: 8200

Als Moorheilbad bei Erkrankungen des Bewegungsapparats wie auch als Erholungsort genießt das "Klosterstädtchen" Bad Schussenried im Herzen Oberschwabens einen guten Ruf. Mit der Kirche St. Peter und Paul im Ortsteil Steinhausen besitzt Bad Schussenried ein barockes Juwel. Das Gebiet um Schussenried war bereits seit vorgeschichtlicher Zeit besiedelt; die eindrucksvollen Funde sind im Federseemuseum in ▶ Bad Buchau ausgestellt. Mit der Gründung eines Prämonstratenserklosters 1183 nahm der Ort einen raschen Aufschwung.

Lage und Allgemeines

Sehenswertes in Bad Schussenried

Durch ein frühgotisches Törchen betritt man den Klosterhof und schaut rechts auf den West- und Südflügel des von 1656 bis 1663 nach Plänen von Michael Beer errichteten Konventsgebäudes. An seiner Nordseite erhebt sich die ursprünglich romanische, durch einen spätgotischen Vorbau und Chor erweiterte und in den Jahren

Prämonstratenserkloster

Prämonstratenserkloster (Fortsetzung)	1717 bis 1746 barockisierte ehemalige Prämonstratenser-Reichsabtei St. Magnus. Durch die Vorhalle vorbei an der überlebensgroßen Christophorusfigur (um 1490) von Michel Erhart und dem Marientod (um 1515) von Michael Zeynsler tritt man in das Mittelschiff, dessen Stichkappentonne mit Begebenheiten aus dem Leben des Ordensstifters Norbert von Xanten vom Münchner Hofmaler Johannes Zick von 1745 bis 1746 ausgemalt wurde. Georg Anton Machein schnitzte das prachtvolle Chorgestühl (1714–1717) und die Statuen samt dem Zierrat des Hochaltars (1715/1717), des Michaelsaltars und des Magnusaltars (1722), während Johann Caspar Sing das Altarblatt mit der Himmelfahrt Mariens 1717 malte.
*Bibliothekssaal	Im Nordtrakt des von 1752 bis 1763 durch Jakob Emele nach Plänen von Dominikus Zimmermann errichteten Neuen Klosters befindet sich der Bibliothekssaal. Den hellen Rokokosaal schmücken 16 stuckmarmorne Doppelsäulen, vor denen Alabasterfiguren u. a. der Kirchenlehrer stehen, die gemeinsam eine umlaufende Empore mit Galeriebüsten berühmter Männer tragen. Das Thema des ovalen Deckengemäldes entfaltet sich von der Orgeltribüne her im Lob der göttlichen Weisheit, die sich im Alten und Neuen Testament offenbart, über die Wissenschaften bis zum Auftritt des Prämonstratenserabtes vor dem Sonnenkönig. Die übrigen Räume dienen heute als Kongress- und Tagungszentrum. Zudem ist hier das Württembergische Mundartarchiv untergebracht (Öffnungszeiten: Apr. bis Okt. 10:00–12:00, 14:00–17:00; Nov. bis März 14:00–16:00 Uhr).
	Klostermuseum
	Das Klostermuseum im spätmittelalterlichen Kreuzgang, in der spätgotischen Konventsbibliothek und in der Oberen Sakristei zeigt sakrale Kunstwerke: Skulpturen, Gemälde, Epitaphien, Pontifikalien, liturgisches Gerät und Reliquiare (Öffnungszeiten: Ostern–Allerheiligen Sa. 9:30–11:30, 13:30–17:30, So. 13:30 bis 17:30 Uhr).

Baedeker TIPP **Musikerlebnis**

Erleben Sie herrliche Musik in einem der schönsten Konzertsäle Europas! Der Bibliothekssaal des Neuen Klosters bildet den prächtigen Rahmen für klassische Konzerte (Auskunft beim Neuen Kloster: ☎ 07583/3310-01).

Bierkrugmuseum	Einen Besuch lohnt das Schussenrieder Bierkrugmuseum (Wilhelm-Schussen-Str. 12), wo über 1000 Bierkrüge aus 5 Jahrhunderten zu sehen sind. Bekannt ist das Schussenrieder Bier, das heute noch gebraut wird. Außerdem gibt es in der Kristallgrotte im Brauereihof einen der größten Bergkristalle der Welt (Öffnungszeiten: Di.–So. 10:00–16:00 Uhr).
**Wallfahrtskirche Steinhausen	Die "schönste Dorfkirche der Welt" im Ortsteil Steinhausen wurde von 1728 bis 1733 von Dominikus Zimmermann errichtet. Die von einem hohen Turm überragte Wallfahrtskirche St. Peter und Paul, eine der schönsten Rokokokirchen, sollte den angemessenen Betraum bieten für die stetig zunehmende Marienwallfahrt nach Steinhausen. Die Kirche ist ein ovaler Zentralbau von ausgezeichneter Raumwirkung durch die geschickte Verschmelzung von Architektur, plastischer Dekoration und Malerei. Das von Johann Baptist Zimmermann gemalte Deckenfresko (1730–1731) zieht den Betrach-

Steinhausen: Die "schönste Dorfkirche der Welt" ▶
hat – wie man sieht – ihren Namen zu Recht.

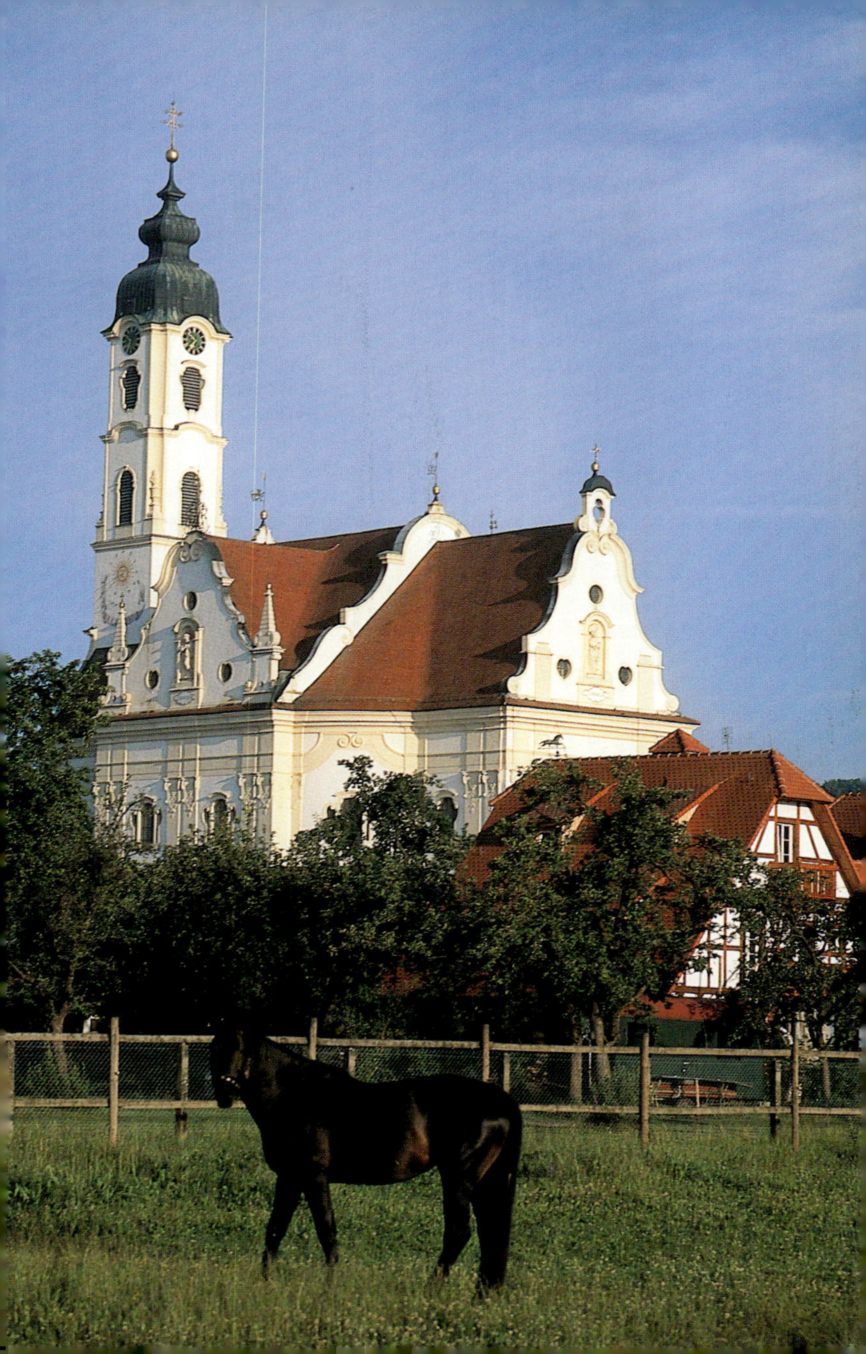

Wallfahrtskirche Steinhausen (Fortsetzung)

ter in die Höhe zur spiralförmig komponierten, farblichtumfluteten Himmelfahrt Mariens im Kreise von Engeln und Heiligen über einem farbenfrohen Gartenprospekt, umrahmt von den Personifikationen der vier Erdteile (s. Abb. S. 63). Mit Adam und Eva, der Vertreibung aus dem Paradies, über den Hortus conclusus ("verschlossener Garten") und die Fons signatus ("versiegelte Quelle") wird vieldeutig auf die Gartensymbolik in Verbindung mit der Marienverehrung angespielt. Das Chorfesko zeigt Gottvater und den Heiligen Geist mit dem Engelschor in Erwartung des Sohnes. Auf dem Hochaltar befindet sich das von den Wallfahrern hochverehrte Gnadenbild, eine holzgeschnitzte Pietà (um 1410), auf die auch das Altarbild (1750) von Franz Martin Kuen Bezug nimmt. Am Kreuz vernichtet ein Engel den Schuldschein der Sünde. Reizvoll ist zudem die vielfigurige Stuckzier. Ob Hirschkäfer, Eichhörnchen oder Elster, alle Kreatur, jubelt zu Ehre des Schöpfers (Öffnungszeiten: Sommer 7³⁰ – 19³⁰ Uhr, Winter bis Einbruch der Dunkelheit).

Umgebung von Bad Schussenried

*Kreisfreilichtmuseum Kürnbach

Etwa 2 km südöstlich von Bad Schussenried kann man das Kreisfreilichtmuseum Kürnbach besuchen. Um das am Originalort restaurierte Kürnbachhaus (1664) wurde eine Reihe erhaltenswerter, oberschwäbischer Bauernhäuser, die man von ihrem ursprünglichen Standort entfernt hatte, hier wieder aufgebaut. Ein Obstgarten mit alten Sorten sowie ein Bauerngarten zeigen traditionelle Anbauweisen. Interessant ist auch ein mit alten Imkergeräten versehenes Bienenhaus. Es soll daran erinnern, dass der Honig bis zur Einführung des Zuckers als Nahrungsmittel eine wichtige Rolle spielte. Angeschlossen ist das Oberschwäbische Trachtenmuseum, das einen einmaligen Überblick über die zwischen 1750 und 1900 in Oberschwaben und im Allgäu getragene Festtagskleidung gibt.

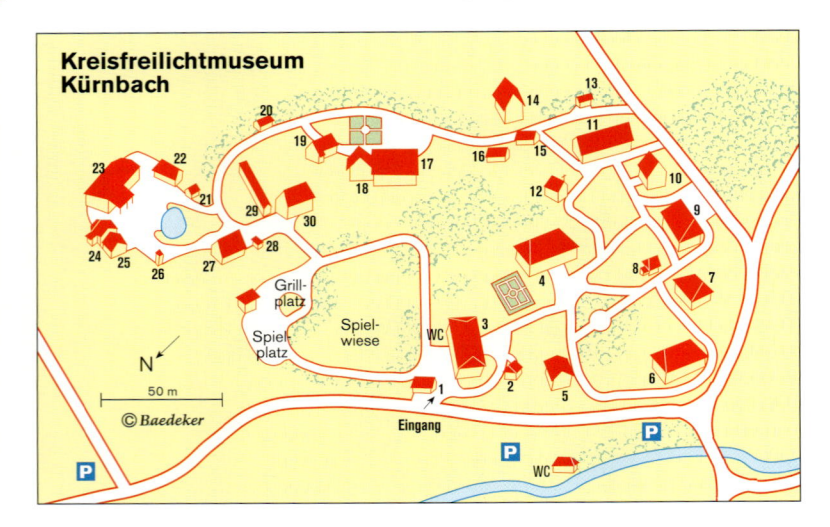

Lebendig wird die oberschwäbische Tracht jedes Jahr beim Kürnbacher Trachten-Fest im September. Monatlich finden in dem Museum Handwerkertage statt, an denen ländliche Handwerke vorgeführt werden. Außerdem werden Konzerte, Lesungen und Vorträge angeboten (Öffnungszeiten: März, Apr., Okt. Di.–Sa. 10⁰⁰–17⁰⁰, So., Fei. 11⁰⁰–17⁰⁰; Mai–Sept. Di.–Sa. 9⁰⁰–18⁰⁰, So., Fei. 11⁰⁰–18⁰⁰ Uhr).

Bad Schussenried (Fortsetzung)

Aulendorf

Aulendorf, ein Kneipp- und Thermalkurort, ist eingebettet in eine hügelige Landschaft. Der Ort liegt, umgeben von zahlreichen Seen und Rieden, 6 km südlich von Bad Schussenried. Hier verbinden sich historische Sehenswürdigkeiten mit modernen Kur- und Freizeiteinrichtungen. Bekannt ist Aulendorf für die Schwabenterme und sein Schloss.

Lage und Allgemeines

Da man vor einiger Zeit bei Bohrungen auf schwefel-fluoridhaltige heiße Quellen (54,4 °C) gestoßen ist, konnte 1994 ein Thermalbad, die Schwaben-Therme, eröffnet werden. Sie bietet ein Thermalbecken mit einem zu öffnenden Glaskuppeldach und ein Thermal-Außenbecken, ferner gibt es Einrichtungen für Kinder wie z. B. eine Riesenwasserrutsche.

Schwaben-Therme

Das ehemalige Schloss der Grafen von Königsegg-Aulendorf, eine Anlage mit Bauteilen aus verschiedenen Epochen, beherbergt heute städtische Ämter und das Schlossmuseum, eine Zweigstelle des Württembergischen Landesmuseums. Das Museum zeigt Kunst des Klassizismus und altes Spielzeug vom 18. Jh. bis zur Gegenwart wie Puppenhäuser und Spielzeugeisenbahnen (Öffnungszeiten: Di.–Fr. 13⁰⁰–17⁰⁰, Sa., So., Fei. 10⁰⁰–17⁰⁰ Uhr).

Schloss / Schlossmuseum

> **Baedeker TIPP • Ritteressen**
>
> Eine besondere Kulisse mit mittelalterlichem Flair vermittelt das Ritteressen im "Aulendorfer Ritterkeller". Tischsitten wie vor 450 Jahren mit Dienern in historischen Kostümen lassen das Mahl zum Erlebnis werden (Informationen: ☎ 0 75 25 / 9 22 10).

An das Schloss angebaut ist die Kirche St. Martin, ein Bauwerk romanischen Ursprungs mit mehrfachen Umgestaltungen. Beachtung verdienen das Bild am Hochaltar (1657) mit der Muttergottes und dem hl. Antonius, die Stuckdecke von 1711 und der spätgotische Flügelaltar in der Chorkapelle, der um 1515 entstanden sein dürfte. Auf der Mitteltafel ist die Anbetung der Heiligen Drei Könige dargestellt. Sehenswert sind außerdem die Grabdenkmäler in der Sebastianskapelle für die Grafen von Königsegg-Aulendorf.

St. Martin

Bad Waldsee   H 7

Höhe: 584–754 m ü. d. M.
Einwohnerzahl: 17 000

Das mittelalterliche Städtchen Bad Waldsee, das als Moor- und Kneippbad aufgesucht wird, zeichnet sich durch eine besondere Lage an zwei idyllischen Seen aus. Seit 1994 gibt es hier das Thermal-

Lage und Allgemeines

Allgemeines (Fortsetzung) — bad "Waldsee-Therme" mit fluorid-schwefelhaltigem Thermalwasser, die heißeste Quelle Oberschwabens (65 °C). In der von 1331 bis 1806 vorderösterreichischen und dann württembergischen Stadt Bad Waldsee war die Bildhauerfamilie Zürn (▶ Berühmte Persönlichkeiten) zu Hause, die im 17. und 18. Jh. das oberschwäbische Barock ganz entscheidend mitgeprägt hat.

Sehenswertes in Bad Waldsee

***Stiftskirche** — Wahrzeichen von Bad Waldsee ist die ehemalige Stiftskirche St. Peter des 1181 von Kaiser Friedrich Barbarossa gegründeten und 1788 aufgelassenen Augustinerchorherrenstifts. Das ursprünglich gotische Gotteshaus wurde von 1712 bis 1718 umgestaltet und erweitert. Die barocke Westfassade mit ihren markanten, über Eck stehenden Türmen stammt aus den Jahren 1765 bis 1767. Den Hochaltar mit kolossalen gewundenen Säulen und Stuckmarmoreinlegearbeiten schuf Dominikus Zimmermann um 1715. Am Ende des linken Seitenschiffes findet man die selten schöne spätgotische Bronzegrabplatte Georgs I. von Waldburg (15. Jh.), die durch die sorgfältige Wiedergabe aller Details in Gesichtszügen, Rüstung und Emblemen besticht.

Klostergebäude — Von den ehemaligen Klostergebäuden sind noch Teile südöstlich der Stiftskirche erhalten, darunter die 1748 erbaute Prälatur – heute die Apotheke St. Peter – und das Oratorium, in dem heute das Kirchenschatzmuseum untergebracht ist. Dieses Museum stellt

Die hübsche Altstadt von Bad Waldsee lädt zu einer beschaulichen Rast ein.

Goldschmiedearbeiten des 17. und 18. Jh.s aus: Kelche, Monstranzen, Reliquiare (Öffnungszeiten: n. V., ☎ 0 75 24 / 94 13 42).

Klostergebäude (Fortsetzung)

In der Mitte der Altstadt mit ihren ansehnlichen Bürgerhäusern steht das spätgotische Rathaus (1426).

Rathaus

Das gotische staffelgiebelige Kornhaus (15. Jh.) gegenüber dem Rathaus beherbergt heute das Städtische Museum. Dieses präsentiert eine bedeutende Sammlung oberschwäbischer Kunst und Kunsthandwerks. Im Erdgeschoss sind Zeugnisse zur Stadtgeschichte zu sehen (Öffnungszeiten: Do. 14^{00}-16^{00}, Sa. 9^{30} – 11^{30}, So. 9^{30} – 11^{30}, 14^{00} bis 16^{00} Uhr).

Kornhaus / Städtisches Museum

Östlich bzw. südöstlich vom Rathaus findet man das ehemalige Heilig-Geist-Spital mit neugotischer Fassade von 1856, das heute als Altenheim genutzt wird, und das ehemalige Franziskanerkloster (1650), in dem heute Behörden untergebracht sind.

Heilig-Geist-Spital, Franziskanerkloster

Im kleinen Stadtseemuseum im Stadtarchiv (Klosterhof 3), nordwestlich vom Rathaus, sind Funde aus den Waldseer Seen ausgestellt (Öffnungszeiten: Do. 10^{00} – 13^{00} Uhr).

Stadtseemuseum

Am Südostende der Altstadt erhebt sich das Wurzacher Tor, der einzige erhaltene Teil der 1832 abgetragenen mittelalterlichen Stadtbefestigung

Wurzacher Tor

In der Nähe des Schlosses wurde das Fasnets- und Ölmühlenmuseum (Bleicherstr. 6) eingerichtet. Im Erdgeschoss steht eine Ölmühle für Lein, Mohn und Raps von 1929, und das Obergeschoss ist der Geschichte und dem Brauchtum der Waldseer Fasnet gewidmet (Führungen: Mi. 14^{30}, 14-tägig).

Fasnets- und Ölmühlenmuseum

Westlich der Altstadt liegt inmitten schöner Parkanlagen das Fürstlich zu Waldburg-Wolfeggsche Schloss (1745), das auf eine stark befestigte spätmittelalterliche Wasserburg zurückgeht. In dem Schloss hat heute eine private Hochschule ihren Sitz.

Schloss

Vom Schloss führt ein Stationenweg zur Frauenbergkapelle, die 1471 von den Waldseer Bürgern als eigenständige Pfarrkirche gegen die geistliche Vorherrschaft des Augustinerchorherrenstifts errichtet und 1621 von Hans Zürn und seinen Söhnen Martin und Michael ausgestattet wurde.

Frauenbergkapelle

Im Steinacher Ried nordöstlich der Stadt finden seltene Pflanzen und Tiere noch ein Rückzugsgebiet. Hier wachsen Moosbeere, Sonnentau und Sumpfrosmarin. Bei Wanderungen und Führungen kann der Naturfreund diese Urlandschaft kennenlernen. Aus diesem Ried stammt der bei Kuranwendungen benutzte Badetorf für Moorbäder und Packungen.

Steinacher Ried

Der Ortsteil Reute wird beherrscht von der Kirche St. Peter und Paul (17. Jh.) mit romanisch-gotischem Turm und dem aus einem mittelalterlichen Beginenhaus entstandenen Franziskanerinnenkloster. Hier lebte die stigmatisierte "Gute Beth", eigentlich Elisabeth Achler, (1386 – 1420), die 1766 selig gesprochen wurde.

Reute

Bad Waldsee

89

Bad Wurzach J 7

Höhe: 650 – 800 m ü. d. M.
Einwohnerzahl: 14 000

*Kur / Kultur / Natur

Bad Wurzachs Dreiklang besteht aus Kur, Kultur, Natur: ein bekanntes Moorheilbad mit Thermalquelle, das das Flair eines einstigen Residenzstädtchens mit dem Charme einer ländlichen Kleinstadt verbindet und mit dem Wurzacher Ried eines der größten noch intakten Hochmoore besitzt.

Sehenswertes in Bad Wurzach

Schloss

Beachtung verdient das Barockschloss (1723 – 1728), eine um einen Ehrenhof gruppierte Dreiflügelanlage, die berühmt ist für ihr prächtiges Treppenhaus. In diesem Treppenhaus blickt der Besucher, über zwei gewundene Treppenläufe geleitet, zum antiken Götterhimmel des Deckenfreskos (1728) von Pietro Scotti empor. Im Schloss finden die viel beachteten Residenzkonzerte statt.

Das Barockschloss ist berühmt für sein prachtvolles Treppenhaus.

Klosterkapelle

Die Rokokokapelle (1763) im Kloster Maria Rosengarten gilt als "schönste Hauskapelle der Welt". In dem Kloster wurde 1936 die erste Moorbadeanstalt Württembergs eröffnet, und auch heute noch ist hier ein Kursanatorium untergebracht.

Leprosenhaus

Sehenswert ist zudem das Leprosenhaus, das ehemalige "Siechenhaus" (13. Jh.). Es ist das Geburtshaus des "Moormalers" Sepp Mahler, für den hier ein Museum eingerichtet wurde (Öffnungszeiten: Apr. – Okt. Fr., So., Fei. 14 00 – 17 00 Uhr).

Leprosenhaus (Fortsetzung)

In der Wallfahrtskapelle (1709) auf dem Gottesberg (689 m) südlich des Zentrums wird eine Hl.-Blut-Reliquie verwahrt. Alljährlich findet am 2. Freitag im Juli das aus dem 18. Jh. stammende Heilig-Blut-Fest statt, bei dem eine große Reiterprozession zum Gottesberg pilgert, um die Reliquie zu verehren.

Gottesbergkapelle

Herbe Schönheit strahlt das außergewöhnliche Wurzacher Ried aus.

Das sich nordwestlich des Zentrums erstreckende Wurzacher Ried, mit dem Europadiplom ausgezeichnet, ist das größte zusammenhängende, noch intakte Hochmoorgebiet Mitteleuropas. 1500 Tier- und 700 Pflanzenarten leben in dieser faszinierenden Urlandschaft. Die Entstehungsgeschichte geht bis ins Eiszeitalter zurück. Mächtige Eiszungen formten vor 200 000 Jahren das Wurzacher Becken. In diesem Becken stauten sich vor 20 000 Jahren die abfließenden Schmelzwässer des abtauenden Gletschers zu einem Schmelzwassersee, der dann vor mehr als 10 000 Jahren zu verlanden begann. Es entstand eine einzigartige Mischung aus Hoch- und Niedermoor, Streuwiesen und Moorwäldern, die bis heute erhalten ist. Führungen durch diese einzigartige Riedlandschaft werden für Interessenten vom Naturschutzzentrum Bad Wurzach angeboten (☎ 0 75 64 / 9 31 20).

*Wurzacher Ried

> **Baedeker TIPP) Tierhof**
>
> Besonders Kinder werden sich über einen Besuch des Alpakahofes (Hais 3) südwestlich der Stadt freuen. Die kleinen Gäste können Kamele und Haustiere sehen oder sich beim Pony-, Kamel- und Eselreiten vergnügen.

Wolfegg

Lage und Allgemeines

Der Luftkurort Wolfegg (3300 Einw.) liegt 13 km südlich von Bad Wurzach im württembergischen Allgäu, umgeben von idylllischen Weihern und Mooren. Wolfegg zählt zu den schönsten Dörfern in Baden-Württemberg und ist ein idealer Ausgangspunkt für Fahrten zum nahen Bodensee, nach Österreich und in die Schweiz. Bekannt wurde Wolfegg durch die "Internationalen Festspiele Baden-Württemberg auf Schloss Wolfegg" mit Künstlern von Weltruf.

Sehenswertes
*Schloss

Nördlich über dem Ort erhebt sich auf einem Geländesporn das stattliche Schloss der Fürsten von Waldburg zu Wolfegg und Waldsee. Anstelle der Burg aus dem 13. Jh. und dem spätmittelalterlichen Schlossbau wurde nach einem Brand 1580 bis 1586 ein Neubau im Renaissancestil ausgeführt und nach einem 1646 durch die Schweden gelegten Brand erneuert. In dem nur während der Wolfegger Konzerte zugänglichen Inneren sind neben Waffen, Jagdtrophäen und Instrumenten wertvolle Kunstsammlungen (spätgotische Tafelbilder und Meisterwerke europäischer Malerei, flämische Bildteppiche, Schränke) zu sehen. Ferner befindet sich hier das berühmte Wolfegger Hausbuch von einem zwischen 1475 und 1490 am Mittelrhein tätigen Künstler. Es ist mit vielen meisterhaften Federzeichnungen – Planeten-, Turnierbilder, Jagd-, Bade- und Frauenhausszenen – geschmückt. Eine große Treppe führt an der bekannten Waldseemüller-Weltkarte von 1507 vorbei. Der Kartograf Martin Waldseemüller verwendete zum ersten Mal den Namen "America" auf seiner vom ptolemäischen Weltbild ausgehenden Weltkarte.

Im Bauernhaus-Museum in Wolfegg erhält man Einblick in die bäuerliche Lebensweise seit dem 18. Jahrhundert.

Von besonderer Schönheit ist der 52 m lange, 14 m breite und 9 m hohe Rittersaal mit rocaillegerahmten Deckenfresken zur Herkulessage mit Allegorien der Erdteile und der Elemente, vermutlich von Johann Martin Zick, mit Sicherheit 1749 die vier Jahreszeiten über den Scheinkaminen malte. An den Wänden stehen 24 um 1740 geschnitzte überlebensgroße Holzfiguren der Truchsessen von Waldburg von Balthasar Crinner und Johann Wilhelm Hegenauer.

Wolfegg (Fts.)
*Rittersaal

Zum Schloss gehört die von 1733 bis 1742 von Johann Georg Fischer erbaute Kirche St. Katharina, die ehemalige Stifts- oder Schlosskirche. Sie besitzt Rokokostuckverzierungen der Wessobrunner Schule, Deckengemälde von Franz Joseph Spiegler und ein Altarblatt (1660) des Flamen Caspar de Crayer.

St. Katharina

Die Alte Pfarr, eine in das Jahr 1000 zurückreichende ehemalige Kirche, wird heute für Musik- und Kunstveranstaltungen genutzt. Zu sehen sind Fragmente der langen Baugeschichte, u. a. Reste von Wandmalereien aus dem 11., 13., 15. und 17. Jahrhundert.

Alte Pfarr

In einem Nebengebäude des Schlosses befindet sich das private Automobilmuseum von Fritz B. Busch mit Automobilen, Nutzfahrzeugen und Motorrädern seit 1897 sowie 400 Modellautos (Öffnungszeiten: 15. März – 15. Nov. tgl. 9⁰⁰ – 18⁰⁰; 16. Nov. – 14. März So. 9⁰⁰ bis 18⁰⁰ Uhr).

Automobilmuseum

Unterhalb des Schlosses erstreckt sich das Bauernhaus-Museum Wolfegg. Um das fürstliche Fischerhaus (1788) und die fürstliche Fischzucht (1902) wurde eine Reihe von historischen Höfen mit bäuerlichen Einrichtungen – u. a. Hühnerhaus, Bienenstand, Viehwaage – aus der Zeit seit dem 18. Jh. und aus verschiedenen Orten Oberschwabens in Form eines Weilers aufgestellt. Schwerpunkte des Freilichtmuseums bilden das altoberschwäbische Eindachhaus, die südoberschwäbische Hofanlage und das Allgäuer Flachdachhaus. Im Fischerhaus ist neben der Museumsgaststätte die Ausstellung "Das bäuerliche Jahr" untergebracht (Öffnungszeiten: Apr. – Okt. Di. – So. 10⁰⁰ – 18⁰⁰ Uhr).

*Bauernhaus-Museum

Kißlegg

Der Marktflecken Kißlegg (7500 Einw.) liegt inmitten reizvoller Landschaft, von zwei Moorseen eingerahmt, 16 km südlich von Bad Wurzach. Die Vielfalt der hügeligen Voralpenlandschaft wird vor allem von Natur- und Wanderfreunden geschätzt. Der Kneippkurort besitzt eine leicht salzige Therme. Um 1300 teilte sich der Ortsadel in zwei Linien, so dass Kißlegg zwei Schlösser besitzt.

Lage und Allgemeines

Im Ortszentrum erhebt sich die ursprünglich romanische Kirche St. Gallus und Ulrich, die von 1734 bis 1738 von Johann Georg Fischer barock umgestaltet wurde. Das Innere ist reich mit Stuckaturen der Wessobrunner Schule ausgeschmückt. Beachtenswert sind die Kanzel von Johann Wilhelm Hegenauer, die mit spielenden Putten und Evangelistenmedaillons geschmückt ist, und der kostbare Silberschatz (1741 – 1755).

Sehenswertes
St. Gallus und Ulrich

Das weithin sichtbare burgartige Alte Schloss der Grafen Waldburg-Wolfegg-Waldsee, mit hohem Staffelgiebel und vier runden Ecktürmen, wurde in der zweiten Hälfte des 16. Jh.s unter Hans Ulrich von Schellenberg errichtet und von 1717 bis 1721 von Johann Georg Fischer innen neu gestaltet. Die Schlossgebäude beherbergen u. a. ein

Altes Schloss

Selbst die Kleinstadt Kißlegg besitzt ein Barockschloss.

Kißlegg (Fts.)

Neues Schloss

Besenmuseum und der anschließende Fachwerkbau die Schlosshofgalerie, in der Wechselausstellungen gezeigt werden.

Das von einem schönen englischen Park umgebene Neue Schloss der Grafen Waldburg-Zeil-Wurzach wurde von 1721 bis 1727 von Johann Georg Fischer im Barockstil errichtet. Es besitzt im Inneren reiche Stuckdekoration und Deckenfresken verschiedener Meister sowie acht lebensgroße Sibyllenfiguren von Josef Anton Feuchtmayer im Treppenaufgang. Besonders schön ist die Schlosskapelle (1722). Im Schloss wurde eine Heimatstube mit einer Käsestube eingerichtet (Führungen der Barockräume: tgl. 11:00, 14:00; Führungen der Kapelle: Mi. 14:00 Uhr).

Museum Expressiver Realismus

Das im Neuen Schloss ebenfalls untergebrachte Museum Expressiver Realismus gibt als erstes in Deutschland einen geschlossenen Überblick auf eine wichtige Kunstströmung nach dem Expressionismus. Ausgestellt sind Gemälde von deutschen Malern wie Robert Liebknecht, Thomas Rosenbauer und Wilhelm Kohlhoff (Öffnungszeiten: Palmsonntag bis Buß- und Bettag Di.–So. 11:00–17:00 Uhr).

Biberach   H 6

Höhe: 524–653 m ü. d. M.
Einwohnerzahl: 31 000

*Ehemalige Reichsstadt

Die ehemalige Reichsstadt Biberach liegt im Herzen Oberschwabens, im reizvollen Tal der Riß, die der zweitletzten Eiszeit (Riß-Eiszeit) ihren Namen gab. Die gut erhaltene, historische Altstadt mit ihren schönen farbenprächtigen Häusern lädt zum Bummeln ein.

Der malerische Marktplatz ist die "gute Stube" der Stadt und Treffpunkt für Jung und Alt. Als Thermalort mit schwefel- und fluoridhaltigem Wasser wird Biberach bei Rheuma und Erkrankungen des Bewegungsapparates aufgesucht. Als Bibra erstmals 1082 erwähnt, entwickelte sich die Siedlung zum Markt, stieg unter den Habsburgern zur Reichsstadt auf und gelangte durch die Tuchmacherei aus Barchent zu Wohlstand. Im 23 km entfernten Oberholzheim wurde der Dichter und Übersetzer Christoph Martin Wieland (▶ Berühmte Persönlichkeiten) geboren. Er war in seiner Heimatstadt Biberach von 1760 bis 1769 als Stadtschreiber beschäftigt und verfasste in dieser Zeit einen Großteil seiner Werke.

Allgemeines (Fortsetzung)

Baedeker TIPP) **Schützenfest**

In der 1. Juliwoche findet in Biberach das Schützenfest statt, eines der ältesten und bedeutendsten Heimatfeste Deutschlands, das seit 1668 als Kinderfest urkundlich belegt ist. Geboten werden Festumzüge, ein Feuerwerk und ein Kinderumzug (Informationen: ☎ 0 73 51 / 5 12 77).

Sehenswertes in Biberach

Im Zentrum der Altstadt liegt der hübsche altertümliche Marktplatz mit dem Marktbrunnen. An seiner Ostecke steht das alte Rathaus (1432), ein Fachwerkbau, der ursprünglich im Erdgeschoss eine offene Verkaufshalle für die Metzger hatte, und daneben das Neue Rathaus (1503), in dem die Bäcker ihre Waren in der Brotlaube verkauften. Bemerkenswert sind ferner das Haus zum Kleeblatt (15. Jh.) und die Untere Schranne (1593) mit dem Wieland-Archiv (geöffnet n. V.).

Marktplatz

Der Marktplatz wird vom Turm der Kirche St. Martin überragt.

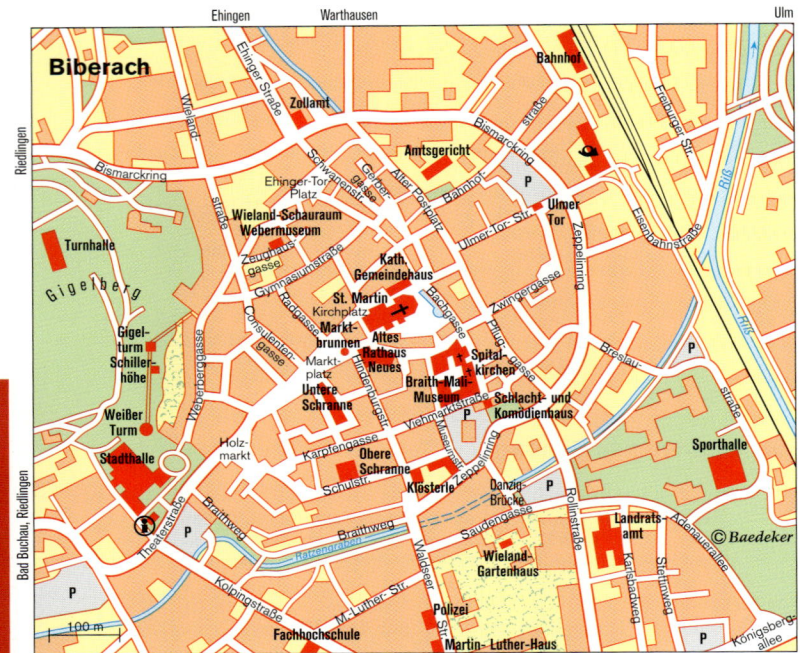

*St. Martin

Die Ostseite des Marktplatzes wird beherrscht von dem wuchtigen Westturm der Kirche St. Martin, die seit 1649 von beiden christlichen Konfessionen genutzt wird. Das Innere der dreischiffigen Basilika wurde von 1746 bis 1748 neu gestaltet. Dabei wurde mit Stuckverzierung von Joseph Mehringer und die großartige Illusionsmalerei von Johannes Zick im Langhaus ausgeführt, die acht Szenen aus der Heilsgeschichte, von der Anbetung der Hirten bis zum Pfingstwunder, darstellt. Das katholische Gemeindehaus daneben besitzt sehenswerte Fresken aus dem 15. Jahrhundert.

Wieland-Schauraum, Webermuseum

Das Fachwerkhaus in der Zeughausgasse Nr. 4 ist eines der ältesten in Süddeutschland; sein Bauholz wurde um 1318 geschlagen. Hier befinden sich der Wieland-Schauraum und das Webermuseum. Der Schauraum erinnert an Leben und Werk des Dichters Christoph Martin Wieland. Das Webermuseum veranschaulicht, wie wichtig die Weberei für die Wirtschaftsgeschichte Biberachs war. Dem Barchent, einem Gemisch aus Leinen und Baumwolle, verdankt die Stadt vor dem 17. Jh. ihre wirtschaftliche Bedeutung. Zentrale Ausstellungsstücke des Museums sind zwei Landweberwebstühle. Sonntagnachmittags kann man sich hier Webvorführungen ansehen. Öffnungszeiten beider Museen: Di. – So. 10^{00} – 17^{00} Uhr

*Braith-Mali-Museum

Das ehemalige Heiliggeistspital (16. Jh.), südöstlich von der Martinskirche, beherbergt heute das Braith-Mali-Museum Biberach, das die

Städtischen Sammlungen und das Braith-Mali-Museum umfasst. In diesem Museum sind die reich ausgestatteten Ateliers der Münchner Malerfürsten Anton Braith (1836–1905) und Christian Mali, Christian (1832–1906), zudem das Atelier des Malers Jakob Bräckle aufgebaut. Die Abteilungen Naturkunde und Archäologie zeichnen die Entstehung und Besiedlung der oberschwäbischen Landschaft nach. Die stadtgeschichtliche Sammlung bietet einen anregenden Gang durch 800 Jahre Stadtleben. Hauptwerke oberschwäbischen Kunstschaffens präsentiert die Sammlung "Kunst des 17.–19. Jh.s". Glanzstücke der Galerie der Moderne sind die Werke des Expressionisten Ernst Ludwig Kirchner (Öffnungszeiten: Di.–Fr. 10⁰⁰–13⁰⁰, 14⁰⁰–17⁰⁰, Sa., So., Fei. 11⁰⁰–17⁰⁰ Uhr).

Braith-Mali-Museum (Fortsetzung)

In dem ehemaligen Schlacht- und Komödienhaus am nahe gelegenen Viehmarkt wurde 1761 unter Wielands Leitung erstmals die von ihm selbst übersetzte Shakespeare-Komödie "Sturm" in deutscher Sprache aufgeführt.

Schlacht- und Komödienhaus

In dem Gartenhaus Wielands (Saudengasse 10/1) südlich wird die Ausstellung "Gärten in Wielands Welt" gezeigt, die die Bedeutung des Gartens in Leben und Werk des Dichters beleuchtet (Öffnungszeiten: Mitte Apr.–Mitte Okt. Mi., Sa., So. 14⁰⁰–17⁰⁰ Uhr).

Wieland-Gartenhaus

Westlich über der Stadt erhebt sich der aussichtsreiche Gigelberg (566 m), der von dem Gigelturm (14. Jh.) und dem Weißen Turm (15. Jh.) bekrönt wird.

Gigelberg

Auf dem Friedhof an der Memminger Straße, östlich außerhalb der Altstadt, befinden sich mehr als 614 Gräber russischer Kriegsgefangener und Zwangsarbeiter, die während der nationalsozialistischen Gewaltherrschaft im Umkreis von Biberach ihr Leben ließen.

Friedhof

Der Ortsteil Jordanbad wurde 1889 gegründet und ist damit nach Bad Wörishofen der älteste Kneippkurort. Er besitzt eine 48 °C heiße Schwefeltherme.

Jordanbad

Umgebung von Biberach

In dem 6 km südlich gelegenen Ort Ummendorf (4000 Einw.) ist die Kirche St. Johannes Baptist mit einer Schutzmantelmadonna (um 1420) und einer Muttergottes (um 1450) von Hans Multscher sehenswert, ferner das Schloss (1557/1558), in dem heute das Pfarrhaus untergebracht ist. Von dem Ort lohnt ein Weg ins Ummendorfer Ried, eine Landschaft mit Moorresten. Rund 120 ha sind als Naturschutzgebiet ausgewiesen.

Ummendorf

In Mittelbiberach (3 km westlich) kann man eine spannende Reise in die Welt der Technik in dem Museum "Profil Haus der Technik" (Ziegeleistr. 37) unternehmen. Der Bogen der Ausstellungsstücke reicht vom alten Bügeleisen bis zum BMW, von der Dampfmaschine bis zum Düsenjäger (Öffnungszeiten: tgl. 9⁰⁰–18⁰⁰ Uhr).

Mittelbiberach

Etwa 4 km nördlich von Biberach liegt Warthausen (4500 Einw.) mit dem mächtigen, über dem Ufer der Riß stehenden Schloss Wart-

Warthausen
*Schloss

Warthausen (Fortsetzung)

hausen (16./18. Jh.) der Freiherren König von Warthausen. Von 1733 bis 1813 war Warthausen im Besitz der Familie von Stadion. Der kunstsinnige Graf Friedrich von Stadion (1691 – 1768) versammelte hier einen literarischen Kreis, den "Warthauser Musenhof" (Schausammlung), dem sich auch der Dichter Christoph Martin Wieland anschloss.

Knopf & Knopf

Das internationale Knopfmuseum Knopf & Knopf zeigt eindrucksvoll die verschiedenen Epochen in der Geschichte des Knopfes. Die Palette der Ausstellungsstücke reicht von der Gräberfunden der Jungsteinzeit, über die üppige Barockzeit zu den fantastischen Formen des Jugendstils bis zur Vielfalt der Gegenwart, oft hergestellt aus kostbaren und exotischen Materialien. In der Schatzkammer sind die schönsten und seltensten Exponate ausgestellt, so z. B. das größte Stück, ein südindischer Hochzeitsknopf (Öffnungszeiten: tgl. 10:00 – 18:00 Uhr).

Museumsbahn "Öchsle"

Zwischen Warthausen und Ochsenhausen verkehrt an den Wochenenden im Sommer die Schmalspurmuseumseisenbahn "Öchsle" (▶ Praktische Informationen von A bis Z, Museumseisenbahnen).

Ochsenhausen
*Benediktiner-Reichsabtei

Der 18 km östlich gelegene Ort Ochsenhausen wird beherrscht von der um 1090 gegründeten und 1803 säkularisierten Benediktiner-Reichsabtei, die während ihrer Blütezeit durch Wissenschaft und Lehre weithin berühmt war. Die Konventgebäude stammen größtenteils aus dem 17. und 18. Jahrhundert. Die einstige Abtei ist heute Sitz der Landesakademie für die Musizierende Jugend in Baden-Württemberg.

Das Klostermuseum im von Franz Beer in den Jahren 1710 bis 1712 umgestalteten Fürstenbau lässt die reiche Geschichte der Benediktiner-Reichsabtei wieder lebendig werden. Interessant ist das mittelalterliche Stifterbild, auf dem die Gründungsgeschichte des Klosters dargestellt ist.

Einen Eindruck von der einstigen Prachtentfaltung des Kosters vermitteln dem Besucher die liturgischen Geräte und Gewänder aus der klösterlichen Schatzkammer. Ein Prunkstück des Museums ist die gotische silberne Turmmonstranz aus der 1. Hälfte des 15. Jh.s (Öffnungszeiten: März – Okt. Di. – Fr. 10:00 – 12:00, 14:00 – 17:00, Sa., So., Fei. 10:00 – 17:00; Nov. – 28. Feb. 14:00 – 17:00 Uhr; Führungen: jeden 1. Sa. im Monat 15:30 Uhr).

In der Städtischen Galerie im Fruchtkasten finden Wechselausstellungen zur modernen Kunst statt (Öffnungszeiten: Di. – Fr. 10:00 bis 12:00, 14:00 – 17:00, Sa., So., Fei. 10:00 – 17:00 Uhr). Im frühklassizistischen Bibliothekssaal werden viel besuchte Konzerte aufgeführt. Im Torgebäude im nördlichen Teil der Klosteranlage wurde ein Besucherinformationsraum eingerichtet (Öffnungszeiten: März – Okt. tgl. 9:00 bis 17:00 Uhr).

Die gotische ehemalige Klosterkirche St. Georg, eine von 1489 bis 1495 errichtete mächtige Pfeilerbasilika mit vorschwingender Barockfassade, ist innen von Gaspare Mola und Matthias Schmuzer von 1729 bis 1731 stuckiert worden. Johann Georg Bergmüller aus Augsburg malte in den Jahren 1727 bis 1730 in das Tonnengewölbe in leuchtenden Farben u. a. die Themen Tempelreinigung, Engelskonzert, Kirchenbau, die Anbetung des Allerheiligsten, Himmelfahrt Mariens, Anbetung des Lammes und Satanssturz. Die Rokokokanzel aus Holz, Vorbild für weitere Kanzeln im oberschwäbischen

Beeindruckend präsentiert sich die ehemalige Benediktiner-Reichsabtei Ochsenhausen dem Betrachter.

Barock, fertigte 1741 Ägid Verhelst mit der Darstellung der Entrückung des Ordensvaters Benedikt auf dem Schalldeckel. Das hochbarocke Chorgestühl schnitzte Ferdinand Zech von 1686 bis 1688 aus Eichen- und Nussbaumholz. Die Orgel (wird z. Zt. renoviert), mit 49 Registern und dem ersten frei stehenden Spieltisch, ist das klangvolle Erstlingswerk des aus Ochsenhausen stammenden berühmten Orgelbauers Joseph Gabler (Öffnungszeiten: März – Okt. Sa. 10⁰⁰ – 12⁰⁰, 13⁰⁰ – 17⁰⁰, So. 13⁰⁰ – 17⁰⁰ Uhr; Führungen: März – Okt. So., Fei. 15⁰⁰, 16⁰⁰ Uhr). In einem Turm des Konventgebäudes findet man die historische Sternwarte, in der ein Azimutalquadrant (Ende 18. Jh.) zu sehen ist (Führungen n. V., ☎ 0 73 52 / 91 10-0).

Ochsenhausen (Fortsetzung)

Etwa 5 km nordöstlich von Ochsenhausen liegt im stillen Tal der Rot das mauerumfriedete ehemalige Zisterzienserinnenkloster Gutenzell, das im 12. Jh. von Rudolf von Schlüsselberg gegründet und 1803 säkularisiert wurde. Die Konventsgebäude wurden im 16. Jh. nach einem Brand erneuert, danach mehrfach verändert und 1864 größtenteils niedergerissen. Erhalten sind außer dem Klostertorgebäude die Mühle, die Schmiede und das Bräuhaus.

Zisterzienserinnenkloster Gutenzell

Die ehemalige Klosterkirche St. Kosmas und Damian geht auf ein Bauwerk aus dem 14. Jh. zurück. Ihr heutiges Erscheinungsbild verdankt sie Dominikus Zimmermann, dem berühmten Erbauer der Wallfahrtskirche von Steinhausen. Den Hochaltar und die Kanzel schufen Franz Xaver Feuchtmayer und Ignaz Finsterwalder. Über dem südlichen Seitenaltar hat man Überreste einer Wandbemalung von 1583 entdeckt. Im Dezember jeden Jahres wird in der Kirche eine neu gestaltete Weihnachtskrippe aufgestellt.

*Klosterkirche

Die ehemalige Prämonstratenser-Reichsabtei Rot an der Rot beherrscht das Bild des gleichnamigen kleinen Ortes.

Prämonstratenser-Reichsabtei Rot an der Rot

Die Hauptsehenswürdigkeit von Rot an der Rot, das man 12 km südöstlich von Ochsenhausen erreicht, ist die ehemalige Reichsabtei. Das um das Jahr 1100 erstmals urkundlich erwähnte Kloster wurde seit 1126 von den Prämonstratensern als Reichsabtei bewirtschaftet und verwaltet. Die Mönche veränderten und erweiterten die Anlage mehrfach, besonders aber im ausgehenden 18. Jh., als sie ihr türmchenverziertes Äußeres erhielt. Im Jahr 1803 wurde das Kloster säkularisiert. Heute ist in den Kostergebäuden das bischöfliche Jugendhaus St. Norbert für Erholung und Bildung untergebracht. Im Klosterhof sollte man zunächst den schönen Marmorbrunnen von 1716 beachten.

*Klosterkirche

Die Klosterkirche St. Verena und Mariä Himmelfahrt (1777 – 1786) folgt im Grund- und Aufriss zwar noch dem Vorarlberger Bauschema, vermittelt aber durch die dominierende weiße Farbe einen kühl-sachlichen Raumeindruck. Im Bauschema des Inneren wird ein Richtungsausgleich zwischen aufragenden pilasterbesetzten Wandpfeilern und durchlaufenden Emporen als horizontaler Gliederung erreicht.

Unter den zahlreichen farbigen Stuckmarmoraltären ragt der Hochaltar von Franz Xaver Feuchtmayer d. J. hervor, außerdem sind ein u. a. von Michael Schuster holzgeschnitztes Chorgestühl sowie zwei Orgeln von Johann Nepomuk Holzhay bemerkenswert. Die herrlichen Decken- und Wandmalereien im Chor (1780) mit Begebenheiten aus dem Leben des hl. Norbert stammen von Meinrad von Au und im Schiff (1784) von Januarius Zick, wo Tempelreinigung, Jesus zwischen den Schriftgelehrten, Abendmahl und Mariä Himmelfahrt dargestellt sind.

Bodman-Ludwigshafen — D 8

Höhe: 400 – 410 m ü. d. M.
Einwohnerzahl: 3800

Bodman

Die alte Ortschaft Bodman (1200 Einw.), Teil der Doppelgemeinde Bodman-Ludwigshafen, ist beschaulicher Erholungsort und Wanderzentrum in malerischer Lage am südlichen Ufer des Überlinger Sees, zu Füßen des waldreichen Bodanrücks in einem ausgedehnten Obstanbaugebiet. Da die Straße in dem Ort endet, ist er vor allem Urlaubern zu empfehlen, die Ruhe suchen. Der Bodensee hat seinen Namen von der 639 bezeugten, karolingischen Königspfalz Bodema, die einst an der Stelle der heutigen Pfarrkirche von Bodman stand.

Beschaulicher Erholungsort

An der Pfarrkirche (19. Jh.) ist noch der Turm (15. Jh.) auf vorkarolingischen Grundmauern erhalten. Das Gräfliche Schloss aus dem 18. Jh. ist von einem Park umgeben (zugänglich: Apr. – Okt. Mo. – Fr. 9^{00} – 18^{00} Uhr). Von dem Aussichtspavillon im Park hat man einen schönen Ausblick auf den See. Baudenkmale im Ort sind ein Torkel (1772), ein Fachwerkbau mit einer riesigen Weinpresse, in dem ein Restaurant untergebracht ist, und das alte Torhaus an der gepflegten Uferanlage. Das heimatkundliche Bodman-Museum (Seestr. 5) zeigt steinzeitliche Funde (Öffnungszeiten: Mo. – Do. 9^{00} – 12^{00}, 14^{00} bis 16^{00}, Fr. 9^{00} – 12^{00} Uhr).

Sehenswertes

Eher bescheiden nimmt sich das Gräfliche Schloss in Bodman aus.

Bodman
(Fortsetzung)

Rundwanderungen mit prächtigen Bodenseeblicken führen zunächst zu dem im Wald gelegenen Kloster Frauenberg, ursprünglich eine Burg, die 1307 durch Blitzschlag vernichtet wurde; es besitzt eine barocke, 1309 geweihte Wallfahrtskapelle. Dann kommt man zur 1332 vollendeten und 1643 zerstörten Ruine Alt-Bodman (592 m).

> **Baedeker TIPP** **Bodenseeweg**
>
> Eine herrliche Wanderung führt von Bodman 6 km entlang dem Bodenseeufer zur wildromantischen Marienschlucht (▶ Konstanz, Allensbach). Sie ist ein Teilabschnitt des Bodenseerundwanderwegs, der durch einen blauen Punkt mit gekrümmtem Pfeil markiert ist.

Ludwigshafen

Ludwigshafen (2700 Einw.), am nördlichen Ufer des Überlinger Sees gelegen, ist der als Bade- und Erholungsort besuchte Teil der Doppelgemeinde. Der heutige Name des einst Sermatingen genannten Ortes geht auf Großherzog Ludwig von Baden zurück, aus Dankbarkeit dafür, dass dieser hier einen Hafen anlegen ließ; der Hafen war jedoch ohne Bedeutung für die Bodenseeschifffahrt. In der Flachwasserzone vor dem Strandbad entdeckten Taucher 1992 in einer Pfahlbausiedlung Reste eines mit Wandmalerei und Reliefs versehenen Kultraumes.

Sipplingen

Lage und Allgemeines

Das ehemalige Fischer- und Weinbaudorf Sipplingen (4 km südöstlich von Ludwigshafen) schmiegt sich anmutig an den Fuß des bewaldeten und von zwei Burgruinen bekrönten Sipplinger Berges. Es zeichnet sich durch ein schönes, mit Preisen ausgezeichnetes Ortsbild aus. Malerische Fachwerkhäuser, enge Gassen und Amtshäuser mit mächtigen Walmdächern prägen das Bild. Seit 1995 die Umgehungsstraße fertig gestellt wurde, ist wieder Ruhe und Beschaulichkeit in den Ort zurückgekehrt. Im See fand man Reste einer 4000 Jahre alten Pfahlbausiedlung.

Sehenswertes Alter Dorfkern

Unter den Fachwerkhäusern im alten Dorfkern verdient besonders das Bruderschaftshaus (Anfang 17. Jh.) Beachtung. An der Bundesstraße steht der Konstanzer Spitalhof mit einem Staffelgiebel. Das Rathaus verfügt über einen schönen Saal mit Kassettendecke.

Pfahlbaureste

Die Pfahlbaureste aus der Jungsteinzeit, die bei Grabungen am Seeufer entdeckt wurden, werden im Pfahlbaumuseum Unteruhldingen bzw. im Heimatmuseum von Überlingen aufbewahrt.

Erlebniswelt Sipplingen

Zur Erlebniswelt Sipplingen (In der Breite 18) gehören ein Spielzeugmuseum mit Miniaturmodellen von Autos – u. a. 500 Feuerwehrautos – und mit Modelleisenbahnen sowie ein Reptilienhaus. Liebhaber können Modellautos verschiedener Fabrikate sehen und Modelleisenbahnen auf Anlagen in den Spurweiten Z, N, H0, 0 und 1. Das Reptilienhaus entführt in die faszinierende Welt der Reptilien (Schlangen, Schildkröten, Echsen u. a.), die in möglichst natürlich-artgerechten Anlagen gehalten werden (Öffnungszeiten: Apr. bis Okt. tgl. 10^{00} – 18^{00}; Nov.– März Sa., So., Fei. 11^{00} – 17^{00} Uhr).

Alt-Hohenfels, Haldenhof

Auf einer halbstündlichen Wanderung nördlich gelangt man zur Ruine Alt-Hohenfels (530 m), um 1200 Sitz des Minnesängers Burk-

In Sipplingen verbindet sich ein malerisches Ortsbild mit einer reizvollen Lage am Überlinger See mit Blick auf den Bodanrück.

hard von Hohenfels. Geht man 20 Minuten weiter bergan ereicht man den Haldenhof (635 m), einst Spitalgut der Reichsstadt Überlingen, jetzt Gasthof. Von dort bietet sich eine prächtige Aussicht auf den Bodensee und die Alpen.

Bodman-Ludwigshafen (Fortsetzung)

Bregenz

H 9

Staat: Österreich
Höhe: 395 m ü. d. M.
Einwohnerzahl: 28 000

Bregenz, die Hauptstadt und zweitgrößte Stadt des Bundeslandes Vorarlberg, liegt am südöstlichen Ufer des Bodensees auf einem in Terrassen zum See abfallenden Plateau zu Füßen des Pfänders. Seit über 2000 Jahren, d.h. seit 15 v.Chr., als die Römer die keltische Siedlung Brigantum eroberten und in der Folgezeit daraus eine Handels- und Verkehrsmetropole machten, ist Bregenz für die Bodenseeschifffahrt ein bedeutender Hafenplatz. Darüber hinaus stellt die Stadt am See auch auf dem Land einen wichtigen Verkehrsknotenpunkt im Dreiländereck Deutschland – Österreich – Schweiz dar und ist wirtschaftliches, politisches und kulturelles

*Hauptstadt von Vorarlberg

Die Lage von Bregenz zeichnet sich durch eine beeindruckende Mischung von See und Bergen aus.

Bedeutung (Fortsetzung)

Zentrum im westlichsten Teil Österreichs. Der wirtschaftliche Aufschwung setzte 1884 mit der Eröffnung der Arlbergbahn, der österreichischen Dampfschifffahrt auf dem Bodensee und der systematischen Industrialisierung ein. Seit 1860 Sitz des Landtages von Vorarlberg, avancierte der österreichische Hauptort am Bodensee 1923 schließlich zur Landeshauptstadt. Seit 1946 sind die Bregenzer Festspiele fester Bestandteil der internationalen Musikwelt und ziehen jedes Jahr über 100 000 Besucher aus dem In- und Ausland an.

Stadtbild

In der Berg- und Seestadt begegnen sich Vergangenheit und Gegenwart: In der Unterstadt, aus der vereinzelt weiße Hochhäuser in den Himmel ragen, beherrschen das moderne Festspiel- und Kongresshaus am Ufer sowie das Kunsthaus, in dessen Glasplattenumkleidung sich der Bodensee widerspiegelt, das Bild der quirligen Stadt, während von der ruhigen, romantischen, sich hinter Baumkronen versteckenden, festungsartigen Oberstadt mit ihrem historischen Altstadtkern nur die Zwiebelkuppel des Martinsturms von weitem zu erkennen ist. Die Uferanlagen mit Wegen unter Schatten spendenden Bäumen und herrlichem Blick auf den See laden zum Flanieren, zu Spaziergängen, zum Radfahren und Inline-Skating ein. Südliches Flair strahlt das Zentrum aus, ein Einkaufsviertel mit Märkten und schönen, teils verkehrsberuhigten Geschäftsstraßen, deren Cafés und Restaurants im Sommer bei schönem Wetter auch im Freien servieren, von wo aus man das pulsierende Leben der Stadt genießen kann. Wer Ruhe, Stille und Besinnlichkeit sucht, steigt zur mittelalterlichen Oberstadt mit ihren kleinen Gassen – es sind nur drei – und Fachwerkhäuschen hinauf.

Uferanlagen

Schon 1888 wurden entlang dem Bodenseeufer weitläufige Parkanlagen gestaltet. Heute befinden sich an der Seepromenade, die vom Zentrum der Unterstadt durch die Bahnanlagen und die städtische Hauptverkehrsstraße abgetrennt ist, diverse Freizeiteinrichtungen. Im östlichen Teil der Seeanlagen lädt der Schiffshafen zu Ausflugs- und Kursschifffahrten auf dem Bodensee ein. Westlich vom Hafen gibt es einen Bootsverleih, kann man in Cafés entspannen und vor dem Musikpavillon zuweilen ein Promenadenkonzert genießen. Noch weiter westlich schließlich stößt man auf das Festspiel- und Kongresshaus mit der Seebühne, das Spielcasino der Stadt und ein ausgedehntes Sport- und Freizeitareal u. a. mit Hallenbad, Sport- und Motorboothafen.

Seepromenade

Das Festspiel- und Kongresshaus, ein mehr funktionaler als ästhetisch schöner Bau (1992 – 1997), steht direkt am Bodenseeufer. Vor dem Ufer befindet sich die schwimmende Seebühne für das "Spiel auf dem See" der Bregenzer Festspiele, die jedes Jahr im Juli und August stattfinden und zu den weltweit bekanntesten Musikfestivals zählen. Begonnen hat die Geschichte der Seebühne, der bemerkenswertesten Bühne Vorarlbergs, im Jahr 1946 auf zwei Kieskähnen im Bregenzer Gondelhafen. Das Fundament der heutigen Seebühne, die als die größte der Welt auch im Guinness-Buch der Rekorde verzeichnet ist, besteht aus 200 Holzpiloten, über 400

Festspiel- und Kongresshaus, Seebühne

Seebühne Fortsetzung

Menschen bevölkern die Bühne während der Opern-, Operetten-, Musical- und Ballettaufführungen. Auf der Tribüne finden fast 7000 Zuschauer Platz.

Unterstadt

Kornmarktplatz

Den Mittelpunkt der neueren Unterstadt bildet der Kornmarktplatz, das frühere Zentrum des Kornhandels, wo heute jeden Dienstag und Freitag ein Obst- und Gemüsemarkt abgehalten wird. Zwischen dem Kornmarkttheater, dem einstigen Kornhaus, und dem in klassischem "Schönbrunner Gelb" erstrahlenden "Kaiserlich-Königlichen Postgebäude" (1895) steht das Kunsthaus Bregenz, an der Nordseite des Kornmarktplatzes befindet sich das Vorarlberger Landesmuseum. Die Rokokorundkapelle St. Nepomuk (1757) unweit nordöstlich, an der Kornmarktstraße, ist dem hl. Johannes von Nepomuk, dem Schutzpatron der in Wassernot Geratenen, geweiht.

*Kunsthaus Bregenz

Das 1997 eröffnete Kunsthaus Bregenz (KUB), ein "gläserner Kubus", den der Schweizer Architekt Peter Zumthor konzipiert hat, wirkt, von außen betrachtet, wie ein Leuchtkörper, der das wechselnde Licht des Himmels und des Sees in sich aufnimmt und je nach Tageszeit, Witterung und Blickwinkel zurückstrahlt. Es hat sich in kurzer Zeit zu einer wichtigen Adresse für Gegenwartskunst und zur Attraktion für Architekturliebhaber entwickelt. Die Innenräume wirken durch den dominierenden Beton sachlich-kühl. Wechselnde Ausstellungen präsentieren zeitgenössischen Kunst mit den Schwerpunkten Bildende Kunst, Architektur und Design (Öffnungszeiten: Di. – So. 10^{00} – 18^{00} Uhr).

Beeindruckende Lichteffekte am Kunsthaus

*Vorarlberger Landesmuseum

Das Vorarlberger Landesmuseum zeigt kultur- und kunstgeschichtliche Sammlungen von der Urzeit bis zur Gegenwart, darunter Ausgrabungsfunde der Stein-, Bronze- und Eisenzeit, römische Funde aus Brigantium (1.–4. Jh.), Musikinstrumente, Goldschmiedearbeiten, Bildteppiche sowie Kunstwerke aus karolingischer Zeit, aus der Romanik, Gotik und Renaissance (Öffnungszeiten: Di.–So. 9^{00} bis 12^{00}, 14^{00}–17^{00} Uhr).

Durch die Rathausstraße mit dem Neuen Rathaus (1686) kommt man zum Leutbühel im Herzen der Stadt, der schon früher Marktplatz und Verkehrsknotenpunkt war. Eine in den Boden eingelassene Tafel zeigt an, bis zu welcher Stelle einst der Bodensee reichte. **Leutbühel**

*Oberstadt

Über die kopfsteingepflasterte Maurachgasse südöstlich des Leutbühel gelangt man nach einem kurzen Anstieg zum unteren, mit Wappen geschmückten Stadttor des unregelmäßigen Terrassenvierecks der einst befestigten Oberstadt (Altstadt), wo sich in der Frühzeit die keltische und später die ummauerte römische Stadt Brigantium befand.

Vom mächtigen Martinsturm (1599 – 1602), dem Wahrzeichen der Stadt, dessen barocke, mit Holzschindeln bedeckte Zwiebelhaube als die größte Mitteleuropas gilt, hat man einen herrlichen Blick auf die Stadt und den Bodensee. Im oberen Geschoss des Turms ist eine militärgeschichtliche Sammlung untergebracht. **Martinsturm**

Gleich nebenan befindet sich der Ehregutaplatz, benannt nach einer sagenhaften Stadtretterin. Als 1407 im Appenzeller Krieg (1401 bis 1408) Bregenz von Schweizern belagert wurde, soll die Bettlerin Guta ein Gespräch belauscht haben, dem die Belagerer den Angriff auf Bregenz besprachen. Rechtzeitig konnte sie die Bregenzer davor warnen und so die Stadt retten. Noch bis in die 1920er-Jahre hinein rief der Stadtwärter vom Martinsturm jeden Tag um 19 Uhr die Worte "Ehret die Guta" gleichsam als Schutz über die Stadt. **Ehregutaplatz**

In der Westecke der Oberstadt steht das barocke Deuringschlösschen (1660 – 1690), das heute ein gepflegtes Hotel und ein edles Restaurant beherbergt. Von vielen Malern, u. a. von Egon Schiele, ist das schmucke Schlösschen in Bildern verewigt worden. **Deuringschlösschen**

Südwestlich der Oberstadt, jenseits vom Thalbach, liegt das Kapuzinerkloster mit der Kapuzinerkirche von 1636, die im 18. Jh. um eine Josephskapelle erweitert wurde. Der ganze Bezirk ist von einer Mauer eingefasst. Bis vor wenigen Jahren lebten hinter den Mauern noch Kapuzinermönche. **Kapuzinerkloster**

Auf dem Hügel südlich der Oberstadt erhebt sich die Pfarrkirche St. Gallus, ein einfacher gotischer Bau (14./15. Jh.), der um 1738 von Franz Anton Beer erweitert wurde. Die spätbarocke Innenausstattung gilt als besonders schönes Beispiel für den Bodenseebarock. Auf dem Altarblatt "Anbetung der Könige" trägt eine der Hirtinnen die Züge der österreichischen Regentin Maria Theresia. **St. Gallus**

Im Westen von Bregenz befindet sich in idyllischer Lage nahe am Bodensee das Ende des 11. Jh.s gegründete, mehrfach zerstörte Zisterzienserkloster Mehrerau, zu dem eine neuromanische Kirche (1859), die von 1961 bis 1964 umgestaltet wurde, gehört. Die Anlage ist immer noch im Besitz des Zisterzienserordens. Heute beherbergt das Kloster eine Internatsschule, ein Sanatorium, einen Landwirtschaftsbetrieb und eine Gaststätte. **Kloster Mehrerau**

Umgebung von Bregenz

Gebhardsberg 3 km südlich von Bregenz erhebt sich auf einer steil abfallenden Felskanzel über dem Rheintal der Gebhardsberg (600 m) mit den Resten der Burg Hohenbregenz, die 1647 von den Schweden zerstört wurde, und einer Wallfahrtskapelle aus dem 18. Jh. mit Fresken um 1900. Von der Terrasse des Burgrestaurants bietet sich ein herrlicher Blick auf Bregenz, den Bodensee und das Rheintal. Lohnend ist der Abstieg südlich auf dem "Ferdinand-Kinz-Weg".

Den schönsten Blick auf Bregenz hat man vom Hausberg Pfänder, der auch mit einer Kabinenbahn erreichbar ist.

*Pfänder Den schönsten Blick auf Bregenz, den Bodensee sowie die nah und fern gelegene Bergwelt hat man vom 1064 m hohen Pfänder östlich von Bregenz, dem Hausberg der Bregenzer und der höchsten Erhebung am Bodensee. Der Berliner Dichter Wilhelm Scholz empfand gar Ende des 19. Jh.s den Blick "in das Tal des Alpenrheins wie ein weites Tor zum Paradies". Mit der Pfänderbahn, einer Kabinenseilschwebebahn, gelangt man in wenigen Minuten auf den Berg. In der Talstation ist das liebevoll gestaltete "Pfänderbahn Museum" zu besichtigen, in dem die Geschichte der Pfänderbahn dargestellt wird. Auch von Lochau (3 km nördlich von Bregenz) führt eine schmale Straße über Haggen auf den Berg hinauf, der auch ein beliebtes Wintersportgebiet ist. Von der Bergstation der Schwebebahn, wo man im Berghaus/Restaurant Pfänder einkehren kann, erreicht man in etwa fünf Minuten den Gipfel des Pfänder. Auf dem 30-minütigem Rundwanderweg des Alpenwildparks bei der Bergstation kann man alpenländische Wildtiere, u.a. Alpensteinböcke, Hirsche, Mufflons, Wildschweine und Murmeltiere beobachten. Auf dem Rundweg, 10 Gehminuten von der Bergstation entfernt, gibt es zudem eine Adlerwarte, die eine Greifvogel-Flugschau bietet (Vorführungen: Mai – Anfang Okt. 11^{00}, 14^{30} Uhr). Lohnend ist der Abstieg von der Pfänder Bergstation in 45 Minuten über Haggen nach Lochau. In ca. 3 Stunden kann man von der Bergstation bis hinab zum Bodensee wandern.

Bregenz (Fortsetzung)

Westlich von Fußach (5 km südwestlich) zieht sich entlang der Bucht das Naturschutzgebiet Vorarlberger Rheindelta, eine Ried- und Schilflandschaft, die zu den bedeutendsten Biotopen am Bodensee gehört. Sie entstand, als man den Rhein, der ursprünglich am Rheinspitz in den Bodensee mündete, als Schutz vor Überschwemmungen nach Osten verlegte. In dem Naturschutzgebiet zwischen "altem" und "neuem" Rhein, das nur zu Fuß oder mit dem Fahrrad zugänglich ist, leben ca. 300 heimische Vogelarten.

Vorarlberger Rheindelta

Dornbirn   H 10

Staat: Österreich
Höhe: 436 m ü. d. M.
Einwohnerzahl: 42 000

Dornbirn, die größte Stadt des Bundeslandes Vorarlberg, liegt nur wenige Kilometer südlich von Bregenz am östlichen Rand des hier breiten Rheintals und am Austritt der Dornbirner Ache aus dem Bregenzer Wald.

*****Größte Stadt in Vorarlberg**

Dornbirn ist nicht nur die größte, sondern nach Hohenems auch die zweitjüngste Stadt des Bundeslandes: Zusammengewachsen aus fünf Gemeinden wurde 1901 das bis dahin größte Dorf der Donaumonarchie zur Stadt erhoben. Nach dem Ersten Weltkrieg hätten viele Dornbirner gern ihre Nationalität gewechselt: 1919 votierten 70 % der städtischen Bevölkerung in einer Volksabstimmung für den Anschluss an die Schweiz, doch bei den Friedensverhandlungen in Saint-Germain kam dieses Thema, der Traum vom Schweizer Kanton, überhaupt nicht zur Sprache.
Heute ist Dornbirn das wirtschaftliche Zentrum Vorarlbergs – viele namhafte Betriebe der Textil- und Metallindustrie haben hier ihren Sitz – und ein Messestandort von internationalem Rang. Auf dem Messegelände, das sich in den letzten Jahren zu einem Multi-Sportzentrum (Tennis, Klettern, Leichtathletik, Eislauf etc.) entwickelt hat, finden Sportbegeisterte ein wahres Eldorado vor. Die "Gartenstadt im Grünen", wie die Bewohner ihre aus fünf Dörfern zusammengewachsene Kommune liebevoll nennen, verfügt über ein Zentrum mit Fußgängerzone rund um den Marktplatz, auf dem vor allem mittwochs und samstags, wenn Markt abgehalten wird, reges Leben herrscht. Überhaupt genießt Dornbirn in der Region einen guten Ruf als Einkaufsstadt.

Sehenswertes in Dornbirn

Das markanteste bauliche Element am Marktplatz ist die "wuchtige, für die Größe des Marktplatzes viel zu mächtige klassizistische Fassade der Kirche St. Martin" (Wolfgang Hermann, "Mein Dorn-

St. Martin

Dornbirn ist nicht nur das wirtschaftliche Zentrum Vorarlbergs, sondern auch eine beliebte Einkaufsstadt.

St. Martin (Fortsetzung)	birn"), eine gewaltig wirkende, tempelartige Säulenvorhalle mit bemaltem Giebelfeld. Die Kirche (1840) gruppiert sich zusammen mit dem klassizistischen Pfarrhof um den hohen, freistehenden, gotischen Glockenturm (1493).
Rotes Haus	Südlich benachbart steht das Rote Haus, das die bekannte Vorarlberger Familie Rhomberg 1639 erbauen ließ. Es ist ein Rheintaler Haus aus Holz mit Außenstiege, Butzenscheibenfenstern und Spitzgiebeln, das nach dem Vorbild eines Straßburger Ziegelfachwerkbaus rot gestrichen wurde. Die rote Farbe stammt von der früher üblichen Färbung mit Ochsenblut. In dem ansprechenden Haus befindet sich heute ein Restaurant mit ausgezeichneter Küche.
Stadtmuseum	1997 wurde in einem 200 Jahre alten Patrizierhaus am Marktplatz, dem Lorenz-Rhomberg-Haus, das städtische Museum eröffnet, das die Geschichte Dornbirns und seiner Bewohner dokumentiert. Im selben Gebäude ist auch das Stadtarchiv untergebracht (Öffnungszeiten: Di.–So. 10^{00}–12^{00}, 14^{00}–17^{00} Uhr).
Vorarlberger Naturschau	Vom Marktplatz führt die Marktstraße nach Süden. An dieser liegt (Nr. 33) die Vorarlberger Naturschau, ein Museum, in dem, auf drei Stockwerke verteilt, Exponate zur Vorarlberger Pflanzen- und Tierwelt wie auch zu Geologie und Mineralogie gezeigt werden. Besonders eindrucksvoll sind die lebensechten Dioramen, die verschiedene Bereiche aus der Vorarlberger Natur veranschaulichen, wie etwa ausgestorbene Tierarten (Öffnungszeiten: Di.–So. 9^{00}–12^{00}, 14^{00}–17^{00} Uhr; Juli–15. Sept. tgl.).

Kunst Raum

Unweit südlich der Vorarlberger Naturschau, gegenüber dem Kapuzinerkloster befindet sich der Kunst Raum (Marktstr. 26), in dem Wechselausstellungen gezeigt werden.

Rolls-Royce-Museum

An der Peripherie von Dornbirn, direkt vor dem Eingang zur Rappenlochschlucht (Gütle 11 a) wurde Mitte 1999 in einem 150 Jahre alten Gebäudekomplex, einer ehemaligen Spinnerei, das Rolls-Royce-Museum aus der Sammlung Franz Vonier eröffnet. Zu der Sammlung gehören vorwiegend Fahrzeuge der "Goldenen Jahre" (1923 bis 1938), die alle berühmte Vorbesitzer wie König George V., den Diktator Franco und John Lennon haben. In der "Cooke Street" wird gezeigt, wie Rolls Royce vor 100 Jahren in Manchester gearbeitet hat (Öffnungszeiten: Di. - So. 10⁰⁰ - 17⁰⁰ Uhr).

Umgebung von Dornbirn

Karren

2,5 km südlich der Stadt erhebt sich der Karren (975 m), den man mit einer Kabinenseilbahn (Talstation an der Gütlestraße) in fünf Minuten erreicht und von dem man eine Aussicht über das gesamte Rheintal und die angrenzenden Länder genießen kann. Auch ein Panoramarestaurant gibt es auf dem Berg.

***Rappenlochschlucht**

Der Gasthof Gütle bildet den Ausgangspunkt für Erkundungen der wildromantischen, von der tosenden Ache durchströmten Rappenlochschlucht. Auf einem künstlichen Steig gelangt man in 30 Minuten zum Staufensee, einem Staubecken mit Kraftwerk, und von dort weiter zum malerischen Alploch mit seinem 120 m hohen Wasserfall.

Ebnit

Besonders reizvoll sowohl im Winter als auch im Sommer ist das Bergdorf Ebnit, das nur über ein recht abenteuerliches, teilweise sehr steiles Bergsträßchen mit einigen Tunnels und Engstellen vom Weiler Gütle hoch über die Rappenlochschlucht hinauf erreicht werden kann.

***Bödele**

Etwa 10 km östlich oberhalb von Dornbirn erreicht man das Bödele (1148 m), ein landschaftlich reizvolles Fleckchen Erde mit Wiesen, Moorsee und Fichtenwäldern, das sowohl als Sommererholungsregion wie auch als schneesicheres Skigebiet geschätzt wird. Das Bödele war übrigens der Trainingsort vieler österreichischer Skipioniere. Von den nahen Aussichtspunkten bietet sich eine schöne Aussicht, die vom Säntis im Westen über das Bodenseegebiet bis zu den Allgäuer Alpen und zur Braunarlspitze (2649 m), dem höchsten Gipfel des Bregenzer Waldes, im Osten reicht.

Hohenems

In der 6 km südwestlich von Dornbirn gelegenen einstigen Rheintal-Residenz Hohenems (14 000 Einw.), die sich trotz mittelalterlicher Stadtrechte erst seit 1983 Stadt nennen darf und damit die jüngste Stadt Vorarlbergs ist, sind viele historische Baudenkmäler zu bewundern. Auf dem Schlossberg über der Stadt, den man in ca. 40 Minuten besteigen kann und von wo sich eine schöne Aussicht in das Rheintal und zum Bodensee bietet, thronen die Ruine Alt-Ems (713 m; 12. Jh.) und das als Zweitburg erbaute Schloss Neu-Ems (Burg Glopper; 14. Jh.). Im eigentlichen Stadtgebiet erhebt sich die

Alt-Ems Neu-Ems

Dornbirn (Fortsetzung)	1797 erbaute klassizistische St. Karl Borromäus, die mit Fresken von Andreas Brugger ausgeschmückt ist und einen Renaissance-Hochaltar hat. Gleich nebenan befindet sich der Palast der Grafen Hohenems (1562), ein außerordentliches Beispiel italienischer Renaissance, in dessen Archiv 1755 und 1779 die Handschriften C und A des Nibelungenliedes gefunden wurden.
Jüdisches Museum	Ab 1617 gestatteten die Grafen von Hohenems in ihrer Stadt die Ansiedlung von Juden, deren Gemeinde in der Folgezeit schnell überregionale Bedeutung erlangte. Nachdem man nach 1945 jahrzehntelang das jüdische Erbe nicht beachtete – die Synagoge wurde 1955 zu einem Feuerwehrhaus umgebaut –, richtete die Stadt 1991 in der Villa Heimann-Rosenthal (Schweizer Straße 5) von 1864 ein Jüdisches Museum ein, das das Leben der Hohenemser Juden in bemerkenswerter Weise dokumentiert (Öffnungszeiten: Di.–So., Fei. 10:00–17:00 Uhr).
Stoffels Säge-Mühle	Stoffels Säge-Mühle (Sägerstr. 11), eine Museumsanlage im historischen Gewerbegebiet, ist eine europaweit einzigartige kulturgeschichtliche Dokumentation über 2000 Jahre Mühlentechnik (Öffnungszeiten: 25. Apr.–Okt. tgl. 9:00–18:00 Uhr).
1. Österreichisches Rettungsmuseum	Das 1. Österreichische Rettungsmuseum (Bahnhofstraße, Nähe Krankenhaus) widmet sich der Darstellung verschiedener Rettungsaktionen (Bergrettung, Höhlenrettung, Hundebrigaden, Feuerwehrwesen) und erzählt die Gründung und Geschichte des Roten Kreuzes (Öffnungszeiten: Di., Do. 14:00–19:00 Uhr).
Lustenau	Etwa 10 km westlich von Dornbirn liegt unmittelbar an der Grenze zur Schweiz Österreichs größte Marktgemeinde Lustenau (20 000 Einw.), ein Schwerpunkt der Stickereierzeugung in Österreich.
Stickereizentrum	Im Stickereizentrum (Pontenstraße 20) befinden sich das Stickereimuseum (Öffnungszeiten: Mo.–Fr. 8:00–12:00, 14:00–17:00 Uhr) sowie eine Galerie mit Gemälden und Zeichnungen der Lustenauer Malerin Stephanie Hollenstein (1886–1944; Öffnungszeiten: Mi.–Fr. 18:00–21:00, Sa. 16:00–20:00, So. 9:00–12:00 Uhr).
Rhein-Schauen	In dem Natur- und Flussbaumuseum Rhein-Schauen am Nordrand von Lustenau wird die Geschichte des Rheins mit den Themenbereichen Rheinmühlen, Schifffahrt, Flößerei, Fähren, Brücken und Rheinregulierung dokumentiert (Öffnungszeiten: Mai–Sept. Mi., Fr., Sa. 13:00–17:00 Uhr).

Friedrichshafen   F 9

Höhe: 400–500 m ü. d. M.
Einwohnerzahl: 56 000

**Zeppelinstadt	Die "Messe- und Zeppelinstadt" Friedrichshafen am nördlichen Bodenseeufer ist nach Konstanz die zweitgrößte Stadt am Bodensee. Sie verdankt ihren Namen Friedrich I., dem ersten König von Württemberg, der 1811 die alte Stadt Buchhorn mit dem Dorf und ehemaligen Kloster Hofen vereinigte und den Hafen anlegte. Die im Zweiten Weltkrieg größtenteils zerstörte und durch Demontage ihrer Fabriken schwer geschädigte Stadt ist nach dem Wiederaufbau die bedeutendste Industriestadt am Bodensee. Friedrichshafen wird

Friedrichshafen zeigt sich hier von seiner schönsten Seite. ▸

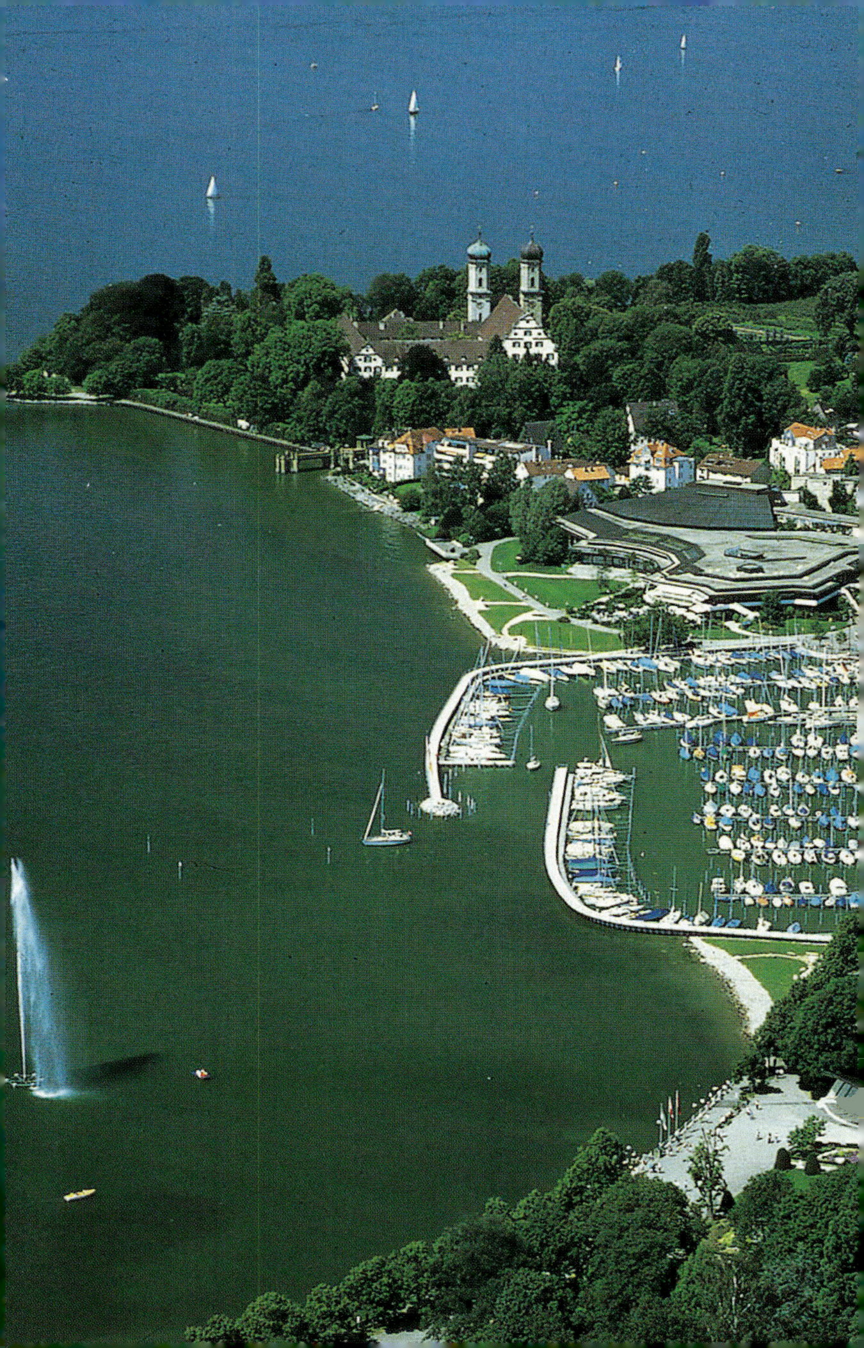

Allgemeines (Fortsetzung)

vor allem weltweit mit dem Namen "Zeppelin" und dem Luftschiffbau verbunden (▶ Baedeker Special S. 116/117). Auch als Messestadt ist Friedrichshafen bekannt; 2002 wurde die neue Messe fertiggestellt. Das Stadtbild von modernen, funktionalen Bauten geprägt. Friedrichshafen ist Verkehrsknotenpunkt der Region: Es besitzt einen bedeutenden Bodenseehafen und Regionalflughafen.

Sehenswertes in Friedrichshafen

**Zeppelin Museum

In dem beim Schiffs- und Fährhafen gelegenen ehemaligen Hafenbahnhof, einem Komplex im Bauhausstil, ist das großzügig und schön gestaltete Zeppelin Museum untergebracht. Es hat ein ungewöhnliches Konzept umgesetzt: die Verbindung von Technik und Kunst. Das Museum umfasst einerseits die weltweit größte Sammlung zur Geschichte und Technik der Luftschifffahrt und andererseits eine umfangreiche Kunstsammlung vom Mittelalter bis zur Moderne. Außerdem werden Wechselausstellungen zu den Bereichen Luftschifffahrt und Kunst gezeigt. Die Einbindung von Kunstwerken in die Zeppelinsammlung und von technischen Exponaten in die Kunstabteilung eröffnet Einblicke in die zeitgeschichtlichen und kulturellen Zusammenhänge. Die Sammlung zur Luftschifffahrt bietet anhand zahlreicher Originale, Modelle, Pläne und Fotos einen Überblick über die Entwicklung des Luftschiffbaus und über das Leben des Grafen von Zeppelin. Eigene Abteilungen befassen sich mit den physikalischen Grundlagen der Luftschifffahrt und führen die besonderen Schwierigkeiten bei Start und Landung vor Augen. Weitere Themen sind Navigation und Funktechnik. Höhepunkt der Sammlung ist der Nachbau eines Teils der legendären Zeppelins LZ 129 "Hindenburg", der auch von innen zu besichtigen ist. Ergänzt wird die Sammlung durch eine umfangreiche Bibliothek, die auch das Firmenarchiv der Luftschiffbau Zeppelin GmbH umfasst. Der Schwerpunkt der Kunstabteilung liegt auf der süddeutschen Malerei und Skuplutur und der Kunst des 20. Jh.s. Der Bogen der Künstler spannt sich von Franz Anton Maulbertsch und Januarius Zick bis zu Otto Dix

Zeppelin Museum im ehemaligen Hafenbahnhof

und Max Ackermann. Sehr interessant ist die Darstellung mittelalterlicher Schnitz- und Maltechniken. Gezeigt werden auch zahlreiche Darstellungen des Bodensees, der spätestens seit Beginn des 19. Jh.s ein beliebtes Ausflugsziel war. Die grafische Sammlung, der größte Einzelbestand der Kunstabteilung mit dem Schwerpunkt auf der Kunst des 20. Jh.s, wird aus konservatorischen Gründen nur in wechselnden Ausstellungen gezeigt (Öffnungszeiten: Mai – Okt. Di.– So. 10⁰⁰ – 18⁰⁰; Nov.– Apr. Di.– So. 10⁰⁰ – 17⁰⁰ Uhr).

2. OBERGESCHOSS
Kunstabteilung

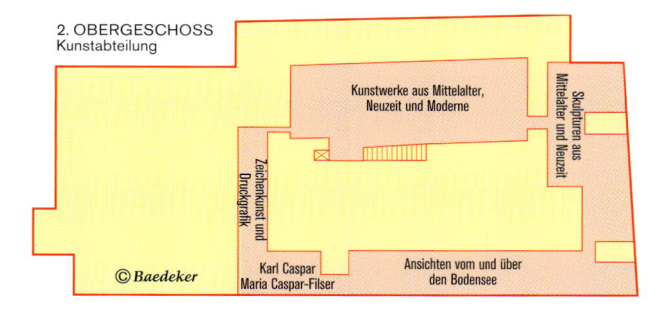

- Kunstwerke aus Mittelalter, Neuzeit und Moderne
- Skulpturen aus Mittelalter und Neuzeit
- Zeichenkunst und Druckgrafik
- Karl Caspar / Maria Caspar-Filser
- Ansichten vom und über den Bodensee

© Baedeker

Zeppelin Museum

1. OBERGESCHOSS
Zeppelinabteilung

- Militärische Nutzung der Luftschiffe
- Zivile Nutzung der Luftschiffe
- LZ 129 "Hindenburg"
- Funk und Navigation
- WC
- Konstruktion, Technik und Aerodynamik
- Restaurant

© Baedeker

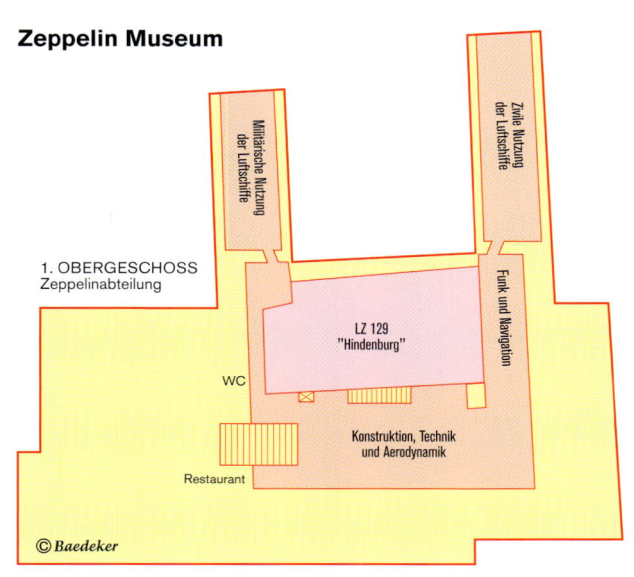

ERDGESCHOSS
Zeppelinabteilung

- Laden
- Eingang
- Vorgänger, Bauarten, physikalische Grundlagen, Start und Landung
- Garderobe
- WC
- Geschichte des Zeppelin-Konzerns
- Wechselausstellungen
- Eingang

© Baedeker

Friedrichshafen

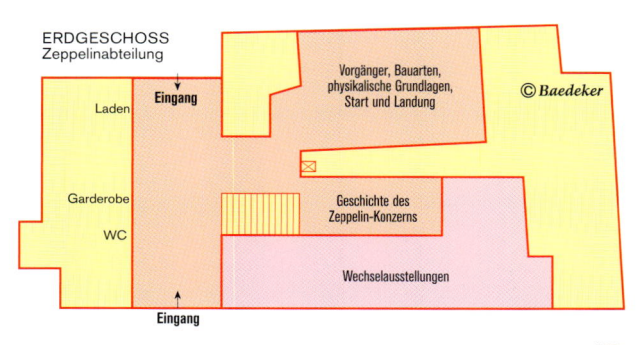

Baedeker SPECIAL

Giganten am Himmel

Die Zeppeline waren einst die Könige der Lüfte. Die große Ära der Giganten am Himmel endete im amerikanischen Lakehurst mit einem Inferno, das immer noch zu vielfältigen Spekulationen Anlass gibt. Doch nun scheint die Zeit der "fliegenden Zigarren" neu anzubrechen.

Die Idee kam ihm im Amerikanischen Bürgerkrieg (1861 – 1865). Ferdinand Graf von Zeppelin (1838 – 1917), der als württembergischer Leutnant 1863 das Kriegsgeschehen in den USA beobachtete, war fasziniert von den Ballons, die die Nordstaatler benutzten, um die Stellungen und Bewegungen der Südstaatler auszukundschaften. Fortan träumte er von einem lenkbaren Fluggerät für den Personen- und Frachttransport über weite Strecken.

Ein Traum wird wahr

Einen festen starren Rumpf nicht in Kugel-, sondern in Zigarrenform sollte es besitzen, gasgefüllt sollte es sein und einen Antrieb haben. Am 2. Juli 1900 war es dann soweit: 18 Minuten flog das 128 m lange "Luftschiff Zeppelin 1" (LZ 1) über Friedrichshafen, bevor es wegen Motorversagens auf dem Bodensee notwassern musste. Auch die nachfolgenden Luftschiffe erwiesen sich als unfallträchtig. Erst 1911 gelang dem genialen Erfinder Zeppelin der Durchbruch am Himmel. Erfolgreich waren die "fliegenden Zigarren" zunächst in der zivilen Luftfahrt, im Ersten Weltkrieg setzte das Militär 96 "Kolosse der Luft" als Aufklärer und Langstreckenbomber ein. Graf Zeppelin zeigte sich begeistert, dass ausgerechnet seine Erfindung zum ersten strategischen Fernbomber umfunktioniert wurde. Doch die Erwartungen der kaiserlichen Armee erfüllten sich nicht: Für die neuen wendigen Flugzeuge boten die langsamen, überdimensionalen Luftschiffe ein zu bequemes Angriffsziel – 72 von ihnen kehrten nicht mehr zurück. 1917 starb Graf Zeppelin. Er erlebte nicht mehr, wie seine Giganten die Erde umkreisten und der deutschen Luftfahrt zu weltweitem Ansehen verhalfen. Den größten Ruhm und Erfolg unter den Passagier-Luftschiffen erreichte die LZ 127 ("Graf Zeppelin"; s. Abb. S. 40), mit der 1929 ein triumphaler Flug in sechs Etappen rund um den Globus gelang. 1934 erbauten die Zeppelin-Werke in Friedrichshafen den bis dahin gigantischsten Zeppelin, die 245 m lange "Hindenburg". 1936 nahm das Luftschiff den Linienverkehr zwischen Frankfurt am Main und New York auf. 62 Atlantikflüge verliefen ohne Probleme.

Das Inferno

Es war der 6. Mai 1937, als eine Menge von Zuschauern und Presseleuten die Ankunft der "Hindenburg" auf dem Flughafen von Lakehurst in New York erwartete. Obwohl schon längst ein regelmäßiger Flugverkehr zwischen Europa und den USA bestand, war der majestätische Luxusliner immer noch ein großes Medienspektakel. Ab ca. 19.20 Uhr setzte die verspätete "Hindenburg" zur Landung an. Landeseile wurden vom Bug des Luftschiffes aus 25 m Höhe abgelassen, Passagiere winkten aus den Fenstern zu den Schaulustigen am Boden hinunter. Plötzlich vernahmen die Männer im Heck der "Hindenburg" ein "Plop", als wäre ein Gasherd angezündet worden. *Oh, es geht in Flammen auf ... oh nein, es ist grauenhaft. Es brennt, es brennt entsetzlich. Es stürzt auf den Ankermast und all die Leute. Oh, die Menschheit und all die Passagiere!* Fassungslos und mit sich überschlagender Stimme sprach Radioreporter Herbert Morrison diese Worte in sein Mikrofon, als er Zeuge wurde, wie das Luftschiff innerhalb von Sekunden in Flammen stand, auf den Boden krachte und dort völlig ausbrannte. 13 Passagiere und 22 Mann der Besatzung kamen ums Leben. Es glich einem Wunder, dass 62 Menschen überlebten.

Sabotage oder technischer Fehler?

Was hatte die Explosion der "Hindenburg" ausgelöst? Noch heute glauben viele an einen Sabotageakt gegen das NS-Regime, auch ein Anschlag der Konkurrenz, der "Pan American Airways", wurde in Betracht gezogen. Sogar von einer üblen Machenschaft der NS-Führung selbst ist die Rede. Die Sachverständigen sind jedoch immer von einem technischen Fehler ausgegangen. So sei Wasserstoffgas aus einem Leck in der Hülle ausgetreten und habe sich in der seinerzeit gewittrigen Atmosphäre durch Funkenbildung entzündet, resümierte die damalige Untersuchungskommission. Im zum ersten Mal benutzten Außenlack der Luftschiffhülle hingegen sehen heute die meisten Experten den wahren Grund: Dieser Schutzlack eignete sich nicht als elektrischer Leiter, d. h. die elektrische Spannung zwischen Luftschiff und Erdboden konnte während der Bodenkontaktaufnahme nicht ausgeglichen werden, im Gegenteil: sie nahm zu und entlud sich in einem Funken – Tests ergaben, dass sich in solchen Fällen erst die Hülle und dann das Gas entzündete. Eindeutig geklärt ist die Ursache der Explosion jedoch bis heute nicht. Fest steht nur, dass das Unglück ausgeblieben wäre, wenn die "Hindenburg" nicht mit hoch explosivem Wasserstoff, sondern mit nicht brennbarem Helium gefüllt gewesen wäre. Doch Helium war schwer zu beschaffen, das Monopolland USA hatte ein Exportverbot verhängt. Noch bis 1940 waren deutsche Zeppeline am Himmel zu sehen, dann ließ Reichsluftfahrtminister Hermann Göring die letzten "Gasblasen", wie er sie verächtlich nannte, verschrotten.

Wiedergeburt

Die Zeit dieser Giganten schien endgültig vorüber zu sein – die heliumgefüllten "Blimps", die man zuweilen als fliegende Litfaßsäulen über Deutschland erblickt, sehen zwar wie Zeppeline aus, sind aber keine, da ihnen das starre Innengerüst fehlt. Und doch erlebt der "Zeppelin" von einst eine Wiedergeburt. 1997 startete in Friedrichshafen das Hightech-Luftschiff Zeppelin NT zu seinem Jungfernflug. Seit 2001 unternimmt dieser neue Zeppelin für Touristen von Fried-

Der neue Zeppelin NT – hier begleitet von Blimps – unternimmt heute für Touristen Rundflüge über den Bodensee.

richshafen aus Rundflüge über den Bodensee. Für die Fahrgäste ist dies ein einmaliges, wenn auch nicht gerade billiges Erlebnis (▶ Praktische Informationen von A bis Z, Flugsport). Außerdem soll ab 2003 der im brandenburgischen Brand gebaute, 242 m lange und 135 km/h schnelle CargoLifter als größtes Transportmittel der Welt Nutzlasten, wenn nötig, Tausende von Kilometern weit befördern. So beginnt eine neue Ära für die Luftschiffe.

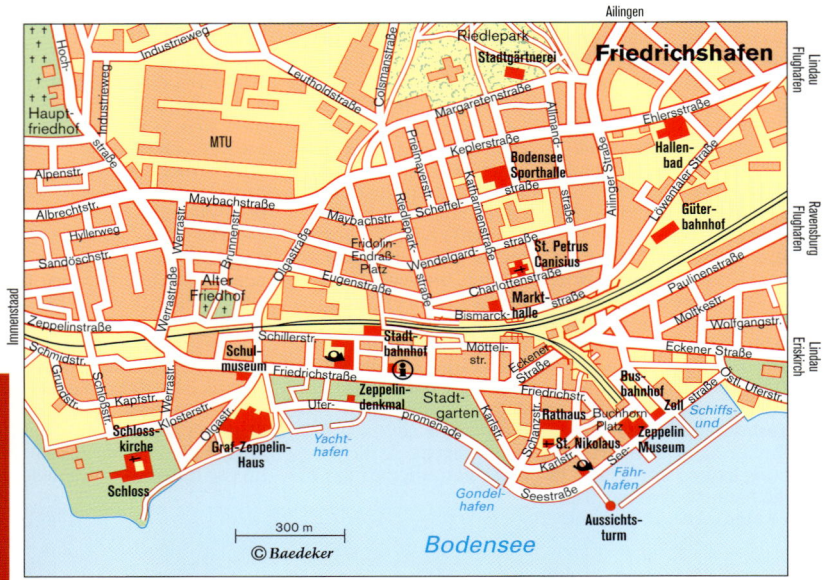

Rathaus	Im modernen Rathaus (1953 – 1956) westlich vom Zeppelin Museum befinden sich das Städtische Museum, in dem jungsteinzeitliche Funde vom nördlichen Bodenseeufer ausgestellt sind, und die Städtische Kunstsammlung.
*Schulmuseum	Das originelle Oberschwäbische Schulmuseum in der Friedrichstraße (Nr. 14) zeigt Ausschnitte aus der Schulgeschichte, von der mittelalterlichen Klosterschule bis zur Schule nach dem Zweiten Weltkrieg. So wird man in drei original eingerichteten Klassenräumen von 1850, 1900 und 1930 in den Unterricht vergangener Zeiten zurückversetzt. Auch Lehr- und Lernmittel wie Episkope, Filmgeräte, Grammophone und Radios werden gezeigt (Öffnungszeiten: Apr. bis Okt. tgl. 10⁰⁰ – 17⁰⁰; Nov. – März Di. – So. 14⁰⁰ – 17⁰⁰ Uhr).
Schloss	Westlich steht in einem Park das Schloss, das von 1654 bis 1701 als Kloster Hofen von Michael Beer erbaut wurde, nach der Säkularisierung vom württembergischen Staat erworben und im 19. Jh. von König Wilhelm I. als Sommerresidenz umgebaut wurde. Heute ist es Wohnsitz von Herzog Karl von Württemberg (unzugänglich).
*Schlosskirche	Die Schlosskirche mit ihren beiden 55 m hohen Zwiebeltürmen ist das Wahrzeichen von Friedrichshafen. Sie wurde von 1695 bis 1701 durch das Kloster Weingarten nach Plänen des Vorarlbergers Christian Thumb als Wandpfeilerbasilika errichtet und nach Zerstörungen im Zweiten Weltkrieg um 1950 restauriert. Sie besitzt reiche Stuckdekoration von Johann und Franz Schmuzer sowie Altarblätter von Johann Michael Feuchtmayer (Besuchszeiten: Ostersamstag – Okt. Mo. – Do., Sa. 9⁰⁰ – 18⁰⁰, Fr. 11⁰⁰ – 18⁰⁰, So. 12⁰⁰ – 18⁰⁰ Uhr).

In der Stadtgärtnerei (Margaretenstr. 37/1) im Riedlepark, nördlich des Stadtzentrums ist vor allem die Kakteensammlung mit 300 z. T. seltenen Arten sehenswert. Im angegliederten tropischen Gewächshaus wachsen verschiedene Pflanzenarten wie Bananenstauden, Kaffeepflanzen, Orchideen und Bromelien (Öffnungszeiten: Mo. bis Do. 8⁰⁰ – 15⁰⁰, Fr. 8⁰⁰ – 12⁰⁰ Uhr).

Stadtgärtnerei

Französische Garnisonsgeschichte ist das Thema des Militärhistorischen Museums (Fallenbrunnen 1/5) in der ehemaligen Flakkaserne nordwestlich des Zentrums (Öffnungszeiten: Apr. – Okt. Mo. – Do. 16⁰⁰ – 18⁰⁰, Sa., So. 14⁰⁰ – 18⁰⁰ Uhr; Nov. – März n.V., ☎ 0 75 41 / 77 51 67).

Militärhistorisches Museum

Der Stadtteil und Erholungsort Ailingen im "Obstgarten am Bodensee" bietet Familien einen abwechslungsreichen Urlaub u. a. mit etlichen Wanderwegen, Ponytrecking, Kutschfahrten sowie einem Spaß- und Erlebnisbad. Im Rathaus ist in den Räumen des Fremdenverkehrsamtes eine geologische Schausammlung untergebracht. In Weiler, bei Unterlottenweiler kann man im Freigelände des Obstbau-Museums 160 Obstbäume sehen, darunter 60 Apfel- und Birnensorten (Informationen beim BUND: ☎ 0 75 44 / 51 62).

Ailingen

Friedrichshafen

Eriskirch

Eriskirch, 6 km südöstlich von Friedrichshafen, ist ein ruhiger, ländlicher Urlaubsort. Ausgedehnte Obstbaumanlagen, Hopfengärten und Wälder laden zu Spaziergängen und Radausflügen ein.

Lage und Allgemeines

*Unserer Lieben Frau
Markant im Ortsbild von Eriskirch ist der sehr hohe Turm der gotischen Pfarr- und Wallfahrtskirche Unserer Lieben Frau, die ein bedeutender Ort für die Marienverehrung war. In der Kirche, besonders im Chor, sind wertvolle Wandmalereien aus der Zeit um 1410/1420 erhalten mit Szenen aus dem Alten und dem Neuen Testament. Auf dem linken Seitenaltar befindet sich das Gnadenbild "Unserer Lieben Frau von Eriskirch" (um 1400). Beachten sollte man auch die Fenster im Chor mit kunstvoller Glasmalerei. Das "Stifterfenster" links vom Hochaltar zeigt, wie Graf Heinrich von Montfort zur Madonna betet.

*Eriskircher Ried
Der Seeuferstreifen zwischen Ach- und Schussenmündung und die daran anschließende Flachwasserzone im Bodensee bilden das 552 ha große Eriskircher Ried, das größte Naturschutzgebiet am nördlichen Bodenseeufer. Nach dem Abschmelzen der Gletscher Ende der letz-

Im Naturschutzgebiet Eriskircher Ried

Friedrichshafen, Eriskirch (Fortsetzung)

ten Eiszeit lagerten sich an der Mündung der Schussen große Mengen Sand und Kies ab. In den letzten 10 000 Jahren entstand hier ein Flussdelta, das Eriskircher Ried. Die Ufer der Schussen und ihrer Altwasser werden von einem urwüchsigen Wald gesäumt, in dem Silberweiden, Pappeln und Erlen vorherrschen, in höher gelegenen Bereichen auch Eichen. Das Ried ist Lebensraum und Rückzugsgebiet für eine große Zahl seltener Pflanzen und Wasservögel. Tausende von Enten, Möwen und die seltenen Singschwäne überwintern hier. Zur Blütezeit der Sibirischen Schwertlilie (Iris sibirica) von Ende Mai bis Anfang Juni verwandeln sich ausgedehnte Wiesen in einen lila Teppich. Im ehemaligen Bahnhof von Eriskirch wurde das Naturschutzzentrum Eriskirch mit einem Naturkundemuseum zu Ried und Bodensee eingerichtet (Öffnungszeiten: Di. bis Fr., So. 14⁰⁰ – 17⁰⁰, Fr. zusätzlich 9⁰⁰ – 12⁰⁰ Uhr). Es bietet regelmäßig Führungen durch das Ried an (☎ 0 75 41 / 8 18 88).

Hegau　　　　　　　　　　　　　　　　　　　　A – C 7 / 8

Lage und *Landschaftsbild

Der landschaftlich reizvolle Hegau, vom Schriftsteller Ludwig Finckh liebevoll als "des Herrgotts Kegelspiel" bezeichnet, öffnet sich von den weiten Höhen des Witthoh nach Südosten hin zum Bodensee. Seine Vulkankegel ragen weithin sichtbar über die sanften Hügel empor. Auf allen Erhebungen finden sich noch die Überreste von Burgen.

Entstehung

Die mit Ablagerungen des Molassemeeres und eiszeitlichen Sanden und Geröllen angefüllte Beckenlandschaft ist geprägt von zwei Reihen Vulkanruinen. Die westliche Schlotreihe, deren markanteste Erhebung der Doppelgipfel des Hohenstoffels (844 m) und des Hohenhewens (846 m) ist, entstand vor etwa 16 Mio. Jahren, als gewaltige Tuffmassen und basaltische Schmelzen aus der Tiefe empordrangen. Vor rund 7 Millionen Jahren durchstießen Phonolithe das Deckengebirge und bildeten die östliche Reihe der Hegauvulkane, zu denen der Hohentwiel (686 m), der Hohenkrähen (643 m) und der Mägdeberg (664 m) gehören.

Sehenswertes im Hegau

Engen *Altstadt

Das idyllische Städtchen Engen (10 000 Einw.) im nördlichen Hegau besitzt eine malerische, mustergültig sanierte Altstadt mit einem reichen Bestand an mittelalterlichen und frühneuzeitlichen Gebäuden. Es gilt als eine der besterhaltenen Stadtanlagen Süddeutschlands. Die ursprünglich spätromanische, später barock umgestaltete Kirche Mariä Himmelfahrt besitzt zwei interessante romanische Stufenportale mit figürlichen Darstellungen. Beachtenswert ist zudem das Krenkinger Schloss, das auf das 14. Jh. zurückgeht und in seiner heutigen Form aus dem 16. Jh. stammt. Das Städtische Museum (mit Galerie) im Kloster St. Wolfgang zeigt Funde aus dem Magdalénien, wertvolle Beispiele sakraler Kunst, darunter einen der ältesten deutschen Tischaltäre, und eine Informationsschau zur Stadt- und Dorfsanierung. Das herausragende Ausstellungsstück ist die 14 000 Jahre alte, aus Gagat geschnitzte "Venus von Engen", eine stilisierte Frauenfigur. In der angeschlos-

Engen zeichnet sich durch seine malerische Altstadt.

senen Galerie finden Wechselausstellungen zur modernen Kunst statt (Öffnungszeiten: Di. – Fr. 14⁰⁰ – 17⁰⁰, Sa., So. 10⁰⁰ – 17⁰⁰ Uhr).

Engen (Fortsetzung)

Das inmitten lieblicher Landschaft 12 km östlich von Engen gelegene Dorf Eigeltingen (3000 Einw.) ist Ausgangspunkt für Wanderungen in das wildromantische Naturschutzgebiet Krebsbachtal. In der am östlichen Ortsende gelegenen Lochmühle, einem 400 Jahre alten ehemaligen Bauernhaus, ist ein Kutschenmuseum untergebracht, angeschlossen ist zudem ein Streichelzoo. Angeboten werden außerdem Fahrten mit Oldtimertraktoren und Kutschen sowie Ponyreiten.

Eigeltingen

Unweit südwestlich von Eigeltingen sprudelt die idyllische Aachquelle (481 m), der Quellsee der Radolfzeller Aach und die größte Quelle Deutschlands. Hier treten pro Sekunde zwischen 1000 und 24 000 l Wasser aus, wobei es sich hauptsächlich um das weiter nördlich in Immendingen und Fridingen/Donau versickerte Wasser der Donau handelt. Im Jahr 1886 wurden die ersten waghalsigen, aber erfolglos verlaufenden Höhlentauchversuche unternommen. Bei weiteren Expeditionen in die Höhle ereigneten sich mehrere tödliche Unfälle. In den Achtzigerjahren des 20. Jh.s wurde die Aachquelle dann systematisch erforscht.

***Aachquelle**

> **Baedeker TIPP) Höhenweg**
>
> Zu den schönsten Wanderungen im Hegau zählt der Höhenweg von Engen nach Singen (Gehzeit etwa 6 Std.). Er führt über den Hohenhewen, den Hohenstoffel, den Mägdeberg und den Hohenkrähen bis zum Hohentwiel und bietet damit jede Menge Aussichten.

Fasnachts-museum Schloss Langenstein

In dem 3 km südlich von Eigeltingen gelegenen Schloss Langenstein (1570 – 1605) sollte man das interessante Fasnachtsmuseum besuchen. Gezeigt werden hier unter andere, Dokumente zur Geschichte der schwäbisch-alemannischen Fasnacht, diverse Masken aus Holz und Narrengewänder. Eine Besonderheit ist die Kollektion von bunt bemalten Tonfiguren aus Zizenhausen, die im 19. Jh. von Zizenhauser Bauernfamilien hergestellt wurden. Eine Ausstellung über Fastnachtsbräuche in aller Welt rundet das Bild ab. Während des ganzen Jahres finden in dem Museum Veranstaltungen der Narrenzünfte aus dem Raum Hegau/Bodensee statt (Öffnungszeiten: Mi., Sa., So. 13⁰⁰ – 17⁰⁰ Uhr).

Im Fasnachtsmuseum Schloss Langenstein

Steißlingen

Das Feriendorf Steißlingen (3500 Einw.), 8 km südlich von Eigeltingen, am Steißlinger See gelegen, besitzt an Sehenswürdigkeiten ein Schloss der Freiherren von Stotzingen sowie einen Torkel aus dem 17. Jahrhundert. Eine einstündige Wanderung führt ostwärts zur Burgruine Homburg (547 m) aus dem 11. Jh., die im Dreißigjährigen Krieg zerstört wurde.

Hilzingen

Die südliche Hegaugemeinde Hilzingen (6600 Einw.) spielte eine wichtige Rolle bei den Bauernaufständen im 16. Jahrhundert. Als "Barockjuwel des Hegau" gilt die Kirche St. Peter und Paul, die von 1747 bis 1749 von Peter Thumb errichtet wurde. Herrlich ist die prachtvolle Innenausstattung. Das heimatkundliche Museum im Schlosspark ist im Küferhaus eingerichtet (Öffnungszeiten: Apr. bis Okt. So. 14⁰⁰ – 17⁰⁰ Uhr).

Höri — C/D 8/9

Höhe: 400 – 708 m ü. d. M.

*Lage und Allgemeines

Die 63 km² große Halbinsel Höri mit dem auf 708 m ansteigenden waldreichen Schiener Berg schneidet tief in den Untersee ein. Der einst hier lebende Schriftsteller Josef Victor von Scheffel drückt seine Begeisterung für die Höri so aus: *Allum ist's fein und schön, hier ist vom Weltenschöpfer ein Meisterwerk gescheh'n*. Diese kleine Naturoase ist für Leute geeignet, die einen ruhigen und erholsamen Urlaub verbringen möchten. Auf der Halbinsel, deren Uferstreifen fast ganz unter Naturschutz gestellt sind, gibt es seltene Vogel- und Pflanzenarten, so dass auch Naturliebhaber voll auf ihre Kosten kommen. Die Halbinsel wird überwiegend landwirtschaftlich genutzt; Obst- und Gemüseanbau werden betrieben. Zur Höri gehören die Gemeinden Gaienhofen, Moos und Öhningen. Mit der politischen Befriedung im 19. Jahrhundert nach jahrhundertelangen blutigen Auseinandersetzungen gewann dieser Teil des Bodensees rasch den Ruf ruhevoller Beschaulichkeit und ländlicher Idylle, was Künstler von überall her anzog. So wurde die Höri bald zum bevorzugten Wohnsitz von Dichtern und Malern (Baedeker Special S. 125/126). Heute wird die Höri als gutes Wandergebiet von immer mehr Touristen geschätzt.

Allgemeines (Fortsetzung)

Baedeker TIPP) Rund um die Bülle

Alljährlich am ersten Oktobersonntag findet auf der Vorderen Höri – abwechselnd in den Orten Moos, Iznang, Weiler und Bankholzen – das Büllefest statt, bei dem sich alles um die Zwiebel (= Bülle) dreht. An fantasievoll geschmückten Ständen werden handgeflochtene Zwiebelzöpfe, selbst gebastelte Zwiebelfiguren und Kunsthandwerk angeboten. Das Kulinarische kommt auch nicht zu kurz: besonders gut schmecken Büllesuppe und Bülledünne (= Zwiebelkuchen).

Moos

Die Gemeinde Moos (3100 Einw.) bietet dem Besucher eine gepflegte Seenlandschaft und sanfte Hügel. Die Einwohner leben noch heute zum Großteil vom Gemüseanbau. Die traditionelle, auf ein Gelübde zurückgehende Mooser Wasserprozession, die am Montag nach dem dritten Julisonntag veranstaltet wird und nach Radolfzell führt, findet zu Ehren der hll. Theopont, Senes und Zeno statt und soll vor Tierseuchen bewahren.

Allgemeines

Iznang ist Geburtsort von Franz Anton Mesmer (▶ Berühmte Persönlichkeiten), dem Entdecker des "tierischen Magnetismus", einer umstrittenen Heilmethode. An Mesmer erinnern heute das Geburtshaus und eine Gedenkstube im Gasthof Adler.

Iznang

Gaienhofen

Gaienhofen (3200 Einw.) wurde mehrfach für seine intakte und liebevoll gepflegte Landschaft ausgezeichnet. Die Gemeinde und ihre Ortsteile Gundholzen, Hemmenhofen und Horn liegen alle ruhig und direkt am See und sind hervorragende Erholungsorte. Sie ist geeignet für Naturliebhaber, die ihren Urlaub z. B. auf dem schönen, umweltorientierten Campingplatz am See verbringen können. Gaienhofen war schon früh bevorzugter Wohnsitz von Malern und Dichtern, von denen der berühmteste Hermann Hesse war. Auf den Spuren der Dichter kann man in Gaienhofen wandeln.

Allgemeines

Unmittelbar neben der Schiffslände steht das Schloss, das im 12. Jh. als Jagdschloss und Verwaltungssitz der Bischöfe von Konstanz erbaut, im Dreißigjährigen Krieg verwüstet und um 1700 als Sitz der

Schloss

Baedeker SPECIAL

Künstler auf der Höri

Rudolf Hagelstanges 1953 getroffene Feststellung über den Bodensee galt nicht zuletzt der geruhsamen naturidyllischen Halbinsel Höri am Untersee: "Es leben in diesem Landstrich mehr Dichter und Literaten als Fischer." Vor allem während der ersten Jahrzehnte des 20. Jh.s war die Höri mit ihren beschaulichen Orten wie Gaienhofen und Hemmenhofen Refugium und Inspirationsquelle für zahlreiche Schriftsteller und Maler.

Hermann Hesse zog es als Ersten auf die Höri: "Gaienhofen ist ein ganz kleines schönes Dörflein, hat keine Eisenbahn, keine Kaufläden, keine Industrie, nicht einmal einen eigenen Pfarrer ... Es hat auch keine Wasserleitung, so daß ich alles Wasser am Brunnen hole, keine Handwerker, so daß ich die nötigen Reparaturen im Haus selbst machen muß, und keinen Metzger, also hole ich Fleisch, Wurst etc. jeweils im Boot über den See aus dem nächsten thurgauischen Städtchen. Dafür gibt es Stille, Luft und Wasser gut, schönes Vieh, famoses Obst, brave Leute. Gesellschaft habe ich außer meiner Frau und unsrer Katze nicht. Ich bewohne ein gemietetes Bauernhäuschen, für das ich 150 Mark Miete bezahle. Es lebe Peter Camenzind! Ohne den hätte ich nicht heiraten und nicht hierher ziehen können. Er hat mir 2500 Mark eingebracht, davon kann ich zwei Jahre leben, wenigstens, wenn ich hierbleibe." Diese Zeilen schrieb Hermann Hesse (1877 – 1962) im September 1904 an seinen Schriftstellerkollegen Stefan Zweig in Wien. Nach seinem Erstlingserfolg mit der Erzählung "Peter Camenzind", der ihn finanziell unabhängig machte, hatte sich Hesse entschlossen, die ländliche Idylle der Großstadt vorzuziehen und jene Naturinnigkeit zu leben, die in seinem literarischen Frühwerk eine wichtige Rolle spielt. Ein Jahr später gesellte sich sein Dichterfreund Ludwig Finckh (1876 – 1964) aus Tübingen zu ihm, der eigentlich ausgebildeter Arzt war, aber beschloss, sich in Gaienhofen endgültig niederzulassen, um dort u. a. Lyrik, Heimatgeschichten und den Roman "Der Rosendoktor" (1906) zu schreiben. Hermann Hesse fand zunächst Unterschlupf in einem gemieteten alten Bauernhaus und zog nach der Geburt seines Sohnes mit der Familie 1907 in ein eigenes Heim, das er vom Architekten Hans Hindermann im Erlenloh bauen ließ. Hier verfasste er u. a. "Gertrud", einen Roman über Künstlertum, Freundschaft und Liebe. Als Hesse 1912 die Höri verließ, hatte die Halbinsel auch unter den Malern an Reiz gewonnen, die vor allem nach dem Ersten Weltkrieg die träumerischen Winkel entdeckten und ihre Landschaftseindrücke in naturalistischer oder impressionistischer Manier wie Eugen Segewitz und Walter Waentig auf der Leinwand festhielten. In den Dreißigerjahren fand der Kunstsammler Walter Kaesbach eine neue Bleibe auf der Höri. Von Hemmenhofen aus mit der Nähe zur Schweiz verhalf er auch jenen Malern und Bildhauern zu Unterkunft und Aufträgen, die seit 1933 vom Naziregime Ausstellungsverbot erhielten und als "entartet" eingestuft wurden.

Otto Dix

Otto Dix (1891 – 1969), der aus Gera gebürtige Maler des kritischen Realismus, dessen boshaft-satirische Großstadtszenen und Antikriegsbilder in der Weimarer Republik für Diskussionsstoff sorgten, zog sich 1933 nach dem Verlust seiner Professur an der Dresdner Kunstakademie zunächst auf Schloss Randegg bei Singen zu seinem Schwager zurück und wohnte dann ab 1936 im eigenen, vom Dresdner Architekten Arno Schleicher entworfenen Haus in Hemmenhofen, wo er bis 1945 in innerer Emigration vorwiegend Landschaften als verschlüsselte Seelenzustände in altmeisterlicher Manier schuf und sich anschließend im Spätwerk noch dem Expressionismus zuwandte. Nach dem Bürgerbräukeller-Attentat auf Hitler 1939 fand bei dem Regimegegner Dix eine Hausdurchsuchung stattfand. Max Ackermann (1878 – 1975), dessen malerische Anfänge vom Einfluss Adolf Hölzels und Wassily Kandinskys geprägt waren, gründete 1930 in Stuttgart ein Seminar für "absolute Malerei",

erhielt aber wegen seines Eintretens für die abstrakte Malerei 1936 ebenfalls Lehrverbot und siedelte nach Hornstaad über, wo er insgeheim abstrakte Arbeiten schuf und offiziell Landschaften malte. Auch den Maler Helmuth Macke, Vetter von August Macke, zog es in den Dreißigerjahren an den Untersee, um sich den Gängelungen des Kunstbetriebs durch die Nationalsozialisten zu entziehen.

Erich Heckel

Mitten im Zweiten Weltkrieg verschlug es Erich Heckel (1883 bis 1970), der 1944 im Bombenhagel von Berlin viele Gemälde verloren hatte, nach Hemmenhofen. Der Mitbegründer der expressionistischen Künstlergruppe "Die Brücke" in Dresden von 1905 hatte miterleben müssen, dass über 700 seiner Werke als "entartet" deklariert wurden und aus deutschen

Im Hermann-Hesse-Höri-Museum kann man die ehemaligen Wohnräume des Dichters besichtigen.

Museen verschwanden. 1944 bezog er das Sommerhaus des Ravensburger Architekten Wurm, das er mit dem Bildhauer Hans Kindermann teilte. Auch als Heckel nach dem Krieg an der Kunstakademie in Karlsruhe lehrte, behielt er, seit 1953 im eigenen Haus, seinen Wohnsitz in Hemmenhofen. Zuflucht vor den Kriegswirren suchten auch der Maler Ferdinand Macketanz, der seit 1942 in Kattenhorn lebte, und der Fotograf Hugo Erfurt. Kurz nach Kriegsende gelangten auch noch Curth Georg Becker, Walter Herzger und Rudolf Stuckert an die Ufer des Untersees, wo die Versorgungslage besser war und mancher Künstler sein tägliches Brot auch mit Bildern bezahlen konnte. Bei soviel Präsenz moderner Kunst war es kein Wunder, dass Walter Kaesbach eine der ersten großen Ausstellungen zeitgenössischer Kunst schon 1945 in Überlingen präsentieren konnte. Auch in den folgenden Jahrzehnten blieb die beschauliche Halbinsel Höri ein beliebtes Künstlerdomizil. Die Malerinnen Maria Proelss, Rose-Marie Schnorrenberg und Gertraud Herzger-von Harlessem haben zeitweilig Inspirationen am Untersee gefunden Wie vielfältig sich die Künstler literarisch und malerisch der Höri angenommen haben, lässt sich gut in den Dichterzimmern und der kleinen Gemäldegalerie im Hermann-Hesse-Höri-Museum in Gaienhofen nachvollziehen

Künstler auf der Höri

125

Solche hübschen Plätzchen – wie hier bei Bankholzen – kann man auf der Höri entdecken.

Gaienhofen
(Fortsetzung)

bischöflichen Obervögte erneuert wurde. Nachdem im 19. Jh. die letzten der ursprünglich neun Türme abgetragen worden waren, ging das Gebäude in Privatbesitz über und beherbergt heute eine Internatsschule.

*Hermann-
Hesse-Höri-
Museum
(s. Abb. S. 125)

Die bekannteste Sehenswürdigkeit von Gaienhofen ist das Hermann-Hesse-Höri-Museum (Kapellenstr. 8), das die Hermann-Hesse-Gedächtnisstätte und das Höri-Museum umfasst. Die Gedächtnisstätte zeigt die ehemaligen Wohnräume von Hermann Hesse. Eine Besonderheit ist der Schreibtisch des Dichters, den er an seinen verschiedenen Wohnorten fast 60 Jahre lang benutzt hat. Das Höri-Museum gegenüber präsentiert Dokumente über Hesse und Ludwig Finckh, eine Gemälde- und Skulpturengalerie, darunter Werke von Otto Dix und Erich Heckel, sowie Funde der Pfahlbaukultur aus der Jungsteinzeit am Untersee. Außerdem werden in dem Museum Wechselausstellungen veranstaltet. Um das Museum wurde ein einfacher bäuerlicher Garten angelegt nach Ideen von Hesse, wie er sie in seinem Buch "Freude am Garten" niedergeschrieben hat (Öffnungszeiten: Apr. – 15. Okt. Di. – Sa. 14^{00} – 17^{00}, So., Fei. 11^{00} – 17^{00}; Höri-Museum: 16. Okt. – März Fr., Sa. 14^{00} – 16^{00}, So., Fei. 11^{00} – 16^{00} Uhr).

Hemmenhofen
Otto-Dix-Haus

Im Kur- und Ferienort Hemmenhofen lebte seit 1936 der Maler Otto Dix (▶ Berühmte Persönlichkeiten). 1991 wurde sein ehemaliges Wohnhaus als Gedenkstätte (Otto-Dix-Weg 6) der Öffentlichkeit zugänglich gemacht. Das Museum dokumentiert Leben und Werk des Malers, zudem sind grafische Werke von ihm ausgestellt, darunter der Zyklus "Der Krieg". Außerdem werden wechselnde Kunstausstellungen mit Werken von Dix und seinen Schülern präsentiert (Öffnungszeiten: eine Woche vor Ostern – Okt. Mi. – Sa. 14⁰⁰ – 17⁰⁰, So., Fei. 11⁰⁰ – 18⁰⁰ Uhr).

Hemmenhofen (Fortsetzung)

Horn schmücken schöne Fachwerkhäuser und eine große ehemalige Zehntscheuer. Die spätgotische Kirche St. Agatha und Katharina (um 1400) besitzt einen teilweise romanischen Chorturm.

Weitere Sehenswürdigkeiten

Im Ortsbild von Horn (1000 Einw.) fallen die hübschen Fachwerkhäuser auf. Von der einzigartig gelegenen spätgotische Kirche St. Johann und St. Veit, dem Wahrzeichen der Höri, kann man eine fantastische Aussicht auf den Untersee mit der Insel Reichenau genießen. In dem herrlich am See gelegenen Schloss Hornstaad ist das Restaurant "Schlößli" untergebracht, in dem man gut essen kann. Das umweltorientierte Campingdorf Horn wurde mehrfach bundesweit ausgezeichnet.

Horn

Baedeker TIPP) Kanufahrt

Ein besonderes Erlebnis ist eine Kanufahrt auf dem Untersee, z. B. zur Insel Reichenau. Von Hemmenhofen, Horn und anderen Orten werden interessante Touren verschiedener Länge angeboten. Kanus können an den Orten, wo gestartet wird, entliehen werden (Informationen: Segelschule Radolfzell, ☎ 0172 / 740 54 40).

Öhningen

Der Erholungsort Öhningen in der Hinteren Höri geht auf eine frühe alemannische Siedlung zurück. Sein Ortsbild ist von Fachwerkhäusern des 15. bis 19. Jh.s geprägt. Das ehemalige Augustiner-Chorherrenstift wurde 965 gegründet, doch stammen die heutigen Gebäude hauptsächlich aus dem 16. Jahrhundert. In der ehemaligen Stiftskirche St. Peter, Paul und Hippolyt (um 1615) sind im barockisierten Innenraum ein Chorgestühl von 1670 und schöne Barockfiguren zu sehen. Der Konventssaal ist mit einer beachtenswerten Stuckdecke und Fresken ausgeschmückt.

Öhningen

Im Ortsteil Oberstaad steht am See ein mittelalterliches Schlösschen, das Jacques-Schiesser-Haus aus dem 12./13. Jh., das vom 17. bis 19. Jh. verändert wurde.

Oberstaad

Kattenhorn, ein bei Malern beliebtes Dorf, bietet an Sehenswertem ein Schloss, im 12. Jh. erbaut und im 19. Jh. grundlegend umgestaltet, und die kleine Blasiuskapelle von 1520. Die Petruskirche (1958) ist mit Malereien von Otto Dix zur Petrusgeschichte verziert.

Kattenhorn

Der ruhige Erholungsort Schienen, am Hang des aussichtsreichen Schiener Berges gelegen, ist als Wanderzentrum beliebt. Sehenswert sind die Wallfahrtskirche St. Genesius (10. Jh.), eine frühromanische Pfeilerbasilika, sowie das Propsteigebäude (16. Jh.), in dem heute das Pfarrhaus untergebracht ist. Eine Wanderung führt in 30 Min. nördlich zur 1441 zerstörten Ruine der Schrotzenburg (691 m), wo man eine schöne Aussicht hat.

Schienen

Der Ortsteil Wangen ist ebenfalls ein von Künstlern gern aufgesuchtes Erholungsdorf mit malerischen Fachwerkhäusern. Das älteste Haus (um 1604) wurde von seinem ursprünglichen Standort an die

Wangen

Höri
(Fortsetzung)

Hauptstraße versetzt und beherbergt als Höri-Fischerhaus das Heimatmuseum. Dieses stellt Pfahlbaufunde und Fossilien aus den Öhninger Kalksteinbrüchen aus (Öffnungszeiten: Apr. 1. und 3. So. im Monat, Mai–Okt. So. 14^{30}–17^{00} Uhr). Das nahe Schloss Marbach, das einen schönen Park besitzt, geht auf eine Raubritterburg des 13. Jh.s zurück. Heute dient es nach Umbau dem Konzern Jacobs-Suchard als Bildungs- und Kommunikationszentrum ("Managerschmiede"). Bei Wangen liegen die an Fossilien reichen Öhninger Kalksteinbrüche.

Immenstaad   F 8/9

Höhe: 407 m ü. d. M.
Einwohnerzahl: 6000

Lage und Allgemeines

Immenstaad, idyllisch zwischen Obstgärten und Weinbergen gelegen, ist ein beliebter Touristenort. Es wurde für seine Familienfreundlichkeit und sein Umweltbewusstsein ausgezeichnet. Bei Weinkennern geschätzt ist die Sorte "Immenstaader Sonnenufer".

Sehenswertes in Immenstaad

St. Jodokus

Von der spätgotischen Pfarrkirche St. Jodokus (Ende 15. Jh.) sind aus der Bauzeit noch der mächtige Wehrturm und der Chor erhalten. Der Rest der Kirche ist modern. Im Innern sollte man den reich verzierten Schnitzaltar und die Madonna von 1479 beachten.

Schwörerhaus

Der Pfarrkirche gegenüber steht das Schwörerhaus, ein typisches alemannisch-gestelztes Fachwerkhaus von 1578.

Altes Rathaus

Weiter östlich an der Hauptstraße sieht man das Alte Rathaus (1716), das heute als Bürgerhaus genutzt wird. An der Stelle des 1982 erbauten neuen Rathauses stand ursprünglich das Anwesen Deutsch, dessen Staffelgiebel und historischer Keller erhalten sind; hier finden heute Weinproben statt.

Schloss Hersberg

Das um 1550 erbaute und von 1650 bis 1780 erneuerte Schloss Hersberg am westlichen Ortsrand liegt hübsch auf einer Anhöhe zwischen Weinbergen. Es ist heute Bildungsstätte des Pallottinerordens. Im Schlosshof finden im Sommer Konzerte und andere kulturelle Veranstaltungen statt.

Schloss Kirchberg

Etwa 1 km westlich von Schloss Hersberg liegt das Schloss Kirchberg (18. Jh.), das bis 1802 als Sommerresidenz der Zisterzienserabtei Salem diente und danach in markgräflich-badischen Besitz überging. Es wurde in luxuriöse Wohnanlage umgewandelt.

Kippenhausen

Der Ortsteil Kippenhausen wurde für sein Ortsbild mehrfach ausgezeichnet. Das Fachwerkhaus Montfort (1796) in der Montfortstraße (Nr. 13) beherbergt das Heimatmuseum und die Montfortgalerie. Im Heimatmuseum sind Wohnstube, Küche und Eisenwarenhandlung zu sehen (Öffnungszeiten: Sa., So., Fei. 14^{00} bis 18^{00} Uhr), während die Montfortgalerie wechselnde Kunstausstellungen präsen-

Das Schwörerhaus in Immenstaad geht auf das Jahr 1578 zurück.

tiert (Öffnungszeiten: Di.–So. 11⁰⁰–14⁰⁰, 17⁰⁰–23⁰⁰ Uhr). Ferner gibt es das hübsche Museum/Café "Zum Puppenhaus", das Puppen, Puppenhäuser und Spielzeug aus zwei Jahrhunderten zeigt. Sonderausstellungen finden hier ebenfalls statt (Öffnungszeiten: tgl. 10⁰⁰–18⁰⁰ Uhr).

Immenstaad (Fortsetzung)

Umgebung von Immenstaad

In Frenkenbach (6 km nordwestlich) steht eine der wenigen romanischen Kirchen des nördlichen Bodenseeufers, St. Oswald und St. Othmar (13. Jh.), deren Mauerwerk aus unverputzten Feldsteinen besteht. Der Innenraum beeindruckt durch Einfachheit und harmonische Proportionen.

Frenkenbach

Konstanz   D/E 8/9

Höhe: 404 m ü. d. M.
Einwohnerzahl: 80 000

Konstanz liegt reizvoll am Seerhein zwischen Obersee und Untersee, *in einer innigen Umschlingung des Wassers*, wie der Dichter Werner Bergengruen (1892–1964) schreibt. Die weitläufig gebaute Neustadt im Norden schmiegt sich an die sanften Hänge des Bodanrücks, während sich die malerische Altstadt in mehr als 1000 Jahren südlich vom Seerhein entwickelte. Seit Jahrhunderten von Kriegszerstörung nahezu verschont, bewahrte sich das geschichtsträchtige

**Größte Stadt am Bodensee

Allgemeines (Fortsetzung)

Konstanz weitgehend sein mittelalterliches Stadtbild, das von Giebeln, Türmen und Arkaden geprägt ist. Es ist die größte Stadt sowie wirtschaftliches und kulturelles Zentrum des Bodenseeraumes – traditionelle Funktionen, die sich Konstanz bewahrt hat. Bedeutende Faktoren des Kulturlebens sind die Universität und die Fachhochschule, das rege Theater- und Musikleben sowie Museen und Kunstgalerien, zudem gilt die Stadt als bevorzugter Tagungs- und Kongressort. Im Wirtschaftsleben kommt neben Handel, Dienstleistungsgewerbe (Fremdenverkehr), Handwerk und Weinbau insbesondere der Industrie (Elektrotechnik, Metallverarbeitung, chemische Erzeugnisse) Gewicht zu.

> **Baedeker TIPP) Seenachtfest**
>
> Alljährlich im Sommer veranstaltet Konstanz gemeinsam mit der Schweizer Nachbargemeinde Kreuzlingen das viel besuchte Seenachtfest. Geboten werden Theater, Sport, Akrobatik und natürlich Musik. Höhepunkt ist das große stimmungsvolle Feuerwerk, das sich im See spiegelt.

Geschichte

Als Keimzelle der Stadt wird eine keltische Fischersiedlung angenommen, die in spätrömischer Zeit den Namen "Constantia" erhielt. Das hier um 590 gegründete Bistum war damals das größte im deutschen Raum. Im Schnittpunkt wichtiger Handelswege nach Italien, Frankreich und Osteuropa blühte die Stadt im Mittelalter auf, erhielt im Jahr 900 Marktrecht und war von 1192 bis 1548 Reichsstadt. In Konstanz wirkte im 14. Jh. der Mystiker Heinrich Suso (▶ Berühmte Persönlichkeiten).

Konstanzer Konzil

Auf dem Konstanzer Reformkonzil (1414–1418), dem 16. Ökumenischen Konzil der Kirchengeschichte und mit etwa 20 000 Teilnehmern (bei nur 6000 Stadtbewohnern) der größte mittelalterliche Kongress des Abendlandes, wurde Martin V. zum Papst gewählt und damit das Schisma der Gegenpäpste Johannes XXIII., Gregor XII. und Benedikt XIII. beendet. Den tschechischen Reformator Jan Hus verurteilte das Konzil zum Tod und ließ ihn 1415 auf dem Scheiterhaufen verbrennen.

Ambrosius Blarer führte in Konstanz die Reformation ein, worauf die Bischöfe 1526 ihre Residenz nach Meersburg verlegten und auch dort blieben, als Konstanz nach der Niederlage des Schmalkaldischen Bundes und der daraus folgenden Einverleibung durch Österreich (1548) zwangsweise wieder katholisch wurde. Beim Preßburger Frieden 1805 schlug man Konstanz dem Großherzogtum Baden zu. Im Jahr 1838 wurde in Konstanz der Luftfahrtpionier und Erbauer lenkbarer Luftschiffe Ferdinand Graf von Zeppelin (▶ Berühmte Persönlichkeiten) geboren. In der zweiten Hälfte des 19. Jh.s wurde die Stadtbefestigung größtenteils niedergerissen. Jedoch besitzt die während des Zweiten Weltkrieges wegen der Nähe zur neutralen Schweiz von Luftangriffen verschonte Stadt in ihren Bauten zahlreiche Zeugen einer großen Vergangenheit.

*Altstadt

*"Imperia" (s. Abb. S. 132)

Am Hafen, an der Südostseite der Altstadt, steht das neue Wahrzeichen von Konstanz: die sich drehende, 9 m hohe Statue der "Imperia", die der Bildhauer Peter Lenk 1993 geschaffen hat. Die Frauenfigur, die die Kurtisane Imperia darstellt, hält in der einen Hand den Kaiser und in der anderen den Papst. Sie löste weithin heftige Diskussionen aus. Die "Schöne Imperia", der der französische Dichter Honoré de Balzac ein literarisches Denkmal gesetzt hat, wird in der Darstellung fälschlicherweise in die Zeit des Konstanzer Konzils verlegt, zu dem viele "Hübschlerinnen" in die Stadt kamen. Die echte Römerin lebte aber erst in der zweiten Hälfte des 15. Jhs.

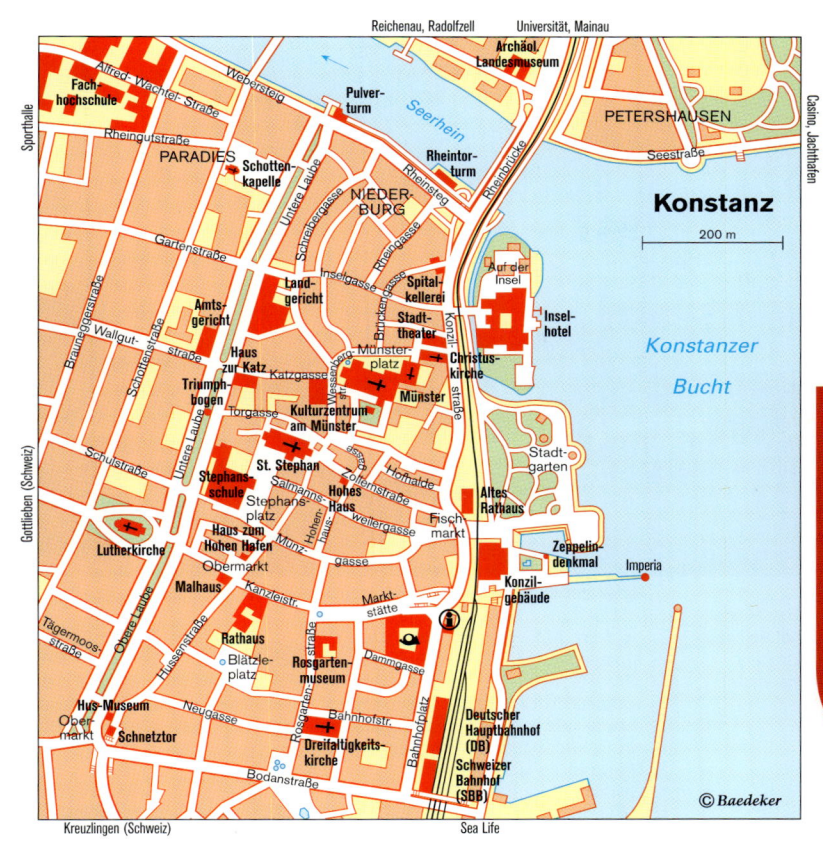

"Imperia" (Fortsetzung)

In der Nähe steht ein Kaufhaus, bekannt als Konzilgebäude, benannt nach dem Konstanzer Konzil, bei dem hier im Jahr 1417 Kardinäle und Gesandte zum Konklave eingeschlossen wurden und nach drei Tagen bei der einzigen Papstwahl auf deutschem Boden den Kardinal Oddone Colonna als Martin V. zum Papst wählten. Heute dient das Gebäude als Konzert- und Kongresshaus.

Konzilgebäude (s. Abb. S. 132)

Der Obelisk an der Südseite des kleinen Gondelhafens wurde 1920 zu Ehren des Grafen von Zeppelin aufgestellt. Auf der Spitze ist "Wieland der Schmied" dargestellt.

Zeppelindenkmal

Hafen mit dem geschichtsträchtigen Konzilgebäude und der "Imperia"

Dominikaner- kloster / Inselhotel	In dem 1235 gegründeten und 1785 aufgehobenen Dominikanerkloster weiter nördlich befindet sich seit 1875 das Inselhotel. Von 1310 bis 1340 lebte der Dichtermönch Heinrich Suso im Kloster, das während des Konzils Tagungsort verschiedener Nationen und durch Jahrhunderte ein bedeutender Kulturträger im Bodenseeraum war. Nach der Aufhebung dienten die Klosterbauten Genfer Emigranten als Kattunfabrik. Im Jahr 1838 wurde hier Ferdinand Graf von Zeppelin geboren. Die 1966 gegründete Universität war bis 1969 im Inselhotel untergebracht. Die gotische ehemalige Klosterkirche, die heute als Festsaal genutzt wird, ist an der Nordwand mit mittelalterlichen Fresken geschmückt, der sehenswerte frühgotische Kreuzgang mit Fresken des ausgehenden 19. Jh.s
Stadttheater	Jenseits der Bahngleise steht das 1609 als Jesuitenkolleg errichtete Stadttheater, die älteste noch bespielte Bühne in Deutschland.
*Münster	Das von 1052 bis 1089 im romanischen Stil erbaute Münster Unserer Lieben Frau wurde im 14. und 15. Jh. gotisch umgestaltet und erweitert, 1680 barock eingewölbt und von 1846 bis 1860 mit einem neugotischen Turmaufsatz versehen. Die Turmhöhe beträgt insgesamt 76 m. An der Südseite des Münsters erhebt sich eine Mariensäule von 1683. Das Hauptportal ist mit 20 kunstvoll geschnitzten Reliefs (1470) von Simon Hayder geschmückt; darüber hängt der "Konstanzer Herrgott", ein Holzkruzifix von 1518 (Öffnungszeiten: tgl. 8⁰⁰ – 17³⁰ Uhr; Führungen: n. V., ☎ 0 75 31 / 9 06 20).
Inneres	Das Innere des Münsters wurde durch den Schweizer Reformator Ulrich Zwingli, der hier 1505 zum Priester geweiht worden war, größtenteils seiner wertvollen Ausstattung beraubt. Beachtenswert

Münster Unserer Lieben Frau

1 Hauptportal (1519)
2 Orgel (1517-1520)
3 Wandbilder des
  hl. Christophorus (15. Jh.)
4 Vermuteter Standort des Jan Hus
  bei seiner Verurteilung durch
  das Kirchenkonzil im Jahr 1414
  (dunklere Bodenplatte)
5 Kanzel (um 1680)
6 Flügelaltar (1524)
7 Treppenturm "Schnegg" (1438)
8 Chorgestühl (1467-1470)
9 Hochaltar (1774)
10 Kreuzigungsbild (1348)
11 Heiliges Grab (1303)
12 Maria-End-Altar

Münster (Fortsetzung)

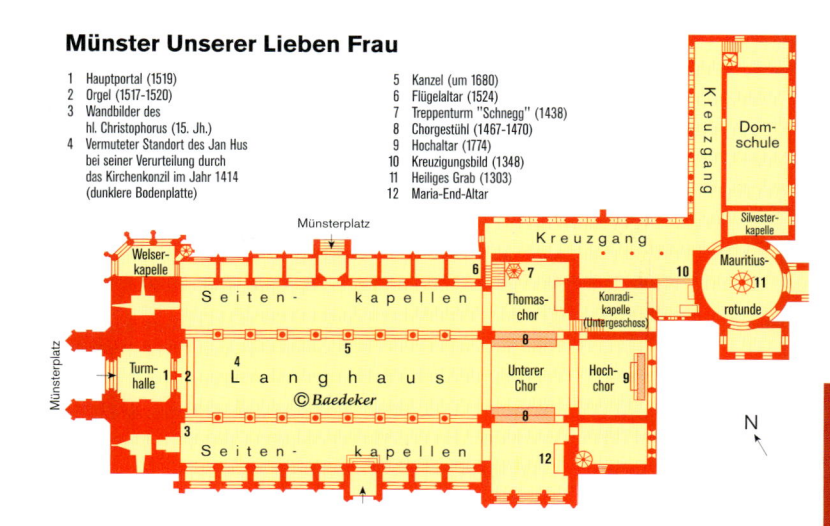

sind die Renaissanceorgelbühne (1517–1520), die hochgotische Welserkapelle (1474–1491), die erste Kapelle links, mit modernen Glasfenstern von Hans Gottfried von Stockhausen, die Kanzel (1680) und das Chorgestühl (1465–1470). Im Thomaschor befinden sich der marmorne Thomasaltar (um 1680), das Hauptwerk von Christoph Daniel Schneck, und links der "Schnegg" genannte steinerne Treppenturm (1438). In der frühromanischen Krypta (995), ein dreischiffiger Raum mit sechs teilweise mit Akanthusblättern verzierten Säulen, hängen die vier berühmten großen vergoldeten Kupferscheiben (11.–13. Jh.). Von der Konradikappelle, gelangt man zum spätgotischen Kreuzgang, von dem noch zwei Flügel erhalten sind, wo Werkstücke der einstigen Dombauhütte gezeigt werden. Von hier ist der Zugang zur Mauritiusrotunde (13. Jh.), die mit Renaissancemalerei (1578) ausgestattet ist. Ein Meisterwerk hier ist das Heilige Grab (13. Jh.; s. Abb. S. 56) mit herrlicher Maßwerkarchitektur und reichem Figurenschmuck.

Goldscheibe

Haus "Zur Kunkel"

Am Münsterplatz, der von den ehemaligen stattlichen Domherrenhöfen eingerahmt ist, steht das rote Haus "Zur Kunkel" (Nr. 5), ein ehemaliges Mesnerhaus. Die Wandfresken im zweiten Stock stammen aus der Zeit um 1300 und sind damit die ältesten erhaltenen profanen Wandmalereien nördlich der Alpen. Sie stellen die Arbeit der Leinweber dar (Besichtigung nur bei Stadtführungen).

Kulturzentrum am Münster

Das 1998 eröffnete Kulturzentrum am Münster (Wessenbergstr. 39) ist ein multifunktionales Gebäude, in das historische Bauten an der Katzgasse und der Wessenbergstraße miteinbezogen sind. Hier sind Wessenberg-Galerie, Kunstverein, Volkshochschule und Stadtbücherei untergebracht. Der Kunstverein präsentiert zeitgenössische Kunst.

*Wessenberg-Galerie

Im 1617 aus verschiedenen Teilen gebauten Wessenberghaus mit klassizistischer Fassade findet man u.a. die Wessenberg-Galerie und -Bibliothek. Die Galerie, eine Gründung des Generalvikars und Bistumsverwesers Ignaz Heinrich Freiherr von Wessenberg (1774 bis 1860), ist eine hochrangige Kunstsammlung verschiedenster Herkunft. Sammlungsschwerpunkte sind die Malerei und Grafik des Bodenseeraums und des deutschen Südwestens; die umfangreichen Bestände werden in wechselnden Präsentationen gezeigt. Die Räume im zweiten Stock sind Freiherrn von Wessenberg gewidmet. Außerdem finden in der Galerie überregional interessante Sonderausstellungen statt (Öffnungszeiten: Di.-Fr. 10^{00} bis 18^{00}, Sa., So. 10^{00} - 17^{00} Uhr).

St. Stephan

Die spätgotische St.-Stephans-Kirche südlich vom Kulturzentrum wurde von 1424 bis 1486 erbaut. Im Inneren bemerkenswert sind die barocke Orgel und Teile des Chorgestühls (um 1300), auf dem Fabeltiere und Blumen abgebildet sind. Das schöne Sakramentshäuschen (1594) im Chor schuf der bedeutende Konstanzer Bildhauer Hans Morinck.

Hohes Haus

Östlich der Stephanskirche, an der Zollernstraße sieht man das Hohe Haus, das mit fünf Stockwerken für das Baujahr 1294 ungewöhnlich hoch ist.

Altes Rathaus

Das Alte Rathaus an der Konzilstraße stammt aus dem 15. Jh. und wurde 1733 von Johann Michael Beer weitgehend umgebaut. Es dient auch heute noch als Sitz von städtischen Ämtern.

Obermarkt

Die Wessenbergstraße mündet südlich auf den Obermarkt, der im Mittelalter auch Hinrichtungsstätte war. Am Haus zum Hohen Hafen (um 1420) an seiner Nordseite schildern die Wandmalereien (um 1900) das Konstanzer Konzil. Das Hotel Barbarossa daneben, das schon seit 1419 Wirtschaft und seit 1865 Hotel ist, wurde nach dem Friedensschluss benannt, den hier Kaiser Friedrich I. ("Barbarossa") 1183 mit den lombardischen Städten schloss. An der Südseite des Obermarktes steht das Malhaus (13./14. Jh.), das seit dem 14. Jh. als Apotheke dient.

Rathaus

Das Rathaus südöstlich vom Obermarkt, an der Kanzleistraße, wurde von 1589 bis 1594 von Alexander Guldinast aus dem alten Zunfthaus der Leinweber und Krämer (14. Jh.) im florentinischen Renaissancestil zur Stadtkanzlei umgebaut. Die Außenmalereien mit Themen zur Stadtgeschichte schuf Ferdiand Wagner d. Ä. 1864. Das Rathaus besitzt einen reizvollen Innenhof, in dem im Sommer Serenadenkonzerte stattfinden.

Marktstätte

Die Kanzleistraße öffnet sich ostwärts zur Marktstätte, dem beliebten Zentrum der Stadt, das vor allem im Sommer mit seinen Außenlokalen sehr belebt ist. Bemerkenswerte Gebäude an dem Platz sind der Kaiserbrunnen (1897) mit modernen Figuren; der ehemalige Gasthof zum Goldenen Adler (Nr. 8), im 18. Jh. das beste Quartier der Stadt und heute Sitz einer Bank; das Haus zum Roten Korb (Nr. 18); auf der Südseite die mächtige Hauptpost (1888 - 1891) und beim Ostende das ehemalige Spital zum Heiligen Geist (Nr. 4; seit 1225).

Der Obermarkt ist ein lebendiger kleiner Platz mit historischen Häusern, wie beispielsweise das Barbarossa, das schon seit 1419 Wirtshaus ist.

Gleich südlich der Marktstätte trifft man in der Rosgartenstraße auf das mittelalterliche Zunfthaus der Metzger, das "Haus zum Rosgarten" (Nr. 3), in dem das seit 1871 bestehende Rosgartenmuseum untergebracht ist. Es ist das zentrale Museum für die Kunst und Kultur des Bodenseeraumes und seines historischen Mittelpunktes Konstanz. Die Räume des Zunfthauses bilden einen stimmungsvollen Rahmen für die Sammlungen, die von der Steinzeit bis zur Gegenwart reichen. Bemerkenswert ist der "Leinersaal" mit der Museumsausstattung des 19. Jh.s. Er enthält die umfangreichen archäologischen Bestände, die Exponate zur Petrografie, Paläontologie sowie zur Vor- und Frühgeschichte.

*Rosgartenmuseum

Von hervorragender Bedeutung sind die paläolithischen Funde aus der Höhle Kesslerloch bei Thayngen/Kanton Schaffhausen mit Ritzzeichnungen (12 000 bis 9000 v. Chr.) sowie die wohl umfassendste Sammlung zur Pfahlbaukultur. Weitere Schwerpunkte bilden die Abteilungen mittelalterliche Kunst, Werke der Barockmeister des Bodenseegebietes und regionale Kunst des 19. Jh.s. Vielfältige kulturgeschichtliche Sammlungen und Kunsthandwerk aller Epochen machen vergangene Lebensformen anschaulich. Die Stadtgeschichte nimmt ebenfalls einen breiten Raum ein (wegen Renovierung voraussichtlich bis Frühjahr 2003 geschlossen).

Die gotische Dreifaltigkeitskirche am Südende der Rosgartenstraße wurde kurz vor 1300 für den Augustinerorden erbaut. Ihre mittelalterliche Innenausstattung wurde beim Bildersturm des 16. Jh.s zerstört, später erhielt die Kirche aber Stuckdecken sowie schöne Barockaltäre aus Einsiedeln. Bedeutend sind vor allem die an den

Dreifaltigkeitskirche

Dreifaltigkeits-kirche (Fts.)	Obergaden freigelegten Fresken aus der Konzilszeit, die die Geschichte des Augustinerordens zum Thema haben.
Hushaus / Hus-Museum	Westlich der Dreifaltigkeitskirche steht das Hushaus (Hussenstr. 64; 15./16. Jh.), das man fälschlicherweise für das Wohnhaus des böhmischen Reformators Jan Hus während des Konstanzer Konzils hielt. Der Reformator wurde auf dem Konzil zum Tod verurteilt und vor den Toren der Stadt 1415 verbrannt. Die Prager Museumsgesellschaft erwarb das Haus und richtete darin das Hus-Museum ein. In dem Museum wird anhand von Bildern und Dokumenten das Leben und Wirken des Reformators sowie die Geschichte der Hussitenbewegung nachgezeichnet (Öffnungszeiten: Mai bis Sept. tgl. 10^{00} – 17^{00}; Okt. – Apr. Di. – So. 10^{00} – 12^{00}, 14^{00} – 17^{00} Uhr).
*Sea Life	Eine viel besuchte Attraktion ist die Aquarienanlage Sea Life hinter dem Bahnhof. Hier leben 3000 einheimische Süß- und Salzwasserfische in zahlreichen lebensechten Becken. Bei einem beeindruckenden Rundgang folgt man dem Verlauf des Rheins von der Quelle bis zur Mündung ins Meer. Neu ist die Sammlung von bezaubernden Seepferdchen. Außerdem ist eine Ausstellung von Greenpeace zum Schwerpunktthema Überfischung zu sehen.
Bodensee-Naturmuseum	Angeschlossen ist das Bodensee-Naturmuseum, das einzige seiner Art im Bodenseeraum. Seine Themen sind die Entstehung des Sees und seine Eiszeiten sowie der See und seine Umwelt. Außerdem wird Wissenswertes über Hydrobiologie, Fischerei, Wasserwirtschaft sowie in der Vogelabteilung über das Leben den im Wollmatinger Ried brütenden Vögel vermittelt. Öffnungszeiten beider Museen: Juli – Sept. tgl. 10^{00} – 19^{00}, Apr. – Juni, Okt. tgl. 10^{00} – 18^{00}, Nov. bis März 10^{00} – 17^{00}, So., Fei. generell 10^{00} – 18^{00} Uhr.
*Niederburg	Am eindrücklichsten lässt sich die Vergangenheit der Stadt auf einem Spaziergang durch die zwischen Münster und Rhein sich erstreckende malerische Niederburg erleben. In den verwinkelten Gassen des ursprünglich von Fischern und Handwerkern bewohnten ältesten Stadtteils stehen auch die ältesten Häuser der Stadt aus dem 13. bis 16. Jahrhundert. Winzige Geschäfte – vom italienischen Spezialitätenladen bis zum Trödler – in diesen massiven Häusern vermitteln etwas vom mittelalterlichen Leben in dem Viertel. Einladend wirken die zahllosen, seit Jahrhunderten hier ansässigen Weinstuben.

Baedeker TIPP   Spitalkellerei

Die seit 1272 bestehende Spitalkellerei (Brückengasse 12), eine der ältesten deutschen Weinkellereien, empfiehlt sich für eine Besichtigung und vor allem für eine Weinprobe. Die ökologisch ausgerichtete Kellerei ist für außerordentlich gute Einzellagen bekannt. Angebaut werden Müller-Thurgau, außerdem Chardonnay, Auxerrois, Traminer und Spätburgunder. Eine Besonderheit ist der mittelalterliche Holzfasskeller mit handgeschnitzten Fässern (Öffnungszeiten: Mo – Fr. 9^{00} – 12^{00}, 14^{00} bis 18^{00}, Sa. 9^{00} – 13^{00} Uhr).

Außerhalb der Altstadt

Kloster Petershausen	Jenseits der Rheinbrücke liegen Trakte der ehemaligen Benediktiner-Reichsabtei Petershausen, die dem Stadtteil den Namen gab. Sie gehörten von 983 bis 1803 zum Kloster und dienten von 1814 bis

1977 als Kaserne. Später wurden die Gebäude zu einem Kulturzentrum umgestaltet. Der U-förmige Konventbau des Klosters am Benediktinerplatz (Nr. 5) beherbergt im Westflügel das Stadtarchiv.

Kloster Petershausen (Fortsetzung)

Im Mittelbau und im Ostflügel des Konvents ist das interessante Archäologische Landesmuseum untergebracht, das eine schön gestaltete multimediale Präsentation der Exponate bietet. Die Themenpalette reicht von steinzeitlichen Pfahlbauten über keltische Hügelgräber, römisches Stadtleben, alemannische Adelsgräber bis zum Mittelalter. Herausragende Ausstellungsstücke sind die Kupferscheibe von Hornstaad, das älteste Metall von Baden-Württemberg, ferner der Schatzfund von Lagenburg aus römischer Zeit und das Totenbett von Lauchheim aus alemannischer Zeit. In der Schifffahrtsabteilung werden die Schifffahrtsgeschichte des Bodensees und die Entwicklung der Binnenschifffahrt in Baden-Württemberg veranschaulicht. Das Prunkstück dieser Abteilung ist ein um 1330 gebauter, fast vollständig erhaltener Lastensegler, der älteste Schifffund im Bodensee. Für den 18 m langen Segler, der 1991 im Bodensee bei Immenstaad gefunden wurde, erstellte man einen eigenen Anbau (Öffnungszeiten: Di. – So., Fei. 10⁰⁰ – 18⁰⁰ Uhr). Das Museum bietet seinen Besuchern auch ein Mitmachprogramm an; so kann man nach Originalrezepten aus der Römerzeit kochen oder Steinzeitgeräte herstellen (Informationen: ☎ 0 75 31 / 9 80 40).

*Archäologisches Landesmuseum

*Lastensegler

Von der Rheinbrücke zieht die Seestraße am Casino Konstanz vorbei zum Jachthafen. Von dieser platanenbestandenen Promenade hat man schöne Ausblicke auf die Altstadtsilhouette. Bemerkens-

Seestraße

Die Häuserzeile an der Seestraße: ein gutes Beispiel für den Historismus

Seestraße (Fortsetzung)	wert ist das qualitätsvolle Ensemble der sich die Seestraße entlangziehendn Häuserzeile im Stil des Historismus.
Universität	Etwa 4 km nördlich der Rheinbrücke erstreckt sich auf dem Gießberg in aussichtsreicher Lage das Areal der Universität Konstanz, wo funktionsbetonte Architektur eine gelungene Synthese mit künstlerischem Formempfinden eingeht. Die 1966 gegründete Hochschule war zunächst provisorisch im Inselhotel, dann auf dem Sonnenbühl untergebracht, bis sie 1972 die ersten Bauten auf dem Gießberg bezog. Der Neubau geht auf Pläne des Architektenteams Wenzelslaus Ritter von Mann und Wilhelm von Wolff zurück. Eindrucksvoll sind die durch ein Labyrinth von Gängen, Treppen und Wasserspielen miteinander verbundenen, um einen formbewegten Innenhof angeordneten Baugruppen. Zahlreiche Künstler setzten durch Kunst am Bau wirkungsvolle Akzente in der Anlage.
Litzelstetten	Eine sonnige Hanglange am Überlinger See zeichnet den zu Konstanz gehörenden Luftkurort Litzelstetten aus. Vom Hausberg Purren (508 m) bietet sich ein schöner Blick auf den See und die Alpen.
Dingelsdorf	Der Stadtteil Dingelsdorf wird als Erholungsort am Überlinger See gern besucht. Sehenswert sind hier die hübschen Fachwerkhäuser aus dem 17. und 18. Jh. und die im Innern barockisierte Kirche St. Nikolaus (1493). Unzählige Wanderwege führen durch die ortsnahen Wälder und durch das Naturschutzgebiet Dingelsdorfer Ried sowie entlang dem See. Der weitläufige und flache Strand in Dingeldorf ist für Kinder geeignet.
Wallhausen	Der Stadtteil Wallhausen, das 800 Jahre alte ehemalige Fischerdorf am Überlinger See, hat sich zum beliebten Erholungsdorf ("Wallorca") und Wassersportzentrum entwickelt. Er ist idealer Ausgangspunkt für Wanderungen auf den Bodanrück und für Radtouren. Ein Fußweg führt in 30 Minuten nordwestlich zur wildromantischen Marienschlucht (s.u.).

Allensbach

Lage und Allgemeines	Der Ferienort Allensbach (6900 Einw.) ist vor allem bekannt als Sitz des Instituts für Demoskopie, das 1947 von Elisabeth Noelle-Neumann gegründet wurde (▶ Baedeker Special S. 139). Der Ort, am Nordufer des Gnadensees gelegen, war einst Richtstätte des Klosters Reichenau, auf dessen heiligem Boden nicht hingerichtet werden durfte. Wenn bei der Überführung des Verurteilten der Abt das Armesünderglöcklein läuten ließ, – war der Gefangene frei – daher kommt der Name "Gnadensee". Allensbach, das "Dorf am See", wird besucht als Luftkurort und Kneippbad sowie als Tourenzentrum für den Bodanrück.
St. Nikolaus	Die Kirche St. Nikolaus, das Wahrzeichen von Allensbach, wurde um 1300 erbaut, von 1732 bis 1735 bis auf den spätgotischen Turm abgetragen und im Barockstil erneuert. Das saalartige Innere ist mit schönen Stuckarbeiten und Deckengemälden ausgestattet. Der klassizistische Hochaltar von Alois Dürr entstand 1805, die beiden Rokokoseitenaltäre wurden um 1750 angefertigt.

Baedeker SPECIAL

Pythia vom Bodensee

Die Journalistin Elisabeth Noelle-Neumann gründete 1947 das erste deutsche Meinungsforschungszentrum, das Institut für Demoskopie Allensbach.

Die aus Berlin gebürtige Institutsleiterin Elisabeth Noelle-Neumann hatte während ihrer Schulzeit auf Schloss Salem Gefallen am Bodensee gefunden. Später bekam sie dann noch preiswerten Wohn- und Arbeitsraum in einem alten Fachwerkhaus (Radolfzeller Str. 8) im Bodenseeort Allensbach, so dass mit wenigen Mitarbeitern in der größeren Gemeinde Ludwigshafen am Überlinger See im Frühsommer 1947 die erste Feldforschung betrieben werden konnte. Elisabeth Noelle-Neumann hatte während eines Auslandsstipendiums 1937 in Missouri die amerikanische Lebensart kennen gelernt, bereiste dann im Auftrag eines badischen Papierherstellers Kunden in Fernost und lieferte Reiseberichte über Japan, China und Ceylon. 1940 promovierte sie schließlich über die Meinungsforschung in den USA, die der Demoskop George Gallup entwickelt hatte. Seine wissenschaftlichen Methoden wurden fortan weiterentwickelt, um immer besser herauszufinden, was die Menschen über Politik, Wirtschaft, sich selbst und die Welt dachten. Dr. Noelle-Neumann, die später eine ordentliche Professur für Publizistik an der Universität Mainz erhielt, wollte den Wiederaufbau Deutschlands durch kritische Umfragen begleiten und Entwicklungstrends durch repräsentative Meinungsauswertung einschätzen.

Analysen

Mittlerweile beschäftigt das Institut für Demoskopie in Allensbach unter Leitung von Dr. Renate Köcher rund 90 Mitarbeiter, denen weitere 1800 Interviewer über Deutschland verteilt als freie Mitarbeiter zur Seite gestellt sind. Bekannt geworden ist die weise Frau der Umfrageforschung, die "Pythia vom Bodensee", wie Frau Noelle-Neumann ironisch genannt wird, hauptsächlich durch Untersuchungen zur aktuellen Politik, zum Wahlverhalten und zur Parteienstruktur. Ein wichtiger Anteil der wissenschaftlichen Arbeit des Instituts entfällt aber auch auf die Markt- und Medienforschung. Die Allensbacher Werbeträger-Analyse, kurz AWA, ermittelt seit 1959, gestützt auf nunmehr 20 000 Interviews jährlich, die Nutzung der herkömmlichen Print- und Funkmedien. Neuerdings wird auch im Rahmen der Allensbacher Telekommunikationsstudie (ACTA) das Nutzungsverhalten gegenüber den neuen Medien untersucht. Große sozialwissenschaftliche Untersuchungen wie die über den Wertewandel in über dreißig Ländern zählen zu weiteren Aufgabenfeldern des international anerkannten Instituts. Um das Allensbacher Demoskopie-Institut auch weiterhin wissenschaftlich, personell und räumlich abzusichern, wurde 1996 eine Stiftung ins Leben gerufen und ein Erweiterungsbau erstellt. Ein Jahr später konnte das Allensbacher Demoskopie-Institut sein 50-jähriges Jubiläum begehen. Auch weiterhin können die Bundesbürger aus dem kleinen Ort am Bodensee erfahren, welche Trends in ihrem Leben maßgeblich sind.

Institut für Demoskopie Allensbach

Von Allensbach hat man einen schönen Blick auf die Insel Reichenau.

Heimatmuseum

Im Fachwerkbau der alten Schule neben der Kirche ist das Heimatmuseum untergebracht. Es werden Ausstellungsstücke zur Vor- und Frühgeschichte und zur Ortsgeschichte sowie Fasnachtsfiguren gezeigt (Öffnungszeiten: Pfingsten – Okt. Sa. 10^{00} – 12^{00}, Juli/Aug. auch Do. 10^{00} – 12^{00} Uhr).

*Wild- und Freizeitpark Allensbach/ Bodensee

4 km nordwestlich von Allensbach erstreckt sich auf dem Bodanrück, in einer schönen, naturgeschützten Parkanlage, der Wild- und Freizeitpark Allensbach. Hier sind mehr als 350 überwiegend einheimische Wildtiere zu sehen. Neben Rot-, Schwarz-, Dam-, Muffel- und Sikawild leben dort auch selten gewordene Arten wie Wolf, Luchs, Bär und Wisent. Auch ein Erlebnisgarten mit Heilpflanzen ist angeschlossen. Bei Kindern besonders beliebt ist der Streichelzoo (Öffnungszeiten: Mai – Sept. tgl. 9^{00} – 18^{00}; Okt. – Apr. 10^{00} – 17^{00} Uhr).

Freudental

Das Barockschloss (1699) im 8 km nördlich von Allensbach gelegenen Ortsteil Freudental (200 Einw.) besitzt im Innern schöne Stuckdecken, ferner Gemälde mit Themen aus der griechisch-römischen Sagenwelt. Es ist heute Bildungszentrum des Humboldt-Instituts der Fachhochschule Konstanz.

Langenrain

Etwa 3 km nördlich von Freudental liegt der Ortsteil Langenrain (250 Einw.). In dem Barockschloss (1684 – 1686) hier sind heute ein Hotel und Tagungszentrum untergebracht. Sehenswert in Langenrain sind außerdem die barocke Kirche St. Joseph (1699) und das Bauernmuseum, das dem Besucher Einblick in die bäuerliche Arbeitswelt vermittelt.

2 km nordöstlich von Langenrain erhebt sich die 1525 im Bauernkrieg zerstörte mittelalterliche Burg Kargegg, von wo man eine schöne Aussicht hat. — Burg Kargegg

An der Ruine Kargegg beginnt die wildromantische Marienschlucht (Naturschutzgebiet), eines der beeindruckendsten Naturdenkmäler am Bodensee. Die 100 m lange und stellenweise nur 2 m breite Felsspalte führt zum Überlinger See. Die Schlucht erreicht man, wenn man von Langenrain 300 m in Richtung Dettingen fährt und dann nach links ab zu einem Wanderparkplatz. Von dort sind es noch 400 m bis zur Ruine Kargegg und zum Anfang der Marienschlucht. — *Marienschlucht

Der Ortsteil Hegne (4 km südöstlich von Allensbach) ist mit seinem Campingplatz direkt am See, den zahlreichen Rad- und Wanderwegen und gemütlichen Unterkünften ein beliebter Ferienort. Es wartet mit einem Renaissanceschloss auf, das den Bischöfen von Konstanz als Sommersitz diente und im 19. und beginnenden 20. Jh. mehrfach umgestaltet wurde. Seit 1892 ist es das Provinzialmutterhaus der Barmherzigen Schwestern vom Heiligen Kreuz. In den Sommermonaten gibt es im Schloss Übernachtungsmöglichkeiten. — Hegne

Kressbronn — G 9

Höhe: 400 – 520 m ü. d. M.
Einwohnerzahl: 7300

Der beliebte Erholungsort Kressbronn, 1934 durch die Zusammenlegung von Hemigkofen und Nonnenbach entstanden, liegt 12 km südöstlich von Friedrichshafen, direkt am Bodensee, östlich der Argenmündung. Er wurde als familienfreundlicher Ferienort ausgezeichnet. Weinreben, Obstplantagen und Hopfengärten dominieren das Landschaftsbild. Während der Blüte von Kirsch- und Apfelbäumen bietet sich dem Besucher daher ein eindrucksvolles Naturerlebnis. Das Kressbronner Blütenfest wird Ende April gefeiert. Kressbronn ist Geburtsort des Barockmalers Andreas Brugger (1737 bis 1812). Er schuf Werke in vielen Kirchen und Schlössern Oberschwabens. — *Ferienort

Sehenswertes in Kressbronn

In der Ortsmitte ist die barocke Eligiuskapelle (1748 – 1752) sehenswert, die heute als Kriegergedenkstätte hergerichtet ist. — Eligiuskapelle

Südwestlich davon erstreckt sich an der Straße zum See der schöne Schlößlepark mit herrlichen Bäumen. Im Schlößle ist die Tourist-Information untergebracht. — Schlößlepark

Im südlichen Ortsteil Gohren findet man einen großen Campingplatz mit 2 km langem Naturstrand. Hier git es auch ein Wassersportzentrum mit umfangreichem Angebot: Segeln, Surfen, Tauchen, Wasserski. Außerdem ist der größte Jachthafen des Bodensees angeschlossen. — Campingplatz Gohren am See

*Argen-Hängebrücke

In der Nähe führt die von 1896 bis 1898 erbaute Argen-Hängebrücke über den Fluß. Sie ist die älteste erhaltene Hängebrücke in Deutschland und war – obgleich sie im Unterschied zu jener keine stählernen, sondern aufgemauerte Tragepfeiler besitzt – Vorbild für die weltberühmte Golden Gate Bridge in San Francisco / Kalifornien.

Umgebung von Kressbronn

Ottenberg, Antoniusberg

Ein hübscher Spaziergang führt in einer halben Stunde ostwärts auf den Ottenberg; vom Turm dort hat man bei schönem Wetter Alpensicht. Von dort geht es 2 km weiter südöstlich zum aussichtsreichen Antoniusberg mit der Kapelle St. Antonius.

Schleinsee, Degersee

Eine empfehlenswerte Wanderung führt nordöstlich über den Nunzenberg in einer Stunde zum malerischen Schleinsee und weiter zu dem östlich gelegenen Degersee, wo man sich in einem Strandbad erfrischen kann.

Tettnang

Lage und Allgemeines

Die "Hopfenstadt" Tettnang (17 000 Einw.), 8 km nördlich von Kressbronn, ist Mittelpunkt des Obst- und Hopfenanbaugebietes am Bodensee. Bedeutung erlangte der Ort durch die Herrschaft der Grafen von Montfort, die von 1246 bis 1780 die Grafschaft regierten und ihn 1268 zur Residenz erhoben. Zeugen jener Zeit machen heute das Flair der Stadt aus. Aber auch eine schöne Lage mit weitem Blick über See und Alpen zeichnet Tettnang aus.

Sehenswertes Montfortplatz

Im Westen der Altstadt, die schöne Bürgerhäuser des 17. und 18. Jh.s besitzt, liegt der Montfortplatz. Die Südostseite des Platzes nimmt das 1667 erbaute Alte Schloss mit Staffelgiebel ein, das jetzt als Rathaus dient. An der gegenüberliegenden Seite des Platzes steht die Rokokokapelle St. Georg.

*Neues Schloss

Vom Montfortplatz führt ein Weg zu dem von 1712 bis 1720 errichteten viertürmigen Neuen Schloss, das nach einem Brand 1753 erneuert wurde. Die barocken Räume in der Belétage (1. Obergeschoss), die heute als Schlossmuseum zugänglich sind, wurden u. a. von Joseph Anton Feuchtmayer mit reichen und feinen Stuckierungen versehen. Künstlerische Höhepunkte sind die lebendigen Malereien von Andreas Brugger (Führungen: Apr. – Okt. tgl. 14^{30}, 16^{00} Uhr).

> **Baedeker TIPP** "Hopfenerlebnis"
>
> Ein umfassendes "Hopfenerlebnis" verspricht die 4 km lange Wanderung auf dem Hopfen-Erlebnis-Pfad, der von der Kronenbrauerei im Stadtzentrum zum Hopfenmuseum nach Siggenweiler führt. In der Brauerei wird man bei einer Führung in die Geheimnisse der traditionellen Braukunst eingeweiht. Entlang dem Pfad durch Hopfengärten, Obstanlagen und Wiesen werden auf Informationsschildern die Besonderheiten des Hopfenanbaus erläutert. Den Abschluss bildet der Besuch des Hopfenmuseums (s. u.).

Montfort-Museum

Im Torschloss (15. – 17. Jh.) ist das Montfort-Museum eingerichtet, das Dokumente zur Stadtgeschichte präsentiert (Öffnungszeiten: Di. – Fr. 16^{00} – 19^{00}, Sa. 10^{00} – 19^{00}, So., Fei. 15^{00} – 19^{00} Uhr).

Im Neuen Schloss in Tettnang kann man die barocken Räume besichtigen.

Das Hopfenmuseum (Hopfengut 20) im Ortsteil Siggenweiler vermittelt auf verschiedene Weise Einblick in den Hopfenanbau: In der Hopfendarre wird die 150-jährige Geschichte des Hopfenanbaus dargestellt. Die riesige Hopfenpflückmaschine in der Maschinenhalle ist zur Zeit der Hopfenernte Anfang September in Betrieb. Schließlich wird in der Siegelhalle Technik und Geschichte des Bierbrauens veranschaulicht (Öffnungszeiten: Mai, Juni, Okt. tgl. 14⁰⁰ bis 17⁰⁰; Juli, Aug., Sept. tgl. 14⁰⁰ – 18⁰⁰ Uhr).

Hopfenmuseum

Kreuzlingen D/E 9

Staat: Schweiz
Höhe: 404 m ü. d. M.
Einwohnerzahl: 17 000

Kreuzlingen, die Schwesterstadt von Konstanz, ist nur durch die schweizerisch-deutsche Grenze, die hier nicht am Rhein, sondern mitten durch Stadtviertel verläuft, von dieser getrennt. Die beiden Orte veranstalten alljährlich im Sommer gemeinsam das vielbesuchte Seenachtfest. Ihren Namen verdankt die Stadt einer Reliquie vom Kreuz Christi, die in der Klosterkirche aufbewahrt wird.

*Schwesterstadt von Konstanz

Sehenswertes in Kreuzlingen

An der Hauptstraße sieht man den ehemaligen Augustinerkonvent (1668), ein Werk von Michael Beer und Jakob Sayler, und die baro-

Augustinerkirche

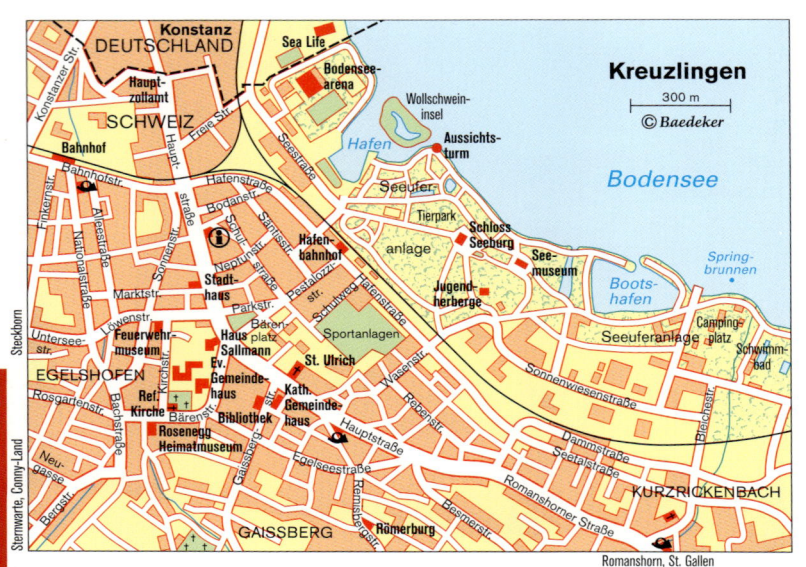

Augustinerkirche (Fortsetzung)	cke Klosterkirche St. Ulrich. Die Kirche wurde nach einem Brand 1963, bei dem bis auf den Chor und die Ölbergkapelle alles zerstört wurde, rekonstuiert. Sie verfügt im prachtvollen Innern über einige beachtenswerte Ausstattungsstücke: Deckenfresken (18. Jh.) von Franz Ludwig Herrmann und ein schönes Chorgitter (1737–1740) von Jakob Hoffner. Außergewöhnlich sind in der linken Ölbergkapelle der Ölberg mit etwa 300 geschnitzten Figuren (um 1730), die von einem Tiroler Bildschnitzer in 18-jähriger Arbeit geschaffen wurden. Das große Gnadenkreuz mit natürlichem Haupthaar stammt noch aus gotischer Zeit.
Museen	Im Rathaus verdient das Feuerwehrmuseum einen Besuch sowie weiter südlich das Heimatmuseum Rosenegg (Öffnungszeiten beider Museen: 1. So. im Monat 14⁰⁰–17⁰⁰ Uhr).
*Seeuferanlage	Die Seeuferanlage, eine ungewöhnliche Mischung aus Park und naturnahen Teilen, zieht sich östlich des Zentrums am See entlang und bietet seltenen und gefährdeten Tier- und Pflanzenarten einen Lebensraum. Es gelang sogar, hier Weißstörche anzusiedeln. Besondere naturschützerische Bedeutung hat die aufgeschüttete Wollschweininsel im Hafen. Hier gibt es viele brütende und durchziehende Vögel, die vom Aussichtsturm am Parkufer gut zu beobachten sind. Der Name der Insel kommt daher, dass im Winter hier Wollschweine ausgesetzt werden, um die Vegetation kurz zu halten. Außerdem leben in Gehegen der Seeuferanlage einheimische Tiere.
Seeburg	Die Seeburg im nördlichen Teil der Seeuferanlage wurde 1598 als Landsitz für die Konstanzer Bischöfe erbaut, im Dreißigjährigen Krieg weitgehend zerstört und im 19. Jh. als Herrschaftssitz im his-

toristischen Stil umgebaut. Heute ist hier das Didaktische Zentrum des Kantons Thurgau und ein Restaurant mit Gartenterrasse untergebracht.

In der nahegelegenen ehemaligen Kornschütte wurde ein Seemuseum eingerichtet, das Ausstellungen zu Schifffahrt und Handel, Fischerei und Fischkunde, Seenforschung, Gewässerschutz sowie zu Malerei, Tourismus und zur Landschaft des Bodenseegebiets zeigt (Öffnungszeiten: Mi., Sa., So. 14⁰⁰ – 17⁰⁰ Uhr).

Südwestlich vom Zentrum, in der Braitenrainstr. 21, findet man die Sternwarte Kreuzlingen (Öffnungszeiten: Mi. 19⁰⁰ – 22⁰⁰ Uhr). Zwischen Kreuzlingen und Konstanz wurde ein 6 km langer Planetenweg angelegt, auf dem die Sonne und die Planeten erläutert werden (Informationen: ☎ 0 71 / 6 72 58 55).

Seeuferanlage (Fortsetzung)

Seemuseum

Sternwarte

Die Seeburg ist von einem kleinen idyllischen Garten umgeben.

Im ehemaligen Pächterhaus des Schlossgutes Girsberg westlich des Zentrums sind im Puppenmuseum 500 Puppen aus verschiedenen Epochen und Ländern ausgestellt. Außerdem gibt es hier ein Zeppelinzimmer mit originalen Arbeitsmöbeln und einer Fülle von Erinnerungsstücken an Graf von Zeppelin (▶ Berühmte Persönlichkeiten), der hier von 1890 bis 1900 an seinen Erfindungen arbeitete (Öffnungszeiten: März – 6. Jan. Mi., So. 14⁰⁰ – 17⁰⁰ Uhr und n.V., ☎ 0 71 / 6 72 46 55).

Puppenmuseum / Zeppelinmuseum

Die idyllische Stimmung des Naturschutzgebiets Grossweiher / Pfaffenweiher / Neuweiher zieht seit langem viele Menschen an. Die Sumpflandschaft bietet Lebensraum für viele gefährdete Tier- und Pflanzenarten. Zu den verschiedenen hier lebenden Wasservögeln

Grossweiher, Pfaffenweiher, Neuweiher

Naturschutzgebiet (Fortsetzung)

gehören Eisvögel, Flussseeschwalben, Haubentaucher, Graureiher und Kormorane. In dem Naturschutzgebiet gedeiht beispielsweise die Sumpfwurz, eine seltene Orchideenart, außerdem Knabenkraut und Gelbe Schwertlilie.

Umgebung von Kreuzlingen

Conny-Land

12 km südwestlich von Kreuzlingen, bei Lipperswil findet man den Freizeitpark Conny-Land, wo eine Delphin-, Papageien- und Seelöwenshow auf dem Programm steht. Außerdem werden Fahrgeschäfte, eine Luftseilbahn, ein Piratenschiff, einen Streichelzoo und einen Dino Park geboten (Öffnungszeiten: Mitte März bis Ende Okt. tgl. 9⁰⁰ bis 18⁰⁰ Uhr).

***Gottlieben**

Das ehemalige Fischerdorf Gottlieben (300 Einw.) 5 km westlich zeichnet sich durch eine idyllische Lage unmittelbar an der Riedlandschaft des Seerheins aus. Mit seinen gepflegten Bauten, gediegenen Hotels und Restaurants sowie guten Einrichtungen für den Wassersport ist Gottlieben ein beliebtes Ausflugsziel. In Gottlieben lebte der Lyriker, Erzähler und Dramatiker Emanuel Freiherr von und zu Bodman (▶ Berühmte Persönlichkeiten). Die bekannten Gottlieber Hüppen sind ein lokales Gebäck, das sich hervorragend als Mitbringsel eignet. Den Ort, dessen ursprüngliche Anlage noch erkennbar ist, schmücken schöne alte Riegelhäuser wie die Drachenburg und das Waaghaus (beide 17. Jh.), in denen heute ein Hotel untergebracht ist, sowie die so genannte Burg und das Haus Rheineck.

Bischofsschloss

Die Konstanzer Bischöfe erbauten hier 1251 ein Schloss als Nebenresidenz, in dem 1415 der böhmische Reformator Jan Hus und der Pisaner Gegenpapst Johannes XXIII. gefangen saßen. Louis Napoléon, der spätere Kaiser Napoleon III., erwarb 1836 das Gebäude und ließ es 1837/1838 neugotisch umgestalten. Heute ist das Anwesen in Privatbesitz.

Bodman-Haus

Im Bodman-Haus am Dorfplatz ist eine Gedenkstätte für den Dichter Freiherr von und zu Bodman eingerichtet, der von 1920 bis zu seinem Tod 1946 hier wohnte. Außerdem finden in dem Haus Wechselausstellungen statt.

Ermatingen

Der alte Fischerort Ermatingen (2000 Einw.) liegt 2 km westlich von Gottlieben, am Untersee auf der Landzunge Staad. Hier gibt es noch kleine Fischerhäuser, hübsche Gässchen und idyllische Winkel. Heute leben allerdings nur noch wenige Einwohner vom Fischfang; in dem Ort befindet sich die kantonale Fischbrutanstalt. Weltbekannt ist die altertümliche Groppenfasnacht – die "Groppe" ist eine Gangfischart –, die nur alle drei Jahre und erst drei Wochen vor Ostern gefeiert wird; die nächste findet 2004 statt.

Fachwerkhäuser

Im Ortsbild finden sich mehrere malerische Fachwerkhäuser: das Haus zum Schiff (1708), der Kehlhof (1694) und das stattliche Hotel Adler. Dieses Gebäude ist das älteste Thurgauer Hotel, in dem schon Graf Zeppelin, Thomas Mann und Hermann Hesse übernachtet haben.

*Schloss Arenenberg

Westlich von Ermatingen erhebt sich hoch über dem Untersee Schloss Arenenberg (458 m), das von 1540 bis 1546 errichtet und später umgebaut wurde. Von 1830 bis zu ihrem Tod 1837 war es Wohnsitz der Hortense de Beauharnais, der ehemaligen Königin von Holland und Stieftochter Napoleons I. Ihr Sohn Louis Napoléon, der spätere Napoleon III., verlebte hier seine Jugendjahre. Kaiserin Eugénie, die Gemahlin Napoleons III., erwarb das Schloss 1855 und schenkte es 1906 dem Kanton Thurgau, der hier das Napoleonmuseum einrichtete. Das Schloss ist mit einer exklusiven Empireeinrichtung ausgestattet, die wertvolles Mobiliar und kostbare Gemälde umfasst. Außerdem gehören herrliche Parkanlagen dazu, in denen man spazieren und den schönen Blick auf den Untersee genießen kann (Öffnungszeiten: Di. – So. 10⁰⁰ – 17⁰⁰ Uhr).

Schloss Arenenberg (Fortsetzung)

Kreuzlingen

Im Schloss Arenenberg wohnte Hortense de Beauharnais, die Stieftochter Napoleons I., mit ihrem Sohn, dem späteren Kaiser Napoleon III.

Das ehemalige Benedikterinnenkloster Münsterlingen liegt auf einer Halbinsel, 5 km südöstlich von Kreuzlingen. Die Klosterkirche wurde in den Jahren 1709 bis 1716 von dem Barockbaumeister Franz Beer in den Nordflügel des Klosters eingefügt. Sie ist ein kleines Meisterwerk in der Zusammenfügung von einem tonnengewölbten Langhaus, das durch Wandpfeiler gegliedert ist, mit einem querschiffartigem Ovalkuppelbau und Rechteckchor, der von einer Tambourkuppel abgeschlossen wird. Die Deckengemälde stammen von Jakob Karl Stauder.
Eine Besonderheit ist die spätgotische Büste des Johannes (16. Jh.), die nach altem Brauch bei "Seegfrörne", wenn der Bodensee völlig zugefroren ist, in einer feierlichen Prozession abwechselnd in die hiesige Kirche oder in die Pfarrkirche von Hagnau gebracht wird. Zuletzt wurde die Figur 1963 über das Eis hierhergebracht, wo sie bis zur nächsten "Seegfrörne" bleibt.

Münsterlingen

Landschlacht bei Kreuzlingen	Die romanische Einraumkapelle St. Leonhard (um 900) in Landschlacht (2 km südöstlich von Münsterlingen) birgt wertvolle gotische Wandmalereien. Die bedeutendsten Werke sind die Passionsfolge (1. Hälfte 14. Jh.) im Langhaus und Szenen aus dem Leben des Kirchenpatrons (1432) im Chor (1400), die vor allem durch ihre feine, harmonische Farbigkeit beeindrucken.

Langenargen   G 9

Höhe: 400 m ü. d. M.
Einwohnerzahl: 7100

*Ferienort	Langenargen liegt umgeben von Obstgärten rund 10 km südöstlich von Friedrichshafen, direkt am Bodensee zwischen der Mündung der Argen und der Schussen. Es ist ein viel besuchter freundlicher Erholungsort, der mit einem Umweltgütesiegel ausgezeichnet wurde. Langenargen ist der Geburtsort des Barockmalers Franz Anton Maulbertsch (▶ Berühmte Persönlichkeiten), dem im Kunstmuseum ein Raum gewidmet ist.

Baedeker TIPP ▶ Bodenseefisch

Kein Urlaub am Bodensee, ohne einmal Bodenseefische – die bekanntesten sind Felchen und Kretzer – gekostet zu haben. Wirklich lecker und aus eigenem Fang wird er im Fischrestaurant Schwedi zubereitet (Schwedi 1, ☎ 0 75 43 / 93 49 50).

Sehenswertes in Langenargen

St. Martin	Am Marktplatz im so genannten Städtle, dem historischen Ortskern, steht die barocke Kirche St. Martin. Herausragende Werke im Innern sind das "Schutzengelbild" (um 1762) am linken Pfeiler der Eingangshalle von Johann Konrad Wengner und die Rosenkranzreliefs aus der Zürnschule. Die Deckengemälde stammen von Anton Maulbertsch, dem Vater des berühmten Franz Anton.
*Kunstmuseum	Das ehemalige Pfarrhaus gegenüber der Kirche beherbergt heute ein Kunstmuseum, das Werke vom Mittelalter bis zur Neuzeit aus dem Bodenseegebiet zeigt. Ein eigener Raum ist Franz Anton Maulbertsch gewidmet. Außerdem besitzt das Museum eine Sammlung des Spätimpressionisten Hans Purmann (1880 – 1966), der zeitweise in Langenargen wohnte. Zudem finden Wechselausstellungen statt (Öffnungszeiten: Apr. – Mitte Okt. Di. – So. 10⁰⁰ – 12⁰⁰, 15⁰⁰ – 17⁰⁰ Uhr; Führungen: Mi. 10⁰⁰ Uhr).
Schloss Montfort	Das Schloss auf der Spitze der Halbinsel, das prägnant im Ortsbild erscheint, ist das Wahrzeichen von Langenargen. Es wurde von 1861 bis 1866 im maurischen Stil erbaut ("Bodensee-Miramare") und 1976/1977 zum Kultur- und Kongresszentrum umgebaut. Vom Turm (zugänglich Apr. – Okt.) bietet sich eine weite Aussicht. Das Kavalierhaus am Rand des Schlossparks beherbergt eine Galerie und ein Café.
Argen-Hängebrücke	Östlich von Langenargen führt eine Kabelhängebrücke, die älteste ihrer Art in Deutschland, über die Argen nach ▶ Kressbronn.

Schloss Montfort: weithin sichtbares Wahrzeichen von Langenargen

Liechtenstein

Souveräner Staat
Hauptstadt: Vaduz
Fläche: 160 km²
Höhe: 460 – 2124 m ü. d. M.
Einwohnerzahl: 32 000

Das nur 24 km lange und 12 km breite Fürstentum Liechtenstein, eines der kleinsten, aber reichsten selbstständigen Staaten der Welt, liegt im Alpengebiet zwischen Österreich (Bundesland Vorarlberg) und der Schweiz. Das Land erstreckt sich von der Westabdachung des Rätikon zum Rhein.

Das Landschaftsbild des Zwergstaates wird von den Alpen und dem Tal des Alpenrheins bestimmt. Aus der 430 m ü. d. M. liegenden Rheinebene im Norden ragen vereinzelt Hügel und niedrigere Berge auf, während der von Ausläufern des Rätikons geprägte Süden des Landes sehr gebirgig ist und mit der Grauspitze, dem höchsten Berg, eine Höhe von 2599 m erreicht.

Alles in allem besteht der Staat zu zwei Dritteln aus Gebirge, rund 35 % der Landesfläche sind bewaldet. Obwohl weitere 40 % der Landesfläche landwirtschaftlich genutzt werden – Obst- und Gemüseanbau in der dichter besiedelten Rheinebene, Milch- und Viehwirtschaft in der Gebirgsregion –, sind mittlerweile nur noch 1 % der Erwerbstätigen im Agrarbereich beschäftigt. Reich geworden ist Liechtenstein, dessen Bewohner über eins der höchsten Pro-Kopf-Einkommen der Welt verfügen, einerseits als Industriestandort – in

*Unabhängiges Fürstentum

Allgemeines (Fortsetzung)

der Metallverarbeitung, chemisch-pharmazeutischen Industrie, Textil- und Lebensmittelindustrie arbeitet rund die Hälfte aller Erwerbstätigen –, andrerseits als international bedeutender Finanzplatz. Wegen der günstigen Steuergesetze wurde das Land zum Sitz zahlreicher Holdinggesellschaften, so dass schätzungsweise zwischen 40 000 und 100 000 dieser "Briefkastenfirmen" in dem Ländchen registriert sind.

Die Amtssprache im Fürstentum ist Deutsch; die Bevölkerung spricht jedoch einen alemannischen Dialekt. Etwa 80 % der Einwohner sind katholisch, 7 % protestantisch; die im Land lebenden Ausländer, vor allem Schweizer, Österreicher, Deutsche, machen rund ein Drittel der Gesamtbevölkerung aus. Größere Orte sind eher die Ausnahme, die Hälfte der Einwohner lebt im ländlichen Raum.

Geschichte

Die Geschichte des selbstständigen Fürstentums Liechtenstein, dessen Gebiet bereits während der Jungsteinzeit besiedelt war, ab ca. 15 v. Chr. zur römischen Provinz Rätien gehörte und im 5. Jh. von alemannischen Germanen besetzt wurde, beginnt im 14. Jahrhundert. Im Jahr 1342 entstand die Grafschaft Vaduz. 1712 erwarb sie der aus einem niederösterreichischen Adelsgeschlecht stammende Fürst Hans Adam von Liechtenstein und vereinte sie mit der Herrschaft Schellenberg.

Im Jahr 1719 erhob Kaiser Karl VI. die beiden Herrschaften zum unmittelbaren Reichsfürstentum Liechtenstein. Nach dem Ende des Heiligen Römischen Reiches Deutscher Nation 1806 schloss Napoleon das Fürstentum dem Rheinbund an; 1815 trat Liechtenstein dem Deutschen Bund bei, dem es als souveräner Fürstenstaat bis zum Ende des Bundes 1866 angehörte.

In der Zwischenzeit näherte sich Liechtenstein dem östlichen Nachbarn Österreich-Ungarn an, mit dem es von 1852 bis 1919 ein gemeinsames Zoll- und Steuergebiet bildete. 1923 ging das Fürstentum, das 1918 mit dem Untergang der k. u. k.-Monarchie seinen wichtigsten Partner verloren hatte, mit der Schweiz eine Zoll- und Währungsunion ein.

Im Zweiten Weltkrieg blieb das kleine Land, das 1868 sein Militär aufgelöst hatte, wie in allen europäischen Auseinandersetzungen zuvor, neutral. Seit 1990 steht Fürst Hans-Adam II. (geb. 1945), der schon 1984 die Regierungsgeschäfte übernommen hat, an der Spitze des Staates.

Verfassung

Das Fürstentum Liechtenstein ist seit 1921 eine in männlicher Linie erbliche konstitutionelle Monarchie. Das Parlament (Landtag) besteht aus 25 in geheimer Wahl für vier Jahre gewählten Abgeordneten. Durch Initiativen und durch Referenden kann die Bevölkerung direkt auf die Gesetzgebung einwirken.

Mitgliedschaften

Seit 1923 bildet das kleine Land mit der Schweiz eine Zoll- und Währungsunion; seither ist der Schweizer Franken gesetzliche Währung, nur die Briefmarken, die – weltweit begehrt – dem Ländchen reichlich Devisen einbringen, stammen aus dem Fürstentum selbst. Liechtenstein ist Mitglied des Europarates, der Europäischen Freihandelszone (EFTA) und der Vereinten Nationen (UN); 1995 trat es dem Europäischen Wirtschaftsraum (EWR) und der Welthandelsorganisation (WTO) bei. Liechtenstein strebt zudem die EU-Mitgliedschaft an.

Vaduz
100 m
Schloss-Strasse
Im Gässle
Mareestrasse
Quaderstschwäweg
Rotes Haus
Zum St. Johanner
Hintergass
Kasperigass
Mitteldorf
Abtswingertweg
Egertastrasse
Herrengasse
Bangarten
Altenbach
Beckagässli
Städtle
Lettstrasse
Rathaus
Rat-haus-platz
Schloss Vaduz
Kunstmuseum
Briefmarken-museum
Landes-museum
Liechten-steinische Landesbank
Regierungs-gebäude
Rheinberger-Haus
Vaduzer Saal
Äulestrasse
Giessenstrasse
Tonihaulestrasse
Kirchstrasse
Landes-bibliothek
St. Florian
St. Florinsgasse
Heiligkreuz
Aubing
Rätikonstrasse
Giessen
Schaan
Rhein
Gaflei, Triesenberg
Triesen, Malbun Balzers
© Baedeker
Fürstentum Liechtenstein
SCHWEIZ
ÖSTERREICH
Bodensee
Hard
Fußach
Rheineck
Gaißau
Höchst
Lauter-ach
Thal
St. Margr.
Wolfhalden
St.Margrethen
Lusten-au
Au
Berneck
Widnau
Oberegg
Rebstein
Ruppen-Pass 1003
Balgach
Diepoldsau
Marbach
Altstätten
Hohenems
Bächis
Kriessern
Altach
Eichberg
Mäder
Götzis
Meschach
Montlingen
Oberriet
Koblach
Klaus
Fähnern 1506
Freienbach
Weiler
Brülisau
Rüthi (Rheintal)
Meiningen
Sulz
Röthis
Rankweil
1795
Lienz
Hoher Kasten
NSG
Bangs
Feldk.-Nord
Übersaxen
Sennwald
Feldkirch
Frümsen
Salez
Ruggell
Feldk.-Frast.
Göfis
Mauren
Felsenau
Satteins
Gasenzen
Haag
Gamser Berg
Eschen
Frastanz
Gams
Gurtis
LIECHTEN-STEIN
Planken
Grabs
Buchs
Schaan
Kuhgrat 2123
Hohe Köpfe 2066
Voralp
Hehlawangspitz 2000
Galinakopf 2198
Vaduz
2385
Stachlerkopf 2084
Sevelen
Ochsenkopf 2286
Alvier 2343
Triesenberg
Oberschan
Triesen
Samina
Malbun
Wartau
Trübbach
Augstenberg 2359
Balzers
Rappenstein 2222
Sargans
Verzweigung Sarganser
E60
E43
A13
13
16
17
23
27
29
31
35
36
38
41
49
190
202
204

Liechtenstein

Obwohl Schloss Vaduz unzugänglich ist, lohnt sich der Ausflug dorthin wegen der schönen Lage.

Urlaubsland

Nicht nur für historisch Interessierte, Kunstliebhaber und Briefmarkensammler lohnt sich ein Abstecher in den Kleinstaat. Das friedliche Fürstentum ist auch für Freunde eines gemütlichen Urlaubs ein wahres Paradies. 400 km gut ausgebaute und markierte Wanderwege, die fast alle 11 Gemeinden des Landes miteinander verbinden und von denen viele durch wildromantische Täler entlang rauschender Bergbäche oder über Alpweiden führen, stehen Besuchern zur Verfügung, die das Ländle zu Fuß erkunden möchten. Auch Radfahrer kommen auf ihre Kosten – sowohl im Unterland mit seinen nur geringen Steigungen als auch im Oberland, wo eine gewisse Kondition schon erforderlich ist. Im Winter werden den Gästen in den verschneiten Bergen reichhaltige Sportmöglichkeiten geboten.

Vaduz

Hauptstadt des Fürstentums

Die Stadt Vaduz (460 m; 5100 Einw.), Residenz und Regierungssitz des Fürstentums Liechtenstein, ist Sitz der Behörden und des Parlaments sowie Zentrum des Fremdenverkehrs. Sie liegt unweit vom rechten Ufer des Rheins am Fuß der mächtigen Gipfel des Rätikon. In der belebten Stadt mit den vielen Cafés und einladenden Geschäften findet alljährlich im Sommer das internationale Open-Air-Pop-Festival "Little Big One" statt, und der Staatsfeiertag am 15. August endet immer mit einem prächtigen Feuerwerk.

Schloss Vaduz

Östlich über der Stadt erhebt sich Schloss Vaduz (unzugänglich), dessen Anfänge in das 12. Jh. zurückreichen. Der Bergfried und die Bauten der Ostseite bilden den ältesten Teil der Anlage. Die Kapelle stammt vermutlich aus dem Spätmittelalter. Nachdem die Eidgenossen das Schloss im Schwabenkrieg von 1499 in Brand gesteckt hatten, wurden zu Beginn des 16. Jh.s die beiden Rundbastionen im Nordosten und im Südwesten angelegt. Die Westseite erhielt ihr heutiges Aussehen im 17. Jahrhundert. Von 1901 bis 1910 wurde das Schloss im Stil des 16. Jh.s restauriert.

Schloss Vaduz (Fortsetzung)

Am Städtle 37, der Hauptstraße, steht der so genannte Engländerbau. In dem Gebäude ist das Briefmarkenmuseum untergebracht, das die berühmten Ausgaben der Liechtensteinischen Briefmarken dokumentiert.

Briefmarkenmuseum

Schräg gegenüber vom Briefmarkenmuseum befindet sich das 2000 eröffnete Kunstmuseum Liechtenstein (Städtle 32), die wohl größte Attraktion des Ortes, mit Exponaten aus den Sammlungen des Fürsten von Liechtenstein, die zu den ältesten und reichhaltigsten Privatsammlungen Europas gehören. Es ist ein klar strukturierter, monolithischer Baukörper aus Beton und Glas der Schweizer Architektengemeinschaft Morges, Degalo und Kerez. Die Sammlungen umfassen die klassische Kunst bis zum Wiener Biedermeier (u. a. Rubens, Frans Hals, van Dyck, Brueghel) und Werke der internationalen modernen und zeitgenössischen Kunst (Öffnungszeiten: Di. bis So. 10⁰⁰ – 17⁰⁰, Do. bis 20⁰⁰ Uhr).

*Kunstmuseum Liechtenstein

Am Städtle folgt weiterhin im historischen Gasthaus Zum Hirschen (Nr. 43) das Liechtensteinische Landesmuseum, zu dessen Bestand Funde aus frühgeschichtlicher Zeit, Schmuck, Münzen, sakrale Kunst und ein Relief des Fürstentums gehören (z. Zt. geschlossen; Neueröffnung Frühjahr 2003).

Liechtensteinisches Landesmuseum

Josef-Rheinberger-Archiv	Einen Besuch lohnt besonders das Musikarchiv (geöffnet n. V.) mit Handschriften, Neuausgaben sowie Literatur von und über den liechtensteinischen Komponisten Josef Gabriel Rheinberger (1839 bis 1901).
Ski-Museum	Im Ski-Museum (St. Luzistrasse 1) sind über hundert Jahre Ski-Geschichte dargestellt.
Ruine Wildschloss	Ein bei Gästen und Einheimischen beliebtes Ausflugsziel ist die hoch über Vaduz gelegene Ruine Wildschloss (840 m).

Weitere Orte in Liechtenstein

Triesenberg	Eine aussichtsreiche Bergstraße führt von Vaduz in steilen Windungen in 6 km hinauf ins schön gelegene Triesenberg (884 m; 2500 Einw.), einem Ort mit typischen alten Walserhäusern. Das modern gestaltete Walser-Heimatmuseum beinhaltet eine bedeutende heimatkundliche Sammlung zur Kulturgeschichte der im 13. Jh. am Triesenberg angesiedelten Walser (Öffnungszeiten: Di. – Sa. 13:30 bis 17:30 Uhr, im Sommer auch So. 14:00 – 17:00 Uhr).
Masescha	In der alten Walsersiedlung Masescha (1235 m) auf der Straße nach Gaflei gibt es das älteste Walserkirchlein des Landes, ein Gotteshaus aus dem 14. Jahrhundert.
Triesen	Etwa 4 km südlich von Vaduz liegt Triesen (463 m; 4200 Einw.) mit altem Ortskern im Oberdorf. Die gotische St.-Mamertus-Kapelle hat eine romanische Apsis sowie eine wertvolle Innenausstattung aus gotischen Vesperbildern und Schnitzaltären. Der Ort ist Ausgangspunkt für Touren in das Lavena-, Rappenstein- und Falknisgebiet.
Balzers	Balzers (476 m; 4100 Einw.) erreicht man 5 km südlich von Triesen. Einen Besuch lohnt die Burg Gutenberg, die die Schriftstellerin Grete Gulbransson-Jehly (1882 – 1934) ins Schwärmen brachte: *Ein Ort, der mir der begehrenwerteste auf Erden scheint.* Im Gebiet von Balzers fand man bei Grabungen Objekte aus prähistorischer und historischer Zeit.
Schaan	Etwa 3 km nördlich von Vaduz liegt am Fuß des Drei-Schwestern-Massivs der lebhafte Industrieort Schaan (450 – 500 m), die mit 5200 Einwohnern größte Gemeinde des Landes. Die spätgotische Kapelle St. Peter steht auf den Grundmauern eines römischen Kastells aus dem 4. Jahrhundert. Das Dorfmuseum zeigt eine permanente Ausstellung zur Geschichte der Gemeinde Schaan mit Multivisionsschau; außerdem finden hier Wechselausstellungen zum Kunstschaffen aus der Region statt. Über dem Ort befindet sich in idyllischer Lage die barocke Wallfahrtskapelle Maria zum Trost ("Dux"; 18. Jh.), einer der wenigen Barockbauten des Landes. In der Umgebung von Schaan stieß man bei Grabungen auf Reste aus römischer Zeit.
Planken	Von Schaan führt eine gut ausgebaute Nebenstraße zu der kleinen Walsersiedlung Planken (800 m; 360 Einw.), von deren Bergterrasse man einen weiten Blick über das Rheintal und die gegenüberlie-

genden Schweizer Berge hat. Planken ist Ausgangspunkt für Wanderungen im Drei-Schwestern-Gebiet.

Liechtenstein (Fortsetzung)

5 km nordöstlich von Schaan erreicht man über die Straße Nr. 16 das Dorf Nendeln, das zusammen mit dem weiter westlich gelegenen Eschen das Zentrum (3600 Einw.) des Liechtensteiner Unterlandes bildet. In beiden Orten kamen bemerkenswerte Funde zutage: u. a. in Nendeln die Grundmauern einer römischen Villa mit beheizbarem Wohnzimmer, Warm- und Kaltbad, Umkleide- und Gymnastikräumen, Gesindestube und Pferdestall. In Mauren locken die Freizeitanlage "Weiherring" und das Vogelparadies "Birka" viele Besucher an.

Nendeln, Eschen, Mauren

Unweit westlich, am westlichen Ausläufer des Eschenberges, liegt die Gemeinde Gamprin-Bendern (1200 Einw.). Von hier führt der "Historische Höhenweg Eschnerberg" nach Schellenberg mit den Ruinen der Oberen und der Unteren Burg Schellenberg; beide Burgen waren im 13. Jh. im Besitz der aus dem süddeutschen Raum stammenden Herren von Schellenberg.
Das "Biedermann-Haus" von Schellenberg, ein Holzbau aus dem 16. Jh., gibt als Zweigstelle des Landesmuseums Einblick in die bäuerliche Wohnkultur um 1900.
Vor dem Gasthaus "Zum Löwen" erinnert ein Denkmal an 500 schwerbewaffnete russische Soldaten, die in der deutschen Wehrmacht gekämpft hatten und in der Nacht vom 2./3. Mai 1945 in Schellenberg nach Liechtenstein übergetreten waren, um sich dem Zugriff der Alliierten zu entziehen. Die liechtensteinische Regierung verweigerte der in Vaduz einquartierten sowjetischen "Repatriierungskommission" strikt die Auslieferung der vom Tod bedrohten Exilrussen und ließ diese nach zwei Jahren Gastfreundschaft nach Argentinien auswandern.

Gamprin-Bendern, Schellenberg

Westlich der Ortschaft Schellenberg erstreckt sich in der Rheinniederung bei Ruggell das Naturschutzgebiet Ruggeller Ried mit interessanter Flora und Fauna.

Ruggeller Ried

Lindau

G/H 9

Höhe: 400 m ü. d. M.
Einwohnerzahl: 24 000

Die ehemalige Reichsstadt Lindau, unweit der deutsch-österreichischen Grenze in Bayern gelegen, besteht aus der sich weitläufig zwischen Obstkulturen ausbreitenden Gartenstadt auf dem Festland und der Inselstadt, die durch eine Brücke und einen Bahndamm mit dem Festland verbunden ist. Eindrucksvoll ist die Lage des "bayerischen Venedig" im See; dieser Eindruck wird durch die abendliche Beleuchtung während der Sommersaison noch verstärkt. Auf dem Gebiet der Gartenstadt befinden sich Wohn- und Erholungsgebiete sowie Industrieanlagen, während sich auf der Insel die malerische Altstadt ausbreitet. Obwohl die Stadt ein viel besuchtes Touristenziel ist, hat sie sich noch ein angenehmes Flair bewahrt. Sie ist auch als Tagungsort beliebt; so treffen sich hier jedes Jahr Nobelpreisträger aus aller Welt.

**"Bayerisches Venedig"

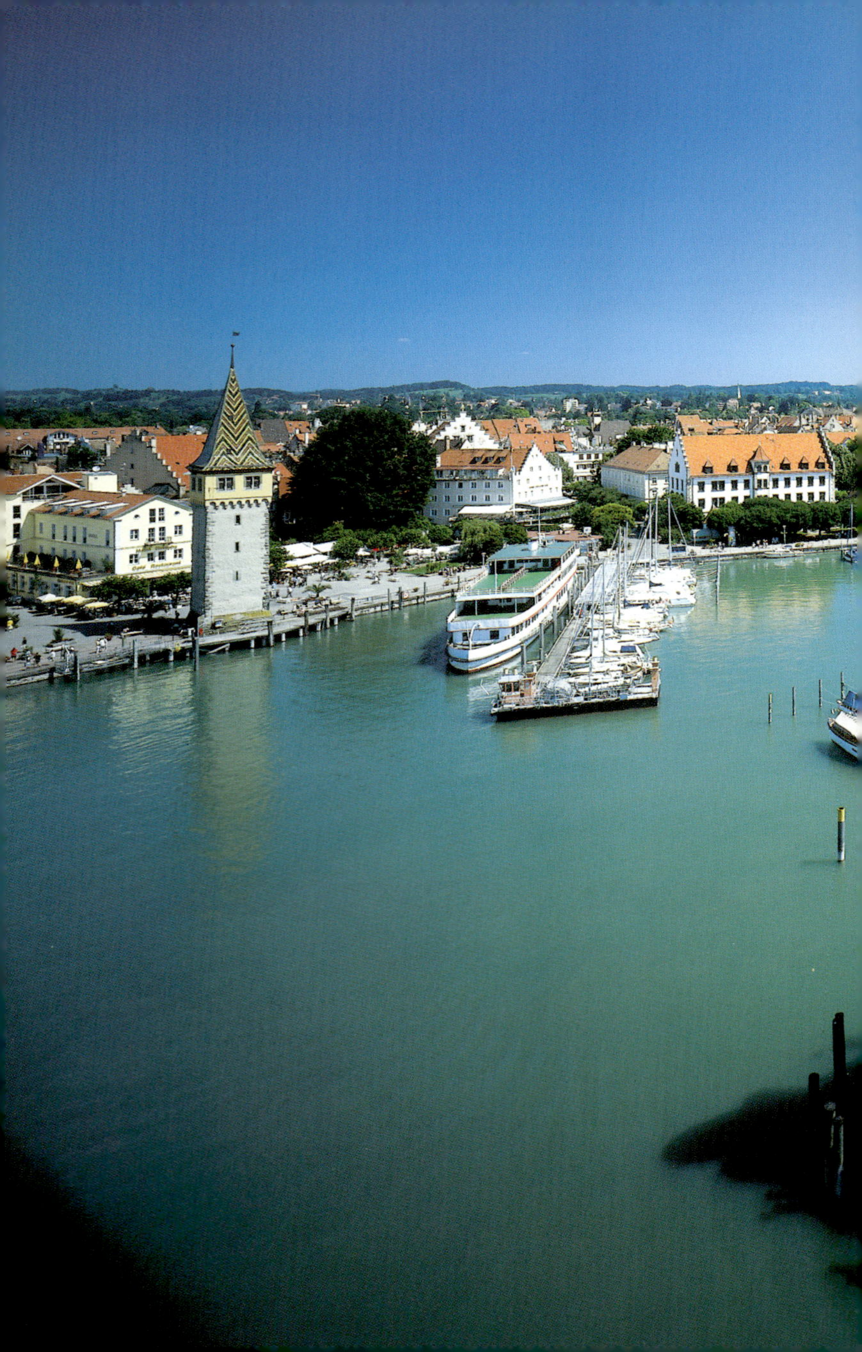

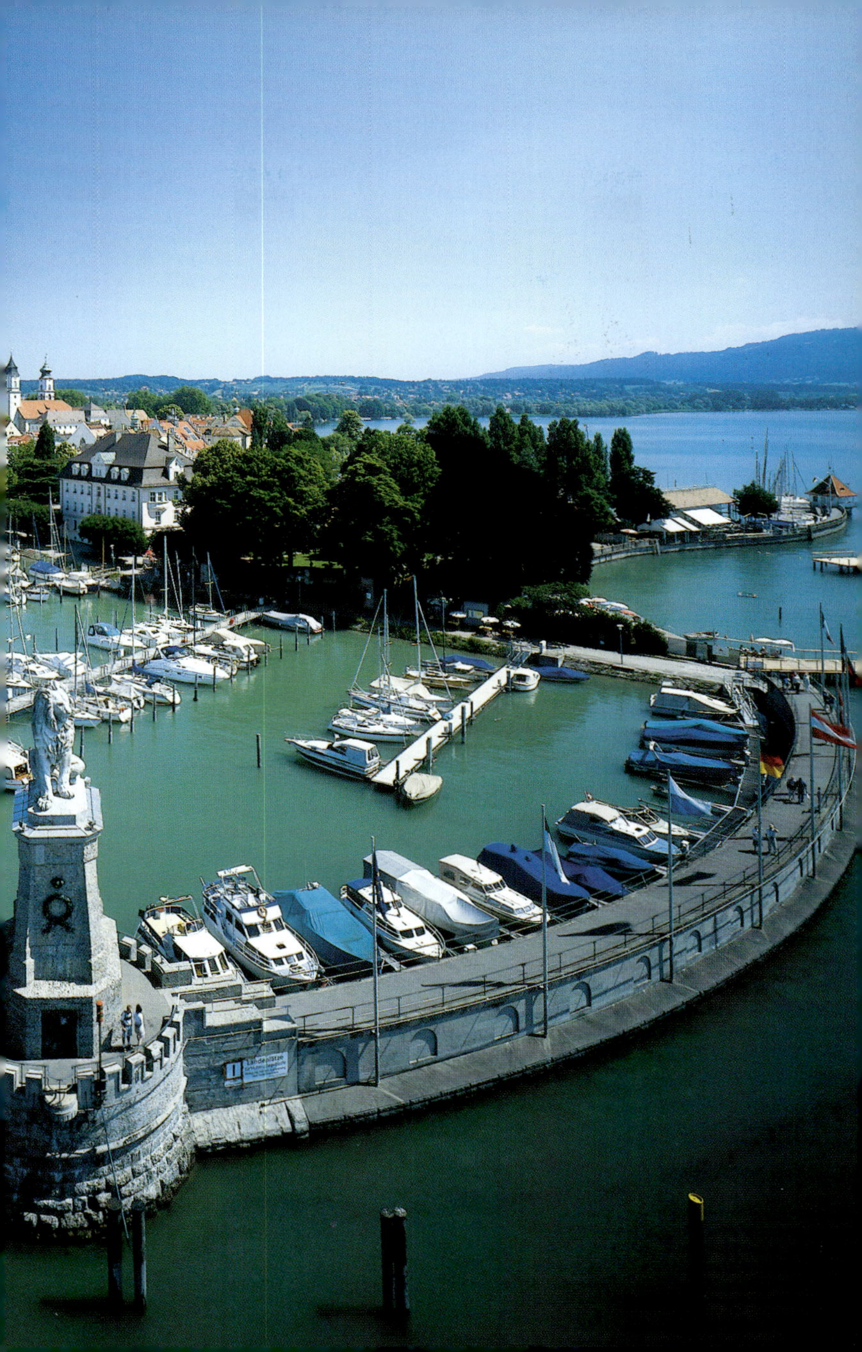

Geschichte

Der Name des aus einer Fischersiedlung hervorgegangenen Ortes leitet sich von dem im frühen 9. Jh. gegründeten Damenstift Unserer Lieben Frau unter den Linden her. Aus Schutzgründen verlegten die Stiftsdamen den Markt 1079 vom Festland auf die Insel und ermöglichten im 13. Jh. den Aufstieg zur Reichsstadt, wenngleich die Bürger immer wieder Kämpfe vor allem im 14. Jh. mit den Stiftsdamen ausfochten. Das beim Korn-, Salz- und Leinenhandel verdiente Geld legten die Patrizier u. a. in schönen Häusern entlang der Maximilanstraße an. Der verheerende Stadtbrand von 1728 hatte den Wiederaufbau im Barockstil zur Folge. 1805 kam Lindau an das Königreich Bayern.

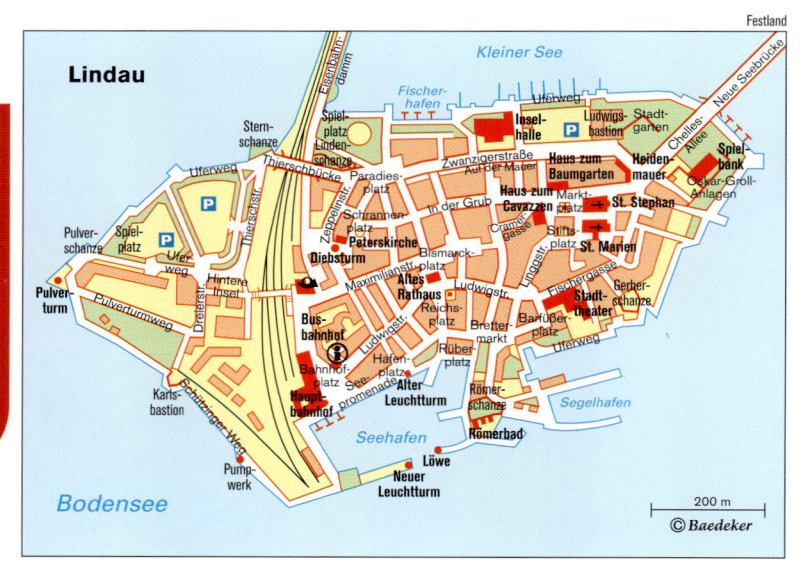

*Altstadt

Hafen

An der Südseite der Inselstadt breitet sich der 1812 angelegte und 1856 ausgebaute Hafen, der abends stimmungsvoll beleuchtet ist. An seiner Nordseite steht der Alte Leuchtturm oder Mangturm, ein Rest der ehemaligen Befestigung des 13. Jh.s. Auf den beiden Molen, die den Seehafen südlich umschließen, sieht man die beiden Wahrzeichen Lindaus: der Bayerische Löwe und der Neue Leuchtturm. Die 6 m hohe Figur aus Kelheimer Marmor wurde von Johann von Halbig in den Jahren 1853 bis 1856 geschaffen. Wer die 139 Stufen des 33 m hohen Neuen Leuchtturms (1856) überwunden hat, der wird mit einer herrlichen Aussicht auf die Stadt sowie die Appenzeller und Vorarlberger Alpen belohnt.

◀ **Der Hafen von Lindau wird vom bayerischen Löwen und dem Neuen Leuchtturm bewacht.**

Maximilianstraße

In der zu großen Teilen als Fußgängerzone gestalteten, überaus malerischen Altstadt gibt es noch viele von Gotik, Renaissance und Barock geprägte Straßenbilder. Besonders malerisch ist die Maximilianstraße, die Hauptachse der Stadt. Hier bestimmen schöne Patrizierhäuser wie "Sünfzen", "Regenbogen", "Bären", "Schnegg", "Pflug" sowie Laubengänge ("Brodlauben"), Brunnen, Blumenkästen und Straßenlokale das Bild.

*Altes Rathaus

Das Alte Rathaus am Bismarckplatz wurde von 1422 bis 1436 errichtet und 1578 im deutschen Renaissancestil umgebaut. Die Hauptfront weist zum Reichsplatz hin, der als Versammlungsstätte der Bürger bei Kundmachungen gedacht war. Besonders schön sind die detaillierten Wandmalereien zur Lindauer Geschichte. Der Platz wird vom Lindavia-Brunnen (1884) geschmückt. Im Alten Rathaus befinden sich das Stadtarchiv und die ehemalige Reichsstädtische Bibliothek, die über 23 000 Werke aus allen Wissensgebieten vom 14. Jh. bis zur Gegenwart (kostbare Handschriften, Inkunabeln, Atlanten u.v.a.) besitzt. Im Rungesaal finden Kunstausstellungen statt (Besichtigung nur mit Führung).

Peterskirche

Die ehemalige Peterskirche am nordwestlich gelegenen Schrannenplatz wurde um 1000 gegründet und 1928 zu einer Kriegergedenkstätte umgestaltet. Besondere Beachtung verdienen an der Nordwand die von 1485 bis 1490 entstandenen Fresken, die aufgrund der Signatur "HH" Hans Holbein d. Ä. zugeschrieben werden. Es sind insgesamt 19 Bilder, davon 12 Passionsszenen; die Signatur "HH" findet sich im zwölften Bild auf dem Ärmel der Magdalena.

Ein besonderes Flair vermittelt die malerische Maximilianstraße mit ihren hübschen historischen Häusern.

Diebsturm	Neben der Peterskirche steht der Diebsturm oder Malefizturm (1380), ein Rest der ehemaligen Stadtbefestigung. Von oben bietet sich eine schöne Aussicht.
*Haus zum Cavazzen / Stadtmuseum	Im Ostteil der Altstadt sieht man am Marktplatz, den ein Neptunbrunnen (1841) ziert, das 1729 erbaute Haus zum Cavazzen, das als schönstes Bürgerhaus am Bodensee gilt. Besonders prachtvoll sind das Portal mit Pfeilern, Säulen und Volutengiebel sowie die rötlich-grauen Wandmalereien. In dem hier untergebrachten Stadtmuseum werden Wohnkultur vom 15. Jh. bis zum Jugendstil und mechanische Musikinstrumente gezeigt. Ferner beherbergt das Haus die Städtischen Kunstsammlungen. Außerdem finden hier wechselnde Kunstausstellungen statt (Öffnungszeiten: Di. – Fr., So. 11⁰⁰ bis 17⁰⁰, Sa. 14⁰⁰ – 17⁰⁰ Uhr).
St. Stephan	Die evangelische Stadtpfarrkirche St. Stephan an der Ostseite des Marktplatzes stammt aus dem Jahr 1180 und wurde von 1781 bis 1783 umgebaut. Infolge des Bildersturms der Reformation ist die Innenausstattung weniger opulent. Der Rokokostuck an Gewölben, Altar, Kanzel und Taufstein wurde 1781 ausgeführt.
Marienkirche / Stiftskirche	Die Stiftskirche Maria Himmelfahrt daneben wurde von 1748 bis 1752 von Giovanni Gaspare Bagnato als Kirche des 1802 aufgehobenen reichsfürstlich-freiweltlichen Damenstiftes erbaut. Die weitgehend erneuerte Stuckierung und Freskomalerei der Rokokozeit stammen ursprünglich von Franz Pozzi und Giuseppe Appiani, die stuckmarmornen Altäre gestaltete Georg Figl.
Spielbank	An der Nordostecke der Inselstadt wurde im Jahr 2000 der Neubau der Spielbank eingeweiht, ein Werk des Architekten Hans Lechner. Es handelt sich um einen Rundbau mit zylindrischem Grundriss, der den Blick frei gibt auf das herrliche Naturpanorama. Mehr als die Hälfte der Nutzfläche liegt unter der Erdoberfläche.
Bad Schachen	Nordwestlich der Inselstadt Lindau liegt der Ortsteil Bad Schachen inmitten einer Parklandschaft. Aufgrund seiner Eisen- und Schwefelquellen (im Hotel Bad Schachen) wird er zu Heilkuren besucht.
Villa Lindenhof / Friedensmuseum Lindau	Unmittelbar am Bodensee steht in dem herrlichen Lindenhofpark die spätklassizistische Villa Lindenhof (Lindenhofweg 25). Sie wurde von 1842 bis 1845 als Sommerresidenz für einen Großkaufmann erbaut und beherbergt heute das Friedensmuseum Lindau. Drei Bereiche werden in dem Museum thematisiert: Psychologie des Friedens, Verarbeitung ziviler Konflikte und positive Beispiele für Friedensarbeit (Öffnungszeiten: Mitte Apr. – Mitte Okt. Di. – Sa. 10⁰⁰ bis 12⁰⁰, 14⁰⁰ – 17⁰⁰, So. 10⁰⁰ – 12⁰⁰ Uhr).

Baedeker TIPP) Uferweg

Lohnend ist ein Spaziergang auf dem Uferweg rings um die Inselstadt. Von den ehemaligen Bastionen Gerberschanze und Sternschanze sowie beim Pulverturm (1508) und bei der Pulverschanze (1615), einem Rest der Stadtbefestigung, kann man prächtige Ausblicke genießen.

"Lola-Montez-Schlösschen"

Im so genannten Lola-Montez-Schlösschen (18. Jh.) im nördlichen Stadtteil Aeschach soll die spanische Tänzerin Lola Montez (1818 bis 1861), die Geliebte des Bayernkönigs Ludwig I., vorübergehend gelebt haben.

Wasserburg

*Lage und Allgemeines

Malerisch liegt der bayerische Luftkurort Wasserburg (3100 Einw.; s. Abb. S. 68/69) 5 km westlich von Lindau auf einer schmalen, weit in den Bodensee vorgeschobenen Halbinsel. Der hübsche Ort mit herrlicher Aussicht, insbesondere vom Malerwinkel im Westen, ist ein idealer Ausgangspunkt für Spaziergänge am Seeufer, in die nahe gelegenen Naturschutzgebiete sowie durch Wälder und Obstanlagen ins reizvolle Hinterland. Wasserburg ist Geburtsort des Schriftstellers Martin Walser (geb. 1927).

Schloss

Auf der Halbinsel erhebt sich das Schloss aus dem 14. Jh., das später mehrfach umgebaut wurde. Ursprünglich war es im Besitz der Grafen von Montfort und von 1592 bis 1755 gehörte es den Fuggern. Heute wird es als Hotel genutzt. Gegenüber dem Schloss wurden 1992 mittelalterliche Mauerreste freigelegt.

Heimatmuseum

Im Malhaus (1596/1597) gegenüber dem Schloss ist heute das Heimatmuseum untergebracht. Ausstellungsschwerpunkte sind die Bodenseefische und der heimische Obstanbau. Der Gerichtssaal und die Gefängniszellen erinnern an die Wasserburger Hexenprozesse. Zudem finden hier Wechselausstellungen statt (Öffnungszeiten: tgl. 10^{00}–12^{00}, Mi., Sa. auch 15^{00}–17^{00} Uhr).

St. Georg

Auf der Spitze der Halbinsel steht die Kirche St. Georg, die ursprünglich aus der Zeit um 1400 stammt, aus der noch der Chor erhalten ist. Im Jahr 1607 wurde das Schiff angefügt. Von 1918 bis 1920 wurden im Innern neubarocke Umbauten vorgenommen.

Friedhof

Vom Friedhof bietet sich eine schöne Aussicht auf die Halbinsel und das Bergpanorama. Hier findet man das Grab des Schriftstellers Horst Wolfram Geißler (1893–1983), der das Buch über den "lieben Augustin" schrieb.

Birkenried

Das Naturschutzgebiet Birkenried östlich kann man auf einem Biotoplehrpfad erkunden. Zu diesem Gebiet gehört der idyllisch gelegene Bichelweiher.

Nonnenhorn

Lage und Allgemeines

Die bayerische Gemeinde Nonnenhorn (1800 Einw.) liegt inmitten von Obst- und Rebgärten an dem hier ein "Horn" bildenden Bodenseeufer, 3 km nordwestlich von Wasserburg. Der gepflegte Ort ist ein idealer Ausgangspunkt für Ausflüge ins Allgäu, nach Vorarlberg und in die Schweiz. Alle 7 Jahre findet hier der traditionelle Schäfflertanz statt. Er wird zum Andenken an eine Seuche im Jahr 1517 veranstaltet, an deren Ende ein Umzug der Schäffler – die alte Bezeichnung für Küfer – abgehalten wurde. Der nächste Schäfflertanz ist für das Jahr 2005 vorgesehen.

Sehenswertes

In der Ortsmitte, am Kapellenplatz, steht die frühgotische Kapelle St. Jakobus aus dem 15. Jahrhundert. Davor erinnert ein Gedenkstein an die "Seegfrörne" von 1880. Der Torkel (1591) südöstlich ist der älteste im ganzen Bodenseeraum.

Mainau   E 8

Fläche: 0,45 km²
Höhe: 399 – 426 m ü. d. M.

Lage

Die Insel Mainau liegt 7 km von Konstanz entfernt auf einem Felsen im nordwestlichen Teil des Bodensees, dem Überlinger See.

**Blumeninsel

Die Mainau, wegen ihrer überaus reichen subtropischen, teilweise tropischen Vegetation auch "Blumeninsel" genannt, ist mit ihren prachtvollen Park- und Gartenanlagen eines der meistbesuchten Ziele in Süddeutschland. Hier gedeihen im Frühjahr Tausende von Tulpen, im Sommer verzaubert der Duft von unzähligen Rosen und im Herbst leuchten die Dahlienfelder in herrlichen Farben. Mediterranes Flair vermitteln die teilweise sehr alten Palmen und die Mediterran-Terrassen. Kurzum: die Mainau ist ein wahres Paradies für alle Blumenliebhaber.

Praktische Informationen

Die Insel Mainau ist zugänglich: Mitte / Ende März – Okt. 7^{00} – 20^{00}; Nov. – März 9^{00} – 18^{00} Uhr. Die Kunstausstellungen und der Gärtnerturm sind 10^{00} – 17^{00} Uhr geöffnet. Führungen: Mitte März – Mitte Okt. tgl. 11^{00}, 14^{30}; Nov. – Mitte März Mi., Sa. 15^{00} Uhr (Treffpunkt: Schlosshof). Ein behindertengerechter Inselbus fährt im Pendelverkehr vom Inseleingang zum Parkplatz am Restaurant Schwedenschenke beim Schloss.

Geschichte

Die Insel war seit 724 im Besitz der Abtei Reichenau, von 1272 bis 1805 Deutschordenskommende, dann Teil des Großherzogtums Baden. Im Jahr 1827 kaufte sie Fürst Esterházy und pflanzte dort exotische Bäume an. Nach mehrmaligem Wechsel erwarb 1853 Großherzog Friedrich I. von Baden die Mainau, der sie als Sommerresidenz nutzte. Da sein Sohn Friedrich II. kinderlos starb, fiel sie an seine Tochter Victoria, Königin von Schweden. Victoria vermachte die Insel ihrem jüngeren Sohn Prinz Wilhelm, in dessen Auftrag sie sein Sohn, der heutige Inselherr Graf Lennart Bernadotte af Wisborg, verwaltete. Dieser kaufte sie 1951 von seinem Vater und verwandelte sie in ein Blumenparadies. 1974 brachte er die Mainau und auch den festländischen Besitz in die Lennart-Bernadotte-Stiftung zur Förderung der Wissenschaften, der Landespflege, des Umwelt- und Denkmalschutzes ("Grüne Charta") ein. Die Geschäftsführung liegt aber nach wie vor in den Händen der gräflichen Familie; 1981 übertrug sie Graf Lennart an seine zweite Frau Sonja.

Rundgang

Schwedenkreuz

Von den Parkplätzen auf dem Festland gelangt man über eine Brücke auf die Insel. Kurz nach der Brücke sieht man rechts im Wasser das Schwedenkreuz, eine bronzene Kreuzigungsgruppe von 1577, die die Schweden der Sage nach versucht haben zu entführen.

Kinderland

Am Restaurant "Lauenstüble" vorbei kommt man zum Kinderland. Hier können sich die Kleinen auf dem Spielplatz austoben. Ein An-

Ein Meer von Farben leuchtet auf der Mainau zur Zeit der Tulpenblüte. ▶

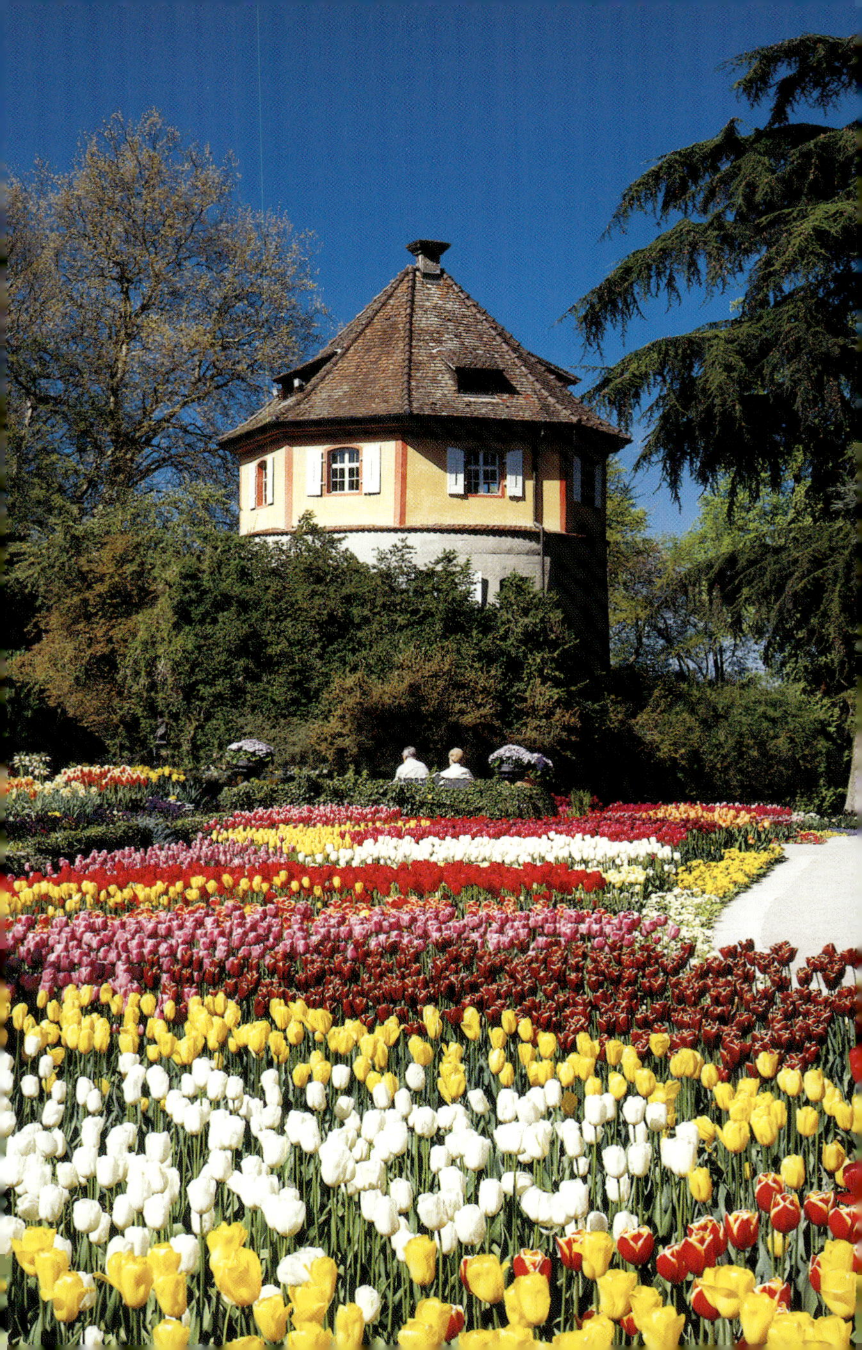

Mainau

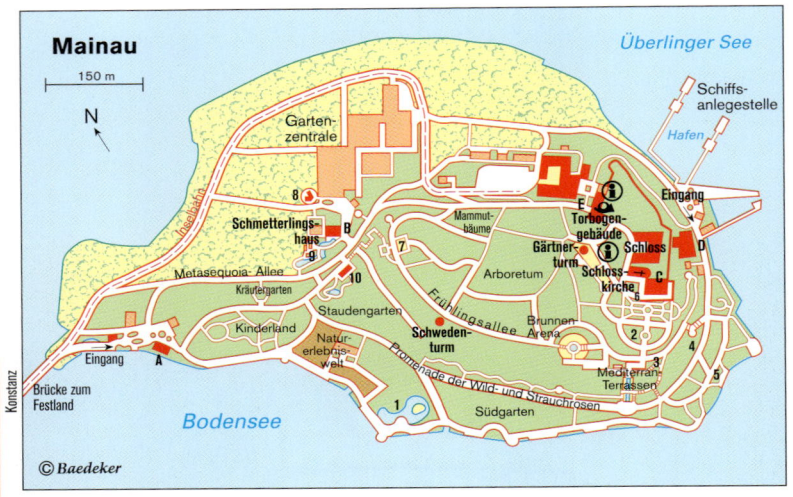

A	Café Lauenstüble	1	Teich
B	Schmetterlingsbistro	2	Italienischer Rosengarten
C	Schlosscafé	3	Viktoria-Linde
D	Restaurant Comtureykeller	4	Rhododendronhain
E	Restaurant Schwedenschenke	5	Ufergarten mit Bodenseerelief
		6	Schlossterrasse
		7	Großherzog-Friedrich-Terrasse
		8	Energiepavillon
		9	Garten für Alle
		10	SWR-Mainau-Garten

Kinderland, Naturerlebniswelt (Fortsetzung) ziehungspunkt für kleine und große Eisenbahnfans ist die Märklin-Gartenbahn mit historischen Loks und Wagen, die in einer Minibodenseelandschaft fahren. Außerdem sind hier Blumentiere gestaltet. Angeschlossen ist die Naturerlebniswelt für Kinder mit Bauernhof, Streichelzoo und Ponyreitbahn (geöffnet tgl. 11^{00} – 16^{00} Uhr).

*Promenade der Rosen Unweit oberhalb verläuft die Promenade der Wild- und Strauchrosen, die zur Blütezeit mit Dufterlebnissen und historischen Kostbarkeiten lockt. Die Sammlung umfasst mehr als 800 Sorten.

Frühlingsallee An der Frühlingsallee östlich parallel blühen von Ende März bis Mitte Mai Tausende Tulpen, Narzissen und Hyazinthen.

Mediterran-Terrassen Die Frühlingsallee führt zu den Mediterran-Terrassen, wo im Sommer Palmen, Agaven, Kakteen, Bougainvilleen mediterranes Flair vermitteln. Von hier kann man ein herrliches Panorama über die Bodenseelandschaft und die Alpen mit dem Säntis genießen.

Südgarten, Ufergarten Südlich breitet sich der Südgarten aus, wo von September bis Oktober die Dahlien ihre ganze Farbenpracht entfalten. Im östlich anschließenden Ufergarten wachsen Frühlings- und Sommerblumen, darunter eine Sammlung verschiedener Fuchsienarten. Ein beliebtes Fotomotiv ist das Bodenseerelief, ein nach Jahreszeit unterschiedlich gebildetes Blütenbild in Form des Bodensees.

Comturey-Keller An der Nordostseite der Insel liegt der kleine Hafen mit Schiffsanlegestelle, wo es ebenfalls einen Eingang gibt. Im Restaurant Comturey-Keller kann man mit Blick auf den See essen. Eine besondere Attraktion des Lokals ist das 25 000 l fassende "Zehntfass".

Comturey-Keller
(Fortsetzung)

Westlich kommt man zu dem in italienischem Stil angelegten Rosengarten, einer streng geometrischen Anlage mit Pergolen, Skulpturen und Brunnen. Hier wurden 400 Sorten, vor allem Beetrosen, angepflanzt. Über eine Barocktreppe steigt der Besucher hinauf zur aussichtsreichen Schlossterrasse. Im Palmenhaus wachsen mehr als 20 Palmenarten, darunter eine über 15 m hohe Kanarische Dattelpalme (Phoenix canariensis), die 1888 gepflanzt wurde.

*Italienischer
Rosengarten,
*Schloss-
terrasse

Unterhalb des Schlosses breitet sich der schöne Rosengarten aus.

Die Schlosskirche St. Marien (1732 – 1739), ein Werk von Giovanni Gaspare Bagnato, besitzt eine üppige barocke Ausstattung. Altäre, Kanzel und Skulpturen schuf Joseph Anton Feuchtmayer. Deckengemälde und Hochaltarbild stammen von Franz Joseph Spiegler, die Stuckarbeiten von Francesco Pozzi. In der Krypta befindet sich Bagnatos Grab.

*Schlosskirche

Das dreiflügelige Schloss daneben wurde von 1739 bis 1746 ebenfalls von Giovanni Gaspare Bagnato um einen Ehrenhof gebaut. Am Giebel sieht man das große Deutschordenswappen. Im Mitteltrakt werden Wechselausstellungen gezeigt, und der linke Flügel ist der Wohnsitz von Graf Lennart Bernadotte.

Schloss

Westlich gegenüber steht der Gärtnerturm, ein Teil der mittelalterlichen Festungsanlage, wo eine Multivisionsschau zur Bodenseelandschaft zu sehen ist. Das Torgebäude nahebei stammt aus dem 18. Jh., der Anbau ist klassizistisch.

Gärtnerturm,
Torbau

Mainau (Fortsetzung) *Arboretum	Auf der Hochfläche nordwestlich vom Schloss dehnt sich das parkartige wertvolle Arboretum mit vielen exotischen Bäumen aus. Hier wachsen 500 verschiedene Arten von Laub- und Nadelgehölzen, darunter riesige Mammutbäume, kostbare Atlas- und Libanonzedern, Metasequoien und Tulpenbäume – um nur die berühmtesten zu nennen.
*Schmetterlingshaus	Im Schmetterlingshaus weiter nordwestlich, dem größten seiner Art in Deutschland, leben 25 Arten farbenprächtiger Falter aus der ganzen Welt frei in einer üppigen Tropenlandschaft. Aus nächster Nähe kann man hier die wunderschönen Insekten beobachten (Öffnungszeiten: Mainau Blumenjahr 10^{00} – 20^{00} Uhr; Herbst/Winter 10^{00} bis 17^{00} Uhr). Die Gartenanlage um das Schmetterlingshaus wurde als Lebensraum für heimische Schmetterlinge gestaltet. Angeschlossen ist noch ein Duftgarten mit mehr als 150 Duftpflanzenarten.
SWR-Mainau-Garten	Südlich des Schmetterlingshauses trifft man auf den SWR-Mainau-Garten, ein speziell für die Gartensendung "grünzeug" des SWR-Fernsehens angelegter Garten.

Blütenkalender

April – Oktober	Im Arboretum Bäume und Gehölze aus allen Erdteilen; in den Kleingewächshäusern tropische Pflanzen
April – Mai	Beginn des Mainauer Blumenjahres mit großer Orchideenschau im Palmenhaus; Tulpen, Narzissen und Hyazinthen, ferner Stiefmütterchen, Vergissmeinnicht und Primeln
Mai / Juni	Rhododendren und Azaleen (200 Sorten), Rosen (1200 Sorten)
Juli	Engelstrompeten, Bougainvilleen, Wandelröschen, Hibiscus, Fuchsien
August	Exotische Kübelpflanzen, Passionsblumen
September / Oktober	Dahlien (250 Sorten; im September Wahl der Dahlienkönigin)

Meersburg   E 8

Höhe: 398 – 444 m ü. d. M.
Einwohnerzahl: 5500

Lage und **Stadtbild	Die malerische und stimmungsvolle Stadt Meersburg, reizvoll an einem steilen Rebhang am Nordufer des Bodensees gelegen, ist der Hauptort des Fremdenverkehrs am Bodensee. Hier kann man auf den Spuren der Dichterin Annette von Droste-Hülshoff, die einige Jahre in der Stadt lebte, wandeln. Meersburg ist Schwerpunkt des Weinbaus am Bodensee, ferner ein von Künstlern und Kunsthandwerkern geschätzter Platz. Zahlreiche Ateliers, Werkstätten und Antiquitätenläden sowie der Kunstmarkt, der zweimal jährlich stattfindet, bieten eine reichhaltige Warenpalette an.

Meersburg, das die Unterstadt und die Oberstadt umfasst, zeichnet sich durch ein gänzlich erhaltenes mittelalterliches Stadtbild aus. Enge, verwinkelte Gässchen, hübsche Plätze und Fachwerkhäuser mit Erkern verleihen ihm romantisches Flair. Beherrscht wird das Stadtbild, das den schönsten Anblick vom See aus bietet, von dem Neuen Schloss und dem Alten Schloss. Das Alte Schloss, die Meersburg, ist als ehemaliger Wohnsitz der Dichterin Annette von Droste-Hülshoff einer der Hauptanziehungspunkte der Stadt. Die Unterstadt, der älteste Teil von Meersburg, lädt mit der Seepromenade, die mit vielen Straßencafés aufwartet, zum Verweilen ein. Auf einem mächtigen Felsen breitet sich die malerische Oberstadt mit Altem und Neuem Schloss aus.

Stadtbild

Sehenswertes in Meersburg

Vom nordwestlichen Stadteingang gelangt man durch das Seetor, einen Rest der alten Stadtbefestigung, in die Unterstadt. Oberhalb der Unterstadtstraße steht die 1390 als Burgkapelle erbaute, 1535 umgestaltete und 1590 ausgemalte Unterstadtkapelle. Sie besitzt schöne gotische Schnitzaltäre (1470 – 1490).

Unterstadtkapelle

Das Gasthaus 'Zum Schiff', am Westende der Seepromenade, war ursprünglich Kapitelhof des Domstifts Konstanz und wurde 1686 umgebaut.

"Zum Schiff"

Am Ostende der Seepromenade steht das rötliche Grethaus, ein Kornspeicher von 1505. Es dient als Verkaufsstelle für die Bodenseeschifffahrt.

Grethaus

Steigstraße, Burgweg

In die Oberstadt gelangt man entweder vom Seetor auf der malerischen, von Fachwerkhäusern gesäumten Steigstraße oder auf dem Burgweg. Dieser Weg verläuft über Stufen und in einer 1334 gegrabenen Schlucht, unter der Schlossbrücke hindurch und an der Schlossmühle (1620) mit einem oberschlächtigen Wasserrad (Durchmesser: 9 m) vorbei.

Die malerische Steigstraße führt hinauf in die Oberstadt.

**Altes Schloss / Meersburg

Der Westteil der Oberstadt wird vom Alten Schloss, der Meersburg, beherrscht, das in seinem ältesten Kern möglicherweise aus dem 7. Jh. stammt. Die Meersburg vermittelt dem Besucher einen anschaulichen und lebendigen Eindruck vom Leben im Mittelalter. Die seit dem 12. Jh. bewohnte Burg war ab 1268 Sommerresidenz und ab 1526 ständiger Wohn- und Regierungssitz der Konstanzer Fürstbischöfe. 1803 verstaatlicht, wurde das Anwesen 1838 von Freiherr Joseph von Laßberg, dem Schwager der Dichterin Annette von Droste-Hülshoff, erworben; auch heute ist es immer noch in Privatbesitz. Vor der Meersburg steht eine Büste der Droste (1898), ein Werk von Emil Stadelhofer. In den rund 30 Burggemächern – u. a. Dürnitz, Palas, Burgküche, Waffenhalle, Wehrgang, Fürstensaal und Verlies – erlebt man eine Zeitreise vom Mittelalter bis ins 19. Jahrhundert.

Auf der Burg haus' ich am Berge, / unter mir die blaue See, / Höre nächtlich Koboldzwerge, Täglich Adler auf der Höh' / Und die grauen Ahnenbilder / Sind mir Stubenkameraden, / Wappentruh' und Eisenschilder / Sofa mir und Kleiderladen., so schreibt Annette von Droste-Hülshoff (▶ Baedeker Special S. 46/47), die von 1841 bis zu ihrem Tod auf der Burg lebte. Einen lebendigen Eindruck von ihrem Dichterleben erhält man in ihrem Arbeits- und Sterbezimmer am Ende des Rundgangs

Altes Schloss
Meersburg

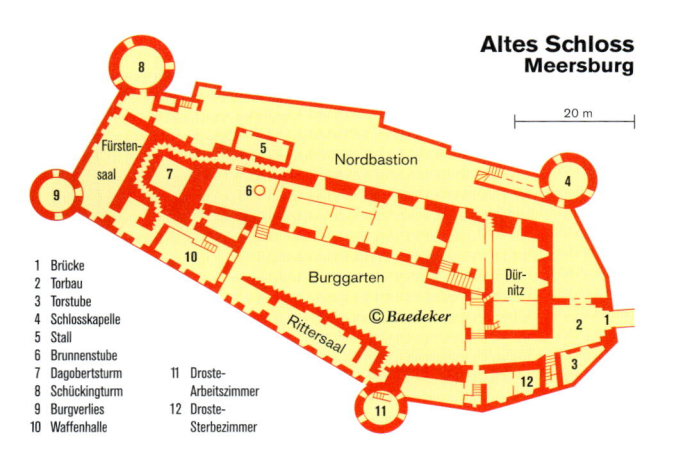

Legende zum Plan:
1 Brücke
2 Torbau
3 Torstube
4 Schlosskapelle
5 Stall
6 Brunnenstube
7 Dagobertsturm
8 Schückingturm
9 Burgverlies
10 Waffenhalle
11 Droste-Arbeitszimmer
12 Droste-Sterbezimmer

Weitere Beschriftung: Fürstensaal, Nordbastion, Burggarten, Rittersaal, Dürnitz, © Baedeker

(Öffnungszeiten: tgl. 9⁰⁰ bis 18³⁰ Uhr). Die Besteigung des Dagobertturms ist nur in Begleitung möglich, sie findet alle 15 bis 20 Min. statt; Treffpunkt ist vor dem Burgcafé. In der Folterkammer des Turms wird der Besucher über Hexenprozesse informiert. — **Altes Schloss (Fortsetzung)**

Östlich gegenüber dem Alten Schloss steht am Schloßplatz das Neue Schloss. Da das Alte Schloss als Residenz der Fürstbischöfe nicht mehr repräsentativ genug war, veranlasste Fürstbischof Johann Franz Schenk von Stauffenberg den "Neuen Bau" zu Beginn des 18. Jh.s. Doch erst sein Nachfolger Damian Hugo von Schönborn ließ den Bau nach Entwürfen von Balthasar Neumann vollenden. Von 1762 bis 1802 war das Schloss dann die Residenz der Fürstbischöfe von Konstanz. Nach vielfältigen Funktionen beherbergt es heute Museen. Das großartige Treppenhaus im Inneren besitzt feine Schmiedeeisengitter. Das Deckengemälde hier wie auch im Festsaal stammt von Joseph Ignaz Appiani. Die Stuckarbeiten im Festsaal und in den verschiedenen Repräsentationsräumen schuf Carlo Pozzi. Die zweigeschossige Schlosskapelle im Ostflügel des Schlosses wurde von Joseph Anton Feuchtmayer und Gottfried Bernhard Goetz ausgestattet (Öffnungszeiten: Ende März bis Ende Okt. tgl. 10⁰⁰–13⁰⁰, 14⁰⁰–18⁰⁰ Uhr). — **Neues Schloss**

Im ersten Stock des Schlosses ist die Städtische Galerie untergebracht, die neben einer Dauerausstellung mit Werken von Kasia von Szadurska, Waldemar Flaig und Hans Dieter, auch wechselnde Kunstausstellungen zeigt. — **Städtische Galerie**

Im Dornier-Museum, ebenfalls im ersten Stock, wird die Geschichte der Luftfahrt und ihres Pioniers Claude Dornier (1884–1969) dargestellt. Zu sehen sind zahlreiche Modelle des Flugzeugkonstrukteurs, u. a. auch die Do X. — **Dornier-Museum**

Das private Zeppelin-Museum (Schloßplatz 8) beleuchtet die Geschichte der Luftschifffahrt anhand von zahlreichen Originalausstellungsstücken wie Uniformen und Möbel (Öffnungszeiten: Ende März – Mitte Nov. 10⁰⁰–18⁰⁰ Uhr). — **Zeppelin-Museum**

Baedeker TIPP) **Dichterleben**

Sonntags um 11⁰⁰ Uhr kann man auf den Spuren der Dichterin Annette von Droste-Hülshoff durch Meersburg wandeln. Eingeschlossen in die Führung ist der Besuch des Droste-Museums im Fürstenhäusle, wo man einen privaten Einblick in das Leben der Dichterin erhält (Treffpunkt: Kasse im Neuen Schloss).

Galerie Bodenseekreis	Das historische Hofkanzlerhaus (Schloßplatz 13) ist Ausstellungsort für moderne Kunst der Region Bodensee-Oberschwaben. Die Sammlung umfasst Malerei, Zeichnung, Kleinplastik, Objektkunst, Grafik und Fotografie.
Weinbaumuseum	Im ehemaligen Heilig-Geist-Spital (Vorburggasse 11) östlich vom Neuen Schloss gibt es ein Weinbaumuseum, in dem Küferwerkzeug und eine historische Flaschensammlung zu sehen sind. Herausragende Ausstellungsstücke sind der Heilig-Geist-Torkel, eine große, noch funktionsfähige Weinpresse von 1607, und das 50 000 l fassende Türkenfass, ein reich verziertes Zehntgefäß der Deutschordenskommende Mainau (Öffnungszeiten: Apr.–Okt. Di., Fr., So. 14⁰⁰ bis 18⁰⁰ Uhr).
***Marktplatz** (s. Abb. S. 230/231)	Der kleine malerische Marktplatz nördlich bietet mit seinen Fachwerkhäusern und dem Obertor eines der bekanntesten deutschen Stadtbilder. Die gemütlichen historischen Restaurants laden den Besucher zu einer Rast ein. Obwohl hier reges Kommen und Gehen herrscht, vor allem an Markttagen, hat sich der Platz eine beschauliche Atmosphäre bewahrt.
Bibel-Galerie, Stadtmuseum	In der Nähe, in der Kirchgasse Nr. 4, befindet sich das Alte Kloster, ein ehemaliges Dominikanerinnenkloster (15. Jh.). In der hier untergebrachten Bibel-Galerie wird unter dem Thema "Vom Nomadenzelt zum Microchip" die Entstehungs-, Überlieferungs- und Wirkungsgeschichte der Bibel bis zur Gegenwart dargestellt. So kann man beispielsweise an der Gutenbergpresse den Psalm 23 drucken oder in einer Klosterschreibstube mit Feder und Tinte auf Pergament schreiben (Öffnungszeiten: Ende März–Mitte Nov. Di.–So. 11⁰⁰–13⁰⁰, 14⁰⁰–17⁰⁰ Uhr). Das Stadtmuseum, das ebenfalls im alten Kloster zu finden ist, beleuchtet ausgewählte Epochen der Stadtgeschichte, insbesondere die Frühzeit des Tourismus. Außerdem wird das Wirken von Franz Anton Mesmer, des Entdeckers des "animalischen Magnetismus", verdeutlicht.
Droste-Museum im Fürstenhäusle	Östlich vom Obertor steht in den Weinbergen das Fürstenhäusle, so benannt nach den Konstanzer Fürstbischöfen, in deren Besitz es sich einst befand. 1843 hat Annette von Droste-Hülshoff das Haus erworben, heute beherbergt es das reizvolle Droste-Museum. Es ist mit Möbeln, Bildern und Büchern ausgestattet. Originalhandschrif-

ten und persönliche Erinnerungsstücke prägen die private Atmosphäre der Räume (Öffnungszeiten: Apr. – Okt. 10⁰⁰ – 12³⁰, 14⁰⁰ – 17⁰⁰ Uhr). Die Dichterin ist auf dem nahe gelegenen Friedhof begraben.

Droste-Museum im Fürstenhäusle (Fts.)

Umgebung von Meersburg

Ein kunsthistorisches Kleinod ist die barocke Wallfahrtskapelle Maria zum Berg Karmel im 3 km nördlich gelegenen Ort Baitenhausen, von wo man eine schöne Aussicht hat. Auftraggeber des von 1702 bis 1704 errichteten Gotteshauses waren die zwischen Konstanz und Meersburg in einen Seesturm geratenen Fürstbischof Kardinal Marquard Rudolph von Roth und Kaplan Johann Goerg Roth, die Hilfe durch die Anrufung des seit dem 16. Jh. verehrten Gnadenbildes (um 1550) in Baitenhausen erfuhren. Das mehrfach bearbeitete Gnadenbild steht heute am Hochaltar der Kapelle Maria zum Berg Karmel. Die kleine kreuzförmige Kapelle wurde erst 1760 mit Deckenbildern und von 1761 bis 1765 mit Altären ausgestattet. Der Augsburger Historienmaler Hohann Wolfgang Baumgartner malte Pietà, Himmelfahrt und Krönung Mariens sowie Anbetung der Hirten. Besonders gelungen sind die zwei Veduten zur Verherrlichung Mariens: "Maria so schön wie der Mond" mit der Bodenseelandschaft zwischen Konstanz und Meersburg sowie "Maria auserwählt wie die Sonne" mit einem Blick in die Linzgaugegend, ins Salemer Tal und sogar zum Säntis.

*****Wallfahrtskapelle Maria zum Berg Karmel**

Eingebettet in Weinberge und Obstgärten liegt das Fischer- und Winzerdorf Hagnau (1300 Einw.) 3 km südöstlich von Meersburg, direkt am Bodensee. Der idyllische und beliebte Ferienort besitzt

Hagnau

Das Winzerdorf Hagnau liegt, inmitten von Weinbergen, direkt am See.

Hagnau (Fortsetzung)	schöne Fachwerkbauten und ein umfangreiches Hotel- und Gastronomieangebot. An den sanft ansteigenden Rebhängen wachsen Spätburgunder-, Ruländer-, Müller-Thurgau- und Traminertrauben. Auch der Obstanbau ist in Hagnau ein traditionsreicher Wirtschaftszweig.
Sehenswertes	Wahrzeichen von Hagnau ist die spätgotische, 1729 barock umgestaltete Kirche St. Johann Baptist, deren 48 m hoher Turm in seinem unteren Teil romanisch ist. Im Inneren finden sich Schnitzfiguren des 15. Jh.s. Die vier modernen Glasfenster (1980) im Chor schuf Peter Valentin Feuerstein. Nach altem Brauch wechselt bei einer "Seegfrörne", wenn der Bodensee völlig zugefroren ist, eine Büste des Evangelisten Johannes (16. Jh.), die abwechselnd in der Pfarrkirche von Hagnau und der Klosterkirche von Münsterlingen (▶ Kreuzlingen) in der Schweiz aufbewahrt wird, den Standort. Diese Figur, seit 1830 in Hagnau aufbewahrt, wurde zuletzt 1963 in einer feierlichen Prozession über das Eis zur Klosterkirche in Münsterlingen gebracht, wo sie bis zur nächsten "Seegfrörne" bleibt. Von den einst 26 Weinpressen des Ortes ist der Torkel von 1747 erhalten geblieben. Das kleine Museum (Neugartenstr. 20) neben der evangelischen Kirche zeigt eine Privatsammlung von Puppenstuben, Puppen und Spielzeug von 1830 bis 1950 (Öffnungszeiten: Mitte März – Ende Okt. tgl. 10⁰⁰ – 12⁰⁰, 14⁰⁰ – 17⁰⁰ Uhr). Empfehlenswert sind die Traubenwege rund um Hagnau wie die mit einer gelben Traube markierte Wanderung zum Schloss Kirchberg. Zudem ist der Obst- und Weinwanderweg interessant, ein 4 km langer Rundweg, an dem Reb- und Obstsorten erläutert werden.
Markdorf	Das als Ferienort besuchte Städtchen Markdorf (12 000 Einw.) liegt 9 km nordöstlich von Meersburg, im östlichen Linzgau, am Fuß des Gehrenbergs, umgeben von Wald, Wiesen und Obstplantagen. Es ist ein idealer Ausgangspunkt für Ausflüge zum Bodensee ("Balkon zum Bodensee").
Sehenswertes in Markdorf und Umgebung	In der Stadtmitte steht die spätgotische ehemalige Kollegiatstiftskirche St. Nikolaus (15. Jh.), deren Innenraum barockisiert wurde. Schön ist die Mondsichelmadonna von David Zürn über dem Südportal. In der nördlich angebauten barocken Marienkapelle, die von Johann und Joseph Schmuzer vortrefflich stuckiert wurde, steht auf dem Altar eine kostbare geschnitzte Schutzmantelmadonna (um 1470). Mauertürme der Stadtbefestigung des 16. Jhs beherrschen das Stadtbild: das Obertor, der Hexenturm und das Untertor. Das Schloss, die ehemalige Sommerresidenz der Fürstbischöfe von Konstanz, umfasst einen Staffelgiebelbau von 1510 und den Neuen Bau von 1740. Heute ist hier ein Hotel untergebracht.
Bermatingen	Etwa 4 km westlich von Markdorf liegt im Tal der Salemer Aach, am Fuß des Gehrenbergs das malerische Dorf Bermatingen (435 m; 3700 Einw.), das von Obstgärten und großen Weinbergen umgeben ist. Das Ortsbild zeichnet sich durch schöne Fachwerkhäuser aus.
Gehrenberg	Lohnend ist ein Ausflug von etwa einer Stunde Fußweg nordostwärts zum Gehrenberg (754 m), dem "Hausberg" von Markdorf. Von dem Aussichtsturm oben bietet sich eine großartige Alpensicht, die bis zum Berner Oberland reicht.
Deggenhausertal	Die Gemeinde Deggenhausertal, nördlich von Markdorf, ebenfalls im Linzgau gelegen, setzt sich aus den Teilorten Deggenhausen, Homberg, Roggenbeuren, Untersiggingen, Urnau und Wittenhofen

zusammen. Die hügelige Wiesen- und Waldlandschaft des Deggenhausertals bietet Ruhe und Entspannung, gepaart mit viel Natur, die sich gut zum Wandern eignet. Unterwegs kann man in Landgasthöfen einkehren, die bekannt sind wegen ihrer guten badisch-alemannischen Küche und den Bodenseeweinen. In diesem Gebiet erhebt sich der Höchsten (833 m), der höchste Berg in Oberschwaben, von dem man eine weite Aussicht auf den See sowie die Allgäuer und Schweizer Alpen genießt.

Meersburg (Fortsetzung)

Radolfzell

C/D 8

Höhe: 395 – 675 m ü. d. M.
Einwohnerzahl: 30 000

Die Stadt Radolfzell, am Zeller See, einem westlichen Zweig des Bodensees, gelegen, bietet eine malerische Altstadt mit verwinkelten Gassen sowie schöne Adels- und Patrizierhäuser. Kur- und Freizeiteinrichtungen auf der Halbinsel Mettnau machen Radolfzell zum Heil- und Kneippkurort sowie zu einem beliebten Ferienzentrum. Durch seine zentrale Lage im westlichen Bodenseebereich ist Radolfzell ein idealer Ausgangspunkt für Wanderungen und Radtouren sowie für Ausflüge. Der Name der Stadt geht auf das von Bischof Radolf von Verona 826 gegründete Kloster, die "Radolf-Zelle" (lat. Cella Ratoldi), zurück.

*Kurort

Bemerkenswert sind das traditionelle Radolfzeller Hausherrenfest (3. So. im Juli) zu Ehren der Stadtpatrone Theopont, Senes und Zeno sowie die am darauffolgenden Montag stattfindende Mooser Wasserprozession mit blumengeschmückten Booten.

Traditionelle Feste

Sehenswertes in Radolfzell

*Münster
Der Marktplatz, der Mittelpunkt der Altstadt, wird beherrscht von dem gotischen Münster Unserer Lieben Frau, 1436 an der Stelle der von Bischof Radolf von Verona errichteten Zelle erbaut. Im 18. Jh. wurde es teilweise barockisiert. Im Inneren sind sehenswert das Grab des hl. Radolf, der prachtvolle Rosenkranzaltar der Brüder Zürn und der barocke Hausherrenaltar von 1750, benannt nach den Stadtheiligen Theopont, Senes und Zeno.

Österreichisches Schlößchen
Neben dem Münster findet man zwei interessante Gebäude: das Österreichische Schlößchen, ein Renaissancebau mit Staffelgiebel, der 1620 begonnen und im 18. Jh. fertig gestellt wurde, in dem heute die Stadtbibliothek untergebracht ist,

Radolfzeller Altstadt, überragt vom Münster

173

Radolfzell (Fortsetzung)	und das Reichsritterschaftsgebäude der Adelsgesellschaft zu St. Georgenschild, ein mächtiger Renaissance- und Barockbau von 1626, der heute als Amtsgericht fungiert.
Stadtmuseum	Das Stadtmuseum (Teggingerstr. 16) nördlich des Marktplatzes präsentiert archäologische Funde, Ausstellungsstücke zur Stadtgeschichte und Zeugnisse bürgerlicher Wohn- und Lebensformen. Außerdem wird die wirtschaftliche Entwicklung der Stadt dargestellt (Öffnungszeiten: März – Okt. Di. – So. 14^{00} – 18^{00} Uhr).
Griener Winkel	Bauhistorisch interessant sind die "Griener Winkel" genannten Teile einer Bauern- und Fischersiedlung aus dem 18. Jh. beim Stadtgarten.
Städtische Galerie	Künstler der Region werden in der Städtischen Galerie in der Villa Bosch in der Scheffelstraße, neben der Mettnaubrücke vorgestellt.
*Halbinsel Mettnau	Südöstlich der Altstadt breitet sich auf der Halbinsel Mettnau das Kurgebiet Mettnau aus mit ausgedehnten Park-, Sport- und Freizeitanlagen um das ruhige Kurzentrum. In den verschiedenen Kliniken werden Herz-, Kreislauf- und Stoffwechselerkrankungen sowie Schäden am Bewegungsapparat behandelt. Vom Mettnauturm am östlichen Ufer der Halbinsel hat man eine schöne Aussicht.
Scheffelschlößchen	Im Scheffelschlößchen am Südostende der Halbinsel ist die Kurverwaltung untergebracht. Außerdem sind in dem von Joseph Victor von Scheffel (▶ Berühmte Persönlichkeiten) erbauten und bewohnten Gebäude noch zwei original ausgestattete Wohnräume des Dichters zu sehen.
Naturschutzgebiet	Den östlichen Teil und die Spitze der Halbinsel nimmt ein Naturschutzgebiet ein. Bei einer naturkundlichen Führung kann man Kolbenenten, Teichrohrsänger und Graureiher beobachten und viele seltene Pflanzen sehen. In dem dazu gehörigen Naturschutzzentrum wurde eine Ausstellung über das Naturschutzgebiet zusammengestellt (Öffnungszeiten: Sa., So., Fei. 14^{00} – 18^{00} Uhr).
Vogelwarte	Die Forschungsstelle für Ornithologie der Max-Planck-Gesellschaft hat ihren Sitz im Wasserschloss des Ortsteils Möggingen, rund 5 km nordöstlich von Radolfzell. Ansehen kann man sich die Volieren im Innenhof des Schlosses.
Mindelsee	Etwa 4 km nordöstlich von Radolfzell breitet sich in einem Naturschutzgebiet der Mindelsee aus, ein eiszeitlicher Moränensee mit Schilfgürtel. Das Gebiet ist Lebensraum für seltene Tieren und Pflanzen. So kann man hier Zwergdommeln, Bekassinen und Kolbenenten beobachten.

Ravensburg — G 8

Höhe: 477 m ü. d. M.
Einwohnerzahl: 46 000

Lage und Allgemeines	Ravensburg, 19 km nordöstlich von Friedrichshafen im Tal der Schussen gelegen, ist wirtschaftlicher und kultureller Mittelpunkt in Oberschwaben. Im Schnittpunkt wichtiger Verkehrswege war die

alte Reichsstadt vor allem als Handelsplatz von Bedeutung. In neuerer Zeit siedelten sich auch größere Wirtschaftsunternehmen an. So ist hier der Sitz des Spieleverlags Otto Maier, was Ravensburg den Ruf als "Stadt der Spiele" eingebracht hat. Im September findet alljährlich unter dem Motto "Ravensburg spielt" ein Spielewochenende statt. Der Name der Stadt leitet sich von der Ravensburg (heute Veitsburg), dem einstigen Stammsitz der Welfen, ab.

Allgemeines (Fortsetzung)

Die "Stadt der Türme und Tore" hat mit ihren 14 Tor- und Mauertürmen, den malerischen Straßen und verwinkelten Plätzen ihr geschlossenes mittelalterliches Stadtbild bewahrt. Die meisten großen Bauwerke, die noch heute das Gesicht der Altstadt prägen, stammen aus der Blütezeit von Ravensburg im ausgehenden Mittelalter, als die Stadt durch den Handel mit Leinen und Barchent sowie der Papierherstellung zu Reichtum kam. Die Stadtmauer zwischen den Türmen wurde 1835 größtenteils niedergelegt.

*Stadtbild

Ravensburg entstand um die gleichnamige Burg, die Welf IV. nach 1080 als Stammsitz der von ihm begründeten jüngeren Linie der Welfen errichten ließ. 1180 veräußerte Welf VI. den Familienbesitz in Süddeutschland und den Alpen an seinen Neffen Friedrich Barbarossa, der die Ravensburg zum Sitz der Reichsverwaltung in

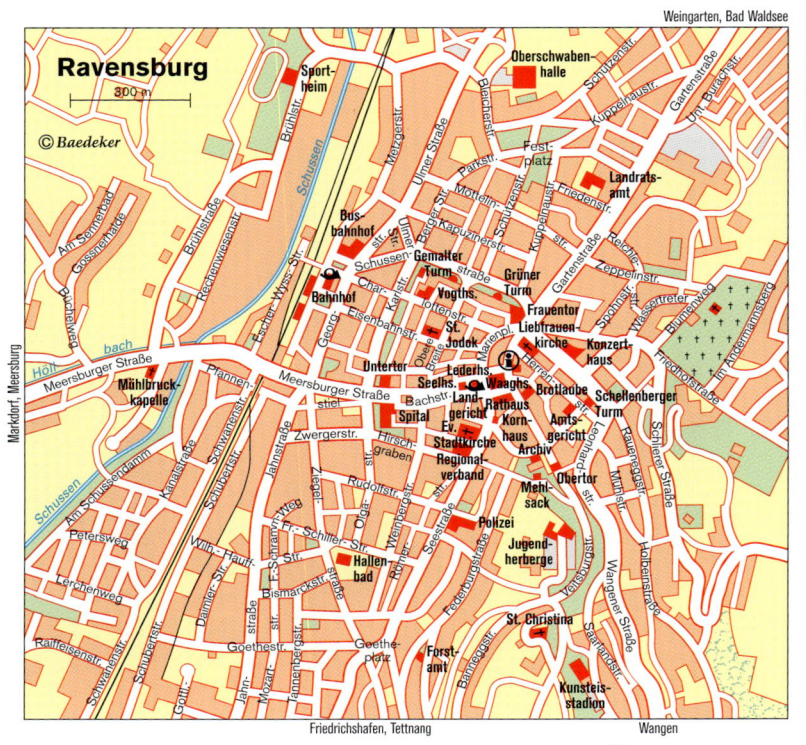

Geschichte

Geschichte (Fortsetzung)

Schwaben machte. Nach dem Untergang der Staufer setzte Rudolf von Habsburg auf der Burg zunächst einen österreichischen Landvogt ein, 1276 erhob er Ravensburg zur Reichsstadt, die sich mit immer zahlreicheren Privilegien zu einem kleinen Territorialstaat entwickelte. Die etwa von 1380 bis 1530 bestehende Große Ravensburger Handelsgesellschaft brachte durch ihren internationalen Handel, besonders mit Leinwand, Reichtum in die Stadt. Durch Verlagerung der großen Handelswege auf die Weltmeere und das Erstarken anderer Handelsstädte wie Augsburg und Nürnberg verarmte Ravensburg. In der Reformationszeit war die Bürgerschaft konfessionell geteilt. Besonders schlimme Folgen hatten der Dreißigjährige Krieg – die Burg brannte 1647 ab – und später die Napoleonischen Kriege. Die Stadt kam schließlich 1810 an Württemberg.

*Altstadt

Marienplatz

Zentrum der Altstadt ist der Marienplatz, auf dem immer reges Leben herrscht. Er bildet heute die Grenzlinie zwischen der um 1250 unregelmäßig angelegten staufischen Oberstadt im Osten und der um 100 Jahre jüngeren Unterstadt im Westen. Auf dem südlichen Teil des Platzes, der früher "Am Viehmarkt" hieß, findet auch heute noch allwöchentlich ein Viehmarkt statt.

Blaserturm, Waaghaus

Der viereckige, als Feuerwachturm errichtete Blaserturm (16. Jh.) in der Mitte des Platzes markiert weithin das Zentrum. Man kann den 51 m hohen Turm besteigen (Öffnungszeiten: Mai – Sept. Mo. – Fr. 14^{00} – 17^{00}, Sa. 12^{00} – 16^{00} Uhr). An ihn ist das Waaghaus (1498) angebaut, das anfangs als Kaufhaus, dann als Stadtwaage diente.

Marienplatz: die "gute Stube" von Ravensburg

Lederhaus, Seelhaus

Das Lederhaus gegenüber vom Blaserturm wurde 1513/1514 als Haus der Lederhandwerker erbaut und 1574 mit Grisaillemalereien und Giebelverzierung manieristisch verändert; heute ist hier die Post untergebracht. Dahinter steht das für kranke Pilger und Handwerksgesellen errichtete Seelhaus (1408) mit Barockgiebel.

Rathaus

Das spätgotische Rathaus (14./15. Jh.) gegenüber dem Waaghaus weist einen Renaissanceprunkerker und zwei spätgotische Ratssäle auf. Im Erdgeschoss ist die Alte Stadtbibliothek untergebracht.

Evangelische Stadtkirche

Weiter südlich steht die evangelische Stadtkirche, die um 1350 als Kirche eines Karmeliterklosters erbaut wurde. Im Inneren besitzt die typische Bettelordenskirche mit Holzbalkendecke gotische Fresken (14./15. Jh.) und zahlreiche Grabsteine von Patriziern und Kaufleuten. An den Chor schließt die Kapelle der Ravensburger Handelsgesellschaft (1351 – 1360) an, in der vier spätgotische bemalte Fenster erhalten sind, auf denen Schutzheilige der Kaufleute dargestellt sind.

Liebfrauenkirche

Vom Blaserturm gelangt man nördlich durch die Kirchstraße zu der im 14. Jh. im Stil der franziskanischen Bettelordenskirchen erbauten Liebfrauenkirche. Schön sind das Westportal und die farbenprächtigen Chorfenster (1415).

*Stadtmauer und Türme

Vom Frauentor (14. Jh.) nördlich der Liebfrauenkirche empfiehlt sich ein Rundgang westlich um die hier z. T. noch erhaltene turmbewehrte Stadtmauer. Gleich nördlich erhebt sich der Grüne Turm, der nach der Farbe seiner Dachziegeln benannt wurde (15. Jh.). Durch die Schussenstraße erreicht man an der Nordwestecke der Altstadt den 50 m hohen Gemalten Turm (15. Jh.), der seinen Namen wegen der Bemalung mit Rautenmustern und Wappen erhielt. Weiter südlich gelangt man zum 36 m hohen Untertor (1363) mit einstiger Zollstation. Der die Südwestecke der Altstadteinnehmende 40 m hohe Spitalturm, der wegen der einstigen Schweineställe des nahen Spitals im Volksmund den Namen "Sauturm" hat, wurde bei der zweiten Stadterweiterung im 14. Jh. erbaut. Östlich dahinter geht man durch den Hirschgraben mit den am besten erhaltenen Überresten der Stadtmauer, wo seit dem 15. Jh. Damhirsche gehalten wurden.

Vogthaus / Heimatmuseum

Nordwestlich vom Marienplatz ist im ehemaligen Vogthaus (Charlottenstr. 36), einem schönen Fachwerkbau (1480), das Heimatmuseum untergebracht. Es zeigt in Originalen Beispiele der bürgerlichen Wohnkultur vom 15. bis zum 18. Jh., ferner süddeutsche Plastik (14. – 18. Jh.), Wappen, Zunfttafeln, Trachten, Waffen, Münzen und alte Stadtansichten (Öffnungszeiten: Mitte Juni – Okt. Di. – Sa. 14:00 – 18:00, So. 11:00 – 13:00, 14:00 – 18:00 Uhr).

Marktstraße

Vom Rathaus führt die malerische Marktstraße, in der man gut die breiten Häuser der Patrizier von den schmalen der Handwerker unterscheiden kann, zum 42 m hohen Obertor (1431/1432) mit Gusserker und Armsünderglöcklein. Hier wird samstags der Wochenmarkt abgehalten. Am Anfang der Marktstraße (Nr. 13) steht links das Alte Theater, ein Frühbarockbau von 1625, der zunächst als Brotlaube für die Bäcker, ab 1698 als Theatersaal genutzt wurde und heute Ausstellungssaal der Städtischen Galerie ist. Hier werden wechselnde Kunstausstellungen von internationalem Rang prä-

Marktstraße (Fortsetzung)	sentiert. Das Stammhaus des Spieleverlags Otto Maier in der Marktstr. 26 beherbergt heute das Ravensburger Spielemuseum (Öffnungszeiten: Do. 14^{00}–18^{00} Uhr). An der Straßenerweiterung vor dem Obertor sieht man links (Nr. 59) das Haus der Großen Ravensburger Handelsgesellschaft mit volutenverziertem Barockgiebel, das im Kern aus dem 12. Jh. stammt und 1446 umgebaut wurde.
Mehlsack	Westlich vom Obertor erhebt sich als Wahrzeichen der Stadt der 51 m hohe Rundturm Mehlsack (um 1350), benannt nach dem hellen Verputz. Man kann den Turm besteigen (Öffnungszeiten: Mai, Juni, Aug., Sept. So. 10^{00}–13^{00} Uhr).
Schellenberger Turm	Der um 1350 erbaute Schellenberger Turm nördlich vom Obertor wurde im 17. oder 18. Jh. durch einen Blitzeinschlag zur Ruine. Er wird im Volksmund "Katzenlieselesturm" genannt nach einer alten Frau, die im 19. Jh. mit ihren Katzen in der Ruine hauste.
Veitsburg	Vom Obertor steigt man durch hübsche Parkanlagen auf dem Burgweg hinauf zur Veitsburg (525 m). An der Stelle der 1647 abgebrannten Stammburg der Welfen wurde 1750 von Giovanni Gaspare Bagnato ein Schlösschen errichtet, in dem heute eine Jugendherberge und ein Restaurant mit Gartenterrasse untergebracht sind. Von der Burg hat man eine schöne Aussicht.

Umgebung von Ravensburg

*Klosterkirche Weißenau	Etwa 3 km südlich liegt die ehemalige Prämonstratenserstift Weißenau, benannt nach der weißen Kuttenfarbe der Mönche. Besonders hervorzuheben ist die von 1717 bis 1724 von Franz Beer erbaute Klosterkirche St. Peter und Paul, die als Wandpfeilerhalle nach dem Vorarlberger Bauschema konzipiert wurde. Das Innere ist mit Stuckaturen von Franz Schmuzer und mit Deckengemälden von Karl Stauder ausgeschmückt. Den Chor baute Martin Barbieri bereits von 1628 bis 1631. Der frühbarocke Hochaltar (1631) ist ein Meisterwerk von Zacharia Binder, und das prächtige Chorgestühl kam 1635 hinzu. Die von Johann Nepomuk Holzhay 1787 vollendete und nach der Säkularisierung mehrfach veränderte Orgel ist von 1987 bis 1989 originalgetreu restauriert worden. An die Kirche stößt südlich das 1708 ebenfalls von Franz Beer errichtete ehemalige Abteigebäude an. Der große Festsaal ist mit Wessobrunner Stuckaturen geschmückt.

Ravensburger Spieleland
In Liebenau bei Meckenbeuren (11 km südlich) können sich Kinder im Ravensburger Spieleland, dem "größten Spielzimmer der Welt", vergnügen. Hier präsentiert sich die Welt der Ravensburger Spiele im Großformat. Weitere Attraktionen sind Grüne Oase, Future World,

Im Ravensburger Spieleland ist immer was los.

Käpt'n Blaubärs Wunderland, Fix & Foxi Abenteuerland und Mitmachland. Außerdem können sich die Kinder auf dem Abenteuerspielplatz und an der Kletterwand austoben (Öffnungszeiten: Mitte Apr. – Anf. Nov. tgl ab 10 ⁰⁰ Uhr, die Schließzeiten variieren von 16 ⁰⁰ bis 18 ⁰⁰; Info-Hotline: ☎ 0 75 42 / 4 00-100).

Ravensburg (Fortsetzung)

Die Hauptattraktion des 10 km westlich gelegenen beliebten Ausflugs- und Erholungsortes Waldburg ist das Schloss aus der Renaissancezeit. Das Burg wurde ursprünglich im 11. und 12. Jh. für die Truchsessen von Waldburg errichtet und im 16. Jh. als Schloss der Fürsten Waldburg zu Wolfegg und Waldsee erneuert. Das Schloss ist noch heute im Privatbesitz der Familie Waldburg-Wolfegg. Das Museum zeigt die Geschichte der Burg und des Hauses Waldburg vom Mittelalter bis zur Mitte des 20. Jh.s. Zu sehen sind Waffen, Gemälde und Möbel aus allen Epochen, außerdem eine Vogel- und Geweihsammlung sowie eine Ausstellung zur Landesvermessung. Beachtung verdienen der Rittersaal (1568) und die 1728 von Johann Georg Fischer veränderte Burgkapelle mit einem spätgotischen Schnitzaltar. Von der Dachplattform bietet sich ein prächtiger Blick über Oberschwaben bis zum Bodensee (Öffnungszeiten: Apr. – Okt. 10 ⁰⁰ – 17 ⁰⁰ Uhr).

Schloss Waldburg

Reichenau

D 8

Inselfläche: 4,3 km²
Höhe: 398 – 441 m ü. d. M.
Bewohnerzahl: 3300 (mit Festland 5000)

Dort, wo die Fluten des Rheins den Ausonischen Alpen entströmen / in den gewaltigen See, der weit nach Westen sich ausdehnt, / dort erhebt sich inmitten der Flut die liebliche Insel. / Reichenau wird sie genannt, im Herzen Germaniens liegt sie, so beschreibt Walahfrid Strabo, berühmter Abt des Klosters Reichenau, im 9. Jh. die Lage der Insel. Heute dagegen wird die Lage der Reichenau, weniger poetisch, so beschrieben: Die Insel liegt im Untersee, dem westlichen Teil des Bodensees. Sie ist mit 5 km Länge und 1,5 km Breite die größte Insel im Bodensee. Die Kirchen der einst weltberühmten Abtei gehören in ihrer Anlage und mit den großartigen Wandbildern zu den bedeutendsten Zeugen frühromanischer Kunst in Deutschland. Sie wurden in die Liste des Weltkulturerbes der UNESCO aufgenommen.
Die Reichenau ist aber auch als "Gemüseinsel" bekannt. Ihr Name leitet sich von der "Reichen Au" ab, was so viel wie "reiche Insel" bedeutet.

**Weltkulturerbestätte

Ein mildes Inselklima, der fruchtbare Boden und künstliche Beregnung ermöglichen einen ertragreichen Gemüseanbau, der teilweise in Gewächshäusern betrieben wird. Hauptanbauprodukte sind Gurken, Salat und Tomaten. Der Gemüsebau basiert heute durchweg auf kleineren und mittleren Familienbetrieben. Im "Frühbeet Deutschlands" sind zwei bis drei Ernten im Jahr möglich. Das zweitwichtigste wirtschaftliche Standbein ist der Tourismus. In der hiesigen Fischbrutanstalt werden Millionen von Fischeiern ausgebrütet und die Jungfische im See ausgesetzt. Von Bedeutung ist auch die Fischerei.

Wirtschaft

Geschichte	Das 724 von Karl Martell durch den hl. Pirmin († 753) gegründete Kloster Reichenau, das erste Benediktinerkloster auf deutschem Boden, war während seiner Blütezeit im 9. bis 11. Jh. ein geistliches Zentrum des künstlerischen und literarischen Ambitionen. Von den berühmten Äbten sind besonders zu nennen: Bischof Waldo (786–806), Begründer der Reichenauer Gelehrtenschule und der Bibliothek, Heito I. (806–823), Berater Karls des Großen und Erbauer des Marienmünsters, Walahfrid Strabo (838–849), bedeutender Dichter und Verfasser eines Buches über Gartenbau, und Hatto III. (883–913), Erzbischof von Mainz und Kanzler des Deutschen Reiches sowie Erbauer der Kirche von Oberzell. Im 11. Jahrhundert erlebte die Reichenauer Malerschule eine Hochblüte (▶ Baedeker Special S. 54/55). Seit dem 13. Jh. verarmte das Kloster, bis es 1538 an das Hochstift Konstanz kam. 1757 wurde das Kloster aufgehoben und seine wenigen Mönche auf andere Klöster verteilt.
Traditionelle Feste	Drei Kirchenfeste, die auf alten Klostertraditionen fußen, sind heute noch von großer Bedeutung. Sie werden auf der Insel alljährlich mit Prozessionen und Musik begangen. Es sind dies das Markusfest (25. April) und das Fest Mariä Himmelfahrt (15. Aug.) zu Ehren der beiden Patrone des Münsters Mittelzell sowie als höchster Inselfeiertag das Heilig-Blut-Fest (Mo. nach Dreifaltigkeitssonntag), das zurückgeht auf ein dem Kloster im Jahr 925 geschenktes Abtskreuz mit blutgetränkter Erde von Golgatha.

Oberzell

Burg Schopfeln	Von der Halbinsel Bodanrück erreicht man die Reichenau auf einem 1838 erbauten, 1,5 km langen, von hohen Pappeln gesäumten Damm. An der Ostspitze liegen die Reste der 1384 zerstörten Burg Schopfeln (10. Jh.), die einst den Äbten gehörte.
*St. Georg	Nach 2 km erreicht man den Ortsteil Oberzell, dessen wichtigste Sehenswürdigkeit die ehemalige Stiftskirche St. Georg ist. Die un-

St. Georg **Oberzell**

A Ölberggruppe (15. Jh.)
B Pietà (um 1470)
C Schmerzensmann (15. Jh.)
D Holzkruzifix (17. Jh.)

IKONOGRAFIE DER WANDMALEREIEN

1 Heilung des Besessenen
2 Heilung der Wassersüchtigen
3 Stillung des Sturmes
4 Heilung des Blindgeborenen
5 Heilung des Aussätzigen
6 Erweckung des Jünglings zu Nain
7 Erweckung der Tochter des Jairus
8 Heilung des Blutflüssigen
9 Erweckung des Lazarus
10 Frauengeschwätz (um 1376)
11 Weltgericht (1708)
12 Jüngstes Gericht (um 1200)

Einzigartig sind die romanischen Wandmalereien in St. Georg.

ter Abt Hatto III. (888–913) erbaute dreischifffige Säulenbasilika ist das großartigste Beispiel spätkarolingischer Baukunst. Die Westapsis entstand um 1000, die Vorhalle im 11. Jh. Die gotische Vierung wurde im 15. Jh. eingewölbt.

Einmalig sind die romanischen monumentalen Wandmalereien (um 1000) im Innern, das einzige, außerdem gut erhaltene Beispiel einer vollständigen Kirchenschiffausmalung nördlich der Alpen. Dargestellt sind die Wundertaten Christi, darunter die Heilung des Wassersüchtigen und des Aussätzigen, die Beruhigung des Sturms auf dem See Genezareth sowie die Erweckung des Lazarus. Der Erzählstil fasst die zeitlich nacheinander folgenden Geschehnisse nach byzantinischer Art in einem Bildraum zusammen. Ausdrucksträger ist die übergroße, durch Kreuznimbus gekennzeichnete Christusfigur mit von magischer Kraft erfüllter Gebärde, die die Menschen in ihren Bann zieht. In der Tradition spätantiker Stadtbilder stehen dabei die Hintergrundszenen, die farblich fein abgestuft sind, von Braun-Grün bis zu Blau. Unter dem Chor befindet sich die Krypta vom Anfang 9. Jh.s. Im ehemaligen Oratorium ist über der Vorhalle ein Jüngstes Gericht aus dem 11. Jh. sehenswert. Krypta und Oratorium sind nur mit Führungen zugänglich, die von Juli bis August montags um 17⁰⁰ Uhr stattfinden.

St. Georg (Fortsetzung)

**Romanische Wandmalereien

Mittelzell

Im 2 km entfernten Ortsteil Mittelzell steht das alte Rathaus auf der "Ergat", ein Fachwerkbau aus dem 14. Jh., der einst Sitz des Ammanns war. In dem hier untergebrachten Museum Reichenau wird

Museum Reichenau

Mittelzell (Fortsetzung)

die Entwicklung der Landwirtschaft und des Weinbaus sowie die Geschichte der Abtei und der Buchmalerei dargestellt. In der Galerie finden Sonderausstellungen statt (Öffnungszeiten: Mitte Apr. bis Mitte Okt. Di.–So. 15⁰⁰–17⁰⁰ Uhr).

*Münster

Unweit nördlich vom alten Rathaus steht das Münster St. Maria und St. Markus, eine ursprünglich aus dem 8. Jh. stammende, in ihrer jetzigen Gestalt im 11. Jh. erbaute romanische Basilika mit zwei Querschiffen, wuchtigem Westbau mit Turm und hohem gotischen Chor (15. Jh.). Bei der von 1964 bis 1970 erfolgten Restaurierung wurde der Dachstuhl mit seiner 700 Jahre alten Eichenbalkenkonstruktion freigelegt. In der westlichen Querhalle steht der Markusaltar, ein gotisches Steingehäuse (1477), in dem die 830 auf die Reichenau gelangte Markusreliquie in einer Kopie des Markusschreins (Original in der Schatzkammer) aufbewahrt wird. In der Apsis darüber befindet sich die Loge von Kaiser Heinrich III., eines Gönners des Abtes Berno († 1048), dessen Grabplatte man im Boden sieht. Eine bedeutende Plastik ist die gotische Muttergottesstatue (um 1310) im Mittelschiff.

In dem 1746 durch ein kunstvoll gestaltetes Barockgitter abgeschlossenen Chor (nur während der Öffnungszeiten der Schatzkammer zugänglich) sind beachtenswert der Heiligblutaltar (1739), der in einer Monstranz die Heiligblutreliquie verwahrt, der Allerheiligenaltar, ein spätgotischer vielfiguriger Flügelaltar (1498), eine Wandnische für die Kana-Krug-Reliquie mit Malereien des frühen 14. Jhs. sowie weitere Wand- und Deckenmalereien (Führungen: Juli – Aug. Di. 17⁰⁰ Uhr).

St. Maria und St. Markus — Mittelzell

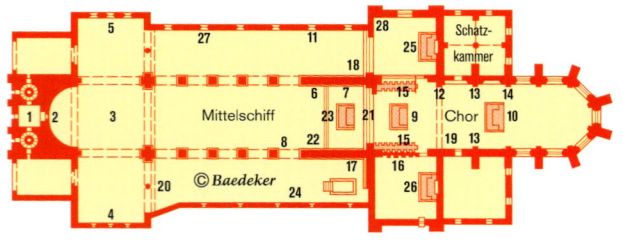

1 Kaiserloge (1048)
2 Markusaltar (1477)
3 Grab des Abtes Berno († 1048)
4 Abtsgrabsteine
5 Kreuzigungsgruppe (1690)
6 Muttergottesstatue (um 1300)
7 Christophorusbild (1320)
8 Christus am Ölberg (1350)
9 Heiligblutaltar (1739)
10 Allerheiligenaltar (1498)
11 Vesperbild (Ende 14. Jh.)
12 Wandnische (um 1310)
13 Wandbilder (1555)
14 Sakramentshäuschen (1450)
15 Chorgestühl (15. Jh.)
16 Orgel (1964)
17 Klosterinsel (1624)
18 Klosterbild (1738)
19 Grab Karls des Dicken († 888)
20 Witigowosäule (10. Jh.)
21 Chorgitter (1746)
22 Muttergottesbild (1471)
23 Volksaltar (1970)
24 Stephanusaltar (1590)
25 Ölberg (1480)
26 Christus mit Aposteln (15. Jh.)
27 Kreuzweg (1972)
28 Taufe (16. Jh.)

*Schatzkammer

In der gotischen Sakristei befindet sich die Schatzkammer. Zu sehen sind hier fünf kostbare Reliquienschreine der frühen und späten Gotik, ferner eine Elfenbeinpyxis (5. Jh.), der so genannte Krug aus Kana (vermutlich 5. Jh.), und ein um 170 entstandener romanischer Kruzifixus (Öffnungszeiten: Mai – Sept. Mo. – Sa. 11⁰⁰ bis 12⁰⁰, 15⁰⁰ – 16⁰⁰ Uhr).

Südlich an das Münster angrenzend, gruppieren sich um einen großen Hof die einstigen Klostergebäude (1605–1610), die heute der Gemeindeverwaltung dienen. Im Klosterhof finden Konzerte und andere kulturelle Veranstaltungen statt. **Klostergebäude**

Folgt man dem Walahfrid-Strabo-Weg rechts der Kirche, kommt man zum Kräutergarten. Zwischen 830 und 840 schrieb Walahfrid Strabo, einer der berühmtesten Äbte des Klosters, sein Gedicht "De cultura hortorum", kurz "Hortulus" ("Gärtlein") genannt. In dieser ersten Schrift über Gartenbau in Deutschland werden Heilkräuter, Küchen- und Zierpflanzen beschrieben. Nach diesem Muster wurde der Klosterkräutergarten angelegt (Führungen: Do. 17:00 Uhr). **Kräutergarten**

Beim romanischen Münster von Mittelzell wurde ein Kräutergarten nach Plänen des Abtes Walahfrid Strabo aus dem 9. Jh. angelegt.

Südöstlich von Mittelzell erhebt sich die Hochwart (438 m), der höchste Punkt der Insel, von wo sich ein prächtiger Ausblick bietet. **Hochwart**

Niederzell

Die dritte der bedeutenden Kirchen auf der Reichenau ist die ehemalige Stiftskirche St. Peter und Paul in Niederzell an der Nordwestspitze der Insel. Es handelt sich um eine zweitürmige, dreischiffige Säulenbasilika des 11. und 12. Jh.s, deren Ursprung auf eine Zelle des Bischofs Egino von Verona (Ende 8. Jh.) zurückgeht. An die Stelle der einstigen Flachdecke trat 1756/1757 ein stuckiertes Rokokogewölbe. In der Hauptapsis wurden wertvolle spätromanische Wandmalereien (1104–1126) entdeckt, die den thronenden Christus, umgeben von den Evangelistensymbolen und den Kir- ***Stiftskirche**

Niederzell (Fortsetzung)

chenpatronen Petrus und Paulus, zeigen. Ferner erscheinen in zwei übereinander geordneten Bogenreihen Propheten und Apostel (Führungen: Juli/Aug. Fr. 17⁰⁰ Uhr).

Schloss Windegg

"S' Bürgle" genannte Schloss Windegg an der äußersten Landspitze der Insel wurde im 14./15. Jh. als klösterliches Gästehaus erbaut und ist heute Tagungshotel der Energie Baden-Württemberg (EnBW).

Umgebung der Reichenau

**Wollmatinger Ried

Auf dem Bodanrück südöstlich der Reichenau dehnt sich am Nordufer des Gnadensees das 767 ha große Naturschutzgebiet Wollmatinger Ried in einer schilfbewachsenen Sumpflandschaft aus, zu der zwei kleine Inseln gehören. Mächtige Schilfwälder, flache Seebuchten und blumenreiche Wiesen von seltener Artenvielfalt prägen das Landschaftsbild. Es ist das größte Schutzgebiet am deutschen Bodenseeufer. In dieser reizvollen Mischung aus Natur- und Kulturlandschaft kommen zahlreiche gefährdete Pflanzen- und Tierarten vor. Von den etwa 230 hier beobachteten Vogelarten, darunter viele Zugvögel aus Skandinavien und Russland, brütet etwa ein Viertel im Ried, so der Graureiher, die seltene Kolbenente, die Löffelente, der Schwarzhalstaucher, die Uferschnepfe und die Flussseeschwalbe, gelegentlich auch Seidenreiher, Säbelschnäbler und Eisvogel. Das Gebiet ist nur im Rahmen von Führungen zugänglich, die der NABU durchführt (Informationen: ☎ 0 75 31 / 7 88 70). Im Naturschutzzentrum im ehemaligen Bahnhof Reichenau ist eine Ausstellung zum Ried zu sehen.

Das Wollmatinger Ried ist nur bei naturkundlichen Führungen zugänglich.

Riedlingen   F 6

Höhe: 542 m ü. d. M.
Einwohnerzahl: 9000

Das traditionsreiche Städtchen Riedlingen, eine der ältesten alemannischen Siedlungen, liegt im Grenzbereich der südlichen Schwäbischen Alb und des oberschwäbischen Alpenvorlandes. Im Verlauf ihrer Geschichte blieb die Donaustadt, die von 1300 bis 1805 zu Vorderösterreich gehörte, von kriegerischen Auseinandersetzungen so gut wie verschont, so dass sich die malerische Altstadt ihr mittelalterliches Aussehen mit Teilen der alten Stadtbefestigung, Fachwerkbauten, Türmen, Toren, Wehrgängen und winkeligen Gassen fast vollständig erhalten hat. Seit dem Mittelalter besaß Riedlingen bereits das Marktrecht, woraus sich die heute noch bedeutenden Vieh- und Pferdemärkte entwickelten. Riedlingen ist Geburtsort des Barockbildhauers Johann Joseph Christian (1706 bis 1777) und des bedeutenden Malers Franz Joseph Spiegler (1691 bis 1757, außerdem eine Hochburg der oberschwäbischen "Fasnet".

*Donaustadt

Sehenswertes in Riedlingen

Im Zentrum der malerischen Altstadt erhebt sich die im 14. Jh. erbaute dreischiffige Kirche St. Georg. Beachtenswert sind das Sterngewölbe des Chores (1486) sowie Reste spätgotischer Wandmalereien. Die Glasmalereien schuf 1933/1934 A. Burkart.

St. Georg

Nahe der Kirche steht das Rathaus mit seinen Staffelgiebeln, das im Kern ein aus dem 15. Jh. stammendes Kaufhaus mit dreischiffigen Hallen in drei Geschossen ist. Der Rathausgiebel ist seit Jahrhunderten Nistplatz von Störchen, ein Wahrzeichen der Stadt.

Rathaus

Unter den zahlreichen sehr ansehnlichen Fachwerkhäusern, von denen einige erst in jüngerer Zeit wieder freigelegt wurden, verdienen besondere Erwähnung die Alte Kaserne (1686), das Grasellische Haus (16. Jh.), das Pfarrhaus mit gotischer Pfarrscheuer und der Gasthof "Zum Greifen" (16. Jh.).

Fachwerkhäuser

Das im ehemaligen Ackerbürgerhaus untergebrachte Heimatmuseum zeigt vor- und frühgeschichtliche Funde sowie lokales Kunstgewerbe und Kunstwerke schwäbischer Meister, darunter Arbeiten von Johann Joseph Christian (Besichtigung n. V.).

Ackerbürgerhaus / Heimatmuseum

Lohnend ist ein Gang entlang dem Stadtgraben, an dem Teile der alten Stadtmauer sichtbar sind. Hier liegt das Alte Spital (14. Jh.) mit einer zweischiffigen Kapelle von 1546. Heute hat hier die Städtische Galerie ihren Sitz.

Altes Spital / Städtische Galerie

Das am Nordrand der Stadt gelegene ehemalige Kapuzinerkloster aus dem 17. Jh. besitzt einen stimmungsvollen Kreuzgang; die Klosterkirche entstand von 1654 bis 1658.

Kapuzinerkloster

Im Pfarrhaus des Ortsteils Dieterskirch wird eine beträchtliche Sammlung von Werken des oberschwäbischen Mundartdichters

Dieterskirch

Die Attraktion von Riedlingen ist das schöne mittelalterliche Stadtbild.

Dieterskirch (Fortsetzung)
und Prämonstratenserchorherrn Sebastian Sailer (1714 – 1777) aufbewahrt, der hier als Pfarrer wirkte (Öffnungszeiten: 1. So. im Monat 14⁰⁰ – 16⁰⁰ Uhr und n.V., ☎ 0 73 74 / 747).

Neufra
Der Ortsteil Neufra wird beherrscht von dem ehemaligen Schloss (16. Jh.) der Grafen von Gundelfingen bzw. Helfenstein. Besonders sehenswert ist der "Hängende Garten", ein Renaissancegarten (zugänglich). In der spätgotischen Pfarrkirche (15. Jh.) befindet sich die Grablege der Herren von Gundelfingen mit schönem Schnitzwerk und Marmorepitaphien (16. Jh.).

Umgebung von Riedlingen

*Bussen
Rund 5 km östlich von Riedlingen erhebt sich als weithin sichtbare Landmarke der Bussen (767 m), der "Olymp" Oberschwabens. Der Gipfel des Kegelbergs ist von einer 1516 erbauten Wallfahrtskirche (Männerwallfahrt am Pfingstmontag) mit einer Pietà (15. Jh.) und Überresten einer auf vorgeschichtlichen Befestigungsresten gebauten mittelalterlichen Burgruine bekrönt. Ein Kreuzweg, dessen Stationen auf Findlingen angebracht sind, führt von Offingen hinauf zur Wallfahrtskirche. Von oben hat man eine überwältigende Aussicht über ganz Oberschwaben mit dem Federsee im Vordergrund und auf die Alpen bis zum Berner Oberland.

Altheim
Die ursprünglich gotische Kirche St. Martin in Altheim, 4 km südwestlich von Riedlingen, ist mit Stuckaturen und Fresken von Josef Anton Feuchtmayer und Franz Joseph Spiegler ausgestattet. Bei Res-

taurierungsarbeiten stieß man auf Teile eines bemalten gotischen Hungertuches (um 1500). — **Altheim** (Fortsetzung)

Etwa 6 km südwestlich von Riedlingen erreicht man die ehemalige Klostersiedlung Heiligkreuztal. In der ersten Hälfte des 13. Jh.s erfolgte hier die Gründung eines Frauenklosters, das 1233 in den Zisterzienserorden aufgenommen wurde. Der rasch aufkommende Wohlstand führte zu einer regen Bautätigkeit, aber auch zur Verweltlichung der Sitten. Ihr heutiges Gesicht erhielt die Klostersiedlung mit ihren sehr umfangreichen Wirtschaftsgebäuden vor allem im 17. und 18. Jahrhundert. Im Jahr 1804 wurde das Kloster aufgehoben. Heute ist Heiligkreuztal eines der besterhaltenen Nonnenklöster in Schwaben und Sitz einer Bildungsstätte des Stefanuswerks (Öffnungszeiten: tgl. 9⁰⁰ – 19⁰⁰ Uhr). — *****Heiligkreuztal**

Sehenswert ist die 1256 geweihte Klosterkirche, eine frühgotische Basilika. Besonders kostbar ist das Ostfenster mit Glasmalereien (vor 1312) aus einer Konstanzer Werkstatt. Ein weiteres bedeutendes Ausstattungsstück ist die geschnitzte Christus-Johannes-Gruppe (um 1310) in barocker Fassung, ein sehr inniges, die Gottesliebe verherrlichendes Andachtsbild. Außerdem sollte man die Wandfresken aus dem 14. Jh. und im Chor die Malereien (1532) des Meisters von Meßkirch beachten. Auch der Nord- und der Ostflügel des gotischen Kreuzganges sind vom Meister von Meßkirch ausgemalt. In der Klausur sind noch romanische Baureste feststellbar. — **Klosterkirche**

Im Kornhaus südlich der Kirche ist Kunst der Makonde (Ostafrika) ausgestellt. Die Galerie der Oberschwäbischen Elektrizitätswerke im Erdgeschoss des Äbtissinnengebäudes zeigt Bilder und Plastiken der Gegenwartskunst. — **Museen**

Etwa 5 km südlich von Heiligkreuztal liegt auf dem Donausteilufer bei Hundersingen die Heuneburg, einer der wichtigsten hallstattzeitlichen Fürstensitze des 6./5. Jh.s v. Chr. in Süddeutschland. Hier hat man Reste einer Lehmziegelmauer entdeckt, wie sie im Mittelmeerraum verbreitet war. Metallhandwerker- und Lagerbauten sind ebenso nachgewiesen wie Wohnbauten und ein Hauptbau mit versetzten Mauerschenkeln. Gefäßbruchstücke mit griechischen Ornamenten und Schmuck (u. a. Bernstein), den man in den nahen Grabhügeln gefunden hat, legen die Vermutung nahe, dass die Fürsten der Heuneburg einen regen Fernhandel betrieben haben. Die Rekonstruktion der nördlich der Alpen einmaligen Lehmziegelmauer mit 80 m Länge und einiger Gebäude geben Einblick in das Leben auf der Heuneburg vor rund 2500 Jahren. — **Freilichtmuseum Keltischer Fürstensitz Heuneburg**

Ein Archäologischer Wanderweg führt von der Heuneburg zu dem gleichnamigen Museum in der Zehntscheuer des Klosters Heiligkreuztal in Hundersingen. Das Museum bietet einen Überblick über die Geschichte der Heuneburg mit ihrer Bebauung. Dargestellt werden die Grabkultur und der Kontakt mit Kulturen des Mittelmeerraums. Außerdem demonstriert man anhand von Originalfundstücken eisenzeitliche Handwerkstechniken (Öffnungszeiten: Di. – So. 10⁰⁰ – 16³⁰; Juli, Aug. Di. – So. 10⁰⁰ – 18⁰⁰ Uhr). — **Heuneburg-Museum**

Der Hohmichele, 2 km südwestlich der Heuneburg, ist einer der größten hallstattzeitlichen Grabhügel (Durchmesser etwa 80 m, Höhe etwa 14 m). Er gehört zu einem Grabhügelfeld, das vom Fürstensitz Heuneburg aus angelegt wurde. — **Hohmichele**

Langenenslingen-Wilfingen

Im 10 km westlich gelegenen Ort Langenenslingen-Wilfingen sind sehenswert ein Schloss der Schenken von Stauffenberg (16. Jh.) sowie die Barockkirche St. Johann Nepomuk mit Altären von Johann Michael Feuchtmayer (um 1770). Fast drei Jahrzehnte, bis zu seinem Tod 1998, wohnte Ernst Jünger (▶ Berühmte Persönlichkeiten) im Stauffenbergschen Forsthaus, das zu einer Gedenkstätte für den Schriftsteller hergerichtet wurde. Neben Kunstwerken und Jüngers umfassender Bibliothek gehört vor allem die Käfersammlung zu den Ausstellungsstücken (Öffnungszeiten: Mo – Fr. 9⁰⁰ – 11⁰⁰ Uhr).

Zwiefalten und Umgebung

Der vom Münster überragte Erholungsort Zwiefalten (2600 Einw.) liegt 12 km nördlich von Riedlingen, am Südrand der mittleren Schwäbischen Alb in einer kleinen Talspinne, die von zwei Bächen mit dem Namen Ach (alter Ortsname "Zwiefaltach") durchflossen wird. Von überregionaler Bedeutung ist die hiesige Klosterbrauerei ("Zwiefalter Klosterbräu"). Berühmtheit erlangte Ort durch sein von den Grafen Kuno und Luithold von der Achalm im Jahr 1089 gestiftetes Benediktinerkloster. Bis 1093 unterstand es dem Priorat Hirsau, danach war es selbstständige Abtei und seit 1750 Reichsabtei. Nach der Säkularisierung 1803 dienten die Klostergebäude als Heil- und Pflegeanstalt.

**Münster

Die zweitürmige barocke Klosterkirche Unserer Lieben Frau von Zwiefalten mit ihrer prächtigen Innenausstattung wurde von 1744 bis 1765 nach Plänen von Johann Michael Fischer errichtet. Sie ist ein tonnengewölbter Wandpfeilersaal, der nördlich und südlich von je vier Kapellen mit ausschwingenden Emporen gerahmt wird, die von Doppelsäulen begrenzt sind. Eine Flachkuppel spannt sich über die von dem geräumigen, aber kurzen Querhaus betonte Vierung, an die sich die leicht eingezogene Mönchschor anschließt. Illusionsmalereien schmücken das Innere: Die Deckenfresken der Vorhalle schuf Franz Sigrist 1760, das Deckenfresko (1764) der Empore über der Vorhalle stammt von Meinrad von Au, der auch die Emporen- und Kapellenfresken des Langhauses mit Szenen aus dem Marienleben (1766) schmückte. Das vier Joche umfassende Langhausfresko von Franz Joseph Spiegler, das zu den größten Süddeutschlands zählt, stellt die Ausbreitung des Glaubens unter dem Schutz Marias dar. Die Flachkuppel malte Spiegler 1749 mit der Krönung Mariens aus, den Mönchschor schmückte er 1748 mit dem Martertod des hl. Placidus und den Hochaltarraum 1747 mit Maria, die dem hl. Iledfonso die Messgewäner überreicht. Johann Michael Feuchtmayer besorgte mit seinen Gehilfen die ideenreiche Stuckornamentik. Prachtvoll geschnitzt ist das Chorgestühl mit zwanzig vergoldeten Reliefs aus Lindenholz des Riedlinger Meisters Johann Christian, der zudem die Sandsteinfiguren an der Tuffstein-West-

Faszinierend im Zwiefalter Münster ist die prächtige barocke Innenausstattung.

fassade schuf. Genial ist die raumübergreifende Inszenierung der **Zwiefalten** Vision des Ezechiel: Johann Joseph Christian schuf die dramatisch- (Fortsetzung) bewegte Stuckfigur des Propheten (1750/1751) links am nordwestlichen Vierungspfeiler, der mit dem Zeigefinger auf das Totenfeld auf der gegenüberliegenden Kanzel verweist. Kernstück des Kreuzaltars ist das spätgotische Gnadenbild Unserer Lieben Frau (1430), und der säulengerahmte monumentale Hochaltar (1750) schließt das Gemälde "Maria in der göttlichen Gnade" (1753) von Spiegler mit ein. An der Westseite des Langhauses befinden sich zwei überreich geschmückte Rokokobeichtstühle (Öffnungszeiten: Ostersonntag – 15. Okt. Sa. – Do. 9⁰⁰ bis 18⁰⁰, Fr. 10⁰⁰ – 17⁰⁰; 16. Okt. – Karsamstag So., Fei. 9³⁰ – 16⁰⁰; Mo. bis Sa. 10⁰⁰ – 16⁰⁰ Uhr nur die Vorhalle zugänglich; Besichtigung des Chorraumes nur bei Führungen).

> **Baedeker TIPP** **Kirchenkonzerte**
>
> Im Sommer wird im Rahmen der Zwiefalter Münsterkonzerte Orgel- und Kirchenmusik im akustisch erstklassigen Kirchenraum des Münsters aufgeführt. Dabei verbinden sich die Musik und der barocke Raum zu einem eindrucksvollen Gesamterlebnis (Informationen: ☎ 0 73 73 / 22 52).

Teile der ehemaligen Klostergebäude beherbergen heute das Psy- **Klostergebäude** chiatrische Landeskrankenhaus. Der einstige Kapitelsaal, mit Stuckaturen von Melchior Paulus (1715), dient als evangelischer Gemeinderaum.

Die Wimsener Höhle/Friedrichshöhle 4 km nördlich von Zwiefal- ***Wimsener** ten ist das Musterbeispiel einer aktiven Flusshöhle. Hier tritt Karst- **Höhle /** wasser (Schüttung: 150 – 200 l/sec.) aus, das in der fischreichen **Friedrichshöhle** Zwiefalter Ach der Donau zufließt. Die Höhle, die 1803 vom späteren württembergischen König Friedrich I. besucht worden war – daher der Name –, ist 70 m bergeinwärts mit dem Kahn befahrbar. Sie setzt sich dann in einem Labyrinth von teils trockengefallenen, teils wasserdurchfluteten Gängen mit schönen Tropfstein- und Sinterbildungen fort. Von der Höhle sind bislang knapp 300 m vermessen worden. Ihre Gesamtlänge ist noch nicht bekannt (Besichtigung: Apr. – Okt. tgl. 9⁰⁰ – 17⁰⁰ Uhr).

Das Ortsbild von Obermarchtal (1300 Einw.), 11 km östlich von Zwie- **Obermarchtal** falten unmittelbar südlich über der Donau gelegen, wird von der **und Umgebung** Anlage des ehemaligen Prämonstratenser-Reichsstifts St. Peter und Paul geprägt. Das von den Alaholfingern gegründete und später dem Kloster St. Gallen übergebene Kloster wurde 776 erstmals erwähnt. Im Jahr 1171 gründete Pfalzgraf Hugo II. von Tübingen hier ein Prämonstratenser-Chorherrenstift, das 1140 zur Abtei und 1500 zur Reichsabtei erhoben wurde. Die heutige großzügige Klosteranlage wurde ab 1686 errichtet. 1803 erhielten die Fürsten von Thurn und Taxis das Kloster als Ausgleich für die Verstaatlichung der Post und den Verlust ihrer linksrheinischen Besitzungen und bauten es zur Sommerresidenz aus. 1806 wurde Obermarchtal württembergisch. Seit 1973 ist das Kloster im Besitz der Diözese Rottenburg-Stuttgart, die hier ein Bildungszentrum eingerichtet hat.

Die Hauptsehenswürdigkeit der großen Klosteranlage ist die Klos- ****Münster** terkirche, eines der besten und frühesten Beispiele des Vorarlberger Bauschemas. Sie wurde von 1686 bis 1701 nach Vorlagen von Michael und Christian Thumb sowie Franz Beer errichtet. Das

Das ehemalige Prämonstratenser-Reichsstift Obermarchtal ist heute ein Bildungszentrum der Diözese Rottenburg-Stuttgart.

Obermarchtal (Fortsetzung) — Hauptschiff ist als großer Wandpfeilersaal mit Tonnengewölbe gestaltet. Die Wände sind zweigeschossig gegliedert durch die weit in den Innenraum tretenden Wandpfeiler, die in der unteren Zone Seitenkapellen ausnischen und darüber gerade Emporen tragen. Ganz in Weiß stuckierte Johann Schmuzer den Raum mit Akanthus, Fruchtkränzen, Blattwerk und Puttenköpfen. Der gewaltige Hochaltar rahmt ein vielfiguriges Gemälde (1696) von Johann Heiß, die beiden Nebenaltäre sind Bildwerke (1692) von Matthäus Zehender. Sehr schön ist auch das 1690 geschaffene Chorgestühl. In der ebenfalls stuckierten Sakristei sieht man prächtige Eichenholzschränke (1672).

Klostergebäude — Östlich der Kirche schließt die Vierflügelanlage des Klosterkomplexes an. Der Kapitelsaal ist mit Stuckarbeiten von Franz Schmuzer geschmückt und mit einem Gestühl von Andreas Etschmann ausgestattet. In dem von 1746 bis 1756 von Giovanni Gaspare Bagnato errichteten Ostflügel befindet sich das Refektorium mit Rokokostuckaturen der Künstlerfamilie Pozzi und Deckenmalereien von Appiani, auf denen in der Mitte der Triumph des hl. Norbert dargestellt ist.

Soldatenfriedhof — Der historische Soldatenfriedhof 2 km südöstlich von Obermarchtal gehört zu den wichtigsten im süddeutschen Raum. Auf dem "Friedhof der Fremden", der seit Anfang des 19. Jh.s als Soldatenfriedhof genutzt wird, sind Armeeangehörige aus vielen Teilen Europas bestattet, die während der Napoleonischen Kriege im Obermarchtaler Lazarett verstarben. Ebenso ruhen hier Soldaten, die in den beiden Weltkriegen gefallen sind.

Rund 6 km östlich von Obermarchtal erreicht man die ländliche Kleinstadt Munderkingen (5000 Einw.) mit ihrem mittelalterlichen, auf einer Donauschlinge angelegten Stadtkern. Sehenswert sind die Kirche St. Dionysius (16./18. Jh.) mit ihrem schönen Chorgestühl und einem Altarbild von Matthäus Zehender (1694), ferner das bemalte Rathaus mit Pranger (1563) sowie zahlreiche Fachwerkhäuser des 17. und 18. Jh.s und mehrere Brunnen des 16. Jh.s. Über der Donau steht der schlossartige Pfarrhof (1707) mit guten Stuckarbeiten. Im einstigen Heilig-Geist-Spital ist ein Heimatmuseum eingerichtet.

Riedlingen (Fortsetzung)

Romanshorn

F 9

Staat: Schweiz
Höhe: 403 m ü. d. M.
Einwohnerzahl: 9500

Die am Südufer des Bodensees gelegene Stadt Romanshorn ist ein bedeutender Verkehrsplatz und der größte Hafen am Bodensee. Ansprechend ist das Stadtbild, das ansonsten von Hafenanlagen geprägt ist, im Bereich des Seeparks.

Lage und Allgemeines

Sehenswertes in Romanshorn

Nördlich vom Hafen erstreckt sich der Seepark, von wo man einen Panoramablick über den See genießen kann. Ein hübsches schatti-

Seepark

Romanshorn ist vor allem als Hafenstadt bekannt.

191

Romanshorn (Fortsetzung)	ges Plätzchen ist der vom Park über einen Steg erreichbare Felsblock "Inseli".
Schloss	Das Schloss auf einer kleinen Anhöhe im Ortszentrum wurde 1829 errichtet; heute ist hier ein elegantes Hotel untergebracht.
Kirche	Ein schlichter Bau ist die Kirche St. Maria, Petrus und Gallus daneben, deren älteste Teile auf das 14. Jh. zurückgehen. Diese Teile enthalten beachtenswerte Wandmalereien.

Umgebung von Romanshorn

Uttwil	Das Dorf Uttwil (900 Einw.) 3 km nordwestlich eignet sich für einen ruhigen Ferienaufenthalt. Seit dem Ende des Ersten Weltkrieges entwickelte sich das Dorf zum bevorzugten Wohnort für Künstler. Hier lebten der Jugendstilarchitekt Henry van de Velde, die Schriftsteller René Schickele, Paul Ilg, Emanuel Stickelberger, außerdem der Dramatiker Carl Sternheim sowie die Maler E. Steinbach und E. Schlatter.

Rorschach F/G 10

Staat: Schweiz
Höhe: 398 m ü. d. M.
Einwohnerzahl: 9500

*Alte Handelsstadt	Rorschach liegt an der weiten südlichen Bucht des Bodensees, zu Füßen vom Rorschacher Berg. Die alte Hafenstadt war einst ein bedeutender Güterumschlagplatz für das Kloster St. Gallen. Bereits 937 erhielt sie vom St. Galler Abt das Markt-, Münz- und Zollrecht. Beachtlichen Aufschwung nahm die Stadt ab dem 17. Jh. durch den Handel von Leinwand, wovon heute noch die Bürgerhäuser in der Hauptstraße zeugen.

Sehenswertes in Rorschach

Kornhaus / Heimatmuseum	Das markanteste Gebäude am Hafen ist das von 1746 bis 1749 durch Giovanni Caspare Bagnato erbaute Kornhaus, das heute immer noch Lagerstätte für verschiedene Waren ist. Aber auch das Heimatmuseum ist hier untergebracht. Es widmet sich den Themen Urgeschichte, Natur, Stadtentwicklung, Wohnkultur, Textilindustrie und Kunst. Gezeigt werden rekonstruierte Hütten der Jungsteinzeit und Bronzezeit, ein Rokokoraum sowie ein Stadtmodell, das Rorschach im Jahr 1798 zeigt (wegen Renovierung nur für Gruppen n. V. geöffnet, ☎ 0 71 / 8 41 70 34).
Automobil-, Motorrad- und Automatenmuseum	In der "Alten Garage" daneben findet man ein Automobil-, Motorrad- und Automatenmuseum. Hier sind 50 Oldtimer, 30 Motorräder und nostalgische Automaten wie Musik- und Kinoautomaten ausgestellt. Außerdem werden Wechselausstellungen zu Themen rund um das Auto gezeigt (Öffnungszeiten: März – Juni, Sept., Okt. So. 10^{00} – 18^{00}, Juli / Aug. tgl. 10^{00} – 18^{00} Uhr).

Rorschach war einst ein wichtiger Handelsplatz für das Kloster St. Gallen.

Westlich, parallel zum See verläuft die Hauptstraße mit ihren von hübschen Erkern gezierten Häusern des 18. Jh.s.

Hauptstraße

Auffallend an der Kirche St. Kolumban und Konstantius weiter südlich ist die konvex gestaltete Fassade. Sie wurde von 1645 bis 1667 im Barockstil erbaut, das Langhaus in den Jahren 1782 bis 1786 erweitert. Die Deckenmalereien sind Arbeiten von Andreas Brugger.

St. Kolumban

Am Abhang über der Stadt steht das von 1484 bis 1519 erbaute große Kloster Mariaberg, in dem seit 1805 ein Lehrerseminar untergebracht ist. Sehr schön sind der spätgotische Kreuzgang (1519) mit filigranen Maßwerkfenstern und das Refektorium (heute Mensa). Ein weiteres kunsthistorisches Kleinod ist der gotische ehemalige Kapitelsaal (heute Musiksaal), dessen Netzgewölbe mit vielszenigen Malereien verziert sind.

Kloster Mariaberg

Umgebung von Rorschach

Oberhalb von Mariaberg hat man vom St.-Anna-Schloss (568 m) eine weite Aussicht. Von hier gelangt man zu Fuß in 1 Stunde auf den Rossbüehel (964 m), die höchste Kuppe des Rorschacher Berges. Nahebei kann man den Fünfländerblick (961 m) genießen.

Rossbüehel

Das Fischerdorf Altenrhein breitet sich 5 km östlich von Rorschach, am Mündungsdelta des Alten Rheins aus. Eine besondere Attraktion ist die 2001 eröffnete Hundertwasser-Markthalle im Industriegebiet, das letzte Gebäude des im Jahr zuvor verstorbenen Künstlers.

Altenrhein

Altenrhein (Fortsetzung)

In ihr wird die Idee Friedensreich Hundertwassers vom "Leben in Harmonie mit der freien Kreativität der Natur" umgesetzt. Das Gebäude wird als Markthalle und Veranstaltungshalle für Kunstausstellungen und Konzerte genutzt. Im Flugplatz St. Gallen-Altenrhein ist ein Fliegermuseum untergebracht, in dem flugtüchtige Luftfahrzeuge, Flugmotoren und Flugzeuge der Schweizer Luftwaffe zu sehen sind (Öffnungszeiten: Sa. 13^{00} – 17^{00} Uhr).

Baedeker TIPP) Ausflug mit der Bahn

Von Rorschach führt die Rorschach-Heiden-Bahn (RHB), die einzige Zahnradbahn am Bodensee, in 30 Min. zu dem Ferienort Heiden. Von dort kann man entweder mit dem Postauto oder zu Fuß in 2 1/2 Std. entlang dem lustigen Witzwanderweg nach Walzenhausen gelangen. Anschließend geht es mit der romantischen RhW-Bahn hinunter nach Rheineck und von dort mit dem Schiff durch das Naturschutzgebiet "Alter Rhein" nach Rorschach-Hafen (Kartenverkauf in den Bahnhöfen; Informationen: ☎ 0 71/8 91 18 52).

Heiden

Allgemeines und *Ortsbild

Der traditionsreiche Kurort Heiden liegt 6 km südlich von Rorschach auf einer aussichtsreichen Sonnenterrasse eingebettet in die Hügellandschaft des Appenzeller Vorlandes. Neben einem Mineralheilbad bietet Heiden Schrot- und Molkekuren an. Das "Biedermeierdorf" wurde nach einem Brand 1838 im klassizistischen Stil wieder aufgebaut und zeigt besonders am zentralen Kirchplatz ein einzigartig geschlossenes Architekturensemble jener Zeit. Der Begriff "Biedermeier" ist allerdings in der Architektur kaum gebräuchlich; die Bezeichnung "Biedermeierdorf" hängt mit dem Wiederaufbau von Heiden in der Zeit des Biedermeier zusammen.

Historisches Museum / Naturhistorisches Museum

Im Postgebäude südlich des Kirchplatzes sind das Historische Museum und das Naturhistorische Museum untergebracht. Das Historische Museum zeigt Dokumente zu Heiden, wovon besonders die Sammlung von Osterschriften hervorzuheben ist. Außerdem sind Mobiliar, Uhren und Waffen zu sehen. Eine reichhaltige Sammlung von präparierten Vögeln, Wildtieren und Schmetterlingen sowie Mineralien ist im Naturhistorischen Museum ausgestellt, ferner eine völkerkundliche Sammlung aus Borneo (Öffnungszeiten: Apr. – Okt. So. 10^{00} – 12^{00}, 14^{00} – 16^{00}, Mi. 14^{00} – 16^{00}, Fr. 10^{00} – 12^{00}; Juni, Sept. auch Sa. 14^{00} – 16^{00}; Nov. – März So. 14^{00} – 16^{00} Uhr).

Henry-Dunant-Museum

Das Henry-Dunant-Museum (Asylstr. 2) südwestlich des Kirchplatzes erinnert an Henry Dunant (1828 – 1910), den Gründer der Roten Kreuzes, der in Heiden von 1887 bis zu seinem Tod lebte. Hauptthemen sind Dunant und sein weltumspannendes Hilfswerk (Öffnungszeiten: Apr. – Okt. Di. – Sa. 14^{00} – 17^{00}, So. 10^{00} – 12^{00}, 14^{00} – 17^{00}; Nov. – März Mi., Sa. 14^{00} – 17^{00}, So. 10^{00} – 12^{00}, 14^{00} – 17^{00} Uhr).

St. Margrethen

Zwischen Voralpen und altem Rhein, 12 km südöstlich von Rorschach liegt St. Margrethen. Bekannt ist es als Einkaufsort – der Rheinpark ist das größte Einkaufszentrum der Ostschweiz – und als Badeort mit einem von einer schwefelhaltigen Quelle gespeisten Mineralbad.

Lage und Allgemeines

In einen Felsausläufer zwischen St. Margrethen und Au wurde 1940 ein Artillerie-Kasemattenwerk gebaut, nachdem Österreich vom Deutschen Reich annektiert worden war. Es sollte einen deutschen Angriff auf die Schweiz vom Raum Lindau aus verhindern. Bis 1992 wurde die Festungsanlage militärisch genutzt und dann in ein Museum umgewandelt. In der Anlage mit 1000 m langem Stollen sind Geschützstand, Unterkünfte, Notspital, Telefonzentrale und Waffensaal zu sehen. Da die Innentemperatur nur 12 °C beträgt, sollte man warme Kleidung mitnehmen (Öffnungszeiten: Apr. – Okt. Sa. 13 00 – 18 00 Uhr).

Festungsmuseum Heldsberg

Singen   F 10

Höhe: 429 m ü. d. M.
Einwohnerzahl: 40 000

Singen, zu Füßen des Hohentwiel gelegen, ist Hauptort und Wirtschaftszentrum des Hegaus sowie ein wichtiger Verkehrsknotenpunkt. Bekannt ist die Stadt auf industriellem Sektor durch die Firma Maggi, die seit 1887 hier die gleichnamige Suppenwürze produziert. Singen, in der bis auf eine Kirche keine historische Bausubstanz erhalten ist, hat auch als Einkaufsstadt einen guten Ruf.

Lage und Allgemeines

Alljährlich im Juli findet zwei Wochen lang in Singen das Hohentwielfest statt. Im malerischen Ambiente vor der imposanten Kulisse der Burgruine Hohentwiel werden Konzerte von international bekannten Künstlern sowie Theater und Kleinkunst geboten.

Hohentwielfest

Sehenswertes in Singen

Das Kunstmuseum (Ekkehardstr. 10) im Stadtzentrum zeigt Werke des 20. Jh.s, vorwiegend aus dem westlichen Bodenseeraum. Arbeiten der Künstler, die auf der Höri lebten, wie Otto Dix und Erich Heckel, bilden neben Werken einheimischer Maler den Grundstock der Sammlung (Öffnungszeiten: Di. 10 00 – 12 00, 14 00 – 18 00, Mi. – Fr. 14 00 – 18 00, Sa., So. 11 00 – 17 00 Uhr).

Kunstmuseum

Neben dem modernen Rathaus (1960), das innen mit Fresken von Otto Dix geschmückt ist, steht das ehemalige Gräfliche Schloss (1810), das das Hegaumuseum beherbergt. Das Museum zeigt archäologische Funde von der Altsteinzeit bis zu den Alemannen: Werkzeuge, Waffen und Kunstgegenstände der ersten Menschen im Hegau. Angeschlossen ist eine geologisch-paläontologische Abteilung mit einer Mineralien- und einer Schmetterlingssammlung (Öffnungszeiten: Di. – Sa. 14 00 – 18 00, So. 14 00 – 17 00 Uhr).

Hegaumuseum

Hohentwiel

Westlich über der Stadt ragt der erloschene Vulkankegel des Hohentwiel (688 m) auf. Er ist bekrönt von einer mächtigen Burgruine, der größten Festungsruine Deutschlands. Victor von Scheffel hat sie in seinem Roman "Ekkehard" (1855) beschrieben. Die Anfänge der Burg reichen bis ins beginnende 10. Jh. zurück. Zu Anfang des 11. Jh.s gelangte der Hohentwiel in die Hand der Zähringer, im Verlauf des Investiturstreits dann an St. Gallen. Nach zahlreich wechselnden Herren spielte der Hohentwiel als württembergische Landesfeste im Dreißigjährigen Krieg eine wichtige Rolle. Zur Erhal-

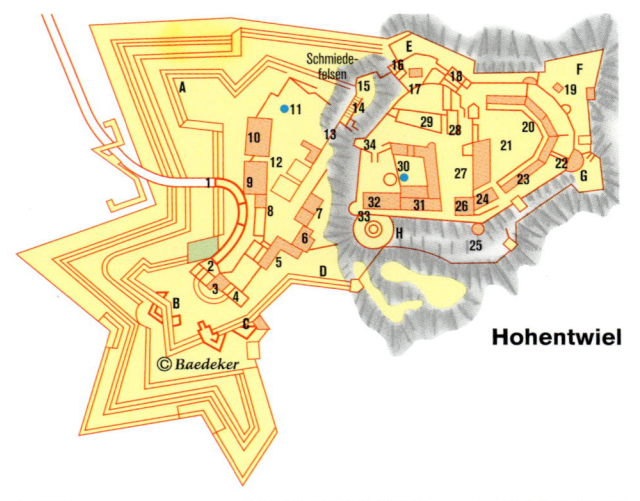

BASTIONEN
- A Alexanderbastion
- B Karlsbastion
- C Eugensbastion
- D Ludwigsbastion
- E Friedrichsbastion
- F Herzogsbastion
- G Kleine Bastion
- H Rondell Augusta

UNTERE FESTUNG
1. Alexandertor
2. Ludwigstor
3. Kasernenwachhaus
4. Eugenstor
5. Stabsoffizierswohnung
6. Keltergebäude
7. Wohnhaus und Wagenremise
8. Apotheke, Regimentsarztwohnung, Stallungen
9. Marketenderei
10. Mannschaftskaserne
11. Zisterne (verdeckt)
12. Kommissbäckerei
13. "Salzbüchsle" (Warte zwischen unterer und oberer Festung)

OBERE FESTUNG
14. Zugbrücke
15. Postenschilderhaus
16. Brücke
17. Schmiede, Profossquartier
18. Neues Portal mit Brücke
19. Pulvertürme
20. Urspr. Kloster mit Kreuzgang, später Kasernenbau mit Laubenumgang, Mehlmagazinen und Munitionsgewölben
21. Paradeplatz (Waffenplatz)
22. Wilhelmswacht
23. Schul- und Pfarrhaus
24. Kanzlei (oder Backhaus)
25. Eberhardswacht
26. Neuer Bau
27. Kirche mit Turm
28. Arrestantengewölbe
29. Gouvernementsbau
30. Fürstenburg mit Innenhof, Zisterne, Wohnräumen und Stallungen
31. Bandhaus
32. Zeughaus
33. Altane (Scharfes Eck; höchster Geländepunkt)
34. Hochwacht

tung der Burg wurde später das "Steinetragen" eingeführt: Jeder Besucher musste zur Ausbesserung und Erweiterung der Anlage benötigte Steine als Gastgeschenk hinauftragen und erhielt dafür einen üppigen Willkommenstrunk. Bei berühmten Persönlichkeiten wurde der Name auf dem Stein eingraviert. Im 18. Jh. war die immer mehr verfallende Festung Gefängnis für Verbrecher und politische Gefangene. Im Jahr 1800 ließ Napoleon die Anlage schleifen. Der Zugang auf den Hohentwiel erfolgt von Singen aus über eine

Gefangene schmachteten einst in den Verliesen des Hohentwiel.

Fahrstraße bis zum Parkplatz auf halber Höhe und von dort zu Fuß in etwa 25 Minuten hinauf zur Burgruine. Am Parkplatz gibt es ein Informationszentrum. Auf der Anhöhe steht der 14 m hohe Turm der zerstörten Kirche. Das gesamte Burggelände ist heute Naturschutzgebiet (Öffnungszeiten: Apr. – Sept. tgl. 8:30 – 18:30; Okt. 9:00 bis 17:00; Nov. – März 10:00 – 16:00 Uhr).

Singen
(Fortsetzung)

St. Gallen

F 15

Staat: Schweiz
Höhe: 670 m ü. d. M.
Einwohnerzahl: 72000

St. Gallen, 15 km südwestlich vom Bodensee in einem schmalen Hochtal der Voralpen gelegen, ist als Hauptort des gleichnamigen Schweizer Kantons sowohl wirtschaftlicher Mittelpunkt als auch kulturelles Zentrum der Nordostschweiz. Die seit dem ausgehenden 16. Jh. hier heimische Weberei und Stickerei entwickelte sich um 1830 zu einer bedeutenden exportorientierten Textilindustrie. Heute ist die Stadt vor allem bekannt durch die Benediktinerabtei.

**Kantonshauptstadt

Um 612 gründete hier der irische Wandermönch Gallus (▶ Berühmte Persönlichkeiten) eine Einsiedelei. Aus dieser entstand um 720 ein Kloster und bald darauf unter Abt Otmar die Benediktinerabtei, die vom 9. bis zum 11. Jh. eine Hochblüte erlebte, durch Schule und Bibliothek zum wichtigsten geistig-kulturellen Zentrum

Geschichte

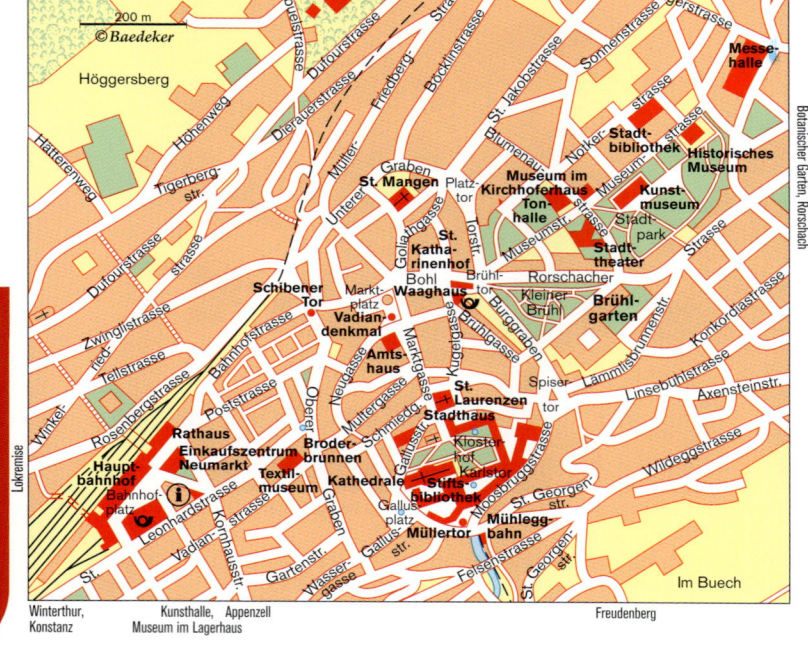

**Geschichte
(Fortsetzung)**

nördlich der Alpen wurde (▶ Baedeker Special S. 54/55). Die Äbte waren von 1206 bis zu der 1805 erfolgten Säkularisierung Reichsfürsten. Im 10. Jh. entwickelte sich St. Gallen aus einer um das Kloster entstandenen Handwerkersiedlung zur Stadt (seit 1212 Reichsstadt), verbündete sich 1454 mit den Eidgenossen und löste sich 1457 vom Kloster. Im 16. bis 18. Jh. brachten die Leinenweberei und später die Baumwollweberei beträchtlichen Wohlstand. 1803 wurde die Stadt Hauptort des neu geschaffenen Kantons St. Gallen.

**Benediktinerabtei

Die Hauptsehenswürdigkeit von St. Gallen ist die ehemalige bedeutende Benediktinerabtei (17./18. Jh.), die von der UNESCO in die Liste des Weltkulturerbes aufgenommen wurde. Die umfangreichen Gebäude des Klosters dienen heute als Sitz des Bischofs (seit 1846), der Domgeistlichkeit und der Kantonsregierung.

*Kathedrale

Die Kosteranlage wird beherrscht von der monumentalen ehemaligen Stiftskirche, jetzt Kathedrale, mit ihren 68 m hohen Doppeltürmen. Das spätbarocke dreischiffige Gotteshaus wurde von 1755 bis 1766 vornehmlich von Peter Thumb und Johann Michael Beer unter

Mitwirkung von Giovanni Gaspare Bagnato erbaut. Die reichen Stuckarbeiten stammen von Christian Wenzinger, darunter die acht meisterlich gearbeiteten Stuckreliefs an die Durchgängen, die das Leben den hl. Gallus darstellen. Die Stuckarbeiten im Chor wurden dagegen von Johann Georg und Matthias Gigl ausgeführt. Joseph Wannenmacher malte die dunkelfarbigen Deckengemälde (1722 – 1780). Das formenreiche Chorgestühl mit Reliefs aus dem Leben des heiligen Benedikt und die Beichtstühle, die das Thema Buße haben, schuf Joseph Anton Feuchtmayer. Beachten sollte man auch die Kanzel (1786) von Franz Anton Dirr (Öffnungszeiten: Mo. bis Sa. 9^{00} – 18^{00}, So. 12^{15} – 17^{30} Uhr). Durch den Westeingang der Kirche kommt man ins Lapidarium, eine Sammlung wertvoller mittelalterlicher Bauplastik (Öffnungszeiten: Juni – Okt. Sa. 14^{00} – 16^{00}; Nov. – Mai 1. Sa. im Monat 14^{00} – 16^{00} Uhr).

Kathedrale (Fortsetzung)

Vom inneren Klosterhof hat man Zugang zu der berühmten Stiftsbibliothek mit beachtenswerter Innenarchitektur und überaus reichhaltigen Beständen (150 000 Bände). Die Bibliothek ist in einem reizvollen Barocksaal (1758 – 1767) von Peter Thumb untergebracht; der Saal ist mit Stuckaturen der Brüder Gigl und Deckengemälden von Joseph Wannenmacher geschmückt. Sie besitzt Werke der einstigen Klosterschule, die sich vom 9. bis zum 11. Jh. zu einer der ersten Gelehrtenschulen Europas entwickelte. Vor allem Buchmalerei, Dichtkunst und die Übersetzung lateinischer Schriftsteller in das Alemannische fanden hier eine Pflegestätte. Besonders wertvoll sind die 2000 Handschriften, die größtenteils aus der sanktgallischen Blütezeit stammen. Dazu kommt eine Sammlung seltener

**Stiftsbibliothek

Die prachtvolle Innenausstattung der Stiftsbibliothek bildet den angemessenen Rahmen für die kostbaren Bücher.

Stiftsbibliothek (Fortsetzung)
**"Psalterium Aureum"

Wiegen- und Frühdrucke (1635 Bände). Die wertvollsten Stücke werden abwechselnd ausgestellt. Das kostbarste Buch der Bibliothek ist der "Psalterium Aureum" (um 860), ein karolingisches Meisterwerk, das vollständig mit Goldtinte geschrieben und mit herrlichen Illustrationen versehen ist. Zu den bedeutendsten Büchern gehören außerdem der "Casus Monasterii Sancti Galli" (um 1200), die Darstellung der Geschichte des Klosters; die Handschrift B des Nibelungenliedes (um 1250) und die "Abrogans"-Handschrift (um 790), das älteste deutsche Buch, ein lateinisch-althochdeutsches Synonymwörterbuch.

Von besonderem Interesse sind ferner ein auf der Insel Reichenau nach einem älteren Urbild gefertigter karolingischer Klosterplan (Kopie; 820), der auf vier aneinandergefügten Pergamentblättern eine nach den Regeln des heiligen Benedikt entworfene Klosteranlage zeigt, sowie in doppeltem Sarkophag aus Sykomorenholz eine weibliche Mumie aus Oberägypten (650–610 v. Chr.).

Öffnungszeiten: Juni–Sept. Mo.–Sa. 9^{00}–17^{00}, So. 10^{00}–16^{00}; Okt. bis Mitte Nov. Mo.–Sa. 9^{00}–12^{00}, 13^{30}–17^{00}, So. 10^{00}–12^{00}, 13^{30}–17^{00} Uhr; Führungen: 10^{30}, 14^{00}, 15^{00} Uhr.

*Altstadt

Malerisch ist die Altstadt mit ihren erkerverzierten Bürgerhäusern des 17. und 18. Jh.s, wie sie am Gallusplatz und der Gallusstrasse zu sehen sind. Die Gassen verlaufen heute noch etwa so, wie sie nach dem großen Brand von 1418 angelegt wurden. Spisergasse, Multergasse, Marktgasse und Neugasse bilden heute die Einkaufszone und sind sozusagen das Herz der Stadt.

Textilmuseum

Nordwestlich vom Gallusplatz, in der Vadianstrasse (Nr. 2), findet man das Textilmuseum, in dem vor allem Stickereien und die berühmten St. Galler Spitzen vom 15. bis zum 20. Jh. gezeigt werden, daneben ägyptische Grabfunde aus koptischer Zeit. Angeschlossen ist eine Bibliothek (Öffnungszeiten: Mo.–Sa. 10^{00}–12^{00}, 14^{00}–17^{00}, So. 10^{00}–17^{00} Uhr).

Broderbrunnen

Der Broderbrunnen (1896) am Oberen Graben nahebei erinnert an die Inbetriebnahme der Bodenseewasserversorgung im Jahr 1894.

St. Galler Spieldosenkabinett

In der Marktgasse (Nr. 23) weiter östlich kann man das St. Galler Spieldosenkabinett besuchen (Besichtigung und Verkauf während der Geschäftszeiten; Vorführungen: Di.–Sa. 11^{00} Uhr).

Baedeker TIPP "Zum Bäumli"

Vermutlich hat das über 500 Jahre alte Haus in der Schmiedgasse 18 schon früh als Weinschenke gedient. Man sitzt ganz gemütlich in der im Obergeschoss gelegenen Stube mit der leichtgewölbten gotischen Decke, bekommt gute (vorzugsweise) Schweizer Weine und leckere regionale Küche serviert (Di.–Sa. 9^{00}–23^{30} Uhr, ☎ 071/2 22 11 74).

Waaghaus

Die Marktgasse führt zum Marktplatz, an den sich östlich der weite Bohl anschließt. Das Waaghaus (1584) diente vom Mittelalter bis zum 19. Jh. den Kaufleuten als Lagerhaus und zum Wägen ihrer Güter. Heute ist es Sitz des Großen Gemeinderates, zudem finden in dem Gebäude Ausstellungen und Konzerte

Der hübsche Gallusplatz ist von erkergezierten Bürgerhäusern des 17. und 18. Jh.s gerahmt.

statt. Das so genannte Buswartehäuschen entstand nach Plänen des zeitgenössischen Architekten Calatrava.

Waaghaus (Fortsetzung)

Das ehemalige Katharinenkloster nördlich vom Bohl wurde 1228 gestiftet und rund 300 Jahre später aufgehoben. Beschaulich ist der gotische Kreuzgang (1504), in dem während des Sommers Konzerte stattfinden. In dem Kloster ist heute die Freihandbibliothek untergebracht sowie ein Ausstellungs- und Festsaal.

Katharinenkloster

Vom Bohl nordostwärts verläuft die Museumstrasse. Hier befindet sich das Museum im Kirchhoferhaus (Nr. 27), in dem Höhlenfunde aus prähistorischer Zeit, Kunstgegenstände, ein Münzkabinett und eine Silbersammlung (16.–18. Jh.) sowie Werke Ostschweizer Künstler ausgestellt sind (Öffnungszeiten: n. V., ☎ 0 71 / 2 44 75 21).

Museum im Kirchhoferhaus

In der Museumstrasse folgen das Naturmuseum und das Kunstmuseum (Nr. 32). Das Naturmuseum präsentiert eine Mineralien- und Edelsteinschau sowie eine paläontologische Sammlung, außerdem ist die einheimische Fauna vertreten.
Vor dem Kunstmuseum wurde 1989 die Eisenplastik "Trunk" von Richard Serra aufgestellt. Schwerpunkte des Kunstmuseums, deren Sammlungen in wechselnden Präsentationen gezeigt werden, sind die niederländische Malerei des 17. Jh.s sowie die deutsche und französische Malerei des 19. Jh.s. Zu den wichtigsten Beständen gehören die Werkgruppen von Carl Spitzweg und Ferdinand Georg Waldmüller sowie die Gemälde von Böcklin und Feuerbach. Die Malerei um 1900 kulminiert in den Meisterwerken von Ferdinand Hodler.

Naturmuseum, Kunstmuseum

Kunstmuseum (Fortsetzung)

Die Sammlung moderner Kunst umfasst herausragende Gemälde von Paul Klee, Pablo Picasso und Antoni Tàpies. Bedeutende Installationen von Jean Tinguely, Richard Serra, Donald Judd und Bruce Nauman vertreten die zeigenössische Kunst (Öffnungszeiten beider Museen: Di.–Sa. 10^{00}–12^{00}, 14^{00}–17^{00}, So. 10^{00}–17^{00} Uhr).

Historisches Museum

Die Reihe der Museen an der Museumstrasse wird abgeschlossen durch das Historische Museum (Nr. 50). Es besitzt Sammlungen zu Ur- und Frühgeschichte, Stadtgeschichte sowie Völkerkunde. Die für St. Gallen bedeutende Textilindustrie ist ebenfalls dargestellt. Im Glasgemäldekabinett sind prachtvolle Zeugnisse der Altschweizer Glasmalerei zu bewundern. Die Appenzeller und Toggenburger Volkskunst ist mit typischen Objekten vertreten (Öffnungszeiten: Di.–Sa. 10^{00}–12^{00}, 14^{00}–17^{00}, So. 10^{00}–17^{00} Uhr).

Kunsthalle, Museum im Lagerhaus

In der Davidstrasse findet man zwei weitere Museen: die Kunsthalle (Nr. 40), wo zeitgenössische Kunst in Wechselausstellungen gezeigt wird (Öffnungszeiten: Di.–Fr. 14^{00}–18^{00}, Sa., So. 12^{00}–17^{00} Uhr), und das Museum im Lagerhaus (Nr. 44) für naive Kunst und Art brut (Öffnungszeiten: Di.–So. 14^{00}–17 Uhr; geschlossen Juli/Aug.).

Sammlung Hauser und Wirth

In der Lokremise westlich vom Hauptbahnhof hat die Sammlung Hauser und Wirth ein Domizil gefunden. Die Sammlung, die die umfangreiche Werkgruppen und komplexe Raum-, Film- und Videoinstallationen der Neunzigerjahre des 20. Jh.s bis heute umfasst, wird in Teilen abwechselnd präsentiert. Sammlungsschwerpunkte sind Werke von Louise Bourgeois, Stan Douglas, Fischli/Weiss, Mary Heilmann, Paul McCarthy, Raymond Pettibon, Jason Rhoades, Pipilotti Rist, Ugo Rondinone, Roman Signer, Wolfgang Tillmans, Luc Tuymans und Franz West (Öffnungszeiten: Sommerhalbjahr Mi.–Sa. 11^{00}–18^{00} Uhr).

Universität

Nördlich oberhalb vom Stadtzentrum befindet sich der von Walter Förderer in den Jahren 1960 bis 1963 erstellte, architektonisch bemerkenswerte Baukomplex der Universität, der Hochschule für Wirtschafts- und Sozialwissenschaften. In den Gebäuden sowie im Freien gibt es zahlreiche Werke namhafter Künstler, und zwar von Joan Miró, Alexander Calder, Alberto Giacometti, Antoni Tàpies, Georges Braque, Gerhard Richter und Hans Arp.

Botanischer Garten

Etwa 3 km nordöstlich der Stadtmitte erstreckt sich im Stadtteil Neudorf der Botanische Garten (Stephanshornstr. 4). Hier gedeihen 8000 Pflanzenarten aus allen Vegetationszonen der Erde. Herausragend ist die Orchideensammlung mit 1000 Wildarten. Neben einem Tropenhaus und einem Alpinenhaus gibt es geografisch geordnete Freilandabteilungen, wie z. B. das Alpinum Säntisgebiet, und die Nutzpflanzenabteilungen (Öffnungszeiten: 8^{00}–12^{00}, 13^{30}–17^{00} Uhr; Führungen: 1. So. im Monat 10^{15}, 15^{15} Uhr).

Umgebung von St. Gallen

Wildpark Peter und Paul

Der 4 km nordöstlich gelegene, in die reizvolle voralpine Landschaft eingebettete Wildpark Peter und Paul (789 m) wurde 1892 gegründet, um dem vom Aussterben bedrohten einheimischen Wild einen Lebensraum zu schaffen. Überregionale Bedeutung erhielt der Wildpark durch die Aufzucht des Alpensteinbocks (Capra ibex L.). Heute leben hier außerdem Wildschweine, Luchse, Wildkatzen, Hirschen, Gämsen, Murmeltiere und andere Alpentiere. Eine besondere Attraktion des Parks sind die künstlichen Kletterfelsen, die der Bildhauer Urs Eggenschwyler zwischen 1902 und 1912 gestaltete.

Wildpark Peter und Paul (Fortsetzung)

Das Dorf Teufen (837 m; 2000 Einw.), rund 7 km südöstlich gelegen, gilt mit seinem schönen Ortsbild als bevorzugter Wohnort der Gegend. Sehenswert sind die 1778 von der Teufener Baumeisterfamilie Grubenmann erbaute Kirche am schönen Dorfplatz sowie das Grubenmann-Museum mit einer Sammlung von Modellen, Werkzeugen und Bildern von Hans Ulrich Grubenmann (Öffnungszeiten: Mo., Mi., Sa. 14^{00}–16^{00}, Fr. 18^{00}–20^{00} Uhr).

Teufen

Etwa 3 km südlich erhebt sich der Freudenberg (887 m), von wo man einen schönen Blick auf die Stadt, den Bodensee und den Säntis hat.

Freudenberg

In Abtwil (6 km südwestlich) kann man sich im Säntispark, einem Freizeitpark und Einkaufszentrum, vergnügen. Der Park umfasst Badelandschaft, Saunadorf, Spielpark, Fitnesscenter und verschiedene Geschäfte.

Säntispark

Der 5 km westlich gelegene Ort Gossau ist Zentrum der landwirtschaftlichen Produktion des Kantons St. Gallen (Butterei, Käserei, Mühlen). Einen Besuch verdienen das Motorradmuseum und das Abenteuerland Walter Zoo. In dem Zoo werden 130 Tierarten in Freigehegen gehalten. Kinder können im Streichelzoo Tiere kennen lernen oder auf einem Kamel oder Pony reiten. Eine weitere Attraktion ist das Urwald-Tropenhaus (Öffnungszeiten: März–Okt. 9^{00} bis 18^{30}; Nov.–Feb. 9^{00}–17^{30} Uhr).

Gossau

Von besonderem Interesse ist die Appenzeller Schaukäserei in Stein (8 km südlich). Hier kann man von einer Besuchergalerie aus die einzelnen Arbeitsschritte der traditionellen Käseherstellung live mitverfolgen. Wer daraufhin Appetit bekommen hat, kann in den Gaststuben verschiedene Käsespezialitäten probieren (Öffnungszeiten: Mai–Okt. tgl. 9^{00}–19^{00}, Nov.–Apr. 9^{00}–18^{00} Uhr; Käseherstellung: tgl. 9^{00}–15^{00} Uhr).

*Appenzeller Schaukäserei

Säntis

Der Säntis (30 km südlich von St. Gallen) ist die höchste Erhebung des von drei Bergketten zwischen Rheintal, Toggenburg und Appenzeller Vorland gebildeten Alpsteinmassivs. Wegen der großartigen Aussicht vom Gipfel ist der Säntis ein bevorzugtes Ausflugsziel.

Lage und Allgemeines

Ausgangspunkt für den Besuch des Säntis ist die als Sommerfrische und zum Wintersport besuchte Schwägalp (1360 m), die man von Urnäsch oder Nesslau auf gut ausgebauter Straße erreicht. Von hier kann der Wanderer auf einem Netz von Wanderwegen die Gegend erkunden. Im idyllischen Hochmoor rund um die Schwägalp ent-

Schwägalp

St. Gallen (Fortsetzung)

steht der Naturforschungspark Schwägalp/Säntis. In unmittelbarer Nähe der Parkplätze erfährt man in der Alpschaukäserei Wissenswerte über die Herstellung von Alpkäse. Auf der Schwägalp befindet sich die Talstation einer Seilschwebebahn, die über nur zwei Stützen in sieben Minuten die 2307 m lange Strecke hinauf zum Säntis fährt (Betriebszeiten: Sommer tgl. 7:30 – 18:30; Juli/Aug. 7:30 bis 19:00, Juli – Sept. Fr., Sa. bis 21:30; Winter tgl. 8:30 – 17:00 Uhr).
Die Wanderung auf den Säntis erfordert ab der Schwägalp 3 1/2 Stunden, ab Wasserauen 5 Stunden.

Säntisgipfel
**Rundsicht

Vom Gipfel des Säntis (2502 m) bietet sich eine überwältigende Rundsicht, die über die Vorarlberger, Bündner, Glarner und Urner Alpen sowie über den Bodensee hinaus bis weit ins schwäbische Land reicht, bei klarem Wetter im Winter sogar bis zu den Vogesen, zum Jura und zum Ulmer Münster. Auch vom Panoramarestaurant hat man eine herrliche Aussicht. Auf dem Säntisgipfel werden Wechselausstellungen zur Bergwelt gezeigt.

Steckborn   D 8/9

Staat: Schweiz
Höhe: 404 m ü. d. M.
Einwohnerzahl: 4200

Lage und Allgemeines

Das als Ferienort gern besuchte alte Städtchen Steckborn erstreckt sich auf einer Halbinsel des Untersees. Der Ort mit seinen maleri-

In hübscher Lage auf einer Halbinsel im Untersee präsentiert sich das Städtchen Steckborn.

schen Fachwerkhäusern entstand aus einer Fischersiedlung, der 1313 durch Kaiser Heinrich VII. das Stadt- und Marktrecht verliehen wurde. Bekannt wurde Steckborn im 18. Jh. durch seine Hafner, die schön bemalte Fayenceöfen herstellten. Drei der einst sechs Türme der Stadtmauer haben sich erhalten.

Allgemeines (Fortsetzung)

Sehenswertes in Steckborn

Unmittelbar am Seeufer steht das um 1320 von dem Reichenauer Abt Diethelm von Castell erbaute mächtige Turmhof, dessen Ecktürmchen und Kuppelhaube aus dem 17. Jh. stammen. Das hier untergebrachte Heimatmuseum präsentiert neben einer prähistorischen Sammlung schöne Beispiele für die bekannten Steckborner Fayenceöfen (Öffnungszeiten: Mai – Sept. Mi., Do., Sa., So. 15^{00} – 17^{00} Uhr).

Turmhof / Heimatmuseum

Südwestlich vom Turmhof, an der Schiffslände sieht man das Rathaus, ein schöner Riegelbau von 1667 mit einem achteckigen Turm. Besonders reich ausgestattet ist der Ratssaal mit Kassettendecke und einem Steckborner Fayenceofen.

Rathaus

Die evangelische Stadtkirche (1766 – 1768) ist ein schlichter Barockbau von Franz Anton Bagnato. Vom Kirchturm bietet sich ein weiter Ausblick.

Stadtkirche

Sehenswert ist das Nähmaschinenmuseum in der Nähmaschinenfabrik Bernina am südwestlichen Ortsende. Ausgestellt sind Originale und Modelle von Textilmaschinen (geöffnet täglich während der Geschäftszeiten).

Nähmaschinenmuseum

Umgebung von Steckborn

Unweit östlich von Steckborn liegt an der breitesten Stelle des Untersees (6 km) Berlingen, ein ruhiger Erholungsort. An Sehenswürdigkeiten hat der Ort das Rathaus von 1780 und den Reichenauer Kehlhof von 1686 zu bieten. Berlingen ist die Heimat des Malers Adolf Dietrich (1877 – 1957), der die Bodenseelandschaft in vielen Bildern festgehalten hat. Zur Erinnerung an ihn wurde das Adolf-Dietrich-Museum (Seestr. 26) eingerichtet (Öffnungszeiten: Mai bis Sept. Mi., Sa., So. 14^{00} – 18^{00} Uhr).

Berlingen

Der Baumeister des klassizistischen Schlosses Glarisegg (1772 bis 1774), 2 km westlich gelegen, ist Franz Anton Bagnato. Hier ist heute eine Internatsschule untergebracht, so dass die Innenräume nicht zu besichtigen sind.

Schloss Glarisegg

Der Erholungs- und Ferienort Mammern (402 m; 500 Einw.), auch als Kneippbad berühmt, liegt in parkartiger Landschaft am Untersee, 6 km östlich von Steckborn. In dem ehemaligen Schloss (17./ 18. Jh.) ist heute ein Sanatorium eingerichtet. In der barocken Schlosskapelle, die 1749 von Johann Michael Beer erbaut wurde, sind vor allem die illusionistischen Ausmalungen von Fanrz Ludwig Herrmann bemerkenswert (nur n. V. zu besichtigen).

Mammern

205

Stein am Rhein C 8/9

Staat: Schweiz
Höhe: 405 m ü. d. M.
Einwohnerzahl: 3000

Lage und
***Ortsbild**

Das städtebauliche Kleinod Stein am Rhein liegt am Ende vom Untersee, wo der Rhein den Bodensee verlässt. Mit seinen Stadttoren, erker- und freskengeschmückte, steilgiebeligen Häusern und stattlichen Fachwerkhäusern gilt es neben Murten als die am besten erhaltene mittelalterliche Kleinstadt der Schweiz.

Sehenswertes in Stein am Rhein

***Rathausplatz**

Der überaus malerische brunnengezierte Rathausplatz wird vom Rathaus (1539 – 1542) beherrscht, dessen drei Historienbilder im

Der Rathausplatz ist das historische Herz und der belebte Mittelpunkt von Stein am Rhein.

Jahr 1900 gemalt wurden. Alle übrigen Häuser an diesem Platz sind bis ins 15. Jh. nachweisbar, ihr heutiges Aussehen erhielten sie vom 16. bis zum 20. Jahrhundert. Das Haus "Zum Weissen Adler" gegenüber vom Rathaus besitzt die älteste und wertvollste Fassadenmalerei, die im Stil der Frührenaissance um 1520/1530 entstanden ist.

***Benediktiner-
kloster**

Die ehemalige Klosterkirche St. Georgen südöstlich vom Rathaus, ist eine romanische Säulenbasilika ohne Querschiff aus der Zeit um 1060. Bemerkenswert sind im Innern die Wandmalereien im

Benediktinerkloster St. Georgen

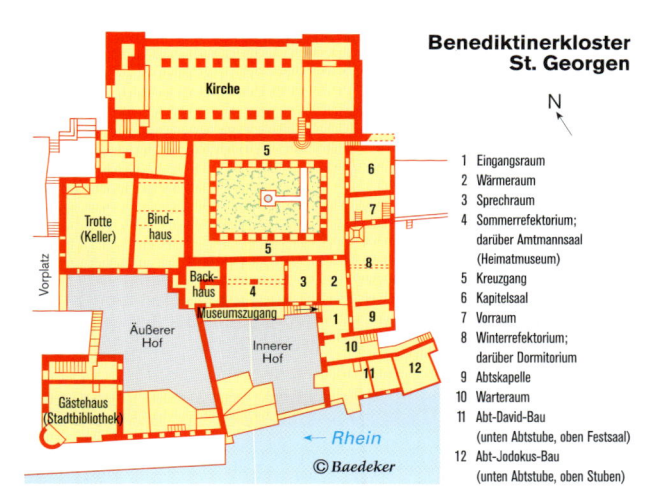

1 Eingangsraum
2 Wärmeraum
3 Sprechraum
4 Sommerrefektorium; darüber Amtmannsaal (Heimatmuseum)
5 Kreuzgang
6 Kapitelsaal
7 Vorraum
8 Winterrefektorium; darüber Dormitorium
9 Abtskapelle
10 Warteraum
11 Abt-David-Bau (unten Abtstube, oben Festsaal)
12 Abt-Jodokus-Bau (unten Abtstube, oben Stuben)

grafischen Stil im Chor und in der Liebfrauenkapelle. Das angrenzende ehemalige Benediktinerkloster geht auf eine Gründung König Heinrichs II. und seiner Gemahlin Kunigunde aus der Zeit um 1005 zurück, 1524 wurde es aufgehoben. Die heutigen Baulichkeiten stammen aus dem 14. bis 16. Jahrhundert. Das Kloster mit Zellen, Abtsräumen und Kreuzgang ist heute als Museum St. Georgen zugänglich. Eine kunsthistorische Kostbarkeit ist der Festsaal, der mit Grisaillewandmalereien (1515/1516) zu römischen Geschichtsthemen von Thomas Schmid und Ambrosius Holbein im Renaissancestil ausgeschmückt ist (Öffnungszeiten: März–Okt. Di.–So. 10:00–17:00 Uhr). **Benediktinerkloster (Fortsetzung)**

An der vom Rathausplatz nach Nordwesten führenden Unterstadt (Nr. 18) befindet sich in einem Empiregebäude das Museum Lindwurm, das einen lebendigen Eindruck von der Lebensweise der bürgerlichen Oberschicht im 19. Jh vermittelt. Zu sehen ist eine vollständig eingerichtete "gutbürgerliche" Wohung aus der Mitte des 19. Jh.s. Durch den Hof gelangt man zum Hinterhaus, einem Fachwerkbau (1712) mit Stallung, Tenne und Wagenremise. Außerdem ist das Atelier von Hermann Knecht (1893–1978) zu besichtigen, einem in Stein am Rhein geborenem Maler im Stil des Spätimpressionismus, der vor allem Landschaftsbilder seiner Heimat schuf (Öffnungszeiten: März–Okt. Mo., Mi.–So. 10:00–17:00 Uhr). **Museum Lindwurm**

Auf dem Burghügel im Stadtteil Burg am gegenüberliegen Rheinufer wurden die Reste des römischen Rheinkastells Tasgaetium (294 n. Chr.) feigelegt. Innerhalb des Kastells steht die Kirche St. Johann, die Chorfresken aus der Zeit um 1400 ausweist. **Tasgaetium**

Von dem ehemaligen 1090 bis 1092 erbauten Benediktinerkloster in Wagenhausen, ebenfalls am südlichen Rheinufer gelegen, sind noch die dreischiffige romanische Pfeilerbasilika (1083–1087) und die Konventgebäude erhalten. **Wagenhausen**

Umgebung von Stein am Rhein

Burg Hohenklingen Nördlich über der Stadt thront auf dem bewaldeten Klingenberg (192 m) die aus dem 12. Jh stammende gut erhaltene Burg Hohenklingen, die einst Sitz des Minnesängers Walther von Klingen (um 1215–1286) war. Vom Turm bietet sich ein bemerkenswerter Ausblick auf Rhein und Stein am Rhein.

Stammheimertal Südwestlich von Stein am Rhein erstreckt sich jenseits des Stammerberges das reizvolle Stammheimertal, das sein Aussehen der letzten Eiszeit verdankt. Zwischen waldbestandenen Hügeln eingebettet liegen idyllische Seen (Nußbaumersee, Hüttwilersee, Hasensee) und schmucke Dörfer mit typischen Riegelbauten. Der Gasthof zum Hirschen in Oberstammheim (1684) gehört zu den bemerkenswertesten Fachwerkhäusern der Ostschweiz.

Stockach   D 7

Höhe: 491 m ü. d. M.
Einwohnerzahl: 16 000

Lage und Allgemeines Stockach, das "Tor zum Bodensee", liegt inmitten von Wiesen und Wäldern zwischen dem Überlinger See und dem Hegau. Die Stadt war einst Kreuzungspunkt der Thurn- und Taxisschen Postrouten Im Lauf einer leidvollen, von Kriegen geprägten Geschichte wurde Stockach mehrfach zerstört und geplündert, so dass kaum ältere Baudenkmäler erhalten sind.

Stockach gilt als "Tor zum Bodensee".

In Stockach findet alljährlich am "Schmotzigen Dunschtig" (Fastnachts-Donnerstag) das "Hohe Grobgünstige Narrengericht zu Stockach" statt, bei dem eine politische Persönlichkeit "angeklagt" wird. Dieser Brauch geht auf ein Privileg zurück, das Erzherzog Leopold von Österreich 1315 nach der Schlacht bei Morgarten (Schweiz) seinem aus Stockach stammenden Hofnarren Hans Kuony aus Dankbarkeit für einen guten Rat versprochen hat. Das Privileg zum Narrengericht wurde dann vom Bruder Leopolds, Herzog Albrecht dem Weisen, 1351 erteilt.

Stockacher Narrengericht

> **Baedeker TIPP** **Quellerlebniswege**
>
> Die Quellerlebniswege erschließen die zahllosen schönen Quellen der Stockacher Aach. Es gibt vier Themenwege mit einer Länge von 3,5 km bis 6 km und einen Gesamtweg von 18 km. Die Wege führen durch Bacheschenwald, Feuchtwiesen und Weiden, begleitet von sprudelnden Quellbächen (Informationen: ☎ 07771/4999).

Sehenswertes in Stockach

Als Wahrzeichen der Stadt prägt der Turm mit der charakteristischen Zwiebelkuppel der von 1708 bis 1728 erbauten und 1932 abgerissenen Barockkirche das Stadtbild. Er wurde 1933 in den Neubau der mächtigen Kirche St. Oswald miteinbezogen.

St. Oswald

Am Bürgerhaus Alte Post in der Nähe der Kirche kreuzten sich einst die Reiter- und Postlinien. Es ist heute ein Kultur- und Tagungszentrum. Außerdem ist hier ein Heimatmuseum untergebracht, wo Wissenswertes über Stockach und seine Umgebung aus den letzten 700 Jahren vermittelt wird (Öffnungszeiten: 1. Sonntagvormittag im Monat).

Alte Post / Heimatmuseum

Umgebung von Stockach

Auf einem 45-minütigen Spaziergang erreicht man die westlich der Stadt gelegene Ruine Nellenburg (560 m). Die Nellenburg, nach der sich ein Grafengeschlecht nannte, geht mindestens auf das 10. Jh. zurück und wurde 1782/1783 zerstört.

Nellenburg

Überlingen · E 8

Höhe: 404 – 700 m ü. d. M.
Einwohnerzahl: 21000

Überlingen, Hauptort und kultureller Mittelpunkt im Linzgau, zeichnet sich durch eine malerische Lage am Überlinger See aus. Die historische Stadt wird als Ferienziel sowie als Kur- und Kneippbad viel besucht. Sie hat mit ihrer schönen Uferpromenade – der längsten am Bodensee –, wo viele Restaurants und Cafés zum Verweilen einladen und die Ausflugsschiffe an- und ablegen, geradezu mediterranes Flair. Überlingen, das 770 erstmals urkundlich erwähnt wurde, hat sich aus der reichsstädtischen Zeit (13. Jh. – 1802), die durch den Handel mit Salz, Getreide und Wein Ansehen und Wohlstand brachte, stattliche Reste der einstigen Befestigung mit

*Ferienort

Ferienort (Fortsetzung)	Wällen, Wehrtürmen und Stadtgräben sowie zahlreiche historische Bauwerke bewahrt. Seit 1954 wird alljährlich der Bodensee-Literaturpreis der Stadt Überlingen verliehen.
Traditionelle Feste	Überlingen gedenkt alljährlich zweimal im Frühling und Frühsommer mit "Schwedenprozessionen" der Belagerung der Stadt durch die Schweden während des Dreißigjährigen Krieges. Anschließend an den Umzug im Sommer wird der historische "Schwertlestanz" aufgeführt.

Hofstatt: zentraler Platz der hübschen mittelalterlichen Altstadt

Sehenswertes in Überlingen

Rathaus *Ratssaal	An dem "Hofstatt" genannten Platz befindet sich in zwei aneinanderstoßenden Gebäuden (14./15. Jh.) das Rathaus (Eingang vom Münsterplatz). Im neueren, in Rustikabauweise errichteten Teil (rechts) mit dem so genannten Pfennigturm, sollte man sich den Ratssaal (1492 – 1494) ansehen. Der Saal ist mit prachtvollen Holzschnitzereien ausgestattet; die 41 Statuetten, die 40 cm hoch sind, stellen die ständische Gliederung des Deutschen Reichs dar. Er wird heute noch als Sitzungssaal genutzt (Öffnungszeiten: Mo. bis Fr. 9⁰⁰ – 12⁰⁰, 14³⁰ – 17⁰⁰; 15. Apr. bis 15. Okt. auch Sa. 9⁰⁰ bis 12⁰⁰ Uhr).
*Münster	Das gotische Münster St. Nikolaus neben dem Rathaus ist das Wahrzeichen von Überlingen und dessen bedeutendste kunsthistorische Sehenswürdigkeit. Es wurde im 14. Jh. als querschifflose Pfeilerbasilika begonnen, 1429 zur fünfschiffigen Hallenkirche erweitert, von

Münster St. Nikolaus

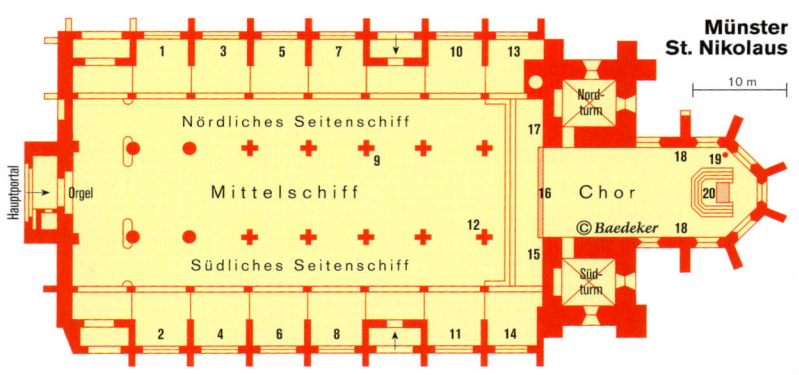

Floor plan legend:

1 Cajetanaltar (1723)
2 Heiligkreuzaltar (1592)
3 St.-Anna-Altar (1697)
4 Bernhardusaltar (1650; Mittelschrein 1913)
5 Caritasaltar (1937)
6 St.-Elisabeth-Altar (Fresko 1490)
7 Altar der Hl. Familie (1883)
8 Marienaltar (J. Zürn, 1607–1610)
9 Kanzel (urspr. 1551)
10 Schutzengelaltar (1634)
11 Kriegergedächtniskapelle (Wandbild 1489)
12 St. Nikolaus (Anfang 14. Jh.)
13 Dreikönigsaltar (1689)
14 Rosenkranzaltar (M.+D. Zürn, 1631)
15 Kinderfreundaltar (1880)
16 Chorgitter (nach 1753)
17 Ölbergaltar (1871)
18 Chorgestühl (um 1430)
19 Sakramentshaus (J. Zürn, um 1611)
20 Hochaltar (Holzschnitzerei der Familie Zürn, 1613–1616)

Münster (Fortsetzung)

1512 bis 1563 zur Basilika umgebaut und 1586 vollendet. Der südliche kleinere der beiden Türme, der seit 1444 unverändert blieb, trägt die 8850 kg schwere, nicht vollendete Osannaglocke. Der nördliche höhere Turm (78 m) verfügt über sieben Glocken. Der fünfschiffige Innenraum ist umgeben von einem Kapellenkranz mit Altären, die von Überlinger Bürgerfamilien gestiftet wurden.

**Schnitzaltar (s. Abb. S. 59)

Ein Meisterwerk des Manierismus ist der viergeschossige, aus Holz geschnitzte Hochaltar (1613–1616) von Jörg Zürn und seinen Brüdern; er besteht aus einer Fülle figürlicher und ornamentaler Schnitzerei. Der Altar zeigt folgende Darstellungen: im unteren Teil die Verkündigung an Maria, im Hauptfeld die ausdrucksvolle Anbetung der Hirten, im dritten Geschoss die Krönung Mariens und im vierten Geschoss den hl. Nikolaus.

Ein weiteres bedeutendes Werk ist der ebenfalls von der Bildhauerfamilie Zürn geschaffene Rosenkranzaltar (1631), der ebenfalls mit reichen Schnitzereien verziert ist. Vor der Südwestecke des Münsters steht eine gotische Ölbergkapelle (1495), eine Arbeit von Lorenz Reder.

Stadtarchiv

Das Stadtarchiv am Münsterplatz, 1600 als Stadtkanzlei erbaut, besitzt ein schönes Portal und ein großes Steinrelief des Stadtwappens am Giebel.

Salmansweilerhof, Steinhaus

Westlich vom Münster stehen der Salmansweilerhof (1835), der städtische Hof des Zisterzienserklosters Salem, mit sterngewölbter Hauskapelle, und gegenüber das Steinhaus, ein treppengiebeliger mittelalterlicher Bau, der heute von der Stadtbücherei genutzt wird.

Franziskanerkirche

Nordwestlich vom Münster, an der nördlich durch das gotische Franziskanertor (1495) abgeschlossenen malerischen Franziskaner-

Franziskaner-kirche (Fortsetzung)	straße, trifft man auf die spätgotische Franziskanerkirche, die 1348 geweiht und 1752 nach Plänen von Johann Michael Beer barockisiert wurde. Von der harmonischen Innenausstattung ist vor allem der Hochaltar (1760) hervorzuheben, den Joseph Anton Feuchtmayer zusammen mit seinem Werkstattmitarbeiter Franz Anton Dirr gestaltete. Das Altargemälde stammt von Gottfried Bernhard Göz (Öffnungszeiten: Mo.–Sa. 10⁰⁰–17⁰⁰ Uhr). Angeschlossen ist das ehemalige Franziskanerkloster, ein Bau des 18. Jh.s, der heute als Altersheim genutzt wird.
Heimatmuseum	Vom Münsterplatz steigt man durch die schmale Luziengasse nordöstlich hinauf zu dem 1462 im Rustikastil erbauten ehemaligen Reichlin-von-Meldeggschen Patrizierhof (Krummebergstr. 30), in dem sich das Städtische Museum befindet. Das Museum zeigt Sammlungen zur Vor- und Frühgeschichte, Malerei und Plastik sowie ein Kollektion von Barockkrippen. Besondere Beachtung verdienen 50 Puppenstuben von der Renaissancezeit bis zum Jugendstil. Der prächtige Barockfestsaal ist mit Stuckaturen (1695) von Franz Schmuzer geschmückt. Vom Terrassengarten hat man eine prächtige Aussicht auf Stadt, See und Alpen (Öffnungszeiten: Di.–Sa. 9⁰⁰ bis 12³⁰, 14⁰⁰–17⁰⁰, Apr.–Okt. auch So., Fei. 10⁰⁰–15⁰⁰ Uhr; Führungen: Fr. 10⁰⁰ Uhr).
Susohaus	Im ursprünglich aus dem 13. Jh. stammenden, im 16. Jh. neu erbauten Susohaus nordwestlich vom Heimatmuseum soll 1295 der Dominikanermönch und Mystiker Heinrich Suso (► Berühmte Persönlichkeiten) geboren worden sein (nicht zugänglich).

Die Greth am Landungsplatz, einst Handels- und Kornhaus, wurde 1788 von Franz Anton Bagnato im klassizistischen Stil umgebaut. Heute befinden sich hier die Tourist-Information, eine Markthalle sowie Restaurants und Geschäfte.

Greth

Im Haus "Zum Faulen Pelz" daneben ist die gleichnamige Städtische Galerie untergebracht, in der wechselnde Kunstausstellungen stattfinden (Öffnungszeiten: 10^{00} – 12^{00}, 15^{00} – 18^{00} Uhr). Außerdem kann man hier in einem Restaurant mit Terrasse essen.

Galerie Fauler Pelz

Unweit westlich vom Grethgebäude, an der Seepromenade steht das spätgotische Zeughaus, in dem sich ein privates Waffenmuseum befindet (Öffnungszeiten: Mai – Sept. Mo. – Fr. 10^{00} – 12^{00} Uhr).

Zeughaus / Waffenmuseum

Westlich der Altstadt erstreckt sich am Hang der vom Gallerturm (16. Jh.) überragte, 1875 angelegte Stadtgarten mit reicher subtropischer Vegetation, einem Rosengarten, einer Kakteengruppe und einem Rehgehege. Weiter südlich, längs dem Seeufer, breitet sich der Kurgarten aus. Hier gibt es den Dammturm, den Kursaal, wo Konzerte und Kunstausstellungen stattfinden, sowie die Kuranlagen mit dem Haus des Gastes.

Stadtgarten, Kurgarten

Das östlich der Altstadt gelegene Schloss Rauenstein (um 1910) ist heute eine Landwirtschaftsschule mit öffentlichem Park. Beim Schloss wurde ein Apfellehrpfad angelegt, auf dem 50 teils historische Apfelsorten gezeigt werden.

Schloss Rauenstein

In Goldbach, dem zwischen Weinbergen gelegenen westlichen Ortsteil, gibt es ein kunsthistorisches Kleinod, die frühromanische Kapelle St. Sylvester (10. / 11. Jh.). In Innern sind noch Reste von Fresken der Reichenauer Malerschule erhalten, die nach neuesten Forschungen wohl ins 9. Jh. zu datieren sind.

St. Sylvester

In dem 3 km langen Stollen beim Campingplatz in Goldbach mussten während des Zweiten Weltkriegs Häftlinge aus dem KZ bei Aufkirch Grabarbeiten verrichten. Zahlreiche Gefangene starb dabei an Entkräftung und Misshandlungen gestorben; 97 Häftlinge sind auf einem kleinen Friedhof nahe der Kirche Birnau bestattet.

KZ-Mahnmal

Die berühmte Salemer Internatsschule hat nach Auseinandersetzungen mit dem Markgrafen von Baden, dem Eigentümer von Schloss Salem, einen Neubau in Überlingen, das Salem College, erstellt, wo die Oberstufe der Schule unterrichtet wird. Der postmoderne Bau im Westteil der Stadt ist ein Werk des Architekten Arno Lederer.

Salem College

Freunde der Fliegerei sollten das Helidrome (Abigstr. 2) im Industriegebiet besuchen. Hier wird die Geschichte des Hubschraubers anhand von Modellen und Originalteilen dargestellt. Besonderer Anziehungspunkt ist der russische Hubschrauber Mi 8.

Helidrome

Der im Osten von Überlingen gelegene Ortsteil Nußdorf wird als Ferienort geschätzt. In der spätgotischen Nußdorfer Kapelle sind ein Schnitzaltar (15. Jh.) sowie Wandmalereien des ausgehenden 16. Jh.s bemerkenswert.

Nußdorf

Umgebung von Überlingen

Gletschermühle Etwa 1 km nordwestlich von Goldbach kann man die Gletschermühle, ein großes eiszeitliches Strudelloch in Molassefelsen, besichtigen.

Heidenhöhlen Noch weiter nordwestlich sind die spärlichen Reste der in frühgeschichtlichee Zeit in die Felsen gehauenen Heidenhöhlen zu sehen, die in Victor von Scheffels "Ekkehard" erwähnt werden (unzugänglich).

Owingen In dem 5 km nördlich von Überlingen gelegenen Ort Owingen (533 m; 3000 Einw.) ist die spätgotischen Kirche St. Petrus und Paulus mit einem Rosenkranzaltar von Martin Zürn sehenswert.

Uhldingen-Mühlhofen — E 8

Höhe: 399 – 410 m ü. d. M.
Einwohnerzahl: 7200

Lage und Allgemeines Der Erholungsort Uhldingen-Mühlhofen, gegenüber der "Blumeninsel" Mainau gelegen, besteht aus den Ortsteilen Unteruhldingen, Oberuhldingen und Mühlhofen. Die einzelnen Ortsteile sind durch einen Spazierweg entlang der Seefelder Aach, die hier in den Bodensee mündet, verbunden. Uhldingen-Mühlhofen, das mehrfach für umweltfreundlichen Tourismus ausgezeichnet wurde, ist vor allem bekannt für das interessante Pfahlbaumuseum. Fast das gesamte, über 3 km lange Seeufer ist frei zugänglich.

Geschichte Das Gebiet um Uhldingen ist reich an urzeitlichen Funden, die belegen, dass sich hier schon früh Menschen niedergelassen haben. In diesem Gebiet wurden bereits um 4000 v. Chr. Bauern und Fischer in Pfahlbausiedlungen sesshaft und fertigten Tonwaren und Werkzeuge an. Aus der Spätbronzezeit stammen eine große befestigte Pfahlbausiedlung (975 – 850 v. Chr.) und ein Urnenfeld (um 1000 v. Chr.) bei Oberuhldingen. In den Pfostenhäusern mit Flechtwänden und Lehmverputz auf der einen und den Blockbauten auf der anderen Seite spiegeln sich die beiden bestimmenden Holzbautechniken der Bronzezeit wider. Ein starker Anstieg des Seespiegels zwang die Menschen im 9. Jh. v. Chr. zum Verlassen der Ufersiedlung (▶ Baedeker Special S. 216). Zur Zeit der Römer bestand wahrscheinlich eine Hafenanlage vor der Uhldinger Mole. Im "römischen Gutshof", nahe dem heutigen Wasserreservoir, fand man Reste von Fresken. Während die Römer Steinhäuser bevorzugten, bewohnten die Alemannen Häuser aus Holz. Ein alemannisches Gräberfeld (6. – 8. Jh.) liegt im Osten Unteruhldingens am "Siechenholz", wo ein Gedenkstein mit dem eingemeißelten Skramasax, einem kurzen Kampfmesser der Alemannen, aufgestellt ist. Uhldingen, das schon im frühen Mittelalter an die Reichsgrafschaft Fürstenberg-Heiligenberg kam, wurde zum Ausfuhrhafen für die landwirtschaftlichen Produkte von Heiligenberg ausgebaut. Im Jahr 1806 wurde der Ort dem Großherzogtum Baden zugeschlagen. Nach dem Zweiten Weltkrieg entwickelte sich Uhldingen rasch zu einem bedeutenden Urlaubszentrum.

Mühlhofen gehörte bis zum Anschluss an das Großherzogtum Baden im Jahr 1806 zum Besitz von Kloster Salem. An diese Zeit erinnert noch das heutige Gasthaus "Sternen", das 1788 als klösterliches Gutshaus erbaut wurde.

**Pfahlbaumuseum Unteruhldingen

Zum Besuch des Pfahlbaumuseums müssen Autofahrer ihr Fahrzeug am Dorfrand stehen lassen und entweder in 15 Minuten zum Museum gehen oder mit einem Pendelbus fahren. Das Museum hat die folgenden Öffnungszeiten: Apr.–Sept. tgl. 8^{00}–18^{00}, Okt. tgl. 9^{00}–17^{00}; März, Nov. Sa., So., Fei. 9^{00}–17^{00}; Dez.–Feb. 10^{00}–16^{00} Uhr. Die Besichtigung des Freilichtmuseums erfolgt im Rahmen einer interessanten Führung.

Praktische Informationen

Dieses außergewöhnliche und interessante Freilichtmuseum, das zu den touristischen Highlights am Bodensee gehört, ist schon ein besonderes Erlebnis, das man sich nicht entgehen lassen sollte. Auch wenn das 1922 gegründete Pfahlbaumuseum nicht für Unteruhldingen authentisch ist: So wurde die Steinzeitsiedlung nach der in Sipplingen ausgegrabenen gestaltet und die Bronzezeitsiedlung am Federsee gefunden. In den letzten Jahren wurden beim Bau wei-

Allgemeines

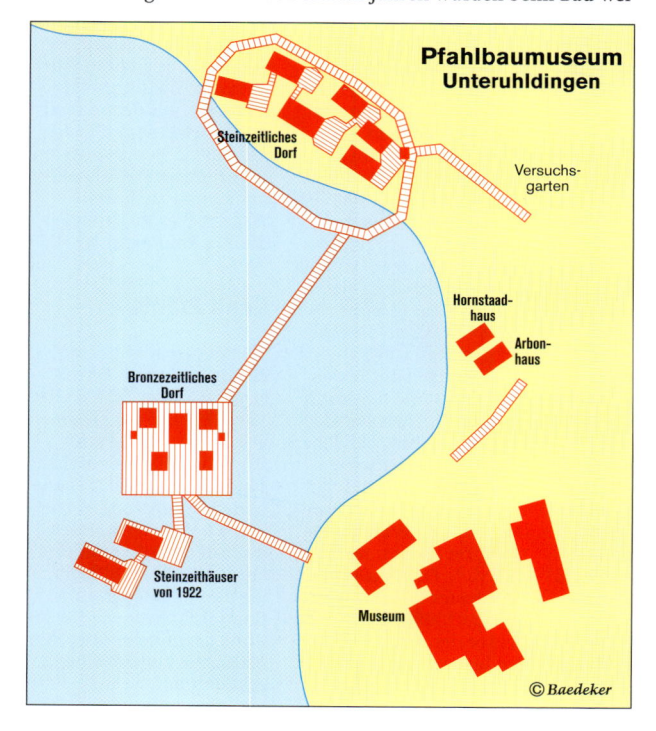

Uhldingen-Mühlhofen

Baedeker SPECIAL

Wohnen auf Pfählen

Zu den größten touristischen Attraktionen am Bodenseeufer zählen die rekonstruierten Pfahlbaudörfer der Jungsteinzeit (um 3500 v. Chr.) und späten Bronzezeit (um 1050 v. Chr.) im Freilichtmuseum von Unteruhldingen.

Orientiert an zeitgenössischen Beispielen aus dem pazifischen Raum, interpretierte man die im Bodenseegebiet aufgefundenen Pfahlstümpfe im ausgehenden 19. Jh. als Reste einer ehemals in Ufernähe im freien Wasser stehenden Siedlung. Man dachte sich die Holzhäuser auf einer ausgedehnten Plattform und eingesäumt von einem Palisadenzaun, wie es die ersten Rekonstruktionen von 1922 demonstrierten. Spätere Funde aus nordschweizerischen Seen wie auch in den oberschwäbischen Mooren führten zu einer Revision dieser Vorstellung. Der Standort der Pfahlhäuser wurde nunmehr am Ufer, auf festem, aber teilweise feuchtem Grund angenommen. Neuere Grabungsfunde der Pfahlbauarchäologie aus den 1970er-Jahren setzten nun aber die alte Theorie zumindest fallweise wieder in Kraft. Es hat sowohl ganzjährig im Wasser stehende Pfahlsiedlungen gegeben, als auch solche Siedlungen, die des Untergrundes wegen auf hochwassersicherem Platz am Ufer auf Pfähle und Roste gegründet wurden.

Datierung

Mit Hilfe der Dendrochronologie, der Jahresringforschung am Bauholz und der C-14-Methode, der Radiokarbonmessung, ließ sich das Alter des Holzes und damit auch der "Feuchtbodensiedlungen", so lautet der derzeitige Fachausdruck der Archäologen, relativ genau abschätzen. Von der Jungsteinzeit ab ca. 4400 v. Chr. bis zur Eisenzeit um 850 v. Chr. hat es an zahlreichen Seen sowie in den Moorgebieten des Bodenseeraumes und der Nordschweiz Feuchtbodensiedlungen gegeben, bei denen die 20 bis 30 Häuser je Dorf auf Pfählen standen. Trotz einer mehr als hundertjährigen Forschungstradition bleiben noch immer viele Fragen an die Pfahlbauer unbeantwortet. Es ist auffällig, dass am Bodensee derartige Siedlungen bislang nur an den Ufern der verzweigten westlichen Seeteile nachgewiesen werden konnten; am östlichen Ufersaum wurden keine nennenswerten Funde gemacht. Trotz mancher Erwägungen gibt nach wie vor auch die Wahl der Siedlungsplätze Rätsel auf. Gewiss bot das Pfahlhaus Schutz gegen überraschend auftauchende Feinde oder wilde Tiere und war ein günstiger Ausgangsort für den Fischfang; auch brauchte man den Siedlungsplatz nicht erst aus dem damals noch vorhandenen Eichenmischwald herauszuroden. Dafür mussten die Siedler manchmal auch weite Wegstrecken zu ihren Feldern in Kauf nehmen.

Neue Pfähle

Zudem war es notwendig, das rasch verrottende Holz der Pfähle alle 15 bis 20 Jahre zu erneuern. Da die alten Pfahlstümpfe nicht beseitigt, sondern nach Bedarf neue in den Untergrund getrieben wurden, entstanden im Lauf der Jahrhunderte ausgedehnte Pfahlfelder, die die Archäologen anfangs irritierten, da sie das unterschiedliche Alter der Pfahlreste zunächst nicht erkannten.

terer steinzeitlicher Häuser die neuesten Grabungsergebnisse vom Bodensee umgesetzt. Das Forschungsinstitut für Vor- und Frühgeschichte, das im Museum seinen Sitz hat, ist verantwortlich für die wissenschaftliche Betreuung der Anlage.

Pfahlbaumuseum (Fortsetzung)

In vier rekonstruierten malerischen Pfahlbausiedlungen aus der Zeit zwischen 4000 und 850 v. Chr. wird das Leben der stein- und bronzezeitlichen Fischer und Jäger anschaulich und lebendig dargestellt. Bei den geführten Rundgängen werden Erläuterungen gegeben und einige liebevoll eingerichtete Häuser der Pfahlbausiedlungen exemplarisch gezeigt. In den Häusern sind Einrichtungsgegenstände, Gerätschaften, Gefäße, Schmuck und Kultobjekte zu sehen. Man erfährt, wie die Pfahlbauer ihre Häuser errichteten, sich ernährten und ihre Werkzeuge anfertigten. Angeschlossen ist ein Garten, in dem vorgeschichtliche Nutzpflanzen angebaut werden.

Pfahlbauten

Im Ausstellungsraum sind Ausgrabungsfunde von Unteruhldingen und Sipplingen (Jungsteinzeit und Bronzezeit) wie auch aus dem ganzen Bodenseeraum ausgestellt (Mittelsteinzeit, Jungsteinzeit), ferner aus dem ufernahen Hinterland (Hallstattzeit und Völkerwanderungszeit). Der Museumsneubau, der Ausstellungs- und Vortragsräume sowie Archiv und Bibliothek umfasst, präsentiert die Geschichte und die neuesten Ergebnisse der Pfahlbauarchäologie. Anziehungspunkt hier ist das große Aquarium mit der Darstellung einer Unterwasserausgrabung im Untergeschoss.

Ausstellungen

**Birnau

Die Wallfahrtskirche St. Maria des ehemaligen Salemer Filialklosters und heutigen Zisterzenserpriorats Birnau beeindruckt mit ihrer Lage inmitten von Weinbergen und prächtigem Alpenblick. Sie gilt als schönste Barockkirche am Bodensee und ist damit ein Besuchermagnet ersten Ranges. Viele Wallfahrer kommen zur Kirche

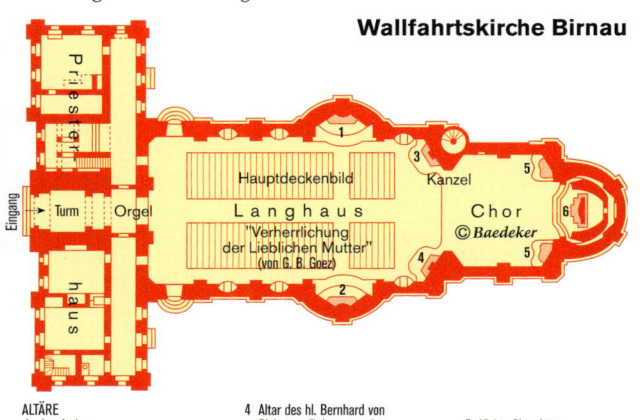

Wallfahrtskirche Birnau

ALTÄRE
1 Josefsaltar
2 Erasmusaltar
3 Benediktaltar
4 Altar des hl. Bernhard von Clairvaux (links unten der "Honigschlecker", J. A. Feuchtmayers bekannteste Stuckfigur
5 Kleine Choraltäre
6 Hochaltar mit dem Gnadenbild der Lieblichen Mutter

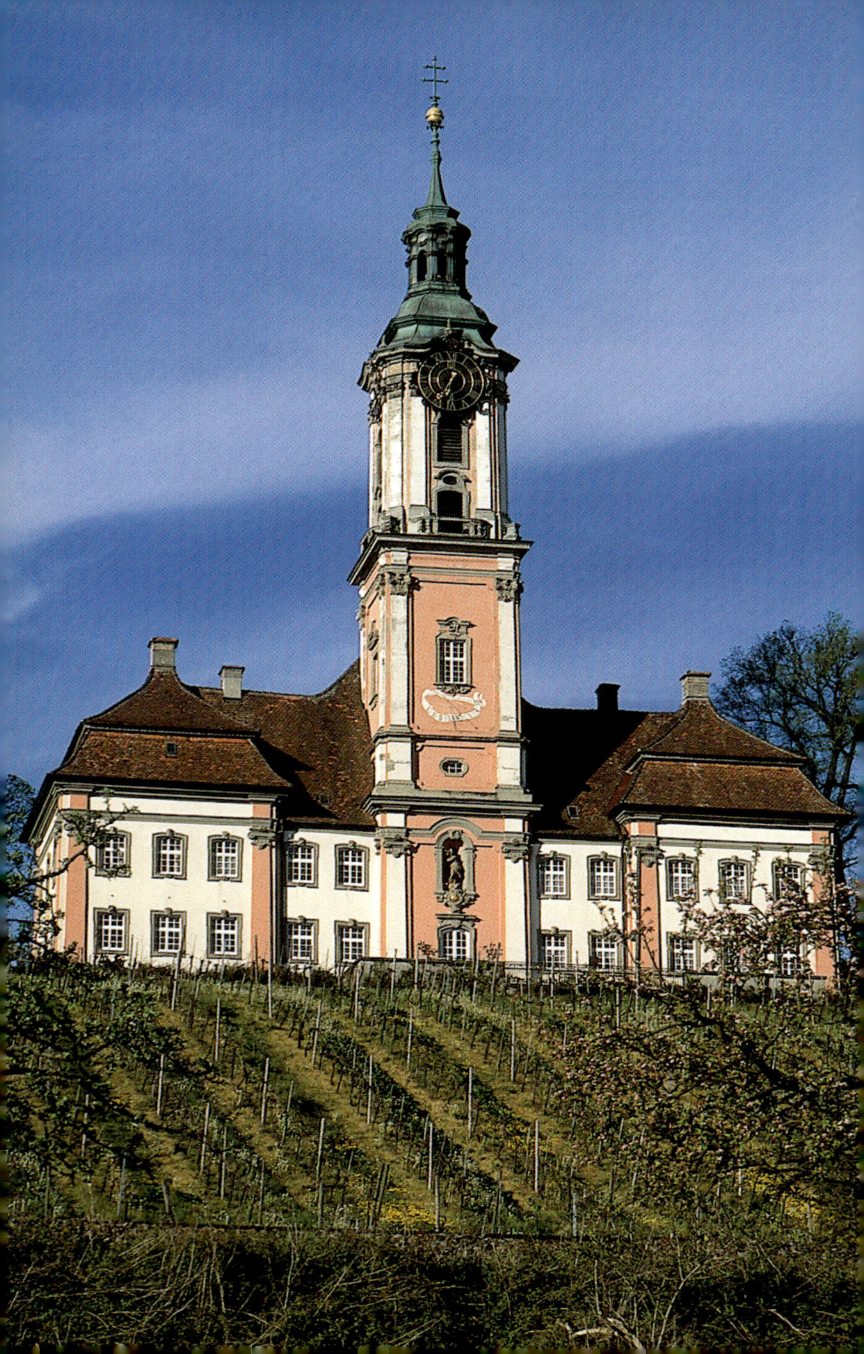

wegen des Gnadenbilds der Gottesmutter von Birnau, die aus dem 1222 erstmals erwähnten Marienheiligtum in die neue Kirche übertragen wurde. Die zwischen 1746 und 1750 von Peter Thumb erbaute Wallfahrtskirche bildet eine bauliche Einheit mit dem Propsteigebäude, das bis zur Säkularisierung 1803 den Äbten von Salem als Sommerresidenz diente. Im Jahr 1919 überließ Prinz Max von Baden Birnau den Zisterziensern von Mehrerau bei Bregenz, deren Priorat jetzt im alten Propsteigebäude untergebracht ist.

Birnau (Fortsetzung)

Die Saalkirche ist durch kleiner werdende Räume gestaffelt, wodurch Langhaus und Chor eine vollendete Einheit bilden. Das Langhaus schwingt leicht aus, Chorraum und Apsis sind mit Bogendurchgängen schmal gegliedert. Die zweigeschossige Wandgliederung leitet über in das mit Stichkappen versehene Spiegelgewölbe im Langhaus sowie in die Kuppeln von Chor und Apsis. Das mit seinen vielfach geschwungenen Linien und den harmonisch abgestimmten Farben der Deckenfresken und Altäre in reichstem Rokokostil ausgestattete, überaus malerische Innere wurde von Gottfried Bernhard Götz ausgemalt: Über der Orgel musiziert das Engelkonzert, im Langhaus wird die Gründungsgeschichte von Birnau und Maria als Helferin der Menschheit dargestellt, in der Kuppel tritt Maria als Mutter der schönen Liebe auf, und über dem Hochaltar erscheint Esther vor dem baylonischen König. Joseph Anton Feuchtmayer und seine Mitarbeiter verzierten den Raum mit Stuckaturen sowie unzähligen Engeln und Heiligenstatuen. Auf dem im Frühklassizismus veränderten Hochaltar thront das Gnadenbild der "lieblichen Mutter von Birnau" (um 1450). Eine der köstlichsten Figuren ist der Barockputto "Der Honigschlecker" am rechten Seitenaltar des hl. Bernhard von Clairvaux.

Kirche

"Der Honigschlecker"

Unweit der Birnau liegt jenseits der B 31 ein Friedhof für die Opfer von Konzentrationslagern des Dritten Reiches.

KZ-Friedhof

Von Birnau empfiehlt sich die Wanderung auf dem Prälatenweg (6 km) meist durch Wald in 1 1/2 Stunden nach Salem.

Prälatenweg

*Schloss Salem

In Salem (6 km nördlich von Uhldingen Mühlhofen) befindet sich das 1137 gegründete ehemalige Zisterzienserkloster Salem, im Mittelalter das bedeutendste des Ordens in ganz Süddeutschland, 1487 bis zur Säkularisation (1803) reichsunmittelbare Abtei, seitdem markgräflich badischer Besitz. Das Bild der Klosteranlage wird bis auf das hochgotische Münster, das das Mittelalter präsentiert, durch die barocken Gebäude des 18. Jh.s bestimmt.

Allgemeines

Die wichtigsten Sehenswürdigkeiten wie das Münster und das Schloss sind nur im Rahmen von Führungen zu besichtigen, deren Termine vor Ort zu erfragen sind. Öffnungszeiten: Apr.–Okt. Mo. bis Sa. 9^{30}–18^{00}, So., Fei. 10^{30}–18^{00} Uhr.

Praktische Informationen

◀ Majestätisch erhebt sich die Kirche Birnau hoch über dem Bodensee.

Salem (Fortsetzung)
*Münster

Mittelpunkt der ausgedehnten Anlage ist das ab 1297 als kreuzförmige Basilika errichtete Münster Mariä Himmelfahrt, der bedeutendste Sakralbau der Hochgotik im Bodenseeraum. Die turmlose, aber mit vielen Fenstern versehene Westfassade erhielt einen schmuckreichen Dreiecksgiebel und das nördliche Querschiff ein großes schönes Maßwerkfenster als Abschluss. Die Kirche verfügt im Innern über eine klassizistische Alabasterausstattung mit 27 Altären, die Johann Georg Dirr und Johann Georg Wieland von 1771 bis 1794 schufen. Der Chor wurde um 1750 von Giovanni Gaspare Bagnato umgebaut. Vom südlichen Münsterquerhaus führt der von Franz Schmuzer stuckierte Bernhardusgang, ein Teil des ehemaligen Kreuzganges, in den Konventbau.

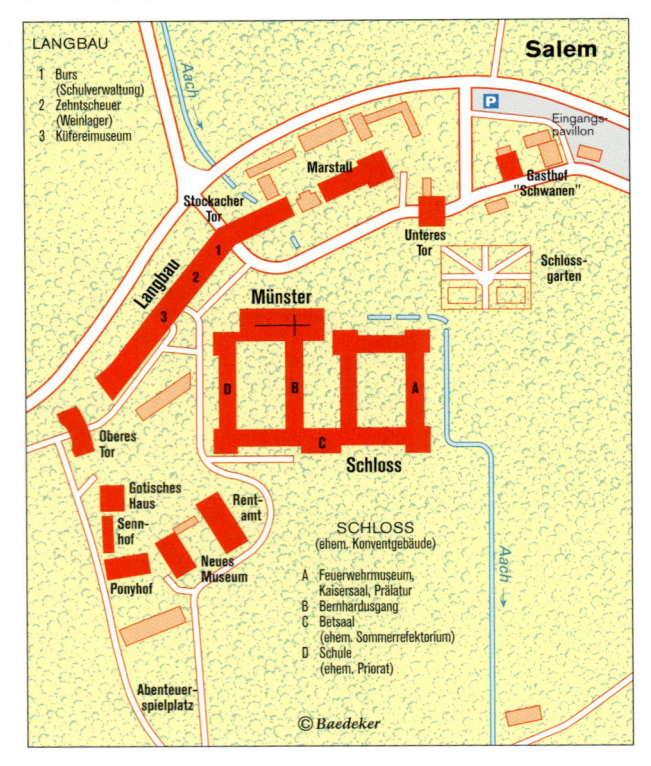

Konventgebäude

An das Münster schließt das Konventgebäude des ehemaligen Klosters an. Der mächtige Gebäudekomplex gliedert sich in mehrere, um drei Innenhöfe gruppierte Trakte, die jetzt u. a. auch als Schloss der Markgrafen von Baden dienen. Das Konventgebäude wurde nach einem Brand (1697) bis 1706 von Franz Beer wieder aufgebaut und innen in reichem Barockstil ausgestaltet.

Schule Schloss Salem

Im Westflügel, dem ehemaligen Priorat, befindet sich die 1920 vom Prinzen Max von Baden gegründete und von Kurt Hahn konzipierte

Das Konventgebäude von Salem hat heute verschiedene Funktionen.

weltbekannte Internatsschule Salem mit der Zweigschule auf der Burg Hohenfels und dem Salem College in Überlingen. Sie hatte so prominente Schüler wie Prinz Philip, Prinzgemahl von Königin Elisabeth II. von England, und Theodor Heuss, erster Präsident der Bundesrepublik Deutschland.

Salem (Fortsetzung)

Die übrigen Schlossräume sind bis auf die markgräfliche Wohnung als Museum eingerichtet. Das Sommerrefektorium (heute Betsaal) im Südflügel ist prunkvoll mit Stuckaturen (1710) von Franz Schmuzer ausgeschmückt und weist einen großen kunstvollen Fayenceofen (1733) von Daniel Maier auf. Besonders sehenswert in der Prälatur, dem Ostteil des Konventgebäudes, ist der 1708 von Franz Joseph Feuchtmayer prächtig dekorierte Kaisersaal und im 2. Stock das Rokoko-Arbeitszimmer von Abt Anselm II., das von Johann Georg Dirr ausgestaltet wurde. Im Prälaturkeller werden markgräflich badische Weine angeboten.

Schlossmuseum

Ferner kann man sich im Schloss das interessante Feuerwehrmuseum ansehen, das eine beachtliche Sammlung von historischen Feuerwehrfahrzeugen, Löschgeräten und Uniformen präsentiert.

Feuerwehrmuseum

Beachtenswert sind auch weitere, zum ehemaligen Kloster gehörende Bauten: Den weiten ehemaligen Wirtschaftshof begrenzt nach Nordosten das barocke Untere Tor (1735) und nach Norden der ehemalige Marstall (1737–1750), ein Werk von Giovanni Gaspare Bagnato. Anschließend, jenseits des Stockacher Tors, folgt im so genannten Langbau, einem Renaissancegebäude von 1620, die noch in Betrieb befindliche Schmiede und das Küfereimuseum mit mächtigem Baumtorkel von 1706. Den Südwestteil der Anlage nehmen die folgenden Gebäude ein: das Obere Tor (1791); das Gotische Haus mit

Weitere Gebäude

Schloss Salem (Fortsetzung) einem Brennereimuseum, in dem jeden Donnerstag ein Schaubrennen veranstaltet wird; der Sennhof (1562), wo im Kunsthandwerkerdorf alte Handwerke demonstriert werden; das Neue Museum, das Wechselausstellungen zeigt und schließlich in einem 1790 als Stiftsgymnasium erbauten Gebäude die markgräflich badische Verwaltung (Rentamt).

Umgebung von Uhldingen-Mühlhofen

Mauracher Schloss Im Ortsteil Maurach steht das so genannte Mauracher Schloss, ein ehemaliges Nonnenkloster, das lange Zeit Gutshof des Zisterzienserklosters Salem war. Das Schloss wurde zu einem Fortbildungszentrum umgestaltet. Das Innere ist mit schönen Stuckdecken und Fresken aus dem 18. Jh. ausgestattet.

Feuchtmayer-Museum In dem Salemer Ortsteil Mimmenhausen betrieb Joseph Anton Feuchtmayer über Jahrzehnte die größte Bildhauerwerkstatt Süddeutschlands. Im Mittelpunkt des Museums stehen Arbeitstechniken des Künstlers vor dem Hintergrund seiner Zeit. So kann beispielsweise verfolgt werden, wie ein Puttenkopf entsteht (Öffnungszeiten: Apr.–Okt. Mi. 13^{30}–17^{00}, Sa. 14^{00}–17^{00}, So. 11^{00}–17^{00} Uhr).

*Affenberg Salem Der Affenberg Salem westlich von Salem ist ein naturnahes Freigehege für 200 Berberaffen (Macaca sylvana). Auf einem 600 m langen Rundweg kann der Besucher die Tiere aus nächster Nähe beobachten. Berberaffen leben in Marokko und Algerien in Höhen bis über 2000 m. Da sie an das raue Klima in ihrer Heimat angepasst sind, haben sie auch im Winter hier keine Probleme mit der Kälte. Am Storchenweiher beim Eingang befinden sich Brutkolonien freifliegender Störche (Storchenfütterung: tgl. 11^{00}, 16^{00} Uhr). Vor dem Eintrittsbereich gibt es einen Informationsraum über die vom Aussterben bedrohten Berberaffen und eine Affengalerie, die verschiedene Affendarstellungen zeigt. Einen Schwerpunkt der Galerie bildet Südostasien, wo eine positive Einstellung zu Affen besteht. Hübsch sind die Affenschattenspielfiguren aus Java und Indien (Öffnungszeiten: Mitte März–Okt. tgl. 9^{00}–18^{00} Uhr).

Heiligenberg Der Höhenluftkurort Heiligenberg (3000 Einw.) liegt 19 km nördlich von Uhldingen-Mühlhofen am Steilrand des Oberen Linzgaus in herrlicher Aussichtslage ("Aussichtsterrasse des Bodensees") mit Blick zum Bodensee und zu den Alpen.

*Schloss Am südlichen Ortsrand erhebt sich weithin sichtbar das Fürstlich Fürstenbergische Schloss Heiligenberg, das in der Mitte des 16. Jh.s im Stil der Renaissance erbaut wurde. Seit 1567 leitete Jörg Schwartzenberger die Bauarbeiten, und ihm besonders verdankt das Schloss sein heutiges Gesicht. Schloss Heiligenberg wurde niemals verwüstet oder zerstört, von seinen Besitzern nur selten bewohnt und dann im jeweiligen Zeitgeschmack neu ausgestattet. Es gilt heute als eines der besterhaltenen Beispiele deutscher Schlossbaukunst des 16. Jh.s (unzugänglich).

Illmensee Die "Drei-Seen-Gemeinde" Illmensee liegt rund 30 km nördlich vom Bodensee im Oberen Linzgau. Die in Wälder und Wiesen einge-

Von ganz eigener Schönheit ist das Pfrunger-Burgweiler Ried.

bettete Gemeinde mit ihren drei Seen, dem Illmensee, Ruschweiler See und Volzer See, wird als ruhiger Ferienort geschätzt.

Uhldingen-Mühlhofen (Fts.)

Der Schulort Wilhelmsdorf (5 km östlich von Illmensee) wurde von der Herrenhuter Brüdergemeine Korntal gegründet und nach König Wilhelm I. von Württemberg benannt. Den Mittelpunkt der kreuzförmigen Ortsanlage bildet ein quadratischer Platz mit dem Betsaal. Sehenswert sind das Heimatmuseum im Benedikt-Nimser-Haus und das Museum für bäuerliches Handwerk.

Wilhelmsdorf

Nördlich von Wilhelmsdorf breitet sich das 2600 ha große Naturschutzgebiet Pfrunger-Burgweiler Ried aus. Über 1600 Tier- und Pflanzenarten sind hier beheimatet. Das Naturschutzzentrum des Rieds bietet Führungen durch das Gebiet an (Öffnungszeiten: So., Fei. 13³⁰ – 17⁰⁰ Uhr, ☎ 0 75 03 / 7 39).

*Pfrunger-Burgweiler Ried

Wangen im Allgäu — H 8

Höhe: 556 – 709 m ü. d. M.
Einwohnerzahl: 26 000

Die einstige Reichsstadt Wangen, im Westallgäuer Hügelland gelegen, ist ein beliebter Luftkurort sowie Hauptort des württembergischen Allgäus und dessen Milch- und Käsereiwirtschaft. Attraktion des Ortes ist die malerische Altstadt mit ihren bis ins Mittelalter zurückreichenden Gebäuden. Vom 13. bis zum 15. Jh. erlebte Wangen eine Blüte durch den Leinenhandel vor allem mit Italien.

*Hauptort des württembergischen Allgäus

Sehenswertes in Wangen im Allgäu

*Marktplatz

Am malerischen Marktplatz, dem Zentrum der Altstadt, sieht man das teilweise noch aus dem 15. Jh. stammende, von 1719 bis 1721 im Barockstil größtenteils neu erbaute Rathaus. Es beeindruckt mit einer prächtigen Fassade, die durch eine herausgearbeitete Mittelachse, reichen Figurenschmuck und hübsche Volutengiebel gekennzeichnet ist. Der holzgetäfelte Ratssaal enthält eine historische Kostbarkeit: eine Stadtansicht von 1611 (Besichtigung nur bei Stadtführungen).

Ein weiteres markantes Gebäude am Marktplatz ist das Hinterofenhaus (1542) im Renaissancestil, in dem nach verschiedenen Nutzungen heute die Stadtverwaltung untergebracht ist.

St. Martin

Die spätgotische Kirche St. Martin neben dem Rathaus stammt aus dem 13. Jh. und wurde 1684 innen barockisiert. Die Altar- und Deckengemälde wurden erst im 19. Jh. ausgeführt.

*Herrenstraße

Vom Marktplatz geht die Herrenstraße ab, die zu den schönsten deutschen Straßenbildern zählt. Teilweise ist noch ihr spätgotisches Gepräge erhalten, die meisten Häuser sind nach dem verheerenden Brand von 1539 erbaut worden. Bemerkenswert sind die Gebäude mit den gotischen Treppengiebeln und den Wirtshausschildern des 19. Jh.s. Den markanten Abschluss der Straße bildet das Frauentor, auch Ravensburger Tor genannt, das seine heutige Form im Renaissancestil 1608 erhielt.

Das Frauentor schließt die malerische Herrenstraße ab.

St.-Martins-Tor

Von der Südwestseite des Marktes führt die reizvolle Paradiesstraße zu dem bemalten St.-Martins-Tor, dessen heutiges Aussehen ebenfalls auf das Jahr 1608 zurückgeht. Es hat seinen ursprünglichen gotischen Charakter allerdings zum Teil noch bewahrt; so findet man im Tordurchgang noch Reste der gotischen Bemalung.

Rochuskapelle

Nordwestlich jenseits des St.-Martins-Tores breiten sich der nach italienischem Vorbild angelegte Alte Friedhof und heutige Stadtpark aus. Hier steht die Rochuskapelle (1593), die eine originelle bemalte Holzdecke mit einer Bilderbibel besitzt. Beachtenswert sind außerdem die aus dem Hochaltar von St. Martin stammenden Rosenkranzmedaillons (1622), bedeutende Werke aus der berühmten Bildhauerwerkstatt Zürn (Öffnungszeiten: Sommer Sa. 10⁰⁰ bis 12⁰⁰ Uhr).

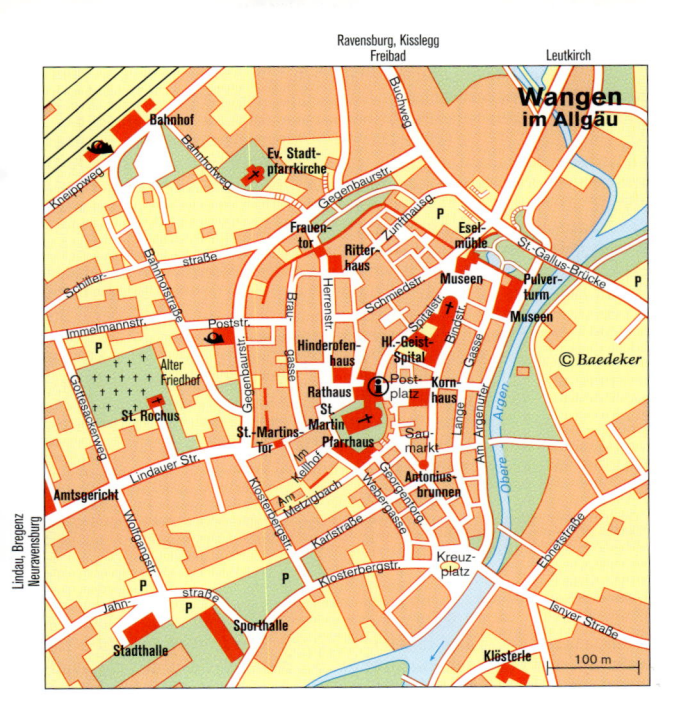

Rochuskapelle (Fortsetzung)

Durch den Pfaffenturm am Marktplatz gelangt man zum malerischen Postplatz, dem Hauptplatz der tiefer gelegenen Unterstadt. Platzbeherrschend ist das Kornhaus (1600–1602), in dem heute die städtische Bücherei untergebracht ist.

Postplatz

Vom Postplatz zieht die Spitalstraße nordöstlich zur ehemaligen Eselmühle (1568), in der das Heimatmuseum und das Käsereimuseum eingerichtet sind. Das Heimatmuseum gibt einen Überblick über die Stadtgeschichte und stellt die Leinwandherstellung dar. Im 3. Obergeschoss kann man in der Ausstellung "Mechanische Musikinstrumente" Drehorgeln, Spieldosen und Orchestrien aus dem 19. und 20. Jh. sehen (Vorführungen Mi., Sa. 15⁰⁰ Uhr). Das Käsereimuseum widmet sich der Geschichte der Milchwirtschaft und der Käseherstellung.
Über den Wehrgang der Stadtmauer kommt man zum Deutschen Eichendorff-Museum für den Dichter Joseph Freiherr von Eichendorff (1788–1857), wo Briefe, Handschriften und zeitgenössische Kunst ausgestellt sind, und zum Gustav-Freytag-Museum mit Erinnerungen an den Kulturhistoriker und Dichter Gustav Freytag (1816–1895).

Museen

225

Wangen
(Fortsetzung)

*Museum in der Badstube

In der Museumsdruckerei im übernächsten Gebäude ist eine historische Buchdruckerei eingerichtet. Ein besonderes Ausstellungsstück ist der Nachbau einer Gutenberg-Druckmaschine von 1825.
Am Ende des Gebäudekomplexes befindet sich das Museum in der Badstube. Die Badstube (1589), eine besondere bauhistorische Kostbarkeit, versetzt den Besucher zurück in die Zeit des mittelalterlichen Badewesens. Hier wurde die Badekultur gepflegt, wozu auch das Haare- und Bartschneiden sowie der Aderlass gehörte. Damals konnten sich nur wenige den Luxus eines eigenen Bades leisten. Man ging ein- bis zweimal wöchentlich ins öffentliche Badehaus. Später war das Gebäude Wanderarbeitsstätte und Obdachlosenheim. Im Obergeschoss des Gebäudes ist die Städtische Galerie untergebracht, in der Wechselausstellungen stattfinden.
Öffnungszeiten der Museen: Apr.–Okt. Di.–Fr. 14⁰⁰–17⁰⁰, Mi. zusätzlich 10⁰⁰–12⁰⁰, Sa. 10⁰⁰–17⁰⁰, Sao. 11⁰⁰–13⁰⁰; Museumsdruckerei: Di. 14⁰⁰–17⁰⁰ Uhr; Führungen durch Heimatmuseum, Käsereimuseum und Badstube: Nov.–März Di. 15³⁰ Uhr; Öffnungszeiten der Galerie in der Badstube: Di.–Fr. 14⁰⁰–17⁰⁰, Mi. zusätzlich 10⁰⁰ bis 12⁰⁰, Sa., So., Fei. 10⁰⁰–12⁰⁰, 14⁰⁰–17⁰⁰ Uhr.

Weingarten   G 8

Höhe: 465 m ü. d. M.
Einwohnerzahl: 25 000

**Wallfahrtsort

Weingarten, das sich 4 km nördlich von Ravensburg in einer Talweitung der Schussen ausbreitet, ist weithin bekannt als Wallfahrtsort. Ziel ist die großartige Basilika, der größte Barockbau Deutschlands.

*Blutritt

Alljährlich am Tag nach Christi Himmelfahrt feiert Weingarten den Blutfreitag zu Ehren der Heilig-Blut-Reliquie mit dem Blutritt, einer Reiterprozession, die Tausende von Pilgern anzieht und an der 3000 Pferde teilnehmen. Am Vorabend findet eine Lichterprozession statt. Die 1048 in Mantua wiedergefundene Heilig-Blut-Reliquie gelangte 1094 durch Judith, die Gemahlin Welfs IV., an die Benediktinerabtei Weingarten.

Sehenswertes in Weingarten

Benediktinerkloster

In Altdorf, wie Weingarten bis 1865 genannt wurde, gründete der Welfengraf Heinrich um 940 ein Frauenkloster mit der Grablege der Welfen. Nach einem Brand im Jahr 1053 verlegte Welf III. das Kloster und seine Residenz 1055 auf den nahen, mit Reben bestandenen Martinsberg und nannte es "Weingarten". Im Jahr 1056 übergab er es den Benediktinern aus Altomünster bei München, während die Nonnen ins Kloster Altomünster zogen. Das Kloster mit seiner im 12. Jh. neu erbauten romanischen Basilika und der späteren Barockkirche sowie als Reichsabtei mit ausgedehnten Besitzungen war bis zu seiner Aufhebung 1802 ein bedeutendes geistiges und kulturelles Zentrum in Schwaben. Der Besitz kam gemeinsam mit dem ehemaligen Kloster 1806 an Württemberg. Seit 1922 bewohnen wieder Benediktinermönche den alten Konventbau.

Das Stadtbild von Weingarten wird beherrscht vom Benediktinerkloster und seiner mächtigen Basilika.

**Basilika

Am Münsterplatz erhebt sich auf einer Terrasse des Martinsberges die Abteikirche St. Martin von Tours und Oswald, die Papst Pius XII. 1956 zur Basilika erhob. Sie wurde von 1715 bis 1724 als Deutschlands größte Barockkirche erbaut und mit ihrer mächtigen Kuppel der Peterskirche in Rom und mit ihren 58 m hohen Türmen sowie der Fassadenrundung der Kollegienkirche in Salzburg nachempfunden. Die Abteikirche entstand ursprünglich nach Plänen von Caspar Moosbrugger und Henrico Zuccalli, bis 1717 unter der Leitung von Franz Beer und Johann Jakob Herkomer, dann von Christian Thumb und Donato Giuseppe Frisoni in prächtigem Barockstil erbaut.

**Inneres

Das Innere, das durch seine Ausmaße, plastische Ausgestaltung und Illusionsmalerei überaus imposant wirkt, bietet sich dem Betrachter als barockes Gesamtkunstwerk dar. Mittelpunkt des riesigen kreuzförmigen Zentralbaus mit konkaven Emporen ist die Vierung mit 67 m hoher Tambourkuppel. Mittelschiff und Chor sind gleich breit. Mächtige Wandpfeiler teilen das Langhaus in einzelne Gewölbeabschnitte und stützen die mit Gewölbegurten abgegrenzten Hängekuppeln.

Kosmas Damian Asam öffnete 1718 die Gewölbe mit farbenprächtiger Illusionsmalerei zum Blick ins Unendliche. In leuchtenden Farben prangt die Geburt Christi im Westen über der Orgel, gefolgt von der Verherrlichung der Heilig-Blut-Reliquie, der himmlischen Vision des hl. Benedikt und der Himmelfahrt Mariens. Die große Kuppel bedeckt in kreisförmiger Anordnung eine unübersehbare Zahl von Engeln, Heiligen sowie den zwölf Aposteln und der Trinität im Mittelpunkt. Über dem Hochaltar sieht man die Anbetung

Basilika (Fortsetzung) des Gotteslammes. Franz Schmuzer überzog das Innere fantasievoll mit zartweißem Bandelwerk-, Ranken-, Rosetten- und Muschelstuck. Weitere herausragende Ausstattungsstücke sind der prachtvolle Hochaltar mit dem Bild der hl. Dreifaltigkeit und die beiden Querschiffaltäre nach Entwürfen von Donato Giuseppe Frisoni, ausgeführt von Giacomo Antonio Corbellini; die Altarplastiken von Diego Carlone; das prunkvolle, perspektivisch wirkende Chorgitter (1731/1732); das reich geschnitzte Chorgestühl von Joseph Anton Feuchtmayer; die Altargemälde von Giulio Benso, Carlo Carlone und Franz Joseph Spiegler sowie die Rokokokanzel (1737–1750) von Fidel Sporer aus Weingarten. Die berühmte Orgel von Joseph Gabler aus Ochsenhausen gehört zu den schönsten und größten Barockorgeln Europas. Mit ihren 77 Registern und 6666 Pfeifen hat sie einen einzigartigen Klang; beim Bedienen des Registers La Force beispielsweise erklingt der tiefste Ton C auf nicht weniger als 49 Pfeifen gleichzeitig. Im nördlichen Querschiff befindet sich seit 1715 die so genannte Welfengruft, die zwischen 1852 und 1860 von Leo von Klenze umgebaut wurde und die Gräber von Mitgliedern dieses Geschlechts von 990 bis 1126 enthält. Am Choreingang steht der Heilig-Blut-Altar. Auf diesem Altar wird in einem kostbaren Gehäuse die als Blut aus der Seitenwunde Christi – vermischt mit der Erde von Golgatha – verehrte Heilig-Blut-Reliquie aufbewahrt. Im nördlichen Turm hängt die große, 6900 kg wiegende Hosannaglocke (1490). Die Basilika ist auch Schauplatz der Klosterfestspiele Weingarten mit Theater- und Konzertaufführungen.

**Gabler-Orgel

> **Baedeker TIPP** **Klangerlebnis**
>
> Ein einzigartiges und unvergessliches Klangerlebnis ist ein Konzert in der Basilika von Weingarten auf der berühmten Gabler-Orgel mit ihren Tausenden von Pfeifen. Glocken, die menschliche Stimme und selbst ein Kuckucksruf erklingen auf diesem einmaligen Instrument. Orgelkonzerte finden im Rahmen der Klosterfestspiele Weingarten im Sommer sonntags um 17⁰⁰ Uhr statt (☎ 07 51/5 06 97-33/34, www.klosterfestspiele-weingarten.de).

Klostergebäude Südlich an die Basilika grenzt der heute noch als Kloster dienende alte Konventbau (1420–1605) mit spätgotischem Kreuzgang an. Der so genannte Seminarbau (1732) südöstlich der Kirche dient als Sitz der Akademie der Diözese Rottenburg-Stuttgart. Der südöstliche Teil des Kloster ist das ehemalige Noviziat (um 1765), der heute als Gastflügel fungiert. Die ehemalige Prälatur nördlich der Basilika, die ab 1740 v. a. von Joseph Schmuzer errichtet wurde, wird heute von der Pädagogischen Hochschule genutzt. Der so genannte Audienzsaal ist mit einem Deckengemälde von Gottfried Bernhard Götz (1742) und mit Stuckdekoration versehen.

Kornhaus / Alamannenmuseum Im 1621 erbauten Kornhaus (Karlstr. 28) in der Stadtmitte ist heute das Alamannenmuseum untergebracht. Das Museum zeigt die Funde aus einem 1952 westlich von Weingarten entdeckten alamannischen Gräberfeld der Merowingerzeit (5.–8. Jh. n. Chr.), wo 800 Gräber freigelegt wurden. Ausgestellt sind Skelette sowie Waffen und Schmuck (Öffnungszeiten: Mi., Sa., So. 15⁰⁰–17⁰⁰ Uhr; Feb., Nov. geschlossen).

Stadtmuseum Im repräsentativen, aus dem 16. Jh. stammenden Schlössle (Scherzachstr. 1), dem ehemaligen Sitz der Landrichter, in der Nähe befin-

Stadtmuseum (Fortsetzung)

det sich das neue Stadtmuseum. Als Erlebnismuseum konzipiert, wird hier Stadtgeschichte lebendig, abwechslungsreich und anschaulich dargestellt. Thematische Schwerpunkte der Ausstellung sind die Welfen, das Klosterleben auf dem Martinsberg und die Heilig-Blut-Verehrung.

Wasserbauhistorischer Wanderweg "Stiller Bach"

Zur Wasserversorgung des Klosters legten die Mönche im Mittelalter am Stillen Bach ein fachmännisches Kanalsystem an, eines der ältesten seiner Art in Deutschland. Im Bereich dieses Systems wurde ein vorbildlich gestalteter wasserbauhistorischer Wanderweg angelegt, der zum Rößler Weiher führt.

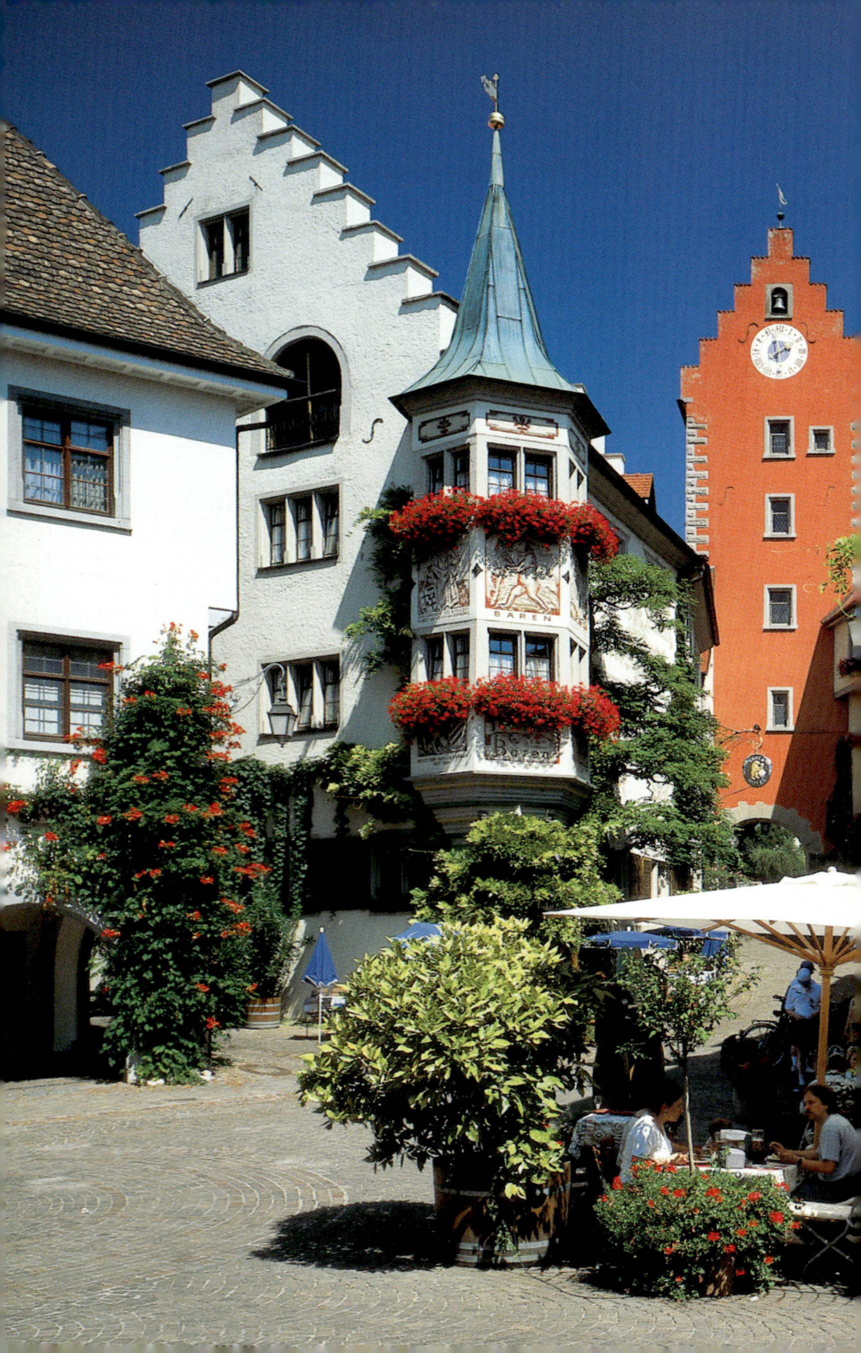
BÄREN

Praktische Informationen

Praktische Informationen von A bis Z

Anreise

Mit dem Flugzeug

Über den Flughafen Friedrichshafen (Löwental) ist der Bodenseeraum an das internationale Flugnetz angeschlossen. Regelmäßiger Linienverkehr besteht u.a. mit den deutschen Flughäfen Berlin, Bremen, Düsseldorf, Dresden, Frankfurt am Main, Hamburg, Köln und Stuttgart sowie mit den Schweizer Flughäfen Basel, Zürich und Genf.

Flughafen Friedrichshafen GmbH
☎ (0 75 41) 2 84 01
E-mail: info@fly-away.de
www.fly-away.de

Deutsche Lufthansa Zentralreservierung
☎ (0 18 03) 80 38 03
www.lufthansa.com

Mit der Bahn

Der Bodenseeraum ist mit der Bahn aus allen Richtungen gut erreichbar. Die InterCity-Express- (ICE), EuroCity- (EC), InterCity- (IC) und InterRegio-(IR)-Züge bieten eine große Anzahl an Direktverbindungen und bequemes Umsteigen. Die wichtigeren deutschen Fernstrecken sind München–Kempten (oder Memmingen)–Lindau; Ulm–Bad Schussenried–Friedrichshafen; Ulm–Donautal–Tuttlingen; Stuttgart–Tuttlingen–Singen–Konstanz; Lörrach–Schaffhausen–Radolfzell–Friedrichshafen–Lindau; in Österreich Innsbruck–Feldkirch–Bregenz. In der Nordwestschweiz ist das Eisenbahnnetz besonders dicht, so dass das schweizerische Bodenseeufer leicht erreichbar ist.

Den Bodensee selbst kann man meist in einiger Entfernung vom Seeufer mit verschiedenen Linien umfahren, wobei die Bahn zwischen Uhldingen-Mühlhofen und Friedrichshafen-Manzell weit landeinwärts über Mimmenhausen und Markdorf führt.

Mit dem Bus

Oberschwaben und das deutsche Bodenseegebiet werden von zahlreichen Buslinien der Deutschen Bahn AG (Bahnbusse) bedient. Ebenso bestehen in der Schweiz und in Österreich regelmäßige Busverbindungen mit den Bodenseeuferorten (weitere Informationen ► Busverkehr).

Mit dem Auto

Von Norddeutschland sind die wichtigsten Autobahnverbindungen zum Bodensee von Hamburg über die A 7, A 3 und A 81 sowie von Berlin über die A 9, A 6 und A 81 nach Singen. Von dort führt die

◄ Der malerische Meersburger Marktplatz lädt den Besucher zum Verweilen ein.

B 33 nach Konstanz; die B 31 verläuft von Stockach-Ost über Friedrichshafen nach Lindau. Von München fährt man auf der A 96 Richtung Lindau. Von Zürich gelangt man auf der E 60 in die östliche Bodenseeregion. Über weitere Möglichkeiten, mit dem Auto nach Oberschwaben und in den Bodenseeraum zu gelangen, informiert die beigegebene Straßenkarte.

Anreise (Fortsetzung)

Auskunft

Deutschland

Deutsche Zentrale für Tourismus (DZT)
Beethovenstr. 69
D-60325 Frankfurt am Main
☎ (069) 97 46 40
FAX 75 19 03
E-Mail: extranet-deutschland
@d-z-t.com
www.deutschland-tourismus.de

Schweiz

Schweiz Tourismus Zürich
Postfach 695
CH-8027 Zürich
☎ (01) 2 88 11 11
FAX 2 88 12 05
E-Mail: info.int@
switzerlandtourism.ch
www.MySwitzerland.com

Liechtenstein

Liechtensteinische Fremdenverkehrszentrale
FL-9490 Vaduz
☎ 2 32 14 43
FAX 3 92 16 18
E-Mail: touristinfo@lie-net.li
www.tourismus.li

Österreich

Österreich Werbung Wien
Margaretenstr. 1
A-1040 Wien
☎ (01) 5 87 20 00
FAX 5 88 66 48
E-Mail: oeinfo@
oewwien.via.at
www.austria-tourism.at

Regionale Verbände

Deutschland
Tourismusverband
Baden-Württemberg e.V.
Esslinger Str. 8
D-70182 Stuttgart
☎ (07 11) 23 85 80
FAX 2 38 58 99
E-Mail: info@tourismus-baden-wuerttemberg.de
www.tourismus-baden-wuerttemberg.de

Tourismus Untersee e.V.
Touristinformation
Postfach 1340
D-78303 Radolfzell
☎ (0 77 32) 8 15 00
FAX 8 15 10
www.radolfzell.de

Gebietsgemeinschaft Allgäu-Bodensee-Oberschwaben
Städtische Kurverwaltung
Ravensburger Str. 1
D-88333 Bad Waldsee
☎ (0 75 24) 94 13 42
FAX 94 13 45
E-Mail: info@bad-waldsee.de
www.bad-waldsee.de

Tourismusverband Allgäu/
Bayerisch-Schwaben
Fuggerstr. 9
D-86150 Augsburg
☎ (08 21) 3 33 35
FAX 3 83 31
www.allgaeu-schwaben.com

Arbeitsgemeinschaft
Bodensee-Hegau
August-Ruf-Str. 7
D-78224 Singen

☎ (0 77 31) 8 52 62
FAX 8 52 43
www.singen.de

Internationale Bodensee
Tourismus GmbH
Insel Mainau
D-78465 Konstanz
☎ (0 75 31) 9 09 40
FAX 90 94 94
E-Mail: info@bodensee-
tourismus.com
www.bodensee-tourismus.com

Heilbäderverband
Baden-Württemberg
Luisenstr. 4
D-78073 Bad Dürrheim
☎ (0 77 26) 20 30 49
FAX 66 63 01
E-Mail: info@
heilbaederverband-bw.de
www.heilbaeder-bw.de

Österreich
Vorarlberg Tourismus
Postfach 302
A-6901 Bregenz
☎ (0 55 74) 42 52 50
FAX 42 52 55
E-Mail: info@vbgtour.co.at
www.vorarlberg-tourism.at

Bodensee-Alpenrhein-
Tourismus
Bahnhofstr. 14
A-6900 Bregenz
☎ (0 55 74) 43 44 30
FAX 43 44 34
E-Mail: office@
bodensee-alpenrhein.at
www.tiscover.com/
bodensee-alpenrhein

Schweiz
Tourismusverband
Ostschweiz,
Tourismusverband
St. Gallerland
Bahnhofplatz 1a
CH-9001 St. Gallen
☎ (0 71) 2 27 37 37
FAX 2 27 37 67
E-Mail: info@stgallen-i.ch
www.stgallen-i.ch

Städte und Gemeinden

Arbon
Verkehrsverein
Schmiedgasse 6
CH-9320 Arbon
☎ (0 71) 4 40 13 80
FAX 4 40 13 81
E-Mail: infoarbon@
bluewin.ch
www.infocenter-arbon.ch

Bad Buchau
Tourist-Information
Bad Buchau-Federsee
Marktplatz 6
D-88422 Bad Buchau
☎ (0 75 82) 93 36 0
FAX 93 36 20
E-Mail: stadt@badbuchau.de
www.badbuchau.de

Bad Saulgau
Kur- und Gästeamt
Am Schönen Moos
D-88348 Bad Saulgau
☎ (0 75 81) 48 39 38
FAX 48 39 69
E-Mail: info-bad-saulgau@
t-online.de
www.bad-saulgau.de

Bad Schussenried
Städtische Kurverwaltung
Klosterhof 1
D-88427 Bad Schussenried
☎ (0 75 83) 94 01 71
FAX 4747
E-Mail: info@bad-
schussenried.de
www.bad-schussenried.de

Bad Waldsee
Gästeamt
Ravensburger Str. 1
D-88339 Bad Waldsee
☎ (0 75 24) 94 13 42
FAX 94 13 45
E-Mail: info@bad-
waldsee.de
www.bad-waldsee.de

Bad Wurzach
Kurverwaltung
Mühltorstr. 1

D-88410 Bad Wurzach
☎ (0 75 64) 30 21 50
FAX 30 21 54
E-Mail: info@bad-wurzach.de
www.bad-wurzach.de

Biberach
Touristinformation
Theaterstr. 6
D-88400 Biberach
☎ (0 73 51) 5 14 83
FAX 5 15 11
E-Mail: tourist-information@
biberach-riss.de
www.biberach-riss.de

Bodman-Ludwigshafen
Touristinformation
Büro Bodman
Seestr. 5
D-78351 Bodman-
Ludwigshafen
☎ (0 77 73) 93 96 95
FAX 93 96 96
Büro Ludwigshafen
Hafenstr. 5
D-78351 Bodman-
Ludwigshafen
☎ (0 77 73) 93 00 40
FAX 93 00 43
E-Mail: tourist-info@
bodman-ludwigshafen.de
www.bodman-
ludwigshafen.de

Bregenz
Tourismus & Stadtmarketing
Bahnhofstraße 14
A-6900 Bregenz
☎ (0 55 74) 4 95 90
FAX 49 59 59
E-Mail: tourismus@bregenz.at
www.tiscover.com/bregenz
www.bregenz.at/tourism
Kartenbüro für die
Bregenzer Festspiele
Postfach 311
A-6901 Bregenz
☎ (0 55 74) 40 76
FAX 40 74 00
www.bregenzerfestspiele.
com

Dornbirn
Dornbirn Tourismus
Rathausplatz 1
A-6850 Dornbirn
☎ (0 55 72) 2 21 88
FAX 3 12 33
E-Mail: dt@dornbirn-
tourismus.vol.at
www.dornbirn.at

Engen
Tourist-Info
Hauptstr. 11
D-78234 Engen
☎ (0 77 33) 50 22 02
FAX 50 22 99
E-Mail: rathaus@engen.de
www.engen.de

Friedrichshafen
Touristinformation
Bahnhofsplatz 2
D-88045 Friedrichshafen
☎ (0 75 41) 3 00 10
FAX 7 25 88
24-Stunden-Zimmernachweis:
☎ 1 94 12
E-Mail: Tourist-InfoFriedrichs-
hafen@t-online.de
www.friedrichshafen.de

Gaienhofen
Kultur- und Gästebüro
Im Kohlgarten 1
D-78343 Gaienhofen
☎ (0 77 35) 8 18 23
FAX 8 18 18
E-Mail: info@gaienhofen.de
www.gaienhofen.de

Immenstaad
Touristinformation
Dr.-Zimmermann-Str. 1
D-88090 Immenstaad
☎ (0 75 45) 20 11 10
FAX 20 12 08
E-Mail: tourismus@
immenstaad.de
www.immenstaad.de

Konstanz
Touristinformation
Konstanz GmbH
Bahnhofsplatz 13
D-78462 Konstanz
☎ (0 75 31) 13 30 30
FAX 13 30 60

E-Mail: info@ti.konstanz.de
www.konstanz.de/tourismus

Kressbronn
Touristinformation
Seestr. 20
D-88079 Kressbronn
☎ (0 75 43) 9 66 50
FAX 96 65 15
E-Mail: tourist-info@
kressbronn.de
www.kressbronn.de

Kreuzlingen
Verkehrsbüro
Hauptstr. 39
CH-8280 Kreuzlingen
☎ (0 71) 6 72 38 40
FAX 6 72 17 36
E-Mail: info@kreuzlingen-
tourismus.ch
www-kreuzlingen-
tourismus.ch

Langenargen
Amt für Tourismus,
Kultur und Marketing
Postfach 4273
D-88085 Langenargen
☎ (0 75 43) 93 30 92
FAX 46 96
E-Mail: touristinfo@
langenargen.de
www.langenargen.de

Liechtenstein
▶ Vaduz

Lindau
Verkehrsverein e.V.
Ludwigstr. 68
D-88131 Lindau
☎ (0 83 82) 26 00 30
FAX 26 00 26
E-Mail: tourist-information.
lindau@t-online.de
www.lindau-tourismus.de

Mainau
Mainau GmbH
D-78465 Insel Mainau
☎ (0 75 31) 30 30
FAX 30 32 48
E-Mail: info@mainau.de
www.mainau.de

Meersburg
Tourismus Meersburg
Kirchstr. 4
D-88709 Meersburg
☎ (0 75 32) 4 31 10
FAX 43 11 20
E-Mail: info@meersburg.de
www.meersburg.de

Öhningen
Touristinformation Öhningen
Klosterplatz 1
D-78337 Öhningen
☎ (0 77 35) 8 19 20
FAX 8 19 30
E-mail: info@oehningen.de
www.oehningen.de

Radolfzell
Touristinformation
Bahnhofsplatz 2
D-78315 Radolfzell
☎ (0 77 32) 8 15 00
FAX 8 15 10
E-Mail: touristinfo@
radolfzell.de
www.radolfzell.de

Ravensburg
Touristinformation
Kirchstr. 16
D-88212 Ravensburg
☎ (07 51) 8 23 24 / 6
FAX 8 24 66
E-Mail: tourist-info@
ravensburg.de
www.ravensburg.de

Reichenau
Verkehrsverein Reichenau
Ergat 5
D-78479 Reichenau
☎ (0 75 34) 9 20 70
FAX 92 07 77
E-Mail: touristinfo-reichenau@
t-online.de
www.reichenau.de

Riedlingen
Stadt Riedlingen
Marktplatz 1
D-88499 Riedlingen
☎ (0 73 71) 18 30
FAX 18 3 55
www.riedlingen-donau.de

Romanshorn
Touristinformation
Im Bahnhof
CH-8590 Romanshorn
☎ (071) 4 63 32 32
FAX 4 61 19 80
E-Mail: touristik@
romanshorn.ch
www.romanshorn.ch

Rorschach
Touristinformation
Hauptstr. 63
CH-9401 Rorschach
☎ (0 71) 8 41 70 34
FAX 8 41 70 36
E-Mail: info@tourist-
rorschach.ch
www.tourist-rorschach.ch

Singen
Verkehrsamt der Stadt
August-Ruf-Str. 13
D-78224 Singen
☎ (0 77 31) 8 52 62
FAX 8 52 63
E-Mail: tourist-info.stadt@
singen.de
www.singen.de

St. Gallen
St-Gallen-Bodensee Tourismus
Bahnhofplatz 1a
CH-9001 St. Gallen
☎ (0 71) 2 27 37 37
FAX 2 27 37 67
Hotel-Direktreservierungs-
system: ☎ 2 27 37 47
E-Mail: info@st-gallen-
bodensee.ch
www.st.gallen-bodensee.ch

Steckborn
Ferieninfobüro
Postfach 11
CH-8266 Steckborn
☎ (0 52) 7 61 10 55
FAX 7 70 25 55
E-Mail: fibs@steckborn.ch
www.steckborn.ch

Stein am Rhein
Verkehrsbüro
Oberstadt 9
CH-8260 Stein am Rhein
☎ (0 52) 741 28 35
FAX 741 51 46
www.steinamrhein.ch

Stockach
Verkehrsverein Stockach e.V.
Bodanstr. 2
D-78333 Stockach
☎ (0 77 71) 92 02 40
FAX 92 02 42
E-Mail: tourist-info@
stockach.de
www.stockach.de

Überlingen
Kur- und Touristik GmbH
Landungsplatz 14
D-88662 Überlingen
☎ (0 75 51) 99 11 22
FAX 99 11 35
E-Mail: touristik@
ueberlingen.de
www.ueberlingen.de

Uhldingen-Mühlhofen
Touristinformation
Schulstr. 12
D-88690 Uhldingen-
Mühlhofen
☎ (0 75 56) 92 16 0
FAX 92 16 20
E-Mail: tourist-info@
uhldingen-muehlhofen.de
www.uhldingen-muehl-
hofen.de

Vaduz
Liechtenstein Tourismus
Städtle 37
FL-9490 Vaduz
☎ 2 32 14 43
FAX 3 92 16 18
E-Mail: touristinfo@lie-net.li
www.tourismus.li

Wangen im Allgäu
Gästeamt
Marktplatz 1
D-88239 Wangen im Allgäu
☎ (0 75 22) 742 11
FAX 742 14
E-Mail: tourist@wangen.de
www.wangen.de
24-Stunden-Zimmernachweis:
☎ (0 75 22) 1 94 12

Autohilfe

Deutschland

**ADAC – Allgemeiner
Deutscher Automobilclub**
Am Westpark 8
D-81373 München
Pannenhilfe:
☎ (0 18 02) 22 22 22 (Ortstarif)
www.adac.de

Schweiz

**ACS – Automobil-Club
der Schweiz**
Wasserwerkgasse 39
CH-3000 Bern 13

Pannenhilfe:
☎ (08 44) 81 10 01 (Inland)
www.acs.ch

Österreich

**Österreichischer Automobil-,
Motorrad- und Touring-Club
(ÖAMTC)**
Schubertring 1 – 3
A-1010 Wien
Pannenhilfe und Abschleppdienst:
☎ 120 (Kurzrufnummer ohne
Vorwahl)
www.oeamtc.at

Badeseen

Altshausen
Alter Weiher
(Badesee mit Schatten spendenden Bäumen und neuem Badhaus)

Aulendorf
Naturstrandbad Steeger
Geöffnet: Mai bis September
(je nach Witterung)
☎ (0 75 25) 91 21 85

Bad Saulgau
Wagenhauser Weiher (Sießener Säge)
Holzkircher See

Bad Schussenried
Strandbad Zellersee
Strandbad Olzreuter See

Bad Waldsee
Stadtsee Bad Waldsee

Bad Wurzach
Hier findet man Badegelegenheit an zwölf Weihern und Seen

Bergatreute
Elfenweiher

Illmensee
Illmensee

Kißlegg
Strandbad Obersee
(Bad mit beheiztem Schwimmbecken)
Argensee
Holzmühleweiher
Brunnenweiher
Wuhrmühleweiher

Radolfzell
Strandbäder am Böhringer See und Güttlinger See

Ravensburg
Flappachbad
Strietach 4
(Das idyllisch gelegene Naturfreibad bietet den Badegästen eine Spiel- und Liegewiese sowie eine Cafeteria.)

Riedlingen-Ertingen
Schwarzachtalseen
(Sport- und Freizeitzentrum, das sich durch hervorragende Wasserqualität auszeichnet; es gibt ein Kinderbecken und ein Café)

Salem
Schlosssee
(Bildungs-, Sport- und Freizeitzentrum am Baggersee)

Steißlingen
Steißlinger See (Natursee)

Tettnang
Naturstrandbad Degersee
(gute Wasserqualität; Liegewiese, Kiosk und Gaststätte)

Wangen
Strandbad Karsee
Elitzersee bei Niederwangen
Blausee bei Primisweiler

Wilhelmsdorf
Lengenweiler See

Wolfegg
Stockweiher
Metzisweiler Weiher
Premer Weiher

Badeseen
(Fortsetzung)

Bahnverkehr

Der "seehas – Die Hegau-Bodensee-Bahn" (Bodensee-S-Bahn) verbindet sowohl die Städte Konstanz, Singen und Engen als auch Orte des Landkreises Konstanz mit dem Kanton Thurgau. Befahren wird das Schienennetz von der schweizerischen Mittelthurgaubahn (MThB), die die Strecke im Auftrag der Deutschen Bahn AG befährt. Ein großer Vorteil dieser Verbindung ist, dass Anreisende aus Weinfelden in der Schweiz mit der MThB bis in den Hegau bzw. Reisende aus dem Hegau nach einem kurzen Halt in Konstanz mit den Zügen ins schweizerische Weinfelden fahren können (und dort unmittelbar Anschluss nach Zürich bzw. zum Flughafen Zürich-Kloten haben).

Die Schienenstrecke Radolfzell–Stockach wird durch die Mittelthurgaubahn befahren. Im "seehas" gelten alle Passangebote der Deutschen Bahn, wie der Familienpass und die Bahn Card. Die Thurgauer Tageskarte gilt während eines ganzen Tages (auch im Landkreis Konstanz) und erschließt ein über 1000 km umfassendes Bahn-, Bus- und Schiffsnetz. Sie ist an allen Schaltern der DB in Allensbach, Engen, Konstanz, Markelfingen, Radolfzell und Singen erhältlich. Eine Tarifverbundkarte für den Landkreis Konstanz gibt es ebenfalls.

"seehas"

Fahrplanauskunft

Deutsche Bahn
DB-Reiseservice: Tickets, Platzreservierung und Information
☎ (0 18 05) 99 66 33
www.bahn.de

Schweizerische Bundesbahnen
Railservice: ☎ 09 00 30 03 00
www.sbb.ch

Österreichische Bundesbahnen
☎ 05 17 17 (Ortstarif)
www.oebb.at

Behindertenhilfe

Eine ganze Reihe von Institutionen erteilt Auskunft über behindertengerechte Einrichtungen, organisiert Gruppenreisen und vermittelt geschulte Reisehelfer. Zudem leisten sie Hilfestellung bei Individualreisen.

Behindertenhilfe
(Fortsetzung)

Bundesarbeitsgemeinschaft des Clubs Behinderter und ihrer Freunde e.V.
Eupener Str. 5
D-55131 Mainz
☎ (0 61 31) 22 55 14
FAX 23 88 34
E-mail: bagcbfmainz@aol.com
www.bagcbf.de

Bundesverband Selbsthilfe für Körperbehinderte BSK-Reisedienst
Postfach 20
D-74236 Krautheim
☎ (0 62 94) 6 81 10

FAX 9 53 83
www.bsk-ev.de

Verband aller Körperbehinderten Österreichs
Lützowgasse 28/3
A-1140 Wien
☎ / FAX (01) 9 11 32 25
www.oezv.or.at

Mobility International Schweiz
Frobergstr. 4, CH-4600 Olten
☎ (0 62) 2 06 88 30
FAX 2 06 88 39
Reiseinformation:
☎ 2 06 88 35
www.mis-infothek.ch

Busverkehr

Viele deutsche, schweizerische und österreichische Busunternehmen veranstalten Halbtages-, Tages- und Mehrtagesfahrten. Informationen über das aktuelle Angebot sind u. a. bei Reisebüros, Verkehrsämtern und Gemeindeverwaltungen erhältlich.

SüdbadenBus

Das Liniennetz der SüdbadenBus GmbH deckt den westlichen Teil des in diesem Reiseführer beschriebenen Gebiets ab. Interessante Angebote hält die Busgesellschaft für Ausflüge in Südbaden bereit: das SBG-Freizeit-Ticket, das für bis zu zwei Erwachsene einschließlich der dazugehörenden Kinder bis zu 13 Jahren an Samstagen, Sonntagen und Feiertagen einen Tag lang gültig ist, und den 7-Tage-SüdbadenBus-Pass, den ebenfalls bis zu zwei Erwachsene einschließlich der dazugehörenden Kinder bis zu 13 Jahren an sieben aufeinander folgenden Tagen benutzen können.

SüdbadenBus GmbH (SBG)
Eisenbahnstr. 5
D-78315 Radolfzell
☎ (0 77 32) 99 47 0

FAX 99 47 29
E-Mail: nl-rz@suedbadenbus.de
www.suedbadenbus.de

Postautodienst der PTT

Der Postautodienst der Schweizer PTT bedient die schönsten Ausflugsziele abseits der großen Touristenströme z. B. ab St. Gallen bis nach Arbon an den Bodensee. Weitere Auskünfte erteilen die schweizerischen Verkehrsbüros (▶ Auskunft).

Camping

Allgemeines

Auskünfte über die herrschenden Bestimmungen auf den Campingplätzen von Deutschland, Österreich und Schweiz erteilen die nachfolgend erwähnten übergeordneten Stellen.

Campingverzeichnisse sind u. a. bei den Gebietsgemeinschaften in Deutschland, Österreich und der Schweiz (▶ Auskunft) erhältlich. Eine umfangreiche Auswahl mit geprüften Campingplätzen mit detaillierten Angaben zur Ausstattung bieten die jährlich aktualisierten Campingführer des ADAC-Verlages (Band 1: Südeuropa mit Österreich und Schweiz; Band 2: Deutschland, Nordeuropa).

Campingverzeichnisse und -führer

Auskunft

Deutschland
Deutscher Camping-Club
Mandlstr. 28
D-80802 München
☎ (0 89) 3 80 14 20
FAX 33 47 37
E-mail: info@camping-club.de
www.camping-club.de

Schweiz und Liechtenstein
Schweizerischer Camping- und Caravaning-Verband (SCCV)
Postfach 24
CH-4027 Basel
☎ (0 61) 3 02 26 26
FAX (0 61) 3 02 24 81
E-mail: info@sccv.ch

Österreich
Camping- und Caravaningclub Austria (CCA)
Mariahilfer Str. 180
A-1150 Wien
☎ (01) 89 12 10
Weitere Informationen erteilen die Tourismusbüros vor Ort (▶ Auskunft).

Campingplätze

Arbon (CH)
Campingplatz Buchhorn
☎ (0 71) 4 46 65 45
FAX 4 46 48 34
Geöffnet: 14. 4. – 22. 10.
Der mit Laubbäumen bestandene Platz liegt zwischen einer Bahnlinie und dem Seeufer. An dem 100 m langen Ufer kann man baden.

Bregenz (A)
Seecamping Bregenz
Bodengasse 7
☎ (0 55 74) 7 18 95
FAX 71 89 61
Geöffnet: 15. 5. – 15. 9.
Von dem baumbestandenen Platz hat man einen Blick auf Bregenz und den dahinterliegenden Höhenzug; er ist vom Strand durch einen Weg getrennt; gehobene Sanitärausstattung vorhanden.

Dornbirn (A)
Camping in der Enz
Gütlestraße
☎ (0 55 72) 2 91 19
Geöffnet: 1. 5. – 30. 9.
Der Platz liegt zwischen zwei bewaldeten Berghängen in einem ehemaligen Park. Neben einer Wiese mit hohen Bäumen gibt es einen geschotterten, von Bäumen umrahmten Bereich. Lebensmittelgeschäft und Imbissstand vorhanden.

Gaienhofen-Horn
☎ (0 77 35) 6 85
FAX 88 06
Geöffnet: 1. 4. – 15. 10.
Direkt am See gelegener, ökologisch konzipierter Campingplatz, der ein Freizeitprogramm mit naturkundlichen Themen anbietet.

Hagnau
Schloss Kirchberg
☎ (0 75 32) 41 45 99
FAX 41 45 03
Geöffnet: 1. 4. – 31. 10.
Terrassiertes Wiesengelände mit weitem Blick über den See; Lebensmittelladen.

Immenstaad
Campingplatz Schloss Helmsdorf

Camping
(Fortsetzung)

☎ (0 75 45) 62 52
FAX 39 56
Geöffnet: 1. 4. – 15. 10.
Wiesengelände mit Laubbäumen, mit 80 m langem, natürlichem Strand mit Liegewiese und eigenem Hafen, geeignet für Bootssportler.

Konstanz-Staad
Campingplatz Bruderhofer
Fohrenbühlweg 50
☎ (0 75 31) 3 13 88
FAX 3 13 92
Geöffnet: Ostern – 30. 9.
Baumbestandenes Wiesengelände mit Blick über den See.

Kressborn – Gohren
Gohren am See
☎ (0 75 43) 86 56
FAX 5 09 17
Geöffnet: 14. 4. – 15. 10.
Der familienfreundliche Campingplatz auf weitläufigem Gelände bietet gute Sanitäranlagen, einen Lebensmittelladen und ein Restaurant mit Gartenterrasse, zudem einen 500 m langer Kiesstrand.

Markdorf
Camping Wirthshof
☎ (0 75 44) 23 25
FAX 39 82
Geöffnet 15. 3. – 30. 10.

Zwei Platzteile, die mit Bäumen und Hecken bepflanzt sind; Freizeitprogramm, auch für Kinder.

Triesen (FL)
Campingplatz Mittagspitze
☎ 3 92 36 77
FAX 26 86
Ganzjährig geöffnet
Der Campingplatz liegt an einem Hang mit Blick auf das Rheintal und die Berge der Schweizer Talseite. Neben einem öffentlichen Freibad gibt es auch eine Einkaufsmöglichkeit auf dem Platz.

Überlingen
Bahnhofstr. 57
☎ / FAX (0 75 51) 6 45 83
Geöffnet: 1. 4. – 10. 10.
Am Westrand der Stadt gelegenes Gelände mit alten Bäumen; Stellplätze direkt am See.

Uhldingen
Campingplatz Maurach
☎ (0 75 56) 66 99
Geöffnet: 18. 3. – 15. 10.
Gelände mit Laubbäumen und Hecken, durch Rad- und Fußweg vom See getrennt; Komfortable Sanitärausstattung vorhanden.

Einkaufen und Souvenirs

Das ganz typische Bodenseesouvenir gibt es nicht! Es sind vielmehr die zahlreichen Spezialitäten der Anrainerstaaten, die als Andenken oder Mitbringsel Freude machen und die eine gute Auswahl bieten.
Beliebt sind schöne Spitzen- und Stickereiarbeiten aus der Schweiz und Vorarlberg, Zeichnungen und Gemälde sowie Antiquitäten aus zahlreichen Galerien (besonders Meersburg) und kunstgewerbliche Gegenstände (Töpferwaren, Holz- und Wurzelschnitzereien), Briefmarken aus Liechtenstein sowie Armeemesser, Uhren und Schmuck aus der Schweiz.
An kulinarischen Mitbringseln empfehlen sich Bodenseewein oder Obstschnäpse (z. B. aus Birnau), Schweizer Schokolade, Käse aus der Schweiz und dem Allgäu, die Hüppen, feine Waffeln aus Gottlieben, und die Liechtensteiner Honigtorte.

Essen und Trinken

Auf den Speisekarten rund um den Bodensee stehen jeweils die typischen Gerichte der entsprechenden Anliegerländer: Im baden-württembergischen Teil überwiegt die schwäbische Küche (Teigwarenbeilagen), in und um Lindau die bayerische, in Vorarlberg die österreichische bzw. Wiener, und am Südufer herrscht die Schweizer Küche (mit französischem und italienischem Einfluss) vor.

Allgemeines

Speisen

An erster Stelle der Bodenseeküche stehen Bodenseefische. Der bekannteste und beliebteste Fisch ist der Felchen in verschiedenen Zubereitungsarten, gefolgt vom Kretzer, der in der Schweiz "Egli" genannt wird. Außerdem stehen Seeforelle, Hecht und Zander auf der Speisekarte. Die Fische werden entweder "blau" (im Sud gegart), "nach Müllerinnenart" (in Mehl gewendet und gebraten), in Weintunke gedünstet (z. B. "nach Konstanzer Art") oder auf andere Weise serviert.

Bodenseefische

Ein leichtes Gericht ist Geschnetzeltes vom Kalb, das mit einer pikanten Sauce serviert wird.

Geschnetzeltes

Zu den traditionellen Gerichten der Region gehören Spätzle (oder Knöpfle), die aus einem Teig von Mehl, Ei und etwas Salz in siedendes Wasser "vom Brett geschabt" werden. Auch als Leberspätzle (mit gehackter Leber) oder als Kässpätzle sind sie äußerst delikat. Rösti sind köstlich knusprig gebratene Kartoffelraspel, die auch als "Käserösti" zu den besonders leckeren Beilagen zählen.

Beilagen

Eine herzhafte Spezialität sind die St. Galler "Schüblige" (Rauchwurst) und "Bratwürste".

Würste

Schweizer und Allgäuer Käse genießt weltweiten Ruf. Über die Herstellung unterrichten zahlreiche Schaukäsereien.

Käse

Apfelküchle sind Apfelscheiben, in Backteig goldgelb fritiert und mit Zimt und Zucker bestreut. Zum Nachtisch empfiehlt sich Tafelobst aus der Region.

Dessert

Getränke

Bei den Getränken sind Bodenseeweine und einheimisches Bier zu nennen, ferner Most (vergorener Apfel- oder Birnensaft), ausgezeichnete Fruchtsäfte und klare Obstwässer. Zum "Suser" (neuer Wein) isst man "Weckle" (Brötchen), Laugenbrezeln, Bauernbrot, Schüblige (Rauchwurst) oder Zwiebelkuchen. Guter starker Kaffee (auch Espresso) wird in Österreich und der Schweiz serviert.

Am Überlinger und Untersee, in der Gegend um Meersburg, Überlingen, Bodman und Konstanz sowie auf der Reichenau gibt es recht ausgedehnte Rebflächen. Der hier erzeugte "Seewein" ist ein weißer oder Rosévein (Weißherbst), der fast ausschließlich in der

Wein

Essen und Trinken (Fortsetzung)	Region selbst getrunken wird. Auch auf der schweizerischen Seite des Bodensees gibt es Weinbau; zu nennen sind die Weinberge am Untersee zwischen Steckborn und Tägerwilen (Geburtsort des Rebzüchters Hermann Müller, nach dem die Müller-Thurgau-Rebe benannt ist), bei Stein am Rhein sowie am Ottenberg über dem Thurtal nordwestlich von Weinfelden. Im Kanton St. Gallen gedeihen bei Mels und Berneck im Bereich des Alpenrheines gleichfalls Reben. In der Schweiz gerne getrunken wird auch der weiße Fendant aus dem Tal der oberen Rhône. Nach der Weinlese kommt "Suser" ("Sauser"), der junge, noch gärende Traubensaft, zum Ausschank.
Rebsorten	Die wichtigsten Rebsorten sind Blauburgunder, Müller-Thurgau (Riesling+Silvaner), Gutedel, Ruländer, Traminer und Elbling. (▶ Baedeker Special S. 272 273)

Feiertage

Feiertage mit feststehendem Datum	1. Januar: Neujahr (D, A, CH) 2. Januar: Berchtoldstag (CH) 6. Januar: Hl. Drei Könige (D, A) 1. Mai: Tag der Arbeit (D, A, CH) 1. August: Nationalfeiertag (CH) 15. August: Mariä Himmelfahrt (A) 3. Oktober: Tag der Deutschen Einheit (D) 26. Oktober: Nationalfeiertag (A) 1. November: Allerheiligen (D, A) 8. Dezember: Mariä Empfängnis (A) 24. Dezember: Heilig Abend (D, A, CH) 25./26. Dezember: 1. und 2. Weihnachtsfeiertag (D, A, CH)
Bewegliche Feiertage	Karfreitag (D, CH) Ostern (D, A, CH) Christi Himmelfahrt (D, A, CH) Pfingsten (D, A, CH) Fronleichnam (D, A) 3. Sonntag im September: eidgenössischer Dank-, Buß- und Bettag (CH)

Ferien auf dem Bauernhof

Allgemeines	Zahlreiche Bauernhöfe im Bodenseeraum und in Oberschwaben bieten vor allem für Familien mit Kindern Möglichkeiten für abwechslungsreiche Ferienaufenthalte. Etliche Höfe sind in Ferienringen zusammengeschlossen, die auch Gemeinschaftsveranstaltungen organisieren.

Deutschland

Verein Urlaub auf dem Bauernhof in Baden-Württemberg
Friedrichstr. 43
D-79098 Freiburg im Breisgau

☎ (0761) 27133 90
FAX 28 77 75
www.urlaub-bauernhof.de
Hier ist die Broschüre "Gast auf dem Bauernhof in Baden-Württemberg" erhältlich, in

welcher Bauernhofferien u. a. am Bodensee, im Hegau, im Allgäu und in Oberschwaben angeboten werden.

Tourismusverband Allgäu/ Bayerisch-Schwaben
▶ Auskunft
Die Liste "Ferien auf dem Bauernhof" ist hier erhältlich.

Schweiz

Reka Schweizer Reisekasse
Neuengasse 15
CH-3001 Bern
☎ (0 31) 3 29 66 33
www.reka.de
Informationen und Reservierungen. Der Katalog "Ferien auf dem Lande" ist beim Verkehrsbüro der Schweiz (▶ Auskunft) erhältlich.

Österreich

Urlaub am Bauernhof in Vorarlberg
Montfortstr. 9 – 11
A-6900 Bregenz
☎ (0 55 74) 4 20 44 17
FAX 4 71 07
www.vorarlberg-tourism.at
Informationen über Urlaub auf dem Bauernhof in Österreich: Bewertung der Höfe u. a. nach Kinderfreundlichkeit, Umweltschutzvorkehrungen und biologischem Landbau, Vollwert- und vegetarischen Gerichten.

Ferien auf dem Bauernhof (Fortsetzung)

Ferienwohnungen

Privatzimmer, Ferienwohnungen und Ferienhäuser zu erschwinglichen Preisen gibt es inzwischen in großer Zahl in vielen Orten am Bodensee. Die Vermieter geben sich große Mühe, ihren Gästen eine ansprechende Ausstattung zu bieten. Die regionalen und lokalen Fremdenverkehrsämter (▶ Auskunft) halten vollständige Verzeichnisse bereit, die jedes Jahr auf den neuesten Stand gebracht werden und detaillierte Angaben über einzelne Unterkünfte enthalten.

Flugsport

Die Flugsportarten wie Segel-, Delta- bzw. Drachen- und Gleitschirmfliegen sowie Fallschirmspringen erfreuen sich zunehmender Beliebtheit. Die nachfolgend genannten übergeordneten Auskunftsstellen haben meist eigene Abteilungen für die verschiedenen Flugsportarten und geben auch Hinweise über Rundflugveranstalter.

Allgemeines

Eine Fahrt im Heißluftballon zählt zu den besonderen Ferienerlebnissen. Angeboten werden Fahrten beispielsweise in Friedrichshafen, Konstanz, Kreuzlingen, Markdorf, Ravensburg, Stockach und St. Margrethen. Informationen erteilen u. a. die entsprechenden Fremdenverkehrsstellen vor Ort (▶ Auskunft).

Heißluftballonfahrten

Ein einmaliges, allerdings auch teures Erlebnis ist ein Rundflug mit dem neuen Zeppelin NT. Das Luftschiff, in dem 19 Passagiere Platz haben, startet zu einem einstündigen Rundflug ab Friedrichshafen und fliegt in 300 m Höhe über den westlichen oder östlichen Teil des Bodensees; die eine Route streift Meersburg, Mainau und Konstanz, die andere Lindau, Bregenz und Altenrhein.

Zeppelinrundflüge

Flugsport
(Fortsetzung)

Auskunft

Deutscher Aero-Club (DAeC)
Hermann-Blank-Str. 28
D-38108 Braunschweig
☎ (05 31) 23 54 00
FAX 2 35 40 11
E-mail: info@daec.de
www.daec.de

Österreichischer Aero-Club
Prinz-Eugen-Str. 12
A-1040 Wien
☎ (01) 50 51 02 8/9
FAX 50 57 92 3
E-mail: office@oe.aeroclub.at
www.oe.aeroclub.at

Aero-Club der Schweiz (AECS)
Lidostr. 5
CH-6006 Luzern
☎ (0 41) 3 70 21 21
FAX 3 70 21 70
E-mail: info@aeroclub.ch
www.aeroclub.ch

Rundflüge

Flugplatz Lindau-Wildberg
☎ (0 83 89) 2 71

Friedrichshafen-Löwenthal
☎ (0 75 41) 2 84 01
Von beiden Flugplätzen werden Bodenseerundflüge angeboten.

Ballonfahrten

Ballonfahrten Allgäu Bodensee
Ehlersstr. 13
D-88046 Friedrichshafen
☎ (0 75 41) 4 23 33

Zeppelinrundflüge

DZR Reisebüro
Allmannsweilerstr. 132
D-88046 Friedrichshafen
☎ (07 00) 93 77 20 01
www.zeppelinflug.de

Geld

Währungen — Seit dem 1. Januar 2002 ist der Euro (€) in Deutschland, Österreich und neun weiteren Ländern der Europäischen Union das offizielle Zahlungsmittel. In der Schweiz und in Liechtenstein ist der Schweizer Franken das offizielle Zahlungsmittel (1 CHF = 100 Rappen). Dabei gilt: 1 € = 1,51 CHF und 1 CHF = 0,66 €.

Devisenbestimmungen — In Deutschland, Österreich und der Schweiz bestehen keine Beschränkungen – weder für die Einfuhr noch für Ausfuhr von Devisen oder Geld der jeweiligen Landeswährung.

Geldwechsel — Es empfiehlt sich, auf die Reise in den Bodenseeraum auch eine angemessene Bargeldmenge in CHF mitzunehmen. Wechselstuben findet man an den größeren Grenzübergängen, Bahnhöfen und Flughäfen sowie bei den Banken und Sparkassen vor Ort.

Geldautomaten — An Geldautomaten kann man mit Kredit- oder EC-Karte – in Kombination mit der Geheimzahl – rund um die Uhr Geld abheben. Bei Verlust der EC-Karte alarmiere man zur sofortigen Sperrung unverzüglich den rund um die Uhr erreichbaren Zentralen Annahmedienst für Verlustmeldungen von EC-Karten in Frankfurt am Main (☎ aus Österreich und der Schweiz: 00 49/18 05/02 10 21).

Kreditkarten — Sowohl in Deutschland als auch in der Schweiz und in Österreich sind die gängigen Kreditkarten – z. B. Eurocard, VISA, American Express oder Diner's Club – eingeführt und werden akzeptiert.

Golf

Golf gilt in Deutschland nach wie vor als Exklusivsport. Dennoch wächst die Zahl der Golfplätze auch im Bodenseeraum ständig.

Allgemeines

Allensbach
Golf-Club Konstanz e.V.
Hofgut Kargegg
18-Loch-Platz
☎ (0 75 33) 9 30 30

Bad Saulgau
☎ (0 75 81) 52 74 59
18-Loch-Meisterschafts-
golfplatz

Bad Waldsee
Golf-Club Oberschwaben
Bad Waldsee e.V.
Hofgut Hopfenweiler
18-Loch-Platz
☎ (0 75 24) 59 00

Kreuzlingen
Golfpark Golf-Club Lipperswil
☎ (0 52) 7 70 04 05

Lindau-Bad Schachen
Golfclub Lindau-Bad Schachen
Am Schönbühl 5
18-Loch-Platz
☎ (0 83 82) 9 61 70
FAX 96 17 50

Owingen
Golfclub Owingen-Überlingen
Hofgut Lugenhof
18-Loch-Platz
☎ (0 75 51) 8 30 40
www.golfclub-owingen.de

St. Gallen (CH)
Golfplatz in Niederbühren
18-Loch-Platz
☎ (0 71) 4 22 18 56

Heilbäder

Aulendorf
Lage: 540 – 667 m ü. d. M.
Kneippkurort
Heilanzeigen: Gastroenterologie-Stoffwechsel, Kardiologie, Psychosomatik-Neurologie/Psychiatrie, Rehabilitations- und onkologische Nachsorge.
Kureinrichtungen: Parksanatorium und Schussental-Klinik (beide mit medizinischer Bäderabteilung); Hallenbad, Sauna; Wassertretstellen, Terrainkurwege; Kurpark; Moorseestrandbad.

Bad Buchau
Lage: 590 m ü. d. M.
Moorheilbad und Thermalbad
Heilanzeigen: chronisch entzündliche rheumatische Erkrankungen sowie Frauenleiden, Nachbehandlung nach Unfallverletzungen, Operationen am Bewegungsapparat.
Kureinrichtungen: Kurmittelhaus mit Bewegungsbad, Federseeklinik, Hallen-Thermalbad, Sanatorium Moorbad Ilona; Kurpark, Kurzentrum.

Bad Schussenried
Lage: 570 – 620 m ü. d. M.
Moorheilbad
Heilanzeigen: degenerative sowie entzündliche Erkrankungen des Skelettsystems, Frauenleiden und Nachbehandlung nach Unfallverletzungen oder Operationen.
Kureinrichtungen: Kurparkklinik, Rheumaklinik, Klinik am Wald; Moorbäder, Kneippanwendungen, medizinische Bäder, Massagen; Gymnastikhallen; Kurpark.

Heilbäder (Fortsetzung)

Bad Waldsee
Lage: 584–754 m ü. d. M.
Kneippkurort, Moorheilbad, Thermalbad
Heilanzeigen (Kneippkur): Funktionsstörungen des vegetativen Nervensystems und der Verdauungsorgane, Herz- und Kreislauferkrankungen.
Heilanzeigen (Moorheilbad): chronische entzündliche Erkrankungen des rheumatischen Formenkreises.
Kureinrichtungen: Kurkliniken Elisabethenbad, Maximilianbad, Mayenbad; Kurmittelhäuser, Kneippbecken, Terrainkurwege sowie Trimm-Dich-Pfad.

Bad Wurzach
Lage: 650–800 m ü. d. M.
Moorheilbad
Heilanzeigen: Frauenleiden, rheumatische Erkrankungen
Kureinrichtungen: Evangelisches Mütterkurheim, Fürstlich Waldburg-Zeil'sche Rheumaklinik, Moor-Heilstätte Maria Rosengarten, Städtisches Kurhaus, Städtisches Moorsanatorium; Gesundheitspfad mit Moor- und Wassertretanlage; Kurpark.

Biberach-Jordanbad
Lage: 525–653 m ü. d. M.;
Kneippkurort
Heilanzeigen: Herz- und Gefäßerkrankungen, Störungen des vegetativen Nervensystems und der Verdauungsorgane, nichtentzündliche Erkrankungen des Bewegungsapparates.
Kureinrichtungen: Kneipp-Sanatorium Jordanbad, Fachklinik für Herz- und Kreislauferkrankungen, Erkrankungen des Bewegungsapparates und Stoffwechselleiden, Kurmittelhaus mit schwefel- und fluoridhaltigem Thermalbad; Kurpark und Kurlehrpfad.

Radolfzell-Mettnau
Lage: 400–690 m ü. d. M.
Kneippkurort
Heilanzeigen: Abhärtung, arterielle Durchblutungsstörungen der Beine, funktionelle Herz-Kreislauf-Erkrankungen, nichtentzündliche Schäden des Bewegungsapparates, psycho-physische Erschöpfungen.
Kureinrichtungen: Hermann-Albrecht-Sanatorium, Kurparksanatorium, Herz-Kreislauf-Klinik; Kurmittelhaus, Bewegungsbad; Therapiegelände.

St. Margrethen
Lage: 410 m ü. d. M.
Mineralkneippbad
Das Mineralkneippbad an der Walzenhauser Straße (Nr. 2) ist für die Öffentlichkeit zugänglich.

Überlingen
Lage: 403–700 m ü. d. M.
Kneippheilbad
Heilanzeigen: funktionelle Herz- und Gefäßerkrankungen, Funktionsstörungen des vegetativen Nervensystems und der Verdauungsorgane, nichtentzündliche Erkrankungen des Bewegungsapparates.
Kureinrichtungen: Birkle-Klinik Überlingen am Bodensee, Klinik Buchinger, diverse Kur- und Kneippsanatorien, Kurparkklinik, Kurmittelhaus mit Hallenschwimmbad, Wassertretbecken; Kurhotel Seehof; Kurgarten mit Kursaal.

Hotels

Allgemeines
Die Region Bodensee / Oberschwaben verfügt überwiegend über gut geführte Mittel- und Kleinbetriebe; daneben gibt es einige Häuser

der oberen Kategorien. "Bettenburgen" kennt man in der Region glücklicherweise nicht.

Allgemeines (Fortsetzung)

Die nachstehend genannten Preise sind Durchschnittspreise für ein Doppelzimmer mit Frühstück und können nach oben und unten abweichen. Sie sind nur bedingt Anhaltspunkte für eine Kategorisierung.
Abkürzungen: B. = Betten, Z. = Zimmer

Preise

Kategorie	Doppelzimmer
****	180 – 240 €
***	120 – 170 €
**	80 – 110 €
*	30 – 70 €

Arbon (CH)

***Metropol
Bahnhofstr. 49
☎ (0 71) 4 47 82 82
FAX 4 47 82 80
E-Mail: hotel@metropol-arbon.ch
www.metropol-arbon.ch, 42 Z.
In der Arboner Bucht direkt an der Uferpromenade gelegenes, geschmackvoll eingerichtetes Hotel mit Sauna und Freibad. Im Restaurant mit herrlichem Panoramablick kann man zwischen lokalen Spezialitäten und ausgefallenen Gerichten wählen.

**Seegarten
Seestr. 66
☎ (0 71) 4 46 57 57
FAX 4 46 39 03
E-Mail: hotel.seegarten@tele-net.ch
www.bestwestern.ch, 73 B.
Umgeben von Wald und Wiesen, daher zahlreiche Ausflugs- und Sportmöglichkeiten direkt vom Hotel aus; komfortable Zimmer.

Bad Saulgau

*Schwarzer Adler
Hauptstr. 41
☎ (0 75 81) 73 30
FAX 70 30
E-Mail: adler@komforthotels.de
www.komforthotels.de, 14 Z.
Das fahrradfreundliche Hotel in zentraler, ruhiger Lage verfügt über komfortabel eingerichtete Zimmer.

Bad Waldsee

*Grüner Baum
Hauptstr. 34
☎ (0 75 24) 9 79 00
FAX 97 90 50, 15 Z.
Hotel im Stadtzentrum mit saisonaler oberschwäbischer Küche.

Bad Wurzach

*Zum Adler
Schlosstr. 8
☎ (0 75 64) 9 30 30
FAX 93 03 40, 18 Z.
Mitten in der Altstadt gelegener renovierter Gasthof mit modernem Komfort; zeitgemäß ausgestattete Zimmer; zwei gemütliche Gasträume, in denen eine gute Küche und eine reichhaltige Weinkarte geboten werden.

Biberach

**Eberbacher Hof (Flair-Hotel)
Schulstr. 11
☎ (0 73 51) 1 59 70

FAX 15 97 97
E-Mail: eberbacher-hof@
haberbosch.de
www.flairhotel.com/eberbacher, 40 B.
Zentral gelegenes Haus mit komfortablen Zimmern; individuell ausgestattete Restauranträume; Gartenterrasse.

Bodman-Ludwigshafen

*Krone
Hauptstr. 25
☎ (0 77 73) 9 31 30
FAX 93 13 40, 22 Z.
E-Mail: info@
bodenseehotelkrone.de
www.bodenseehotelkrone.de
Das traditionsreiche Gasthaus, früher eine Poststation, ist seit Mitte des 19. Jh.s in Familienbesitz. Kinderfreundliches Hotel mit Gartenterrasse.

Bregenz (A)

***Deuring Schlössle
Ehre-Guta-Platz 4
☎ (0 55 74) 4 78 00
FAX 4 78 00 80
E-Mail: deuring@
schloessle.vol.at
www.deuringschloessle.at,
28 B.
Schön renoviertes kleines Schloss (17. Jh.), durch einen Waldgürtel vom Bodensee getrennt; von der Terrasse kann man gerade noch die Bregenzer Seebühne sehen. Man hat die Qual der Wahl zwischen Turm-, Gobelin- und Täferzimmer. Restaurant mit französischer Küche: Der Küchenchef zählt zu den Besten der neuen österreichischen Küche.

***Germania
Am Steinenbach 9
☎ (0 55 74) 42 76 60
FAX 42 76 64
E-Mail: office@hotel-germania.at
www.hotel-germania.at, 68 B.
Unweit von Hafen und Zentrum gelegenes modernes Haus mit kleinem Garten und Terrasse; Zimmer auch im Nebengebäude; Fahrradverleih; Vollwertküche.

***Weißes Kreuz (Best Western)
Römerstr. 5
☎ (0 55 74) 4 98 80
FAX 49 88 67
E-Mail: hotelweisseskreuz@
kinz.at
bestwestern-ce.com/weisses-kreuz, 80 B.
Traditionsreiches Haus, nahe der Fußgängerzone gelegen, mit dem Restaurant "Kreuz-Stuben", ausgestattet mit der Origineinrichtung einer alten Bregenzer Bauernstube. Die Zimmer zur Gartenseite bieten dem Gast einen schönen Blick zur Altstadt.

Dornbirn (A)

***Krone
Hatlerastr. 2
☎ (0 55 72) 2 27 20
FAX 2 27 20 73
E-Mail: hotelkrone@krone.
vol.at
www.kronehotel.at, 126 B.
Traditionsreiches Haus, bestehend aus einem modernen Teil und dem Altbau mit rustikalen Zimmern.

Friedrichshafen

***Buchhorner Hof (Ringhotel)
Friedrichstr. 33
☎ (0 75 41) 20 50
FAX 3 26 63
E-Mail: BuchhornerHof@
Ringhotels.de
www.Buchhorn.de, 95 Z.
Traditionsreiches Haus; gehobene Küche in der Altdeutschen Stube, dem ältesten Restaurant in Friedrichshafen.

***Seehotel
Bahnhofplatz 2

88045 Friedrichshafen
☎ (0 75 41) 30 30
FAX 30 31 00
E-Mail: seehotelfn@t-online.de
www.seehotelfn.de, 132 Z.
Zentral gelegenes Hotel in ungewöhnlichem Baustil mit Restaurant, Konferenzräumen und Fitnessbereich.

**Gerbe
Hirschlatter Str. 14
☎ (0 75 41) 50 90
FAX 5 51 08
E-Mail: hotel-gerbe@bluewin.de
www.hotel-gerbe.de, 70 Z.
In einer ehemaligen Gerberei untergebrachter Gasthof mit schönem Gastgarten; Kinderspielplatz, Reitgelegenheit; Sauna, Solarium, Fitnessraum. Der 800 m entfernte Gerbehof mit eigener Landwirtschaft bietet einen Streichelzoo sowie Kutschfahrten und Ponyreiten.

*Traube
Sonnenbergstr. 12
☎ (0 75 41) 60 60
FAX 60 61 69
E-Mail: hotel.traube.waggershausen@t-online.de
www.partnerhotels.net, 85 B.
Familienhotel in ruhiger Vorstadtlage, 3 km vom See entfernt; gute Ausgangslage für Ausflugsziele und Radtouren; Fahrradverleih.

Gaienhofen-Hemmenhofen

***Höri
Uferstr. 20 – 23
☎ (0 77 35) 81 10
FAX 81 12 22
E-Mail: info@seehotelhoeri.de
www.seehotelhoeri.de, 150 B.
Sport- und Tagungshotel mit Seepark und eigenem Badestrand; Sauna mit eigenem Garten, Fitnesscenter, Massageraum, Beauty-Farm; Reitstall, Kegelbahn.

Gottlieben (CH)

***Drachenburg und Waaghaus
Am Schlosspark
☎ (0 71) 6 66 74 74
FAX 6 69 17 09
E-Mail: info@drachenburg.ch
www.drachenburg.ch, 100 B.

Die Drachenburg (1617) und das Waaghaus sind zwei wunderschöne Fachwerkhäuser mit großzügigen, luxuriösen Zimmern. Von der Terrasse des Waaghauses, das über einen eigenen Bootssteg verfügt, hat man einen Blick auf das Wollmatinger Ried. Restaurant: Haute Cuisine mit italienischem Einschlag.

Hagnau

**Erbguth's Villa am See
☎ (0 75 32) 4 31 30
FAX 69 97
E-Mail: erbguth@villa-am-see.de
www.villa-am-see.de
6 Z., 2 Appartments
Stilvolle Villa in ruhiger Lage an der Seepromenade mit geschmackvoll eingerichteten Zimmern, teilweise mit Seeblick: Liegewiese im gepflegten Garten.

Illmensee

*Höchsten
Auf dem Höchsten
88636 Illmensee
☎ (0 75 55) 9 21 00

FAX 92 10 40
E-Mail: info@hoechsten.de
www.hoechsten.de, 30 B.
Ruhig gelegener Berggasthof auf dem 833 m hohen Höchsten mit Panoramablick über den Bodensee und die Alpenkette; umweltfreundliche Betriebsführung; regionale Küche mit Fisch, Wild- und Hausmacherspezialitäten aus eigener Landwirtschaft; eigene Schnapsbrennerei.

Immenstaad

**Seehof
Am Jachthafen
☎ (0 75 45) 93 60
FAX 93 61 33
E-Mail: seehof-immenstaad@t-online.de
www.seehof-hotel.de, 39 Z.
Zentral am Jachthafen gelegen; eigener Strand mit großer Liegewiese; komfortable Zimmer überwiegend mit Seeblick; behagliche Gasträume mit historischer Weinstube.

Konstanz

****Steigenberger Inselhotel
Auf der Insel 1
☎ (0 75 31) 12 50
FAX 2 64 02
E-Mail: konstanz@steigenberger.de
www.bodenseehotels.com, 102 Z.

Eines der schönsten Hotels der Region, in dem ehemaligen Dominikanerkloster untergebracht und direkt am See gelegen. Das sehr elegante Haus strahlt historisches Flair aus; zwei Spitzenrestaurants.

***Mercure Halm
Bahnhofplatz 6
☎ (0 75 31) 12 10
FAX 2 18 03
E-Mail: H2827@accor-hotels.com
www.mercure.com, 99 Z.
Stilvolles Haus gegenüber dem Hauptbahnhof; komfortable Zimmer, von denen die zur Altstadt hin gelegenen ruhig sind; Restaurant im prächtigen Maurischen Saal.

***Seehotel Siber
Seestr. 25
☎ (0 75 31) 9 96 69 90
FAX 99 66 99 33
E-Mail: seehotel.siber@t-online.de
www.integra.fr/relaischateaux/siber, 11 Z.
Sehr elegante Jugendstilvilla, direkt an der autofreien Seepromenade gelegen, mit schönem Blick auf den See und das Schweizer Ufer; schöne Terrasse; klassisch-moderne Gourmetküche mit mediterranem und regionalem Einfluss.

**Parkhotel am See
Seestr. 25 A
☎ (0 75 31) 89 90
FAX 89 94 00
www.parkhotel-am-see.de
E-Mail: info@parkhotel-am-see.de, 39 Z.
Ruhiges Haus im Villenstil direkt an der autofreien Seepromenade, inmitten von Grünanlagen gelegen; komfortabel ausgestattete Zimmer mit Balkonen, von denen man Seeblick hat; Café/Restaurant mit Terrasse zum See.

*Bayrischer Hof
Rosgartenstr. 30
☎ (0 75 31) 1 30 40
FAX 13 04 13
E-Mail: info@bayrischer-hof-konstanz.de
www.bayrischer-hof-konstanz.de, 23 Z.

Im Zentrum von Konstanz, drei Minuten vom Bodensee entfernt und dennoch ruhig gelegen.

Kreuzlingen (CH)

*Bahnhof-Post
Nationalstr. 2
☎ (071) 6 72 79 72
FAX 6 72 49 82, 55 B.
Traditionsreiches Bahnhofs- und Posthotel gegenüber dem Bahnhof. Das Spektrum der Übernachtungsmöglichkeiten reicht vom Schlafsaal bis zum Doppelzimmer. Gutbürgerliche Schweizer Küche.

Langenargen

**Schwedi
Schwedi 1
☎ (0 75 43) 9 34 95-0
FAX 9 34 95-100
E-Mail: Hotel-Schwedi@t-online.de
www.bodenseehotels.com/schwedi, 28 Z., 1 Suite
Hotel in sehr schöner Lage direkt am See und am Naturschutzgebiet; große Gartenterrasse und Liegewiese; sehr gute Fischgerichte aus der eigenen Fischerei.

Lindau

***Bad Schachen
Bad Schachen 1
☎ (0 83 82) 29 80
FAX 2 53 90
E-mail: info@badschachen.de
www.badschachen.de, 105 Z.
Vornehmes, ruhiges Hotel in einem alten Park mit Seerestaurant und -terrasse; medizinisches Institut und Bäderabteilung; Diätküche.

***Bayerischer Hof
Seepromenade
☎ (0 83 82) 91 50
FAX 91 55 91
E-mail: bayerischerhof-lindau@t.online.de
www.bayerischerhof-lindau.de, 98 Z.

Dazu gehört noch das Hotel Reutemann und das Hotel Seegarten. Schöne Lage an der verkehrsfreien Seepromende mit Blick über den See und die Hafeneinfahrt auf Schweizer und österreichische Alpengipfel; Garten mit Schwimmbad; klassische Küche.

**Lindauer Hof
Seepromenade
☎ (0 83 82) 40 64
FAX 2 42 03
E-mail: info@lindauer-hof.de
www.lindauer-hof.de, 30 Z.
Historisches Haus in schöner Lage direkt an der verkehrsfreien Seepromenade; stilvolle Zimmer; Wintergartenrestaurant; Garten.

*Lindenhof
Dennenmoos 3
☎ (0 83 82) 9 31 90
FAX 93 19 31
E-mail: info@lindenhofhotel.de
www.lindenhofhotel.de, 19 Z.
Villa mit modern eingerichteten Zimmern. Die Küche zeichnet sich durch die Zubereitung von marktfrischen Lebensmitteln aus der Bodenseeregion aus und variiert je nach Jahreszeit. Wellnessbereich mit Hallenbad, Sauna.

Markdorf

***Bischofsschloss
Schlossweg 2

☎ (0 75 44) 5 09 10
FAX 50 91 52, 29 Z.
Das historische Gebäude war einst die Sommerresidenz der Fürstbischöfe von Konstanz. Sehr komfortabel ausgestattete Zimmer; Fitnessbereich; Restaurant im Schlosskeller; Konzerte im Schlossgarten.

Meersburg

*** 3 Stuben
Winzergasse 1 – 3
☎ (0 75 32) 8 00 90
FAX 13 67
E-Mail: info@3stuben.de
www.3stuben.de, 25 Z.
Designerhotel mitten in der Altstadt in einem denkmalgeschützten Fachwerkhaus; Restaurant z. Zt. geschlossen. Zu dem Hotel gehören noch die am Hang, hinter den Neuen Schloss gelegene Villa Bellevue und ein preisgünstigeres Gästehaus mit Blick auf das Alte Schloss und den See.

**Löwen
Marktplatz 2
☎ (0 75 32) 4 30 40
FAX 43 04 10
E-Mail: info@hotel-loewen-meersburg.de
www.hotel-loewen-meersburg.de
Romantisches, familiär geführtes Hotel in über 400 Jahre alten Haus in der malerischen Altstadt. Angeschlossen ist die Villa Sonnenschein mit Ferienappartements. Gemütliche, mit Zirbelholz ausgestattete Weinstube.

**Zum Bären
Marktplatz 11
☎ (0 75 32) 4 32 20
FAX 43 22 44
E-Mail: gasthofzumbaeren@t-online.de
www.meersburg.de/baeren, 20 Z.
Traditionsreiches heimeliges Haus aus dem Jahr 1605 mit hübschem Erker inmitten der malerischen Altstadt gelegen; gediegene Inneneinrichtung; gemütliche Gaststube.

**Wilder Mann
Bismarckplatz 2
☎ (0 75 32) 90 11
FAX 90 14, 31 Z.
Traditionsreiches Haus in historischem Gebäude, in der lauten Unterstadt, direkt am See gelegen; eigenes Seeufer mit Liegewiese, Bademöglichkeit und Bootsanlegestelle; schöne Seeterrasse mit altem Baumbestand; gediegene Innenausstattung und behagliche, komfortable Zimmer, teilweise mit Seeblick. Das Restaurant bietet regionale Spezialitäten und klassische Küche. Tanzcafé und eigene Konditorei.

Nonnenhorn

**Haus am See
Uferstr. 23
☎ (0 83 82) 98 85 10
FAX 9 88 51 75
E-Mail: mail@haus-am-see-nonnenhorn.de
www.haus-am-see-nonnenhorn.de, 26 Z.
Reizvolle ruhige Lage direkt am See; eigener Badestrand und große Liegewiese; Terrasse mit herrlichem Blick auf See und Alpen; leichte gepflegte Küche.

Radolfzell

**Adler
Schlossbergstr. 1
☎ (0 77 32) 1 50 20
FAX 15 02 50
E-Mail: info@landgasthaus-adler.de
www.landgasthaus-adler.de, 28 Z.
Das ausgesprochen ruhige behagliche Landhaus liegt im

dörflichen Stadtteil Güttingen, in sonniger Südhanglage, unweit des kleinen Buchensees (Naturschutzgebiet). Sauna, Solarium; Kegelbahn und Boccia, Fahrradverleih; gemütliche Galerie Gasträume, in denen gute Küche serviert wird. Angeschlossen ist das Gästehaus Sonnenhalde.

*Am Stadtgarten
Höllturmpassage 2
☎ (0 77 32) 9 24 60
FAX 92 46 46
E-Mail: info@hotel-am-stadtgarten.de, 31 Z.
Hotel garni in idyllischer Lage am Stadtgarten, teils in der Stadtmauer.

Ravensburg

***Waldhorn
Marienplatz 15
Gästehaus: Schulgasse 10
☎ (07 51) 3 61 20
FAX 3 61 21 00
E-mail: bouley@waldhorn.de
www.waldhorn.de, 39 Z.
Das Hotel mit seinem Gästehaus ist die erste Adresse der Stadt mit dem besten Gourmetrestaurant der Region.

*Zum Engel
Marienplatz 71
☎ (07 51) 2 34 84
FAX 175 00, 9 Z.
Über 100 Jahre altes Traditionshaus; die Küche bietet zahlreiche Spezialitäten.

Reichenau

***Seeschau
An der Schiffslände 8
☎ (0 75 34) 72 10
FAX 72 64
www.seeschau.mdo.de, 22 Z.
Kleines, feines Hotel gegenüber der Schiffsanlegestelle mit Seegarten; Zimmer mit Balkonen zur Seeseite; leichte Regionalküche mit Bodenseefischen und anderen Produkten von der Reichenau.

***Strandhotel Löchnerhaus
An der Schiffslände 12
☎ (0 75 34) 80 30
FAX 5 82
E-Mail: strandhotel-reichenau@mdo.de
www.strandhotel-reichenau.mdo.de, 45 Z.
Das direkt am See gelegene Hotel verfügt über eine Seeterrasse sowie ein eigenes Strandbad und eine Liegewiese. Die Küche bietet regionale Gerichte, z. B. Fischspezialitäten.

Romanshorn (CH)

**Schloss
Schlossbergstr. 26
☎ (0 71) 44 66 78 00
FAX 4 66 78 01
E-Mail: hotelschloss@tgnet.ch
www.ch1.emb.net/hotel-schloss, 38 B.
Modern eingerichtetes Hotel in einem Schloss (1829) in ruhiger Lage mit Blick auf Berge und See; große Gartenterrasse.

Rorschach (CH)

***Parkhotel Waldau
Rorschacher Berg
Seebleichstraße
9400 Rorschach
☎ (0 71) 8 55 01 80
FAX 84 55 10 02
E-mail: info@parkhotel-waldau.ch
www.hotel-waldau.ch, 70 B.
Mondänes Hotel, über dem Jachthafen gelegen.

St. Gallen (CH)

****Einstein
Berneggstr. 2
☎ (0 71) 2 27 55 55
FAX 2 27 55 77
E-mail: hotel@einstein.ch

www.einstein.ch, 117 B.
Das "Kleine Grand Hotel" liegt im Klosterviertel und ist in einer ehemaligen Stickereifabrik untergebracht.

***Ekkehard**
Rorschacher Str. 50
☎ (0 71) 2 22 47 14
FAX 2 22 47 74
E-Mail: ekkehard@pobox.ch
www.ekkehard.ch, 48 B.
Gutes Hotel der mittleren Kategorie in der Nähe der Altstadt gelegen.

Singen

**Lamm*
Alemannenstr. 42
☎ (0 77 31) 40 20
FAX 40 22 00
E-Mail: info@hotellamm.com
www.hotellamm.com, 78 Z.
Das ruhig gelegene, moderne Hotel ist das erste Haus am Platz: Restaurant mit guter bürgerlicher Küche.

**Relax-Hotel*
Byk-Gulden-Str. 2
☎ (0 77 31) 9 95 00
FAX 99 50 99, 24 Z.
Gepflegtes Businesshotel mit zeitgemäßer Ausstattung.

Stein am Rhein (CH)

***Adler**
Rathausplatz 2
☎ (0 52) 742 61 61
FAX 741 44 40
E-mail: info@adlersteinamrhein.ch
www.adlersteinamrhein.ch, 24 B.
Jahrhundertealtes freskengeschmücktes Haus; Restaurant mit neuzeitlicher, kreativer Küche.

****Rheinfels*
Rhigass 8
☎ (0 52) 741 21 44
FAX 741 25 22
E-Mail: rheinfels@bluewin.ch
www.rheinfels.ch, 16 B.
Sehr hübsch gelegen, direkt am Rhein; große Rheinterrasse; angeschlossener Schiffsbetrieb.

Stockach

****Zum Goldenen Ochsen (Ringhotel)*
Zoznegger Str. 2
☎ (0 77 71) 9 18 40
FAX 9 18 41 84
E-Mail: info@ochsen.de
www.ochsen.de, 38 Z.
Gepflegtes Haus; Zimmer teilweise mit Balkonen.

**Adler*
Wahlwies
Leonhardtstr. 29
☎ (0 77 71) 35 27
FAX 92 00 12
E-Mail: adler-wahlwies@t-online.de, 13 Z.
Über 300-jähriges Gasthaus im Ortszentrum mit gemütlich-ländlicher Atmosphäre; gute regionale Küche. Angeschlossen ist ein Gästehaus.

Überlingen

***Johanniter-Kreuz**
(Romantik Hotel)
Johanniterweg 11
☎ (0 75 51) 6 10 91
FAX 6 73 36
E-Mail: johanniter-kreuz@romantikhotels.com
www.romantikhotels.com/ueberlingen, 25 Z.
Das Romantik Hotel & Restaurant besitzt ein einzigartiges Ambiente in einem 300 Jahre alten Landhaus. Große helle Zimmer; romantisches Kaminrestaurant mit einfallsreicher regionaler Küche; Fahrradverleih.

***St. Leonhard**
Obere St.-Leonhard- Str. 71
☎ (0 75 51) 80 81 00

FAX 80 85 31
E-Mail: info@parkhotel-
sankt-leonhard.de
www.parkhotel-sankt-
leonhard.de, 145 Z.
Das Parkhotel in ruhiger Lage besteht aus einem türmchenbewehrten Fachwerkhaus und einem modernen Trakt. Panoramablick auf den Bodensee; schöne Terrasse.

**Bad-Hotel mit Villa Seeburg
Christophstr. 2
☎ (0 75 51) 83 70
FAX 83 71 00
E-Mail: info@badhotel-
ueberlingen.de
www.bad-hotel-
ueberlingen.de, 64 Z.
Hotel in Südlage, an Kurgarten und See grenzend; Küche mit regionalen Spezialitäten und Bodenseefischen.

*Rosengarten
Bahnhofstr. 12
☎ (0 75 51) 9 28 20
FAX 92 82 39, 15 Z.
Idyllische Lage unter Bäumen in Stadt- und Rosengarten; gemütliche Gästezimmer; Gartenterrasse.

*Sonnenbühl
Zum Brandbühl 19
☎ (0 75 51) 8 30 00
FAX 83 00 80
E-Mail: info@hotel-lake-
constance.com
www.hotel-lake-constance.
com, 20 Z.
Umweltorientiertes Hotel mit familiärer Note, mitten im Grünen und trotzdem stadtnah gelegen; es gibt eine Liegewiese und eine Terrasse; Trennkostwochen.

Uhldingen-Mühlhofen

**Pilgerhof und Rebmannshof
Maurach 2
☎ (0 75 56) 93 90
FAX 65 55
www.pilgerhof.mdo.de, 48 Z.
Rebmannshof aus dem 17. Jh.; in idyllischer Lage auf Seegrundstück mit altem Baumbestand gelegen, von Weinbergen umgeben; urgemütliches Gaststubenambiente mit heimischer und internationaler Küche; Gartenlokal; sehr komfortable Zimmer, größtenteils mit Balkon oder Terrasse; Liegewiese; Küche mit regionalen und internationalen Spezialitäten.

**Seehof und Seevilla
Seefelder Str. 36
☎ (0 75 56) 9 33 70
FAX 93 37 70
E-Mail: info@seevilla.de
www.seevilla.de, 30 Z.
Kleines komfortables Jugendstilhotel mit Restaurant/Café in schöner ruhiger Lage; Sauna, Solarium, Whirlpool; große Terrasse unter Kastanienbäumen am Jachthafen.

Vaduz (FL)

***Sonnenhof
Mareestrasse 29
☎ (04 23) 2 32 11 92
FAX 2 32 00 53, 50 B.
In einem schönen Park im Villenviertel gelegenes, absolut ruhiges Parkhotel mit exklusivem Ambiente; Blick auf die Alpen und ins Rheintal; Möglichkeiten zum Wandern, Golf spielen, Ski fahren und Schwimmen.

** Löwen
Herrengasse 35
☎ (04 23) 2 38 11 44
FAX 2 38 11 45
E-Mail: loewen@hotel.li
www.hotels.li/loewen
Ältestes Hotel in Liechtenstein von 1380 mit historischen Räumlichkeiten; große Gartenwirtschaft mitten im hauseigenen Weinberg mit Blick auf das Schloss.

Hotels
(Fortsetzung)

Wangen im Allgäu

*Alte Post (Romantik Hotel)
Postplatz 2
☎ (0 75 22) 9 75 60
FAX 2 26 04, 19 Z.
Das 500 Jahre alte schön renovierte und stilvoll eingerichtete Haus liegt im historischen Stadtzentrum. Gemütliche Zimmer. 400 m entfernt liegt die ruhige Postvilla (Schönhalde 2, 9 Z.) in einem Park mit Blick auf die Alpen.

Internet

www.bodensee-info.com
Die umfangreiche Homepage bietet Informationen rund um den Bodensee: Aktivitäten, Sport, Wetter, Veranstaltungen, Hotels etc.

www.bodenseeclick.com
Tourismus, Mobilität und Umwelt werden miteinander verknüpft und die Fahrpläne der internationalen Bodenseeregion miteinander verbunden.

www.bsz-bw.de/euveran.html
Veranstaltungen in der gesamten Bodenseeregion.

www.bsz-bw.de/eu/euverk.html
Informationen zu Mitfahrservice, Fahrplänen, Schiffen, Flughäfen, Fähren und Seilbahnen.

www.bodenseeferien.de
Von der Bodensee Service Tourismus GmbH und dem Südkurier erstellte, virtuelle Ferienzeitung mit aktuellen Informationen, Ausflugszielen, Kulturtipps und einem Terminkalender.

www.mittlerer-bodensee.de
Mehrere Ferienorte der Region Mittlerer Bodensee – die wichtigsten sind Meersburg, Salem und Uhldingen – haben sich zusammengeschlossen und informieren über Ausflugsziele, Unterkünfte und Veranstaltungen.

Jugendherbergen

Allgemeines

Die Jugendherbergen (JH) stehen allen Gästen offen, die einen gültigen Jugendherbergsausweis besitzen. Eine Altersbegrenzung besteht nicht; doch genießen Gäste unter 25 (in Österreich unter 30) Jahren ein Vorrecht. Familien sowie Leiter von Schulen und Jugendgruppen benötigen eine besondere Mitgliedskarte. In der Hochsaison ist Voranmeldung zu empfehlen.

Auskunft Deutschland

Deutsches Jugendherbergswerk (DJH)
Bismarckstr. 8
D-32756 Detmold
☎ (0 52 31) 740 10
FAX 74 01 49

E-mail: service@djh.de
www.djh.de

Auskunft Schweiz

Schweizer Jugendherbergen (SJH)
Schaffhauser Str. 7
CH-8052 Zürich

☎ (01) 3 60 14 14
FAX 3 60 14 60
E-mail: marketing@
youthhostel.ch
www.sjh.ch

Auskunft Österreich

Österreichischer Jugendherbergsverband (OEJHV)
Schottenring 28
A-1010 Wien

☎ (01) 5 33 53 53
FAX 5 35 08 61
E-mail: oejhv@chello.at
www.oejhv.or.at

Über Jugendherbergen in den Bodenseeanrainern Deutschland, Österreich und der Schweiz informieren außerdem die Gebietsgemeinschaften und die Fremdenverkehrsstellen vor Ort (▶ Auskunft).

Jugendherbergen
(Fortsetzung)

Karten

Straßenkarten

Amtliche Landeskarte der Schweiz, herausgegeben vom Bundesamt für Landestopographie:
Blätter 205, 206, 207, 216, 217, 218, 5010, 5014, 5021   1 : 500 000

Falk Bundesländerkarte 11, Baden-Württemberg, Mairs Geographischer Verlag   1 : 300 000

Straßenkarte Baden-Württemberg, herausgegeben vom Landesvermessungsamt Baden-Württemberg:
Blätter CC 8718, CC 8726   1 : 200 000

Mairs Generalkarte Deutschland: Blätter 22, 24, 25

Mairs Generalkarte Österreich: Blatt 8 (Vorarlberg / Innsbruck)

Mairs Generalkarte Schweiz: Blatt 1

Amtliche Landeskarte Schweiz: Blatt 2

Amtliche Landeskarte Schweiz: Blätter 28 bis 103   1 : 100 000

Wanderkarten

Topographische Karte mit Wanderwegen, herausgegeben vom Landesvermessungsamt Baden-Württemberg: Blätter C 8318, C 8322   1 : 100 000

Topographische Karte mit Wanderwegen, herausgegeben vom Bayerischen Landesvermessungsamt:
Blätter C 7926, C 8326, C 8722, C 8726

Allianz-Freizeitkarten: Blätter Schwäbische Alb / Bodensee, Allgäu / Illertal

Kompass-Wanderkarten, Mairs Geographischer Verlag: Bodensee Gesamtgebiet   1 : 75 000

Karten (Fortsetzung) 1:50000	Topographische Karte, herausgegeben vom Landesvermessungsamt Baden-Württemberg: Blätter L 7724, L 7920, L 7922, L 7924, L 8118, L 8120, L 8122, L 8124, L 8316, L 8318, L 8320, L 8322, L 8324
	Wander-, Naturpark- und Umgebungskarten, herausgegeben vom Landesvermessungsamt Baden-Württemberg: Blatt 10 Hegau–Bodensee, Blatt 20 Sigmaringen–Ehingen, Blatt 21 Biberach–Ochsenhausen, Blatt 22 Saulgau–Ravensburg, Blatt 23 Bad Waldsee–Isny, Blatt 24 Bodensee Ost, Naturparkkarte Obere Donau
	Topographische Karte, herausgegeben vom Bayerischen Landesvermessungsamt: Blätter L 8324, L 8326, L 8522, L 8524, L 8526
	Amtliche Österreichische Karte, herausgegeben vom Bundesamt für Eich- und Vermessungswesen: Blätter 81, 82, 83, 110, 111, 112, 140, 141
	Kompass-Wanderkarten, Mairs Geographischer Verlag: Hegau-Westlicher Bodensee, Bodensee-West, Bodensee-Ost, Oberschwaben
1:25000	St. Gallen und Umgebung (erhältlich bei Touristinformation St. Gallen (▶ Auskunft): Obertoggenburg–Appenzell, Bl. 2514

Radwanderkarten

1:100 000	Radwanderkarte R 52: Blatt 52, herausgegeben vom Landesvermessungsamt Baden-Württemberg
1:60 000	Bodensee–Thurgau (erhältlich bei der Touristinformation St. Gallen)
1:50 000	Bodensee-Radweg, BVA (erhältlich bei der Internationalen Bodensee Tourismus GmbH, ▶ Auskunft)
	Kompass-Rad-Wanderführer, Mairs Geographischer Verlag: Allgäu–Bodensee, Oberschwaben–Bodensee
	Radtourenkarte Österreich, Blatt 8 (Verlag Esterbauer und Weinfurter)
	Radfahren im Vierländereck, Radwege und Rundfahrten (Herausgeber: Tourismusverbände der Regionen Bodensee/Rheintal, Oberland u. a.)

Literaturempfehlungen

Bildbände	Bodensee, Lisa Bahnmüller, Wilfried Bahnmüller, Michael Neumann-Adrian, Steiger Verlag im Weltbild, München 2000 Ein stimmungsvoller Bildband von der oberschwäbischen Barockstraße bis zur Mainau.
	Bodensee, Europas lächelnde Seele, Ralf Freyer, Thomas Bohnet, Rosenheimer, Rosenheim 1996

Faszinierende Fotos und kurzweilige Texte fangen wechselnde Stimmungen rund um den Bodensee ein und stellen touristische Anziehungspunkte vor.

Bildbände (Fortsetzung)

HB Bildatlas, 185 Bodensee, HB Verlag, Ostfildern 1998
Ein bunter Bilderbogen mit einführenden Texten bietet einen guten Einstieg für eine Bodenseetour.

"Die Zweite Hälfte meiner Heimat", Annette von Droste-Hülshoff am Bodensee, Irene Ferchl, Deutsche Verlags-Anstalt, Stuttgart 1998
Der literarische Reiseführer, mit zeitgenössischen Stichen und Fotos illustriert, folgt den Spuren der Dichterin am Bodensee (▶ Baedeker Special S. 46/47).

Belletristik

Hermann Hesse, Luftreisen, Betrachtungen, Gedichte, Bilder über das Fliegen, Insel, Frankfurt a. M. 1999
Der Dichter beschreibt hier einen Flug im Jahr 1911 mit dem Zeppelin "Schwaben".

> **Baedeker TIPP) Auf Hesses Spuren**
>
> Wer auf Hermann Hesses Spuren wandeln möchte, sollte sich an die Betrachtungen und Gedichte halten, die die Eindrücke seiner Bodenseejahre festhalten. Nicht nur der Bodensee selbst im Wechsel der Jahreszeiten ist Schauplatz der Schilderungen, auch die Landschaften rund um den See, die Hesse sich in zahlreichen Ausflügen erschlossen hat (Hermann Hesse, Bodensee, Fotos von Siegfried Lauterwasser, Jan Thorbecke, Sigmaringen 2001).

Eduard Mörike, "Idylle vom Bodensee", in: Sämtliche Werke, Winkler Verlag/Patmos, Düsseldorf 1997
In der "Idylle vom Bodensee" (1845/1846) steht der verklärte Eindruck der Bodenseelandschaft als Hintergrund vor zwei heiteren Abenteuern des Helden, dem 70-jährigen Fischer Martin.

Joseph Victor von Scheffel, Ekkehard, Diogenes, Zürich 2001
Ein kulturhistorischer Roman aus dem 10. Jahrhundert. Der Mönch Ekkehard von St. Gallen wird von der verwitweten Herzogin Hadwig von Schwaben zurückgestoßen, als er ihre Liebe zu spät erwidert. Den Rest seines Lebens verbringt er als Einsiedler am Säntis in der Betrachtung der Natur und der Abfassung des "Waltharius".

Gustav Schwab, Wanderungen durch Schwaben, Bleicher Verlag, Gerlingen 2001
Schwab gestaltet seine Vorlage recht frei: In "Der Reiter und der Bodensee" sinkt der Reiter nach einem Gewaltritt über den zugefrorenen Bodensee nicht tot vom Pferd, sondern landet im Überlinger Gasthaus "Zur Krone", um sich mit einem wohlschmeckenden Mahl zu stärken.

Unser aller Weg führt übern Bodensee. Hg. von Manfred Bosch, Edition Isele, Eggingen 2000
Eine literarische Anthologie zum Thema Bodensee: 70 Autoren des 20. Jh.s kommen zu Wort.

Martin Walser, Ein fliehendes Pferd, Suhrkamp, Frankfurt/Main 1983
Novelle, die das Zusammentreffen zweier ehemaliger Schulkameraden beschreibt. Ein Unwetter, das während einer Segelpartie auf

Literatur-empfehlungen (Fortsetzung)	dem Bodensee hereinbricht, bringt beide in eine Extremsituation und lässt sie in ihrem Rollenspiel zusammenbrechen.
	Martin Walser, Ficus, Heimatlob. Ein Bodensee-Buch, Insel/Suhrkamp, Frankfurt/Main 1998 Walser und Ficus, Schriftsteller und Maler, beide langjährig befreundet und am Bodensee ansässig, machen sich Gedanken über die vertraute Landschaft.
Sachbuch	Walter Gödden, Jochen Grywatsch, Annette von Droste-Hülshoff am Bodensee, Turm Verlag, Meersburg 1998 Ein praktischer Reiseführer, der die biografischen und literarischen Bezüge der Dichterin zum Bodensee darstellt.

Mietwagen

Avis

Internet
www.avis.de

Deutschland
☎ (0 18 05) 55 77 55

Österreich
☎ 08 00 08 00 87 57

Schweiz
☎ (08 48) 81 18 18

Europcar

Internet
www.europcar.de

Deutschland
☎ (0 18 05) 80 00

Österreich
☎ (01) 74 05 00

Schweiz
☎ (08 48) 80 80 99

Hertz

Internet
www.hertz.de

Deutschland
☎ (0 18 05) 33 35 35

Österreich
☎ (01) 7 95 32

Schweiz
☎ (08 48) 82 20 20

Sixt

Internet
www.e-sixt.de

Deutschland, Österreich und Schweiz
☎ (0 18 05) 25 25 25

Museumseisenbahnen

Aulendorf

Minidampfbahn am Bahnhof Aulendorf
Schwäbischer Eisenbahnverein

Weißhauptstr. 22
D-88400 Biberach
☎ (0 73 51) 2 25 10
FAX 37 36 19
www.sev-kuernbach.de

Herisau (CH)

Bodensee-Toggenburg-Bahn (Amor-Express)
Herisau – Nesslau – Herisau (Dampflok)
Herisau – Romanshorn – Herisau (E-Triebwagen)
Normalspur

Bodensee-Toggenburg-Bahn
Bahnhofsplatz 1a
CH-9001 St. Gallen
☎ (071) 2 28 23 23
FAX 2 28 23 33
www.bt-bahn.ch

Ochsenhausen

Öchsle
Ochsenhausen – Warthausen
(Mai – Oktober)
Öchsle-Schmalspurbahn
750 mm
Die beliebte und romantische Schmalspurbahn war 1899 erstmals in Betrieb genommen worden. Trotz Protesten wurde aus Rentabilitätsgründen 1964 der Personenverkehr und 1983 der Güterverkehr eingestellt. Dem Verein Öchsle Schmalspurbahn gelang dann 1985 die Wiederbelebung des Öchsle.

Öchsle Schmalspurbahn e. V.
Am Bahnhof 1
D-88416 Ochsenhausen
☎ (0 73 52) 9 22 06
FAX 92 20 19
www.oechsle.org

Museumseisenbahnen (Fortsetzung)

Notdienste

Deutschland

Polizei: ☎ 110
Feuerwehr: ☎ 112
Deutsche Rettungsflugwacht Stuttgart:
☎ (07 11) 70 10 70
DRK-Flugdienst Bonn:
☎ (02 28) 23 00 23

Schweiz

Polizei: ☎ 117
Feuerwehr: ☎ 118
Schweizer Rettungsflugwacht:
☎ (01) 3 83 11 11
Vergiftungsnotfälle:
☎ (01) 2 51 51 51

Österreich

Polizei:
☎ 133
Feuerwehr:
☎ 122
Österreichische Ärzteflugambulanz:
☎ (01) 4 01 44

Der Rettungsdienst auf dem Bodensee wird durch folgende Einrichtungen wahrgenommen: Wasserschutzpolizei (Deutschland), Gendarmerie (Österreich), Seepolizei (Schweiz).

Seenotrettungsdienste

Rund um den Bodensee befinden sich über 40 Blinkleuchten, die Vorsichtsmeldungen für Wassersportler signalisieren. In der Wintersaison leuchten die Sturmwarnlampen nur bei akuter Sturmgefahr auf.
Die Lampen blitzen bei Vorsichtsmeldung, die das wahrscheinliche Eintreten von jähen Sturmwinden signalisiert, 40-mal in der Minute, bei Sturmwarnung, die auf unmittelbare Gefahr hinweist, 90-mal pro Minute.

Sturmwarndienst für den Bodensee

Notdienste
(Fortsetzung)

Deutschland

Rettungsleitstelle Kreis Konstanz
Radolfzell: ☎ (0 77 32) 192 22

Rettungsleitstelle Bodenseekreis
Friedrichshafen:
☎ (0 75 41) 192 22

DLRG-Ortsgruppen
Konstanz:
☎ (0 75 31) 174 00
Langenargen:
☎ (0 75 43) 25 36, 35 58
Radolfzell:
☎ (0 77 32) 139 35

Schweiz

Seenotrettungsdienst Romanshorn
☎ (0 71) 63 16 44

Schweizerische Lebensrettungsgesellschaft
Seerettungsdienst:
Rorschach: ☎ (0 71) 41 88 82

Österreich

Österreichische Wasserrettung, Landesverband Vorarlberg
Bregenz: ☎ (0 55 74) 64 17 00

Post

Deutschland
Postkarte Inland und CEPT-Länder 0,51 €
übriges Ausland 1,02 €
Standardbrief Inland und CEPT-Länder 0,56 €
übriges Ausland 1,53 €.

Schweiz und Liechtenstein
Es wird unterschieden zwischen nichteiliger und eiliger Post:
Nichteilige Briefpost (bis 20 g) und Ansichtskarten nach Deutschland und Österreich 1,20 CHF
innerhalb der Schweiz 0,70 CHF
Eilige Briefpost (bis 20 g) und Ansichtskarten nach Deutschland und Österreich 1,30 CHF
innerhalb der Schweiz 0,90 CHF
Ein handgeschriebener Vermerk oder Klebezettel mit Aufschrift "Prioritaire" ist erforderlich.

Österreich
Postkarte und Standardbrief Inland und Europa 0,51 €, Welt 1,09 €.

Radwandern

Bodensee-Radwanderweg
Der Bodensee-Radwanderweg führt entlang dem deutschen, österreichischen und Schweizer Bodenseeufer. Je nach körperlicher Verfassung kann der Rundweg in zwei bis vier Tagen bewältigt werden. Der gesamte Bodensee-Radwanderweg hat eine Länge von rund 260 km. Der Radweg ist lückenlos mit einer Beschilderung markiert. Um den Bodensee zu umrunden, benötigt man einen gültigen Personalausweis oder Reisepass.

Beste Zeit für einen Radurlaub ist die Vor- oder Nachsaison, da die Suche nach Quartieren für jeweils nur eine Übernachtung während der Saison häufig schwierig ist. Auch die Bodenseeschiffe befördern Fahrräder, allerdings nur, solange genügend Platz auf den Schiffen ist. Ein Stück vom See entfernt sind zahlreiche Radstrecken entlang der Oberschwäbischen Barockstraße ausgewiesen (▶ Routenvorschläge).

Im Bodenseeraum gibt es mittlerweile eine Vielzahl von Radhotels, die Fahrräder verleihen und teilweise auch geführte Radtouren rund um den See oder ins Hinterland anbieten.

Radhotels

Baedeker TIPP) Erlebnisradeln

Eine neue Touristenattraktion ist das Erlebnisradeln, bei dem acht Routen angeboten werden, die bis in die Schweiz führen. Das Programm reicht vom Besuch von Bauernhöfen und Naturschutzgebieten bis zur Übernachtung im Heu. Die Touren sind bei den örtlichen Reiseanbietern zu buchen.

Fast überall am Bodensee kann man Fahrräder mieten. Anbieter sind Hotels, Sportgeschäfte, Fahrradvermietungen oder die Fremdenverkehrsämter der einzelnen Gemeinden. Auskunft zu den Anbietern erhält man bei den Fremdenverkehrsämtern (▶ Auskunft).

Fahrradverleih

Radverleihstellen in Konstanz	Radial
Kultur-Rädle	☎ (0 75 31) 2 25 32
▶ s.u.	www.radial13.de

An den Bahnhöfen der drei den Bodenseeraum bedienenden Bahngesellschaften DB, SBB und ÖBB stehen im Regelfall von April bis Ende Oktober, z.T. aber auch ganzjährig, Leihfahrräder – in der Schweiz Mietvelos genannt – zur Verfügung, die man nach Gebrauch an jedem Bahnhof zurückgeben kann. Prospekte sind an allen DB-Verkaufsstellen erhältlich. Informationen gibt es auch im Internet unter www.bahn.de. Die Radfahrer-Hotline der Bahn informiert über Fahrradmitnahme und Fahrradtouren (☎ 0 18 05 / 15 14 15).

Fahrrad am Bahnhof

Auskunft

Allgemeiner Deutscher Fahrrad-Club (ADFC) Konstanz
BUND-Häusle
Neugasse 17
D-78462 Konstanz
☎ (0 75 31) 69 01 60
www.adfc-kn.de

Radreisen

Kultur-Rädle
Bahnhofsplatz 29
D-78462 Konstanz
☎ (0 75 31) 2 73 10
Die Stadt Konstanz bietet mit ihrem Programm "Kulturelle Radreisen am Bodensee" die Möglichkeit, unter fach- und ortskundiger Führung verborgene Schätze der Bodenseeregion mit dem Fahrrad zu entdecken. Informationen bekommt man auch in der Touristinformation in Konstanz (▶ Auskunft).

Aktiv-Reisen Velotours
Fritz-Arnold-Str. 2 D
D-78467 Konstanz
☎ (0 75 31) 9 82 80
FAX 98 28 98
www.velotours.de
Individuelle Radreisen ohne Gepäcksorgen am Bodensee, am Hochrhein und in Oberschwaben.

Reisedokumente

Personalpapiere — Passkontrollen für Bürger in der Europäischen Union (Deutschland und Österreich) entfallen. Da dennoch Stichproben gemacht werden und Ausweispflicht auf Flughäfen und in Schiffshäfen zunächst weiterhin besteht, sollten deutsche und österreichische Besucher sowie schweizerische und liechtensteinische Staatsangehörige (Schweiz und Liechtenstein gehören nicht der EU an) zum Grenzübertritt im Bodenseeraum einen gültigen Personalausweis oder Reisepass mitnehmen. Kinder unter 16 Jahren müssen einen Kinderausweis besitzen oder im Elternpass eingetragen sein.

Hinweis — Auch bei Fahrten auf dem Bodensee (s. auch zuvor) ist grundsätzlich das Mitführen eines gültigen Ausweises erforderlich.

Fahrzeugpapiere — Der nationale Führerschein und Kraftfahrzeugschein werden anerkannt und sind mitzuführen; ferner müssen Kraftfahrzeuge das Nationalitätskennzeichen tragen, sofern sie nicht das neue Euronummernschild haben. Ratsam ist ferner die Mitnahme der grünen Internationalen Versicherungskarte.

Haustiere — Beim Grenzübertritt ist für Hunde und Katzen ein tierärztlicher Nachweis der Tollwutimpfung vorzulegen, die nicht länger als ein Jahr und nicht weniger als 30 Tage zurückliegen darf.

Reisezeit

Allgemeines — Der Raum Bodensee/Oberschwaben lohnt fast zu jeder Zeit einen Besuch. Während der Sommer zum Baden einlädt, werden Frühjahr und Herbst für Radtouren und Wanderungen vorgezogen.

Frühjahr — Entsprechend der milden Witterung (▶ Zahlen und Fakten, Klima) beginnt die Reisezeit im Bodenseeraum oft schon im April zur Zeit der eindrucksvollen Obstbaumblüte. Einige Orte veranstalten Baumblütenfeste, am bekanntesten das Kressbronner Baumblütenfest (Ende April/Anfang Mai) sowie das Oberteuringer Blütenfest (1. Mai.).
Die Löwenzahnblüte, die das Voralpenland zwischen Bodensee und Hochgebirge alljährlich im Frühjahr in riesige goldgelbe Teppiche verwandelt, bietet Wanderern und sonstigen Ausflüglern eine eindrucksvolle Kulisse.

Sommer — Die eigentliche Badesaison setzt selten vor dem Juli ein und endet oft erst im Oktober. Jetzt herrscht Hochbetrieb am und auf dem See. In Bregenz ist Festspielsaison auf dem See. Vielerorts werden Hafenfeste gefeiert. Höhepunkt der Seefeste ist das mit Kreuzlingen gemeinsam veranstaltete Konstanzer Seenachtsfest im August. Weitere Informationen: ▶ Veranstaltungen.

Herbst — Der Herbst ist wegen seiner leuchtenden Farben zur Obsternte und Weinlese – zahlreiche Weinfeste finden statt – nicht weniger attraktiv als das blütenreiche Frühjahr, zumal es im Herbst ruhiger ist als während der sommerlichen Hochsaison. Insbesondere für Wanderungen und Radtouren eignet sich der Herbst besonders gut.

Restaurants

Nachfolgend werden einige ausgewählte Restaurants in der Region Bodensee/Oberschwaben aufgeführt. Besonderes Ambiente und gastronomische Spezialitäten werden hervorgehoben. Der Hinweis "regionale Küche" bedeutet, dass die Produkte aus der Region kommen, frisch aus See und Fluss, Wald und Feld. Vor allem die Spitzengastronomie hat sich der leichten regionalen Küche verschrieben. Die Naturküche verwendet ernährungswissenschaftlich empfohlene Produkte und Zutaten, wie Bioprodukte, Honig, Rohrzucker, Sirup und Vollwertmehl. Die traditionelle Küche bietet deftig-traditionelle Gerichte an, beispielsweise Käsknöpfle, Apfelküchle, Fasnachtsküchle (▶ Baedeker Special S. 272/273).

Arbon (CH)

Frohsinn
Romanshornerstr. 15
☎ (0 71) 46 10 46
Geschlossen: So., Mo.
Lokal mit der ältesten und kleinsten Hausbrauerei der Schweiz. Im Braukeller mit historischem Gewölbe kann man das selbst gebraute Bier kosten und auch Livemusik hören. Das Gourmetrestaurant Martin Surbeck serviert anspruchsvolle regionale Küche. Terrasse unter Kastanienbäumen.

Metropol
Bahnhofstr. 49
☎ (0 71) 46 35 35
Gehobenes Hotelrestaurant direkt am See mit herrlichem Panoramablick; große Gartenterrasse.

Bad Buchau

Kreuz
Hofgartenstr. 1
☎ (0 75 82) 93 14 20
Geschlossen: Mi.
Schwäbische Spezialitäten neben internationaler Küche; eigene Metzgerei.

Bad Saulgau

Spitaltor
Schützenstr. 21
☎ (0 75 38) 44 59
Das Lokal befindet sich in einem umgebauten Fachwerkhaus und verfügt über einen Biergarten.

Bad Waldsee

Grüner Baum
Hauptstr. 34
☎ (0 75 24) 9 79 00
Geschlossen: Mi.
In dem Restaurant kann man im Sommer auch auf der Terrasse essen. Serviert wird gute Küche mit historischen Gerichten des 17. und 18. Jahrhunderts.

Bad Wurzach

Zum Adler
Schlosstr. 8
☎ (0 75 64) 9 30 30
Das Restaurant besitzt freundliche Gasträume und ein Gartenlokale, wo regionale Frischküche serviert wird.

Biberach

Kapuziner-Stüble
Hotel Kapuzinerhof
Kapuzinerstr. 17
☎ (0 73 51) 50 60
Geschlossen: Sa., So.
Das Hotelrestaurant bietet sehr gute Küche, die man auch auf der Terrasse genießen kann.

Bregenz (A)

Gebhardsberg
Gebhardsberg
☎ (0 55 74) 4 25 15
Weite Aussicht von der Burg auf den Gebhardsberg und das Rheintal; gut zubereitete regionale Gerichte wie z.B. Pute aus dem Bregenzer Wald und Bodenseefische.

Deuring Schlössle
Ehre-Guta-Platz 4
☎ (0 55 74) 4 78 00
Geschlossen: Mo.mittag
Von der Terrasse des schön renovierten Schlösschens aus dem 17. Jh. kann man gerade noch die Seebühne sehen. Der Küchenchef zählt zu den besten Vertretern der neueren österreichischen Küche. Er offeriert eine große Auswahl an Bodenseefischen.

Germania
Am Steinenbach 9
☎ (0 55 74) 42 76 60
Gepflegtes Restaurant mit Gartenbereich; leichte regionale Küche sowie Vollwert- und Naturküche.

Messmer
Kornmarktstr. 16
☎ (0 55 74) 4 23 56
Zum Restaurantbereich gehört eine Weinstube und das Bregenzer Stüble, zudem eine Terrasse.

Dornbirn (A)

Krone
Hatlerstr. 2
☎ (0 55 72) 2 27 20
Restaurant im Vorarlberger Landhausstil, das neben leichter regionaler Küche auch internationale Spezialitäten offeriert.

Rose
Hatlerstr. 31
☎ (0 55 72) 22 46 10
Man kann im Herrenzimmer oder in der Weinstube einkehren, wo regionale Schmankerlküche und Hausmannskost sowie Naturküche serviert werden. Zudem kann man die Sonnenterrasse und den Biergarten genießen.

Friedrichshafen

Buchhorner Hof
Friedrichstr. 33
☎ (0 75 41) 20 50
Gehobene Küche wird in der Altdeutschen Stube serviert, dem ältesten Restaurant in Friedrichshafen.

Kurgartenrestaurant
Olgastr. 20
☎ (0 75 41) 7 20 72
Das Restaurant ist Im Graf-Zeppelin-Haus untergebracht verfügt über eine Terrasse zum See. Geneießen kann der Gast internationale und raffinierte regionale Küche.

Traube
Ittenhauser Str. 4
☎ (0 75 41) 5 30 63
Die "Traube" bietet gehobene regionale Küche und gute Weine.

Traube
Fischbach
Meersburger Str. 13
☎ (0 75 41) 95 80
Gemütliches Restaurant, wo man bei gutem Wetter auch auf der Terrasse essen kann. Die Spezialitäten seiner internationalen Küche sind Wild und Fisch.

Krone
Untere Mühlbachstr. 1
☎ (0 75 41) 40 80
Das Restaurant besitzt eine Terrasse und einen Biergarten. Spezialitäten der Küche sind Fisch und Wild.

Gottlieben (CH)

Drachenburg und Waaghaus
Am Schlosspark
☎ (0 71) 6 66 74 74
Fein eingerichtete Gasträume in zwei schönen Fachwerkhäusern (17. Jh.), direkt am Rhein. Beide Restaurants haben nahezu dieselbe Speisekarte. Ein besonderes Erlebnis ist ein Abendessen auf der Terrasse des Waaghauses mit Blick auf das Wollmatinger Ried. Es werden Haute Cuisine mit italienischem Einschlag geboten, aber auch fein zubereitete Bodenseefische.

Krone
Seestr. 11
☎ (0 71) 6 66 80 60
Das Romantik Hotel & Restaurant zeichnet sich durch seine stilvolle Einrichtung aus. Von der Terrasse direkt am Seerhein hat der Gast einen herrliche Blick auf das Wasser und das Wollmatinger Ried. Das Restaurant ist eine der beliebtesten Gourmetadressen in der Bodenseeregion mit leichter und kreativer Küche französischen Stils und regionaler Ausrichtung. Besonders gefragr sind Bodenseefische.

Hagnau

Löwen
Hansjakobstr. 2
☎ (0 75 23) 62 41
Geschlossen: So., Mo.
Rustikal eingerichtetes Restaurant mit altem Kreuzwölbe in einem prächtigen Fachwerkhaus. Eine ruhige, idyllischer Gartenterrasse gehört auch dazu. Die Küche verwendet frische Produkte aus biologischem Anbau.

Seeblick
Seestr. 11
☎ (0 75 32) 62 82
Geschlossen: Mi.
Restaurant in schöner Lage direkt am See mit einer Terrasse unter Platanen; gute bürgerliche Küche mit fangfrischen Bodenseefischen in vielen Variationen als Spezialität.

Immenstaad

Seehof
Am Jachthafen
☎ (0 75 45) 93 60
Traditionsreiches Lokal mit gemütlichen Gasträumen – Weinstube und Zirbelstube – und gehobener Küche.

Konstanz

Seerestaurant
Dominikaner-Stube
Auf der Insel 1
☎ (0 75 31) 12 50
Restaurants mit Terrasse in dem am See gelegenen Inselhotel, einem ehemaligen Dominikanerkloster. Das elegante Seerestaurant bietet exquisite Küche und die zirbelholzgetäfelte Dominikaner-Stube regionale Spezialitäten.

Siber
Seestr. 25
☎ (0 75 31) 9 96 69 90
Das Restaurant in einer wunderschönen Jugendstilvilla besticht durch sein elegantes Interieur und seine stilvolle Terrasse. Teure Gourmetküche von Berthold Siber, einem Bocuseschüler.

Rössle
Wollmatingen
Radolfzeller Str. 19 A
☎ (0 75 31) 9 26 00
Der traditionsbewusste Gasthof strahlt einen gewissen Charme aus. Besondere Pluspunkte sind die gepflegte Küche und der umfassende Service.

Waldhaus Jakob
Eichhornstr. 84
☎ (0 75 31) 8 10 00
Traumhaft gelegenes Fachwerkhaus am Waldrand mit Seeblick; Biergarten; verfeinerte regionale Küche.

Zum Elefanten
Salmannsweilergasse 34
☎ (0 75 31) 2 21 64
Geschlossen: Mo., So.
Restaurant mit rustikaler Einrichtung. Die badische und schwäbische Küche offeriert beispielsweise köstlich zubereitete Bodenseefische.

Kressbronn

Am Kretzergrund
Uferweg 5
☎ (0 75 53) 9 61 00
Restaurant mit eigener Metzgerei, Fischteich und Wildgehege; schöner Ausblick.

Kreuzlingen (CH)

Schloss Seeburg (s. Abb. S. 145)
Seeburgpark
Seeweg 1
☎ (0 71) 75 47 75
Holzgetäfelte Gasträume mit Blick nach Meersburg und Hagnau; schöne Aussichtsterrasse im Garten; mediterrane Küche.

Seegarten
Promenadenstr. 40
☎ (0 71) 75 28 77
Außergewöhnlich ist der Salon Admiral mt vielen Spiegeln. Fantastisch zubereitete Gerichte und eine hervorragende Weinkarte. Im Sommer kann man im Garten am Jachthafen speisen.

Langenargen

Adler
Oberdorfer Str. 11
☎ (0 75 53) 30 90
Geschlossen: So.mittag, Mo.mittag
Gourmetrestaurant mit Terrasse. Besonders zu empfehlen sind die Fischgerichte.

Löwen
Obere Seestr. 4
☎ (0 75 53) 30 10
Geschlossen: Di.
Restaurant/Café mit Wintergarten, großer Seeterrasse und Biergarten; eigene Konditorei. Eine saisonale Spezialität ist Spargel. Spitzenweine vom Bodensee.

Lindau

Alte Post
Fischergasse 3
☎ (0 75 53) 9 34 60
Gemütliches historisches Restaurant nahe Seeufer und Spielkasino mit Biergarten. Auf der Speisekarte stehen Saisonspezialitäten.

Bayerischer Hof
Seepromenade
☎ (0 75 53) 91 50
Geschlossen: mittags
Restaurant an der viel besuchten Seepromende mit Terrasse; bayerische und internationale Küche, darunter auch Vollwertkost und Fisch.

Inselgraben
Inselgraben
☎ (0 75 53) 2 34 37
Gutbürgerliches Haus aus dem 16. Jh. mit behaglichen Gasträumen in unmittelbarer Nähe des Seehafens, bekannt für gute Küche. Bodenseefische, Grillgerichte und Vollwertkost kommen auf den Tisch.

Lindauer Hof
Seepromenade
☎ (0 75 53) 40 64
Restaurant mit Wintergarten und Terrasse. Hier werden

u. a. Bodenseefischspezialitäten, aber auch Kaffee, Kuchen und Eis serviert.

Stift
Stiftsplatz 1
☎ (0 75 53) 55 16
Das Restaurant ist in einem Haus von 1728 untergebracht. Durchgehend warme bodenständige Küche mit schwäbisch-bayerischen Speisen und Fischgerichten.

Schachener Hof
Bad Schachen
Schachener Str. 76
☎ (0 83 82) 31 16
Geschlossen: Di., Mi.
Der Gast hat die Wahl zwischen schwäbischer Hausmannskost und Haute Cuisine, alles vom Feinsten. Auch das Preis-Leistungsverhältnis stimmt hier. Ausgesuchte Weine aus der Region ergänzen das kulinarische Angebot.

Hoyerberg Schlössle
Hoyren
Hoyerbergstr. 64
☎ (0 83 82) 2 52 95
Geschlossen: Mo., Di.mittag
Elegantes, vornehmes Gourmetrestaurant mit traumhafter Aussicht; Bodenseefische; wohlsortierte Weinkarte.

Mainau

Schwedenschenke
☎ (0 75 31) 30 30
Das als umweltorientierter Betrieb ausgezeichnete Restaurant, eine ehemalige Kutscherschenke, hat einen schönem Kastaniengarten. Neben Biomenüs und Sonntagsbrunch offeriert die Küche vor allem fangfrische Fische und Wild aus eigener Jagd. Bei den Weinen dominieren die Meersburger Gewächse.

Meersburg

Zum Bären
Marktplatz 11
☎ (0 75 32) 4 32 20
Der älteste Gasthof (1605) von Meersburg am malerischen Marktplatz wirkt mit seinem Staffelgiebel und den markanten Erkertürmchen gemütlich. Der Familienbetrieb serviert Fisch, aber auch oberschwäbische Spezialitäten.

Löwen
Marktplatz 2
☎ (0 75 32) 4 30 40
400 Jahre alter, gemütlicher Gasthof mit zirbelholzgetäfelten Wänden; nicht ganz billiges, ungewöhnliches Essen, auch Bodenseefische.

Zum Becher
Höllgasse 4
☎ (0 75 32) 90 09
Geschlossen: Mo., Di.mittag
Stilvolles Restaurant mit drei Gaststuben, jede in einem anderen Holz getäfelt und mit Meersburger Kunsthandwerk ausgestattet. Die Küche offeriert badische und internationale Gerichte und die erlesene Weinkarte u. a. seltene badische Gewächse.

Nonnenhorn

Seewirt
Seestr. 15
☎ (0 83 82) 98 85 00
Gepflegtes historisches Gasthaus, direkt am See gelegen, mit Gartenlokal; spezielle Zubereitungen für Bodenseefi-

Baedeker SPECIAL

Felchen, Knöpfle und Seewein

Das Gebiet zwischen Bodensee und Oberschwaben steckt kulinarisch voller Überraschungen. Ob bodenständig oder extravagant geschmacklich kommt hier jeder Gast auf seine Kosten.

Ob badische, schwäbische, bayerische, schweizerische oder österreichische Spezialitäten, die Bodenseeanrainer sorgen dafür, dass der Tisch abwechslungsreich gedeckt ist, vorzugsweise mit Fisch, Wild und Mehlspeisen mit den dazu passenden Weinen, die an den Uferhängen gedeihen. Frisch gefangener Felchen und Kretzer oder Egli, wie der Barsch im Bodensee heißt, schmecken mit ihrem zarten weißen Fleisch blau genauso gut wie gebraten oder in Weißwein gedünstet. Seeforellen, Hechte, Zander und Aal tummeln sich zwar auch im See, sind allerdings nicht so häufig auf den Tellern zu finden. Im Frühjahr bereichern u. a. das Wiesenlamm und im Herbst Wildgerichte wie Fasan, Reh- und Hasenrücken, z. B. aus dem Bregenzer Wald, die Speisekarten. Als Beilagen empfehlen sich Reichenauer Gemüse oder Spargel, der im Mai und Juni in Tettnang gestochen wird. Und Knöpfle gehören natürlich dazu, wie die schwäbischen Spätzle am Bodensee genannt werden. Hausgemachte Teigwaren, vom Brett ins kochende Salzwasser gehobelt, schmecken dabei am besten. Leberspätzle, wenn pürierte rohe Leber unter den Teig gemischt wird, und Käsespätzle, wenn geriebener Käse unter die Spätzle gemengt wird, sind sogar eine vollwertige Mahlzeit mit Salat als Beilage. Linsen, Spätzle und Saiten (Würstchen) sind eine Art schwäbisches Nationalgericht. Schupfnudeln dagegen, aus einem Teig gemacht, der zu gleichen Teilen aus Mehl und Kartoffeln besteht, werden gekocht, angebraten und auf Sauerkraut serviert.

Schwäbische Spezialitäten

Maultaschen, die schwäbischen Nudelteigtaschen mit unterschiedlichen Füllungen, gibt es in der Brühe, geschmälzt mit Zwiebeln und geröstet mit Ei. In der Vorarlberger Küche spielt Maisgries noch eine Rolle, z. B. beim traditionellen Hafaloab aus Maisgries, Weizenmehl und Semmelbrösel mit Speck, Rübenkraut und gerösteten Zwiebeln. Ein feines Bratkartoffelrezept haben sich die Schweizer ausgedacht, die fein gehobelten und knusprig gebratenen Röschti, manchmal noch mit Käse verfeinert. Ein Zwiebelrostbraten ist nicht minder lecker, denn er entpuppt sich als durchwachsenes Rindersteak mit Röstzwiebeln obendrauf. Bei soviel Deftigkeit empfiehlt sich zur Verdauung ein Schlückchen Subirar, wie der aromatische kräftige Schnaps aus eher unansehnlichen Birnen heißt. Wer Lust auf Käse hat, sollte einmal den würzigen Ziegen- und Bergkäse aus dem Bregenzer Wald probieren, den Arenenberger als Halbweichkäse, den Rheintaler und Thurgauer als Hartkäse und schließlich den Appenzeller, je nach Geschmack "räß" oder jung. Zum Vespern eignen sich auf Schweizer Gebiet die Olma-Kalbsbratwurst aus St. Gallen und das Moschtbrockli, saftigwürziges luftgetrocknetes Pferdefleisch aus Appenzell. Dazu werden Bürli gereicht, eine Brötchenvariante. In Oberschwaben bieten sich für den kleinen Hunger Seelen an, krustige flache Miniweißbrote mit Salz und Kümmel bestreut, einst Spende an die armen Seelen, sowie Laugenbrezeln und -wecken. Aniswürzige Springerle zur Weihnachtszeit sowie süße, in Fett ausgebackene Muzenmandeln, Apfelstrudel und Kaiserschmarrn, Biberli, eine Art Lebkuchen, und Träubleskuchen, der nicht aus Trauben, sondern aus roten Johannisbeeren gebacken wird, stillen den Appetit auf Süßes.

Bodenseeweine

Die Bodenseeweine runden natürlich jedes Mahl ab, ob ein milder Hagnauer, ein rauer, vom Föhn überspielter Beerli, ein leichter Röthner oder ein vollmundiger Roter aus den Fürstlichen Weinbergen von Vaduz. In Bodman, wo die Schlosskellerei ihre Trauben keltert, liegt einer der ältesten Weinberge, schon 884 soll Kaiser Karl III. hier eine Burgunderrebe am See gepflanzt haben. Am Hohentwiel befindet sich in 570 Metern der höchstgelegene Weinberg auf nährstoffreichem Vulkanboden. Das Weingut Hohentwiel bietet hauptsächlich Müller-Thurgau, Spätburgunder und kleine Mengen Traminer an. Vom Weingut Birnau kommen ein fruchtiger Müller-Thurgau und ein wohlschmeckender Spätburgunder sowie auch neue Sorten mit ungewöhnlichen Namen: Bacchus, Comtessa und Ortega. Die Schlosskellerei Salem wartet sogar mit einem Weinmuseum auf, in dem sich ein imposanter Torkel (Weinpresse) von 1706 befindet. Das Staatsweingut Meersburg mit Lagen unterhalb des Schlosses aus ehemaligem fürstbischöflichen Besitz zeichnet sich durch gute Grauburgunder aus,

Die gemütliche Weinstube "Zum Becher" in Meersburg bietet regionale Küche.

andernorts auch Ruländer oder Pinot gris genannt werden. In Überlingen und Konstanz bieten die städtischen Kellereien sowie in Hagnau und Immenstaad die Winzergenossenschaften eine vielfältige Weinpalette an. Auf der Rheinburg in Gailingen produziert ein ökologisch wirtschaftender Weinbaubetrieb ausgezeichnete Gewächse. Der eher geringe Ertrag der Weinwirtschaft am Bodensee lässt Export kaum zu, so dass der Wein überwiegend regional verkostet wird. Im Kanton Thurgau, der Heimat des Rebenzüchters Hermann Müller-Thurgau aus Tägerwilen, gedeiht der Müller-Thurgau besonders gut, eine Rebkreuzung aus Riesling- und Sylvanertraube.

Restauranttipps

Gelegenheiten zur Weinprobe und zum Schlemmen gibt es natürlich genügend in der Bodenseeregion, vom Touristenlokal bis zum Sternerestaurant. Das rustikale Ausflugslokal Rebgut Haltnau, zwischen Meersburg und Hagnau, bietet beispielsweise bodenständige Küche in angenehmer Umgebung. Die reizvolle Winzerstube "Zum Becher" in Meersburg serviert gutbürgerliche Fischgerichte zu Meersburger Weinen. Herrliche Sommerabende mit großen Gaumenfreuden kann man auf der oberen Terrasse der Jugendstilvilla Seehotel "Siber" in Konstanz erleben. Hervorragend tafeln mit unvergleichlichen Blicken auf den Bodensee und die Alpen lässt es sich zudem im Hoyerberg Schlössle nahe Lindau. In Langenargen sollte man die ausgezeichneten Gerichte, zum Beispiel eine Bouillabaisse von Bodenseefischen, im Hotel "Adler" probieren. "Flohr's Restaurant" in Überlingen am Ried bei Singen ist ein weiterer Feinschmeckertreff, und in einer Zunftstube aus dem 15. Jh. im Romantikhotel "Waldhorn" in Ravensburg verwöhnt Chefkoch Albert Bouley die Gourmets mit köstlichen Gerichten.

sche und heimische Gerichte; Café mit eigener Konditorei und Eisherstellung.

Radolfzell

Adler
Güttingen
Schlossbergstr. 1
☎ (0 77 32) 1 50 20
Geschlossen: Di.
Landgasthof in ruhiger Lage mit gemütlichen Gasträumen und Gartenlokal; empfehlenswerte Küche.

Basilikum
Löwengasse 30
☎ (0 77 32) 97 05 70
Geschlossen: So., Mo.
Feinschmeckerrestaurant, in dem Kunstausstellungen stattfinden; auch Gartenlokal; ausgezeichnete internationale Küche.

Mettnau-Stube
Strandbadstr. 23
☎ (0 77 32) 1 36 44
Geschlossen: Mo., Di.mittag
Restaurant mit umweltorientierter Betriebsführung, das hervorragende Fischspezialitäten serviert.

Ravensburg

Waldhorn
Marienplatz 15
☎ (07 51) 3 61 20
Das Haus hat eine lange gastronomische Tradition. Heute treffen sich in den Altdeutschen Stuben Gourmets von nah und fern, denn hier wird auf höchstem Niveau gekocht.

Reichenau

Fischerstube
Berggässle 1
☎ (0 75 34) 75 73
Restaurant mit Terrasse, in dem Fischspezialitäten aus dem See serviert werden.

Kreuz
Zelleleweg 4
☎ (0 75 34) 3 32
Geschlossen: Mo., Do.
Traditionsreiches beliebtes Lokal mit Terrasse. Spezialität ist die Bodensee-Fischplatte mit Felchen, Kretzer, Zander und Hecht. Die Küche verwendet Reichenauer Gemüse und Salate.

Seeterrassen-Restaurant
An der Schiffslände 12
☎ (0 75 34) 80 30
Restaurant mit Terrasse, von wo man einen Blick auf den Bodensee und das Schweizer Ufer hat; gute Küche.

Löwen
Pirminstr. 144
☎ (0 75 34) 2 99
Café/Restaurant mit Gartenterrasse; regionale Küche mit Fisch sowie Reichenauer Gemüse und Salate, außerdem mit ausgezeichneten Steaks, dazu große Kuchenauswahl.

Romanshorn (CH)

Inseli
Inseliweg 6
☎ (0 71) 4 66 88 88
Mit schönem Blick auf See und Segelhafen isst man in dem Restaurant mit Terrasse. Empfehlenswert sind Fleisch- und Flambéspezialitäten.

Rorschach (CH)

Waldau
Seebleichestrasse
☎ (0 71) 8 55 01 80
Restaurant in ruhiger Lage in einem Park; internationale und regionale Küche.

Salem

Schwanen
Im Schloss 1
☎ (0 45 41) 2 83

Nobler Gasthof in der ehemaligen Posthalterei; vorzügliche regionale Spezialitäten aus eigener Jagd und Fischerei; Hauptausschank der markgräflich badischen Weine, die im Schloss Salem gekeltert und abgefüllt werden.

Singen

Jägerhaus
Ekkehardstr. 86
☎ (07731) 65097
Geschlossen: mittags, So.
Die Küche genießt überregional einen guten Ruf. Spezialitäten des Hauses sind Fisch und Wild.

Salzburger Stub'n
Worblingen
Hardstr. 29
☎ (07731) 27349
Geschlossen: Do.
Restaurant im Stil einer Salzburger Bauernstube mit schöner Vertäfelung; österreichische und internationale Küche mit herrlichen österreichischen Mehlspeisen und Wiener Kaffeespezialitäten; ambitionierte Weinkarte.

Flohr's Restaurant
Überlingen am Ried
Brunnenstr. 11
☎ (07731) 93230
Geschlossen: So., Mo.
Überregional bekanntes, stilvoll eingerichtetes Gourmetrestaurant mit ungewöhnlicher, italienisch inspirierter Küche.

Sipplingen

Sternen
Burkhard-von-Hohenfels-Str. 20
☎ (07551) 63609
Von der Terrasse genießt man einen schönen Seeblick. Der Gasthof ist bekannt für seine Lammspezialitäten.

Stein am Rhein (CH)

Adler
☎ (052) 7426161
Das Hotel mit bemalter Fassade liegt zentral am Rathausplatz. Das Restaurant, unten rustikal und oben elegant, bietet feine Meerestiere und Bodenseefische.

Sonne
Rathausplatz 127
☎ (052) 7412128
Geschlossen: Di., Mi.
Eines der schönsten und ältesten Häuser der Altstadt, das schon im Mittelalter als Gasthaus diente; viele traditionelle Gerichte ohne modischen Schnickschnack. Im Keller lagern hauptsächlich französische Weine. Im Winter bietet der Küchenchef Kochkurse an.

Zur Rheingerbe
Schifflände
☎ (052) 7412991
Historisches Haus mit Straßencafé an der Schifflände; neuzeitliche Küche mit Fischspezialitäten; gute Weinauswahl; gehobene Preise.

St. Gallen (CH)

Am Gallusplatz
Gallustr. 24
☎ (071) 2233330
Geschlossen: Mo., Sa.mittag
Im Klosterviertel gelegen; Küche mit hohem Niveau, bekannt für Fischvariationen und Lammrücken; erstklassige Desserts; üppige, aber teure Weinkarte.

Peter und Paul
Kirchlistr. 99
☎ (071) 2455644
Geschlossen: Mo.
Auf einem Hügel, hoch über St. Gallen gelegenes und beliebtes Familienausflugsziel

mit Blick auf den Bodensee; Tierpark vor dem Haus; traditionelle Gerichte, aber auch exquisite Fischspezialitäten; große Weinkarte.

Überlingen

Naturata
Rengoldshauserstr. 21
☎ (0 75 51) 95 16 13
Kreative Küche mit vollwertigen, frischen, kontrolliert biologischen Produkten aus der Region, vorwiegend vegetarisch, aber auch Fleisch und Bodenseefisch.

Schäpfle
Jakob-Kessenring-Str. 14
☎ (0 75 51) 6 34 94
In Seenähe gelegenes, bewachsenes Haus mit sehr schönem Ambiente; gutbürgerliche Küche mit immer frischen Fischen und Wild aus eigener Jagd; Terrasse.

Spitalkeller
Steinhausgasse 1
☎ (0 75 51) 6 60 20
Gemütliches originelles Weinkellerlokal in einem Fachwerkhaus in der Altstadt mit romantischem Innenhof; badisch-alemannische Spezialitäten; zahlreiche Weinsorten.

St. Leonhard
Obere St. Leonhardsstr. 71
☎ (0 75 51) 80 81 00
Hotelrestaurant mit internationaler Küche und regionalen Spezialitäten; schöne Terrasse mit Panoramablick auf den Bodensee.

Johanniter-Kreuz
Johanniterweg 11
☎ (0 75 51) 80 81 00
Geschlossen: Mo., Di.mittag
Außergewöhnliches Ambiente im 300 Jahre alten Landhaus; romantisches Restaurant mit Kamin sowie Wintergarten und Terrasse; deftige Kost und Menüs aus regionaltypischen Produkten.

Uhldingen-Mühlhofen

Knaus
Unteruhldingen
Seestr. 1
☎ (0 75 56) 80 08
Restaurant/Café mit Terrasse, das gutbürgerliche Küche mit badisch-schwäbischen Spezialitäten und Bodenseefisch, aber auch Kuchen aus eigener Konditorei anbietet.

Seehof
Seefelder Str. 8
☎ (0 75 56) 9 33 70
Gartenlokal mit Blick auf den Jachthafen; regionale Küche mit leckeren badischen Fischmenüs und diversen vegetarischen Gerichten.

Vaduz (FL)

Löwen
Herrengasse 35
☎ (0 75) 2 38 11 44
Restaurant in einem unter Denkmalschutz stehenden Haus von 1380. Es weist stilgerechte Räumlichkeiten auf: u.a. à-la-carte-Restaurant, Löwentorkel, Stöcklersaal und Löwenbar. Von der Gartenwirtschaft am hauseigenen Rebhang kann man eine schöne Aussicht genießen. Regionale und internationale Küche.

Torkel
Herrengasse 35
☎ (0 75) 2 32 44 10
Geschlossen: So.
Restaurant in einem Torkel aus dem 17. Jh., in den Rebbergen der Fürstlichen Hofkellerei gelegen; internationale und französische Küche mit frischem Fisch; Spitzenweine und Sekt aus der Fürstlichen Hofkellerei.

Wasserburg

Zum Lieben Augustin am See
Halbinselstr. 70
☎ (0 83 82) 98 00
Restaurant mit der traditionsreichen Summserstube, Franz-Löfflerstube sowie Terrasse; gute Küche mit Bodenseefischen und -weinen sowie schwäbischen Spezialitäten.

Haus des Gastes
Hauptstr. 12
☎ (0 83 82) 88 73 30
Meistbesuchtes Restaurant sowie Café, mit Terrasse, direkt am Segelhafen mit See- und Bergsicht gelegen; gutbürgerliche Küche mit vegetarischen Gerichten; Empfehlenswert: Apfelstrudel aus der eigenen Konditorei.

Restaurants (Fortsetzung)

Schifffahrt

Die größten den Bodensee befahrenden Schifffahrtsunternehmen sind die Bodensee-Schiffsbetriebe GmbH (BSB, Sitz in Konstanz) mit den Heimathäfen Konstanz, Friedrichshafen und Lindau, der Geschäftseinheit Schweizerische Bodensee Schifffahrtsgesellschaft AG (Bodensee) mit dem Heimathafen Romanshorn und der Geschäftseinheit Bodenseeschifffahrt der Österreichischen Bundesbahnen (ÖBB) mit dem Heimathafen Bregenz sowie die Schweizerische Schifffahrtsgesellschaft Untersee und Rhein (URh) mit Sitz in Schaffhausen. Diese vier Reedereien sind im Verband der Vereinigten Schifffahrtsunternehmen für den Bodensee und Rhein (VSU) zusammengeschlossen und bilden mit ihren Motorschiffen und

Schifffahrts-unternehmen

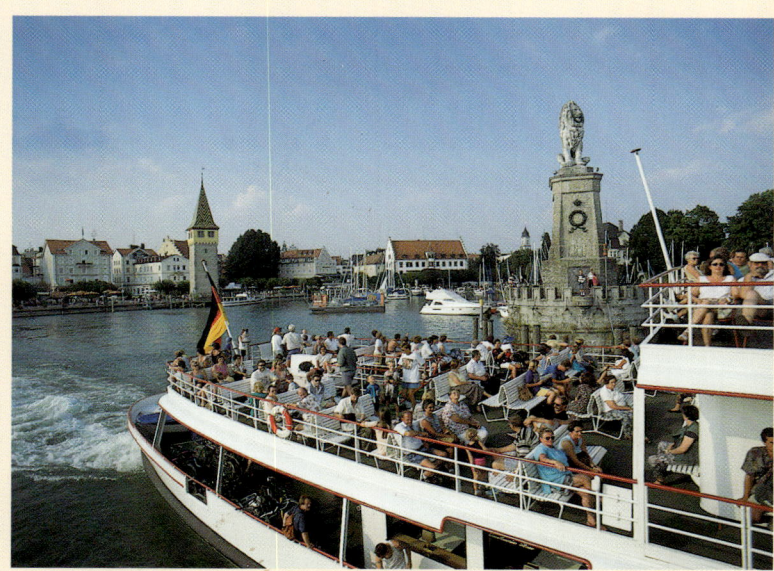

Schiffsfahrten auf dem Bodensee werden – wie hier in Lindau – im Sommer allerorten angeboten.

Schifffahrts-unternehmen (Fortsetzung) — Motorbooten die "Weiße Flotte Bodensee". Ferner gibt es die Stadtwerke Konstanz, die seit 1928 den Fährverkehr zwischen Konstanz – Staad und Meersburg (schwimmende Brücke) unterhalten und die 1892 gegründete Motorboot-Gesellschaft Bodman.

Linienverkehr — Die Vereinigten Schifffahrtsunternehmen für den Bodensee und Rhein (VSU) betreiben die Schifffahrt auf dem Bodensee. Die Weiße Flotte fährt alle wichtigen Orte um den See an. Fährverkehr besteht zwischen Friedrichshafen und Romanshorn sowie zwischen Konstanz – Staad und Meersburg.

Auf dem Rhein (Hochrhein, Untersee, Seerhein) verkehren mehrmals täglich Linienschiffe zwischen Schaffhausen und Kreuzlingen. Der halbjährlich erscheinende Schiffsfahrplan dieses Schifffahrtsunternehmens, in dem alle Linien der Weißen Flotte enthalten sind, ist bei den Fremdenverkehrsstellen vor Ort (▶ Auskunft) erhältlich.

Ausflugsfahrten — Im Sommer werden von den größeren Bodenseeuferorten in verschiedensten Kombinationen zahlreiche Ausflugsfahrten angeboten: ganztägig, halbtägig oder auch kürzer (z. B. als Frühstücks-, Kaffee-, Abend- oder Tanzfahrten), ferner Fahrten anlässlich besonderer Veranstaltungen.

Sonderfahrten — Sonderschiffe für Betriebe und Vereine, Familienfeiern, Tagungen, Verkaufsfahrten und Ausstellungen können das ganze Jahr über gechartert werden. Auf Wunsch werden auf den Schiffen Programme mit Bewirtung und Musik individuell arrangiert.

Schifffahrtsgesellschaften

Bodensee-Schiffsbetriebe (BSB)
Verkaufsbereich Konstanz
Hafenstr. 6
D-78462 Konstanz
☎ (0 75 31) 28 13 89
FAX 28 13 73
www.bsb-online.com

Österreichische Bundesbahnen (ÖBB)
GE-Bodensee Schifffahrt
Seestr. 4
A-6900 Bregenz
☎ (0 55 74) 4 28 68
FAX 44 34 11 28
www.oebb.at

Schweizerische Bodensee Schifffahrtsgesellschaft AG
CH-8590 Romanshorn
☎ (0 71) 4 66 78 88
FAX 4 66 78 89
www.sbsag.ch

Schweizerische Schifffahrtsgesellschaft Untersee und Rhein (URh)
Freier Platz 7
CH-8202 Schaffhausen
☎ (0 52) 6 34 08 88
FAX 6 25 59 93
www.urh.ch

Fährverkehr

Auto- und Personenfähren
Konstanz – Staad – Meersburg
(ganzjährig im Pendelverkehr;
Tag und Nacht)
Stadtwerke Konstanz
☎ (0 75 31) 80 30
Friedrichshafen – Romanshorn, (im Stundentakt)
Bodensee-Schiffsbetriebe (BSB)
☎ (0 75 41) 28 13 89

Personenfähre
Allensbach – Reichenau
Bootsvermietung Baumann
☎ (0 75 33) 63 61

Bodensee Pass

Der Bodensee Pass ist eine internationale, nicht übertragbare Kombinationsfahrkarte, die zum halben Preis grenzenloses Reisen mit Schiff, Eisenbahn, Bus und Bergbahn ermöglicht. Er ist in drei Varianten zu bekommen: als 7-Tage-Karte, als 15-Tage-Karte und als Jahreskarte mit persönlichem Passfoto. Der Bodensee Pass ist erhältlich auf allen Schiffen und Landestellen der Weißen Flotte sowie an den Bahnhöfen Arbon, Kreuzlingen-Hafen, Lindau, Radolfzell, Romanshorn, Rorschach-Hafen, Singen und Überlingen. Als Ergänzung gibt es Tageskarten (einzeln oder im 3-er Set), die auf allen Schiffen der Weißen Flotte gelten. Zum Bodensee Pass bekommt man gratis die Bodensee-Gästekarte, mit der Preisnachlässe bei zahlreichen touristischen Einrichtungen gewährt werden.

Saison Card

Mit der Saison Card hat man eine Saison lang freie Fahrt auf allen VSU-Kursschiffen.

Bodensee-Familienkarten

Mit der Bodensee-Familienkarte reisen auf allen Kursschiffen Kinder bis zu 15 Jahren in Begleitung der Eltern gratis, Jugendliche zwischen 16 und 24 Jahren zum halben Preis. Für den Erwerb der Karte ist die Mindestteilnahme von einem Elternteil und einem Kind erforderlich.
Die Familienkarte ist an den Landverkaufsstellen der Vereinigten Schifffahrtsunternehmen für den Bodensee und Rhein erhältlich. Außerdem gibt es die Ermässigungskarte Großeltern/Enkel, mit der Enkel bis 15 Jahren in Begleitung ihrer Großeltern gratis mitfahren.

Schwerbehinderte

Das in Deutschland geltende Gesetz über die unentgeltliche Beförderung Schwerbehinderter im öffentlichen Personenverkehr gilt nur auf der Schiffslinie 10501 von Konstanz nach Überlingen.

Mehrfahrtenkarten

Für zehn einfache Fahrten zwischen Friedrichshafen und Romanshorn sind verbilligte Mehrfahrtenkarten erhältlich; sie sind übertragbar und gelten zwei Jahre.

Gruppenfahrten

Gesellschaften, Schulen und Jugendgruppen mit mehr als fünf Personen erhalten für gemeinsame Fahrten großzügige Fahrpreisermäßigungen. Im Interesse einer reibungslosen Durchführung wird eine Voranmeldung empfohlen.

Museumsschiff "Hohentwiel"

Die "Hohentwiel", das letzte Dampfschiff auf dem Bodensee, wurde 1911/1912 bei Escher-Wyss in Zürich gebaut. Nach dem Zweiten Weltkrieg diente es der Deutschen Bundesbahn bis Anfang der Sechzigerjahre als Passagierschiff. Dann erwarb der Jachtclub Bregenz das Schiff und nutzte es rund zwanzig Jahre lang als Klubhaus. Im Jahre 1983 beschloss die Internationale Bodenseekonferenz zu prüfen, ob die "Hohentwiel" als Museum für die Geschichte der Bodenseeschifffahrt erhalten werden könne. Und tatsächlich war die Renovierung des Schiffes bis Ende 1989 abgeschlossen, so dass der Nutzung als Museum nun nichts mehr im Wege stand. Seit 1990 befährt der restaurierte Schaufelraddampfer "Hohentwiel" wieder den Bodensee. Angeboten werden Ausflugs-, Gourmetfahrten, Fahrten zu den Bregenzer Festspielen und Erlebnisfahrten in Kombination mit dem Rheinbähnle. Die Abfahrt erfolgt von den großen Orten am Bodensee.

Schifffahrt (Fortsetzung)	**Schifffahrt-Agentur Hohentwiel** Kanzleistr. 1 D-78462 Konstanz ☎ (0 75 31) 157 11 FAX 157 33 E-mail: Schiffahrt-Agentur-Konstanz@t-online.de www.royal-steamer-tour.com	**Raddampfer Hohentwiel** Anton-Schneider-Str. 1 A-6900 Bregenz ☎ (0 55 74) 48 98 30 FAX 4 24 67 86 Informationen über Reservierungen und Chartermöglichkeiten

Sport

Angeln	Im Bodensee können u. a. Äsche, Egli, Saibling, Trüsche, Kilch, Felchen, Seeforelle, Hecht und Wels geangelt werden. Erlaubnisscheine sind gegen Gebühr und Vorlage des Jahresfischereischeins erhältlich. Detaillierte Informationen erteilen die unter ▶ Auskunft erwähnten Fremdenverkehrsstellen.
Flugsport	▶ dort
Golf	▶ dort
Inlineskating	Der Bodensee hat sich in den letzten Jahren zu einem großen Anziehungspunkt für Inlineskater entwickelt. Auf den asphaltierten Uferwegen eröffnet sich eine Vielzahl von Strecken, die sich mühelos kombinieren lassen: von der ca. 15 km langen Strecke rund um die Insel Reichenau bis zur Runde um den Obersee von über 200 km Länge. Der Veranstalter ZeitReisen bietet mehrere Inlinecamps an.

Radurlaub ZeitReisen Mainaustr. 34 D-78464 Konstanz	☎ (0 75 31) 9 42 36 30 www.skate-the-lake.de

Minigolf	Minigolfanlagen sind im Regelfall zwischen April und September geöffnet. Weitere Informationen erteilen die Fremdenverkehrsstellen vor Ort (▶ Auskunft).
Reiten	Die Reiterei hat im Bodenseeraum eine lange Tradition, wie die zahlreichen Pferdeprozessionen zeigen. Alljährlich finden sich zu einem jeweils zu vereinbarenden Zeitpunkt die Mitglieder des Bodenseereiterringes zu einem Sternritt zusammen. Diverse Reitställe und Reiterhöfe verfügen über Reithallen; sie erteilen Reitunterricht für Anfänger und Fortgeschrittene und führen Ausritte ins Gelände durch. Großer Beliebtheit erfreuen sich u. a. auch die vielerorts während der Hauptsaison angebotenen Kutsch- oder Planwagenfahrten. Informationen sind bei den Fremdenverkehrsstellen vor Ort (▶ Auskunft) erhältlich.
Tennis, Squash	Zahlreiche Fremdenverkehrsorte im Raum Bodensee/Oberschwaben verfügen über Tennisplätze und -hallen. Eine größere Anzahl an Anlagen existiert beispielsweise in Friedrichshafen, Konstanz,

Lindau, Ravensburg, Tettnang, Überlingen und Wangen im Allgäu. Weitere Informationen sind bei den Fremdenverkehrsstellen vor Ort (▶ Auskunft) erhältlich. Auch die Anzahl von Squashcourtanlagen wächst zusehends. Eine größere Anzahl an Anlagen gibt es u. a. in Friedrichshafen, Konstanz (Dettingen-Wallhausen), Radolfzell-Mettnau, Ravensburg, Singen, Wangen im Allgäu und in Weingarten.

Sport (Fortsetzung)

▶ dort

Rad wandern

▶ dort

Wandern

▶ dort

Wassersport

Sportschifffahrt

Der Bodensee ist eines der schönsten Wassersportreviere in Europa; auch eine Fahrt auf dem Rhein ist landschaftlich sehr lohnend. Da der Bodensee Trinkwasserspeicher und Rückzugsgebiet für viele Wassertiere und Vögel ist, bestehen zum Schutz der Umwelt strenge Verordnungen für Wassersportler. 300 m vom Ufer aus sind gesperrt für Wasserfahrzeuge, das Gleiche gilt für alle Naturschutz- und Schilfgebiete.

Allgemeines

▶ Notdienste

Seenotrettungsdienste

Segeln

Das Segeln auf dem Bodensee ist nicht einfach. Zwar weht der Wind meist stetig von Osten oder Westen, doch ist er in Ufernähe nicht selten böig. Nicht zu unterschätzen sind die plötzlich aufziehenden Gewitter, deren Herannahen Sturmwarnleuchten am Ufer ankündigen.

Bodenseewetter

Wettervorhersage für Wassersportler auf dem Bodensee
☎ (0 19 01) 160 52 (Apr. – Okt.)

Deutscher Wetterdienst, Wetterwarte Konstanz
☎ (0 75 31) 6 11 15

Wetterdienst Bregenz
☎ (0 55 74) 4 25 54

Schweizerische Meteorologische Zentralanstalt Zürich
☎ (01) 2 56 91 11

Es empfiehlt sich immer, vor größeren Touren das Wetter bei der Schweizerischen Meteorologischen Zentralanstalt in Zürich abzufragen, da von dort die Großwetterlage aufzieht.

Segelbootcharter – z. T. auch mit Skipper – und Segelkurse bieten die zahlreichen Jachtschulen im Bodenseegebiet. An dieser Stelle können nur einige genannt werden. Für ausführliche Informationen sollte man sich an die unter ▶ Auskunft erwähnten Fremdenverkehrsstellen direkt wenden.

Segelbootcharter

Sportschifffahrt
(Fortsetzung)

Konstanz / Wallhausen
Segel- und Motorbootschule
Wittmoosstr. 10
☎ (0 75 33) 47 80
FAX 9 77 71
E-Mail: bsw.mueller
@t-online.de
www.segel.de/bse

Radolfzell
Segelschule
Zeppelinstr. 23
☎ (0 77 32) 97 19 31

FAX 103 92
E-Mail: segelschule-radolf-
zell@t-online.de
www.k-k.de/segelschule

Rorschach (CH)
Delfino Segelschule
St. Gallerstr. 1
☎ (0 71) 8 45 40 20
FAX 8 45 40 22
E-Mail: info@
delfinos.ch
www.delfinos.ch

Telefon

Vorwahlen von Deutschland
in die Schweiz: 00 41
nach Liechtenstein: 0 04 23
nach Österreich: 00 43

**Vorwahl von der Schweiz
und Liechtenstein**
nach Deutschland: 00 49

nach Österreich: 00 43

Vorwahl von Österreich
nach Deutschland: 00 49
in die Schweiz: 00 41
nach Liechtenstein: 0 04 23

**Deutsche
Telefonkarten
in der Schweiz**

Zwischen der Deutschen Telekom und der eidgenössischen Postgesellschaft PTT wurde ein Vertrag geschlossen, dem zufolge deutsche Telefonkarten in der Schweiz bzw. schweizerische Karten in Deutschland verwendet werden können.

Tierparks

Allensbach
Wild- und Freizeitpark
Allensbach
75 ha
☎ (0 75 33) 13 22
▶ Reiseziele von A bis Z, Konstanz, Allensbach

Bad Waldsee
Wildgehege im Naherholungsgebiet Tannenbühl
Informationen:
Städtische Kurverwaltung Bad
Waldsee (▶ Auskunft)

Bad Wurzach
Alpakahof

▶ Tipp S. 91

Bregenz / Lochau (A)
Auf dem Pfänder
Alpenwildpark (3 ha)
Adlerwarte (Greifvogelschau)
Informationen:
Adlerwarte Pfänder
☎ (06 63) 85 15 95
▶ Reiseziele von A bis Z,
Bregenz

Kreuzlingen (CH)
Tierpark Seeburg im Seeburgpark (Damwild, Vögel)
Informationen: Verkehrsbüro
(▶ Auskunft)

Tierparks (Fortsetzung)

Mainau
Kleinwild: Zwergziegen, Hasen, Ponys u. a.
Informationen: Mainau GmbH (▶ Auskunft)

Ravensburg
Wildfreigehege Locherholzwald; Reh- und Damwild, Schwarzwild, Mufflon
Informationen: Touristinformation (▶ Auskunft)

Salem
Affenberg Salem (20 ha)
☎ (0 75 53) 3 81
▶ Reiseziele von A bis Z, Uhldingen-Mühlhofen

Sipplingen
Reptilienhaus in der "Erlebniswelt Sipplingen"
☎ (0 75 51) 37 77
▶ Reiseziele von A bis Z,
Bodman-Ludwigshafen,
Sipplingen

St. Gallen (CH)
Wildpark Peter und Paul
▶ Reiseziele von A bis Z, St. Gallen
Abenteuerland Walter Zoo
▶ Reiseziele von A bis Z, St. Gallen, Gossau

Überlingen
Rehgehege im Stadtgarten
Reh- und Wildgehege beim Hotel St. Leonhard
Informationen: Kur- und Touristik GmbH (▶ Auskunft)

Waldburg
Damwildgehege in Edensbach
Informationen:
Bürgermeisteramt Waldburg
☎ (0 75 29) 97 17 11

Wolfegg
Wildpark im Höllbachtal (Wildfreigehege)
Informationen: Wolfegg Information, ☎ (0 75 27) 96 01 51

Touristenkarten

Bodensee Erlebniskarte

Mit der Bodensee Erlebniskarte erhält man freien Eintritt zu einer ganzen Reihe von Ausflugszielen, freie Fahrt auf den Bodenseekursschiffen und bei zahlreichen Bergbahnen. Sie ist für drei, sieben oder 14 aufeinander folgende Tage erhältlich.

Informationen
☎ (0 75 31) 90 94 90

Internet: www.bodensee-tourismus.com.

BodenSeeTeam Card

Mit der BodenSeeTeam Card hat der Besucher bei vielen Veranstaltungen und Freizeitangeboten sowie in Museen freien Eintritt. Die Karte hat in folgenden Orten Gültigkeit: Bodman-Ludwigshafen, Heiligenberg, Immenstaad, Meersburg, Salem, Sipplingen, Überlingen, Uhldingen-Mühlhofen.

Bodensee-Rheintal-Inclusive-Card

Die Karte für die Region Bodensee Rheintal mit einer Gültigkeitsdauer von zwei oder drei Tagen erlaubt die Benutzung der öffentlichen Verkehrsmittel und der beiden Seilbahnen. Sie gewährt außerdem freien Eintritt in die größten Museen und die Freibäder.

Euregio-Tageskarte

Die Euregio-Tageskarte ermöglicht dem Besucher der Bodenseeregion, mit einem Tagesticket alle Busse, Bahnen und Schiffe im Vierländereck zu benutzen.

Veranstaltungskalender

Januar

Friedrichshafen
Internationaler Münzen- und Mineralienmarkt mit Briefmarkenbörse
(Ende des Monats)

Januar – März

Vielerorts
Schwäbisch-alemannische Fasnacht mit Zunftbällen, Umzügen u. a.

Februar / März

Bad Buchau
Moorochsenumzug (Fasnacht)

Lindau
Großer Narrensprung

Stockach
"Hohes Grobgünstiges Narrengericht"
▶ Reiseziele von A bis Z, Stockach

März

Friedrichshafen
Bockbierfest in Friedrichshafen-Ailingen
(Monatsende)

Ermatingen (CH)
Groppenfasnacht
▶ Reiseziele von A bis Z, Kreuzlingen

April

Konstanz
Internationale Flottensternfahrt (Monatsende)

Reichenau
Markusfest (25. 4.)

Friedrichshafen
Theatertage

Bregenz (A)
Bregenzer Frühling

April / Mai

Lindau
Internationale Bodensee-Kunstauktion

Romanshorn (CH)
Fischfestival

Mai

Weingarten
Blutfreitag mit Blutritt
(Fr. nach Himmelfahrt)
▶ Reiseziele von A bis Z, Weingarten

Bregenz (A)
Frühlingsfest (Monatsmitte)

Meersburg
Annette-von-Droste-Hülshoff-Literaturtage

Mai / Juni

Überlingen
Schwedenprozession

▶ Reiseziele von A bis Z, Überlingen

Friedrichshafen
Friedrichshafener Segelwoche

Reichenau
Hl.-Blut-Fest (Mo. nach dem Dreifaltigkeitssonntag)

Friedrichshafen
Bodensee-Festival: Konzerte

284

mit internationaler Beteiligung von Künstlern umzug, Rutentheater, Adlerschießen, Bogenschießen

Juni

Lindau
Gourmetfest: Hafenfest
Lindauer Frühling: Konzerte
Regatta "Rund um den Bodensee"

Stockach
Schweizer Feiertag:
Heimatabend, Straßenfest

Hohenems (A)
Schubertiade

Konstanz
Open-Air-Festival:
Rock am See

Juni / Juli

Bad Saulgau
Bächtlefest: Heimat- und Kinderfest mit historischem Umzug

Biberach
Schützenfest: historisches Kinder- und Heimatfest mit Reiterumzug

Engen
Altstadtfest (Ende Juni/Anfang Juli)

Friedrichshafen
Seehasenfest: Heimat- und Kinderfest mit Festumzug und Großfeuerwerk

Ravensburg
Rutenfest: historischer Fest-

Juni – August

Konstanz
Internationale Musiktage

Meersburg
Theatersommer

Juni – September

Langenargen
Sommerkonzerte

Meersburg
Internationale Schlosskonzerte (samstags)

Juli

Allensbach
Wasserprozession zur Insel Reichenau

Bad Wurzach
Heilig-Blut-Fest mit Reiterprozession (2. Fr. im Juli)
Kurparkbeleuchtung mit Feuerwerk (Mitte Juli)

Hemmenhofen und Steckborn (CH)
Internationales Seeschwimmen (letztes Juli-Wochenende)

Lindau
Stadtfest: historisches Kinderfest (seit 1655)

Radolfzell
Hausherrenfest (3. So. im Juli)

Singen
Hohentwielfest (Monatsende)
▶ Reiseziele, Singen

285

Baedeker SPECIAL

Die fünfte Jahreszeit

In Schwung kommt die schwäbisch-alemannische Fasnet nach Dreikönig und läuft zwischen dem "Schmotzigen Dunschtig" oder auch "Gumpigen Donnerstag" bis zum Aschermittwoch zur Höchstform auf.

In alten Nachthemden oder im bunten Flickengewand streifen die Narren durch die Bodenseeorte während der Fasnet, wie die schwäbisch-alemannische Variante der fünften Jahreszeit hierzulande genannt wird. In Konstanz ist der Hemdglonker zu Hause, der mit weiß geschminktem Gesicht oder wie in Waldshut mehlbestäubt, und auch sonst ganz in Weiß im traditionellen Nachthemd am Abend daherkommt und beiläufig daran erinnert, dass in der ehemaligen Bischofsstadt von altersher weiß gekleidete Gestalten häufig anzutreffen waren. Vor allem tagsüber auffälliger sind die aus vielen hundert bunten Flicken genähten Narrengewänder der Hänsele, auch Blätzle- oder Fleckle-Häs genannt. Sie wecken Erinnerungen an die Figuren aus der Commedia dell'Arte, wo der Arlecchino ursprünglich als schwarzgesichtiger Bösewicht die armen Seelen der Verdammten quälte, bis er als Harlekin eine neue Narrenrolle in der Fasnachtszeit übernahm. Sein Lumpengewand wurde mit der Zeit immer eleganter und wird mittlerweile professionell in Serie hergestellt für die vielen Fasnetsbegeisterten. Die Bezeichnung Hänsele erinnert zudem noch an die Zeit, als Hansel oder Hänslin volkstümliche Begriffe für den Teufel waren. In Überlingen ist man stolz darauf, erstmals 1789 den Hänsele als Fasnetfigur erwähnt zu finden.

Die Hexen treiben allerorten ihr Unwesen.

Hexenspuk und Tierfratzen

Andernorts spielen die Wilden Männer und die Hexen als wilde Weiber eine zentrale Rolle, z. B. in Bad Waldsee und in Bad Saulgau, das den Beinamen Hexa-Städtle führt. Hexenspuk und Besentanz gelangten hauptsächlich seit der Romantik mit den Märchen der Gebrüder Grimm wieder ins Bewusstsein der Narren. Reizvoll sind auch die vielen Tierfiguren in der oberschwäbisch-alemannischen Fasnet, z. B. die Rössle in Weingarten, die Katzen in Meßkirch oder die Moorochsen bzw. Rohrdommeln in Bad Buchau. Neben den traditionellen gibt es noch etliche neu geschaffene Maskentypen, die sich auf lokale Sagen und Legenden beziehen. So wurde 1935 in Bad Saulgau der Dorausschreier geboren, dessen Maul mit einem Stück Wurst oder einem Fisch verstopft ist. Die Hopfenbauern von Tettnang erfanden einen Hopfennarren und sogar seinen Gegenspieler, die rote Spinne, die als Schädling oft ihre Ernte bedroht. So wird deutlich, dass Fasnet nicht nur komödiantische Unterhaltung ist, sondern auch mit den Krisen des Lebens zu tun hat. Ob Teufel, Hexe, Gespenst oder Tierfratze, die Fasnachtsfiguren sind eine Art sinnbildliche Wiederkehr verdrängter Ängste, von denen man sich jedes Jahr in Gemeinschaft mit anderen Narren auf spielerische Weise befreien kann. Denn das lärmende und derb-komische Spektakel der schwäbisch-alemannischen Fasnet lebt von uralten Riten der Winteraustreibung, von Vorstellungen der verkehrten Welt, von der Erneuerung der Ordnung nach der Überwindung von Chaos, Abgründen, sündhaften Begierden und Völlerei vor Beginn der österlichen Fastenzeit. Die katholische Kirche arrangierte sich mit diesen Fastnachtsbräuchen seit dem Spätmittelalter, die Reformatoren waren jedoch strikt dagegen. Manches Mal versuchte die Obrigkeit, die ausgelassenen Feiern mit bis zur Unkenntlichkeit verkleideten Teilnehmern zu verbieten, allerdings ohne Erfolg.

Larve und Häs

Die ganze Vielfalt der meist holzgeschnitzten Masken und die aus vielen Stoffflecken zusammengenähten oder mit Schellen behängten Gewänder der traditionellen Fasnachtsfiguren erlebt man eindrucksvoll beim leutseligen Ringtreffen der Narrenzünfte, bei den zahlreichen Narrensprüngen – besonders effektvoll in Überlingen –, beim Narrenbaumsetzen sowie bei den farbenprächtigen Fasnachtsumzügen, z. B. in Konstanz und Kreuzlingen. Verkleidet mit Larve und Häs, wie vor Ort Maske und Gewand genannt werden, treiben die oft skurrilen Gestalten allerlei Schabernack mit den Zuschauern. Das Fasnachtstreiben spielt sich vielerorts auf der Straße und in den umliegenden Wirtschaften ab, weniger im Saal, obwohl es auch als Narrenkonzert bezeichnete Prunksitzungen gibt. Und so ziehen immer noch jedes Jahr an kalten Februartagen Hexe, Wilder Mann, Faselhannes und Blätzlesnarr lärmend durch die Altstadtgassen der Bodenseestädte. Die zottigen Hexen mit ihren

Typisch für den Hopfenort Tettnang sind die Hopfenmasken.

grob geschnitzten furchterregenden Masken vollführen akrobatische Sprünge, ja klettern sogar an Hausfassaden empor. Die Wilden Männer lassen unaufhörlich ihre fußballgroßen "Saublotern", luftgefüllten Schweinsblasen, auf das Publikum niederprasseln. Der Faselhannes wedelt neckisch mit seinem Fuchsschwanz. Die Hansele dagegen scheppern mit ihren schellenbehängten Kostümen unentwegt durch die Straßen. Am Aschermittwoch ist dann fast alles vorbei. Symbolisch wird die Fasnet begraben oder auf lodernden Scheiterhaufen verbrannt.

287

Veranstaltungskalender (Fortsetzung)

Überlingen
Gassenfest (Monatsanfang)
Schwedenprozession
▶ Reiseziele von A bis Z, Überlingen

Unteruhldingen
Uhldinger Hafenfest mit "Schrottregatta" (selbst gebaute Wasserfahrzeuge) und einem Feuerwerk

Juli / August

Allensbach
Strandfest und Platzkonzerte

Bregenz (A)
Bregenzer Festspiele: Geboten werden Opernaufführungen und Orchesterkonzerte auf der Seebühne sowie im Festspielhaus, außerdem Kammermusik und Ausstellungen im Schloss Hohenems und Freilichttheater auf dem Martinsplatz.
www.bregenzer.festspiele.com

Reichenau und Allensbach
Gnadenseeschwimmen: Volksschwimmen von der Reichenau nach Allensbach

August

Friedrichshafen
Kulturufer: Festival für populäre und traditionelle Musik. Außerdem gibt es experimentelles Theater zu sehen.

Bregenz (A) – Konstanz
Ost-West-Regatta (2002) im jährlichen Wechsel mit West-Ost-Regatta (2003)

Langenargen
Fischerstechen

Konstanz und Kreuzlingen (CH)
Seenachtfest
▶ Tipp S. 130

Vaduz (FL)
Nationalfeiertag (15. August) mit Feuerwerk

September

Meersburg
Bodenseeweinfest

November

Dornbirn (A)
Ravensburg
Wangen im Allgäu
Martinimärkte

Dezember

Ermatingen (CH)
Gangfischschießen
(2. So. im Dezember)

Verkehrsbestimmungen

Deutschland
Die Höchstgeschwindigkeit macht auf Landstraßen 100 km/h und innerhalb geschlossener Ortschaften 50 km/h aus; auf Autobahnen besteht eine Richtgeschwindigkeit von 130 km/h.

Schweiz und Liechtenstein
Auf Schweizer und liechtensteinischen Landstraßen beträgt die Höchstgeschwindigkeit grundsätzlich 80 km/h, auf Autobahnen 120 km/h, innerhalb geschlossener Ortschaften 50 km/h, sofern nichts anderes angezeigt ist.
Motorfahrzeuge und Anhänger bis zu einem Gesamtgewicht von 3,5 t benötigen für die Benutzung der schweizerischen Autobahnen eine Vignette (40,00 CHF), die bei Zollstellen, Postämtern, Tankstellen, der Schweizerischen Verkehrszentrale oder bei ausländischen

Automobilklubs erhältlich ist. Man bekommt sie auch bei deutschen Postämtern und beim Schweizer Verkehrsbüro in Frankfurt am Main und Wien. **Verkehrsbestimmungen (Fortsetzung)**

Die Höchstgeschwindigkeit für Kraftfahrzeuge in Österreich beträgt auf Autobahnen 130 km/h, auf anderen Straßen 100 km/h, in Ortschaften 50 km/h. Für die Benutzung der Autobahnen und Schnellstraßen ist eine Vignette erforderlich. Es gibt Jahres-, 2-Monats- und 10-Tages-Vignetten. **Österreich**

Wandern

Der Raum Bodensee/Oberschwaben ist ein beliebtes Ziel für Wanderer; viele Orte bieten günstige Pauschalaufenthalte (u.a. auch Wandern ohne Gepäck) für Wanderer. **Allgemeines**

Ausführliche Beschreibungen von ausgewählten Wanderwegen findet man bei den ▶ Routenvorschlägen; ferner wird auf Wanderwege unter den Hauptstichwörtern im Kapitel "Reiseziele von A bis Z" aufmerksam gemacht. **Wanderwege**

Alljährlich im Herbst wird die Internationale Bodenseewanderung durchgeführt; sie berührt alle drei Bodenseeanrainerstaaten. Weitere Informationen erteilt der Internationale Bodensee Verkehrsverein (▶ Auskunft). **Internationale Bodenseewanderung**

In Vorarlberg sind spezielle Wanderbusse als Zubringer zu Ausgangs- bzw. als Rückholer an Endpunkten schöner Wanderziele eingesetzt. Weitere Informationen erteilt Vorarlberg Tourismus in Bregenz (▶ Auskunft). **Wanderbusse**

Wassersport

Wer gerne baden und schwimmen geht, findet zahlreiche Bademöglichkeiten in Strandbädern – Strandbäder Horn und Hard auch mit FKK-Abteilungen –, Freibädern, Hallenbädern, Badeseen (▶ dort), Weihern oder Baggerseen. Großen Zuspruch bei Badegästen finden u.a. auch das geheizte Wellenbad in Ailingen, die Schwaben-Therme in Aulendorf, die Adelindis-Therme in Bad Buchau am Federsee, das Maximilianbad in Bad Waldsee, das Freizeitbad Jakob (Thermal- und Mineralbad) in Konstanz, das Thermalbad Bad Saulgau, die vielseitigen Badeeinrichtungen im Freizeitzentrum Säntispark in Abtwil bei St. Gallen sowie das beheizte Frei- und Seebad in Meersburg. Über Details wie Ausstattung der Bäder und Öffnungszeiten informieren die Fremdenverkehrsstellen vor Ort (▶ Auskunft). **Baden**

Tret- und Ruderboote sowie Motor- und Elektroboote werden in vielen Häfen vermietet. Informationen erteilen die Fremdenverkehrsämter vor Ort (▶ Auskunft). **Bootfahren**

Kajaks, Kanus und Canadier sowie Paddelboote werden auch tage- oder wochenweise vermietet. **Kajak- und Kanufahren, Paddeln**

Wassersport (Fortsetzung)	**Huber Sport & Boote** Gottlieber Str. 32 D-78462 Konstanz ☎ (0 75 31) 2 28 79	**Kanuzentrum Konstanz** ☎ (0 75 31) 95 95 95

Tauchen — Der Bodensee ist derzeit – bis auf wenige Ausnahmen – für Sporttaucher frei zugänglich. Es sei darauf hingewiesen, dass für Taucher mit wenig Reviererfahrung und mangelnder Kenntnis der dazugehörenden Technik das Tauchen im Bodensee zu einer lebensbedrohenden Gefahr werden kann. Unbedingt zu befolgen sind Tauchverbote; wer ohne Sondergenehmigung am "Teufelstisch" im Überlinger See taucht, dem droht eine hohe Geldstrafe. Man informiere sich beim Arbeitskreis "Sicheres Tauchen im Bodensee" in Konstanz (Internet: www.sicheres-tauchen.de).

Wasserski — Eine Reihe von Bootsvermietern bietet Wasserskikurse und -fahrten sowie Geräteverleih an. Informationen erteilen die Fremdenverkehrsstellen vor Ort (▶ Auskunft).

Surfen — Surfen ist außer auf dem Bodensee auch auf einigen ▶ Badeseen möglich. Windsurfingschulen liegen oft in der Nähe von Strandbädern. Auskünfte erteilen die Fremdenverkehrsstellen (▶ Auskunft).

Konstanz
Der Surf-Bauch
Wollmatinger Str. 77
☎ (0 75 31) 5 39 11
VDWS-Surfkurse für Anfänger und Kinder in kleinen Gruppen, Auffrischungskurse und VDWS-Prüfung.

Kressbronn
InSports

Verleih von Geräten und Erteilung von Unterricht
☎ (0 75 43) 79 40

Radolfzell
Windsurfingschule E. Witte
☎ (0 73 32) 62 69

Reichenau
Surfschule
☎ (0 75 34) 73 84

Zollbestimmungen

Europäische Union — Innerhalb der Europäischen Union (EU) ist der Warenverkehr für private Zwecke weitgehend zollfrei. Zur Abgrenzung zwischen privater und gewerblicher Verwendung gelten folgende obere Richtmengen: 800 Zigaretten, 400 Zigarillos, 200 Zigarren, 1 kg Rauchtabak; 10 l Spirituosen, 20 l Zwischenerzeugnisse, 90 l Wein (davon max. 60 l Schaumwein) und 110 l Bier. Bei Stichprobenkontrollen ist glaubhaft zu machen, dass die Waren tatsächlich nur für den eigenen privaten Zweck bestimmt sind.

Einreise nach Deutschland und Österreich aus Nicht-EU-Ländern — Für Reisende aus Nicht-EU-Ländern (u. a. Schweizer Staatsbürger) liegen die Freimengengrenzen für Personen über 17 Jahren bei 200 Zigaretten oder 100 Zigarillos oder 50 Zigarren oder 250 g Rauchtabak, ferner bei 2 l Wein und 2 l Schaumwein oder 1 l Spirituosen mit mehr als 22 Vol.-% Alkoholgehalt oder 2 l Spirituosen mit weniger als 22 Vol.-% Alkoholgehalt, 500 g Kaffee oder 200 g Kaffeeauszüge, 100 g Tee oder 40 g Tee-Extrakt, 50 g Parfüm oder 0,25 l Eau de Toilette.

Einreise (Fortsetzung)

Abgabenfrei sind Reiseproviant sowie (gebrauchtes persönliches) Reisegut; außerdem für Personen ab 17 Jahre an Tabakwaren 200 Zigaretten oder 50 Zigarren oder 250 g Rauchtabak, an alkoholischen Getränken 2 l mit bis zu 15 Vol.-% Alkoholgehalt und 1 l mit mehr als 15 Vol.-% Alkoholgehalt; ferner Geschenke im Wert bis 100 CHF, für Personen unter 17 Jahre bis 50 CHF (eine Prüfung der Anpassung dieser Werte an die EU-Beträge ist geplant).

Wiedereinreise in die Schweiz und in das Fürstentum Liechtenstein

Zollbestimmungen

Kleines Bodensee-Lexikon

Anlaufen des See	Steigender Seespiegel. Unabhängig von Jahreszeit und Witterung tritt bei Windstille in reglmäßigen Abständen ein bisher unerklärtes Schwingen des Wasserspiegels auf, das den Meeresgezeiten Ebbe und Flut ähnelt, jedoch innerhalb von 24 Stunden 26–38 mal auftritt und um nur einige Zentimenter pendelt.
Berg	Untiefe in Ufernähe oder Landzunge tief unter Wasser
Blascht	Erste Windstöße bei Gewitterstürmen
Erachen	Von Pfählen umgebene, unter Wasser festgemachte Reisighaufen, die als Fischversteck dienen
Fachenbehren	Auf dem Seeboden im Zickzack aufgestellt, geflochtene Reisighaufen, die als Reusen enden
Findling	Einzelne auf dem Seeboden liegende große Blöcke
Graben	Natürliche oder ausgebaggerte Hafenzufahrtsrinne
Gras	Bug eines Wasserfahrzeugs
Grund	Seeboden
Grundgewell	s. Kreuzgewell
Hafenluke	Hafeneinfahrt
Halde	Seewärtiger Rand der "Wysse" (s. u.), der unvermittelt als steile Böschung zum Seeboden abfällt
Horn	Sich unter Wasser forsetzende Landzunge, benannt nach dem dazugehörigen Ort oder Fluß (z. B. Nonnenhorn und Argenhorn)
Kräb	Der mit Wasserpflanzen bewachsene Boden des Untersees und des Seerheins in 0,50–3,00 m Tiefe
Kreuzgewell	Auch als "Grundgewell" bezeichneter fast nicht wahrnehmbarer Wellengang nach Wegfallen des Windes oder in Windschattengebieten
Lädine	Großes, flaches Eichenholzfrachtschiff
Laue	Kleine Lädine (s. o.)
Loch	Seebucht
Luft	Wind; "helle Luft" heißt der bei klarem, guten Wetter gleichmäßig wehende Nordwestwind

Rain	Untiefen des Untersees (z. B. Zeller Rain)
Rinnen des Sees	Fallender Seespiegel
Rohr	Schilfbestand in Seeufernähe
Schweb	In der Mittellinie des Sees vorhandene flache Kesselwannen in der jeweils größten Tiefe (Zwischen Manzell und Uttwil der Tiefe Schweb)
Schwebe	Ankerboje
Schwefelregen	Im Mai in Buchten und Hafenbecken vom Wind verwehter gelber Blütenstaub von Nadelbäumen
Schwenke	Wendung eines Wasserfahrzeugs
Seegfrörne	Der vollständig zugefrorene Bodensee
Seehasen	Alteingesessene Bodenseeanwohner
Seerauch	Nebelartige Wasserdampfschwaden, die bei strenger Winterkälte über den relativ warmen Seespiegel aufsteigen
Spitz	Spitze Landzunge, die sich unter Wasser fortsetzt und meist mit dem zugehörigem Flußnamen bezeichnet wird (z. B. Rheinspitz)
Stübig	Das Mitreißen der Wellenkämme in Form von Wasserstaub bei plötzlich auftretenden Sturmböen
Wand	Dichte Wolkenwand am westlichen Horizont, ein Zeichen für heraufziehendes Schlechtwetter
Wasserblüte	Im Sommer grünlich schimmernder Wasserbelag von Blaualgen
Wife	Seezeichen für Untiefen, Haldenverlauf (s. Halde) oder durch Pfähle, Bäumchen, Ruten und Stangen markierte Fahrrinnen
Wysse	Breites Flachufer, das etwa in Niederwasserhöhe beginnt und an den breiten Stellen in 1,00 – 1,40 m unter Niedrigwasser unvermittelt in die Halde (s. o) übergeht. Es scheint bei ruhigem Wasser "wyss" ("weiß") durch, bei Seegang ist das Wasser über der Wysse aufgewühlt.

Register

Aachquelle 18, 121
Affenberg Salem 222
Allensbach 138
Allgäu 19
Alpakahof 91
Alpenrhein 19
Alt-Hohenfels, Ruine 102
Altenrhein (CH) 193
Altheim 186
Altmoränenland 19, 23
Altshausen 82
Altsteinzeit 32
Angeln 280
Anreise 232
Antoniusberg 142
Appenzeller Krieg 36
Appenzeller Land 20
Appenzeller
 Schaukäserei (CH) 203
Arbon (CH) 76
Arbor Felix 33
Arenenberg, Schloss
 (CH) 146
Argen-Hängebrücke 142
Asam, Cosmas
 Damian 42
Aulendorf 87
Ausflugsverkehr 29
Auskunft 233
Autohilfe 238

Bad Buchau 77
Bad Saulgau 80
Bad Schachen 160
Bad Schussenried 83
Bad Waldsee 87
Bad Wurzach 90
Baden 289
Badeseen 238
Bagnato, Giovanni
 Gaspare 42
Bahnverkehr 239
Balzers (FL) 154
Barock 59
Bauernaufstände 37
Beer, Franz 42
Beer, Johann
 Ferdinand 42
Beer, Johann Michael 42
Behindertenhilfe 239
Berlingen (CH) 205
Bermatingen 172
Bevölkerung 25

Bevölkerungs-
 entwicklung 25
Bevölkerungsstand 25
Biberach 94
Bildungswesen 66
Birkenried 161
Birnau, Kloster 217
Blarer, Ambrosius 36
Bödele (A) 111
Bodema 13
Bodenschätze 20
Bodensee
 Erlebniskarte 283
Bodensee Pass 279
Bodensee-
 Radwanderweg 71, 264
Bodensee-Rheintal-
 Inclusive-Card 283
Bodensee-
 Rundwanderweg 70
Bodensee-
 Schiffahrtsordnung
 (BSO) 41
Bodensee-Schifffahrt der
 Österreichischen
 Bundesbahnen
 (ÖBB) 31
Bodensee-Schiffsbetriebe
 GmbH (BSB) 31
Bodensee-
 Wasserversorgung
 (BWV) 30
BodenSeeTeam Card 283
Bodenseeufer 24
Bodenseewasser 30
Bodman, Emanuel
 Freiherr von und zu 42
Bodman-
 Ludwigshafen 101
Bootfahren 289
Braith, Anton 97
Bregenz (A) 103
Bregenzer
 Festspiele (A) 104, 288
Bregenzer Wald (A) 19
Brigantium 33
Bronzezeit 32
Brugger, Andreas
 43, 141
Buchmalerei 54
Bürgerschulen 67
Bussen, Berg 186
Busverkehr 240

Camping 240
Campingplatz Gohren
 am See 141
Campingplätze 241
Christianisierung 33
Conny-Land 146
Constantia 33

Dampfschiffsverkehr 31
Degersee 142
Deggenhausertal 172
Devisen-
 bestimmungen 246
Dieterskirch 185
Dingelsdorf 138
Dix, Otto 43, 124, 126
Dornbirn (A) 109
Dornier, Claude 43
Dreißigjähriger Krieg 38
Droste-Hülshoff,
 Annette von 46

Ebnit (A) 111
Eigeltingen 121
Einkaufen 242
Eisenbahnfährverkehr 31
Eisenzeit 32
Engen 120
Erdgeschichte 14
Eriskirch 119
Eriskircher
 Ried 23, 119
Ermatingen (CH) 146
Erster Weltkrieg 40
Eschen (FL) 155
Essen 243
Euregio-
 Tageskarte 283

Fährbetrieb 31
Fahrradverleih 265
Fahrzeugpapiere 266
Fasnachtsmuseum
 Schloss
 Langenstein 122
Federsee 78
Feiertage 244
Ferien auf dem
 Bauernhof 244
Ferienstraßen 73
Ferienwohnungen 245
Feuchtmayer, Joseph
 Anton 44

Feuchtmayer-Museum 222
Fische 243
Fischerei 28
Flugsport 245
Föhn 22
Frauenberg, Kloster 102
Freiburg-Bodensee-Querweg 71
Frenkenbach 129
Freudenberg (CH) 203
Freudental 140
Friede von Paris 39
Friedrich Barbarossa, Kaiser 34
Friedrichshafen 112
Frühmittelalter 33

Gaienhofen 123
Gamprin-Bendern (FL) 155
Gebhardsberg (A) 108
Gebirge 25
Geld 246
Geldautomaten 246
Geldwechsel 246
Gemüsebau 27
Geschichte 32
Getränke 243
Glarisegg, Schloss (CH) 205
Gletschermühle 214
Goldbach 213
Golf 247
Gossau (CH) 203
Gotik 56
Gottlieben (CH) 146
Grossweiher 145
Grüne Straße 75
Gutenzell, Kloster 99

Habsburger 35
Hagnau 171
Haustiere 266
Heckel, Erich 125
Hegau 18, 120
Hegne 141
Heißluftballonfahrten 245
Heidegger, Martin 44, 83
Heiden (CH) 194
Heidenhöhlen 214
Heilbäder 247
Heiligenberg 222

Heiligkreuztal, Kloster 187
Heldsberg, Festungsmuseum 195
Hemmenhofen 126
Hesse, Hermann 45, 124
Heuberg-Allgäu-Weg 71
Heuneburg, Freilichtmuseum 187
Hilzingen 122
Historismus 65
Hl. Gallus 33, 44
Hochschulen 67
Höfische Dichtung 66
Hohenems (A) 111
Hohenklingen, Burg (CH) 208
Hohenkrähen 18
Hohentwiel 18, 196
Hohmichele 187
Höri 122
Horn 127
Hotels 248
Hummel, Maria Innocentia 81
Hus, Jan 36, 45, 136

Illmensee 222
Immenstaad 128
Industrie 29
Inlineskating 280
Institut für Demoskopie Allensbach 41, 139
Internationale Bodenseewanderung 289
Internet 258
Iznang 123

Jugendherbergen 258
Jünger, Ernst 48
Jungmoränenlandschaft 23
Jungsteinzeit 32

Kajakfahren 289
Kanufahren 289
Kanzach 80
Kargegg, Burg 141
Karolingische Kunst 52
Karren (A) 111
Karten 259
Kattenhorn 127
Kißlegg 93
Kippenhausen 128

Klassizismus 64
Klima 21
Konstanz 129
Konstanzer Konzil 36, 130
Kreditkarten 246
Kressbronn 141
Kreuzlingen (CH) 143
Kunstgeschichte 52
Kürnbach, Kreisfreilichtmuseum 86

Landschaftliche Gliederung 16
Landschlacht 148
Landwirtschaft 26
Langenargen 148
Langenrain 140
Liechtenstein 149
Lindau 155
Linzgau 18
Literaturempfehlungen 260
Litzelstetten 138
Lufttemperaturen 21
Lustenau (A) 112

Main-Donau-Bodensee-Weg 71
Mainau 162
Mali, Christian 97
Mammern (CH) 205
Manierismus 58
Maria zum Berg Karmel, Kapelle 171
Mariaberg, Kloster (CH) 193
Marienschlucht 141
Markdorf 172
Martin V., Papst 36
Masescha (FL) 154
Maulbertsch, Franz Anton 48
Mauracher Schloss 222
Mauren (FL) 155
Meßkirch 82
Meersburg 166
Mesmer, Franz Anton 48
Metallindustrie 29
Mettnau 174
Mietwagen 262
Milchwirtschaft 26
Mindelsee 174
Minigolf 280

295

Mittelbiberach 97
Mittelsteinzeit 32
Mittelzell 181
Möggingen 174
Moore 20, 24
Moos 123
Müller-Thurgau, Hermann 49
Münsterlingen 147
Museumseisenbahnen 262

Nationalsozialistische Herrschaft 41
Naturraum 14
Nellenburg 209
Nendeln (FL) 155
Neufra 186
Neuweiher 145
Niederschlag 22
Niederzell 183
Noelle-Neumann, Elisabeth 139
Nonnenhorn 161
Notdienste 263
Nußdorf 213

Obermarchtal 189
Oberschwäbische Barockstraße 73
Oberstaad 127
Oberzell 180
Obstbau 26
Ochsenhausen, Kloster 98
Oggelshausen 80
Öhningen 127
Ottenberg 142
Ottonische Kunst 53
Owingen 214

Paddeln 289
Personalpapiere 266
Peter und Paul, Wildpark (CH) 202
Pfaffenweiher 145
Pfahlbaudörfer 216
Pfänder (A) 19, 108
Pflanzen 22
Pfrunger-Burgweiler Ried 223
Planken (FL) 154
Post 264
Potoma 52

Rad wandern 71, 264
Radhotels 265
Radolfzell 173
Radwanderkarten 260
Radwanderweg Donau–Bodensee 72
Raetien 33
Rappenlochschlucht (A) 111
Ravensburg 174
Ravensburger Spieleland 178
Reformation 36
Reichenau 179
Reichenauer Schule 55
Reichsdeputationshauptschluss 39
Reisezeit 266
Reiten 280
Renaissance 58
Restaurants 267
Rheintal 19
Rißeiszeit 15
Riede 24
Riedlingen 185
Rokoko 59
Romanik 52
Romanshorn (CH) 191
Römerzeit 33
Rorschach (CH) 192
Rossbüehel (CH) 193
Rot an der Rot, Kloster 100
Routenvorschläge 70
Ruggeller Ried (FL) 155
Rütli-Schwur 35

Saison Card 279
Salem, Schloss 219
Salem, Schule 67, 220
Salische Kunst 53
Säntis (CH) 203
Säntispark (CH) 203
Schaan (FL) 154
Scheffel, Joseph Victor von 49
Schellenberg (FL) 155
Schienen 127
Schifffahrt 30, 277
Schifffahrtsunternehmen 277
Schleinsee 142
Schopfeln, Burg 180
Schwäbische Alb-Oberschwaben-Weg 71

Schwäbische Bäderstraße 74
Schwäbische Dichterstraße 74
Schwägalp (CH) 203
Schwarzwald-Bodensee-Wege 71
Schwarzwald-Jura-Bodensee-Weg 71
Schwarzwald-Schwäbische Alb-Allgäu-Weg 71
Schweizerische Schifffahrtsgesellschaft AG (SB) 31
Schweizerischen Schifffahrtsgesellschaft Untersee und Rhein (URh) 31
Seebreite 13
Seegfrörne 21, 41
Seelänge 13
Seen 24
Seerhein 20
Seerücken 20
Seeumfang 13
Seewassertiefe 13
Segelbootcharter 281
Segeln 281
Sießen, Kloster 81
Siggenweiler 143
Singen 195
Sipplingen 102
Souvenirs 242
Spätmittelalter 36
Spiegler, Franz Joseph 49
Sport 280
Sportschifffahrt 281
Squash 280
St. Gallen (CH) 197
St. Galler Land (CH) 20
St. Margrethen (CH) 195
Stammheimertal (CH) 208
Staufer 34
Staufische Kunst 56
Steckborn (CH) 204
Steißlingen 122
Stein am Rhein (CH) 206
Steinach (CH) 77
Steinacher Ried 89
Steinhausen, Kirche 84
Stockach 208
Stockacher Narrengericht 209

Straßenkarten 259
Strabo, Walahfrid 180
Surfen 290
Suso 212
Suso, Heinrich 50

Tasgaetium (CH) 33, 207
Tauchen 290
Teiche 24
Telefon 282
Tennis 280
Tettnang 142
Teufen (CH) 203
Textilindustrie 29
Thermalwasser 21
Thumb, Christian 50
Thumb, Michael 50
Thumb, Peter 50
Thurgau (CH) 20
Tiere 22
Tierparks 282
Torkel 27
Tourismus 28
Touristenkarten 283
Triesen (FL) 154
Triesenberg (FL) 154

Überlingen 209
Uhldingen-Mühlhofen 214
Ummendorf 97
Universitäten 67
Uttwil (CH) 192

Vaduz (FL) 152
Vaduz, Schloss (FL) 152
Veranstaltungskalender 284
Vereinigte Schiffahrtsunternehmen für den Bodensee und Rhein (VSU) 31
Verkehrsbestimmungen 288
Viehzucht 26
Voralpen 23
Vorarlberger Bauschema 59
Vorarlberger Rheindelta (A) 109
Vorgeschichte 32

Wagenhausen, Kloster (CH) 207
Waldburg, Schloss 179
Wallhausen 138
Wanderbusse 289
Wanderkarten 259
Wandern 70, 289
Wangen 127
Wangen im Allgäu 223
Warthausen, Schloss 97
Wasserburg 161
Wasserski 290
Wassersport 289
Wassertemperaturen 21
Wasserwirtschaft 30
Weiße Flotte 30, 230

Weißenau, Kirche 178
Weimarer Republik 40
Wein 243
Weinbau 27
Weinbaugebiete 27
Weingarten 226
Welfen 34
Westfälischer Friede 38
Wieland, Christoph Martin 50, 96
Wild- und Freizeitpark Allensbach/Bodensee 140
Wilfingen 188
Wilhelmsdorf 223
Wimsener Höhle 189
Winde 22
Windegg, Schloss 184
Wirtschaftspflanzen 24
Wissenschaft 66
Wolfegg 92
Wollmatinger Ried 184
Würmeiszeit 15
Wurzacher Ried 91

Zeppelin 51, 116
Zeppelin NT 41
Zeppelin, Ferdinand Graf von 40
Zeppelinrundflüge 245
Zollbestimmungen 290
Zürn, Jörg 51
Zwiefalten 188

Verzeichnis der Karten und grafischen Darstellungen

Touristische Highlights 2
Lage des Bodensee in Europa 12
Bodenseereliefkarte 16/17
Klimadiagramm 21
Signet des Bodensee-Radwanderwegs 71
Signet des Radwanderwegs Donau-Bodensee 72
Signet der oberschwäbischen Barockstraße 73
Signet der Schwäbischen Bäderstraße 74
Kreisfreilichtmuseum Kürnbach 86
Biberach 96
Bregenz 105
Friedrichshafen 118
Konstanz 131
Konstanz: Münster 133
Kreuzlingen 144
Fürstentum Liechtenstein 151
Lindau 158
Mainau 164
Meersburg 167
Meersburg: Altes Schloss 169
Ravensburg 175
Singen: Hohentwiel 196
St. Gallen 198
Stein am Rhein: Benediktinerkloster 207
Überlingen: Münster 211
Überlingen 212
Uhldingen-Mühlhofen: Pfahlbaumuseum 215
Kirche Birnau: 217
Schloss Salem 220
Wangen im Allgäu 225

Bildnachweis

Archiv für Kunst und Geschichte: S. 44, 45 (unten), 48, 49, 50 (2 x)
AP: S. 43
Dieterich: S. 9 (unten), 24, 28, 72, 133, 170, 178, 184, 188, 252, 253, 273
dpa: S. 46, 139
Fieselmann: S. 9 (oben), 286
HB Verlag: S. 27, 59, 61, 63, 85, 88, 90, 91, 94, 99, 100, 106, 109, 121, 122, 135, 143, 145, 147, 159, 181, 183, 186, 190, 194, 199, 201, 218, 224, 284, 285 (2 x)
Hermann-Hesse-Höri-Museum: S. 125
Huber-Bildagentur: S. 8/9, 8 (unten), 47, 68/69, 77, 126, 140, 152/153, 156/157, 163, 165, 168, 206, 210, 227, 230/231, 271
Ifa-Bildagentur: S. 15, 31, 79, 103, 104, 129, 137, 173, 204, 251
King: S. 45 (oben)
Mauritius-Bildagentur: S. 10/11, 108, 110, 132, 191, 193, 197
Merten: S. 216, 221
Otto: S. 8 (oben), 82, 95, 277, 287
Rosgartenmuseum Konstanz: S. 37
Stadler: S. 19, 92, 149, 176, 223
Strüber: S. 51, 54, 55, 56, 219
Touristeninformation Bodman-Ludwigshafen: S. 101
Touristeninformation Friedrichshafen: S. 40, 113, 114
Touristeninformation Stockach: S. 208
Zeppelin Luftschifftechnik: S. 117

Titelbild: Huber-Bildagentur – Hafen von Lindau
Hintere Umschlagseite: Dieterich – Jachthafen von Friedrichshafen

Impressum

Ausstattung:
131 Abbildungen
30 Karten und grafische Darstellungen, 1 große Reisekarte

Text: Jutta Buness, Carmen Galenschovski, Helmut Linde, Reinhard Strüber

Bearbeitung: Baedeker-Redaktion (Carmen Galenschovski)

Kartografie: Christoph Gallus, Hohberg-Niederschopfheim

Chefredaktion: Rainer Eisenschmid, Baedeker Ostfildern

7. Auflage 2003

Urheberschaft: Karl Baedeker GmbH, Ostfildern
Nutzungsrecht: Mairs Geographischer Verlag GmbH & Co., Ostfildern

Der Name *Baedeker* ist als Warenzeichen geschützt.
Alle Rechte im In- und Ausland sind vorbehalten.
Jegliche – auch auszugsweise – Verwertung, Wiedergabe, Vervielfältigung, Übersetzung, Adaption, Mikroverfilmung, Einspeicherung oder Verarbeitung in EDV-Systemen ausnahmslos aller Teile dieses Werkes bedarf der ausdrücklichen Genehmigung durch den Verlag Karl Baedeker GmbH.

Printed in Germany
ISBN 3-87504-403-7   **Gedruckt auf 100% chlorfreiem Papier**

STADTPLÄNE
KARTEN
AUTOATLANTEN

Falk

EINE GROSSE MARKE FÜR UNTERWEGS

Ob Sie in Städten unterwegs sind oder auf Deutschlands und Europas Straßen: Falk hat den richtigen Stadtplan, die richtige Karte, den richtigen Atlas für Sie.

Notizen

VERTRAUEN IST GUT
VARTA IST BESSER

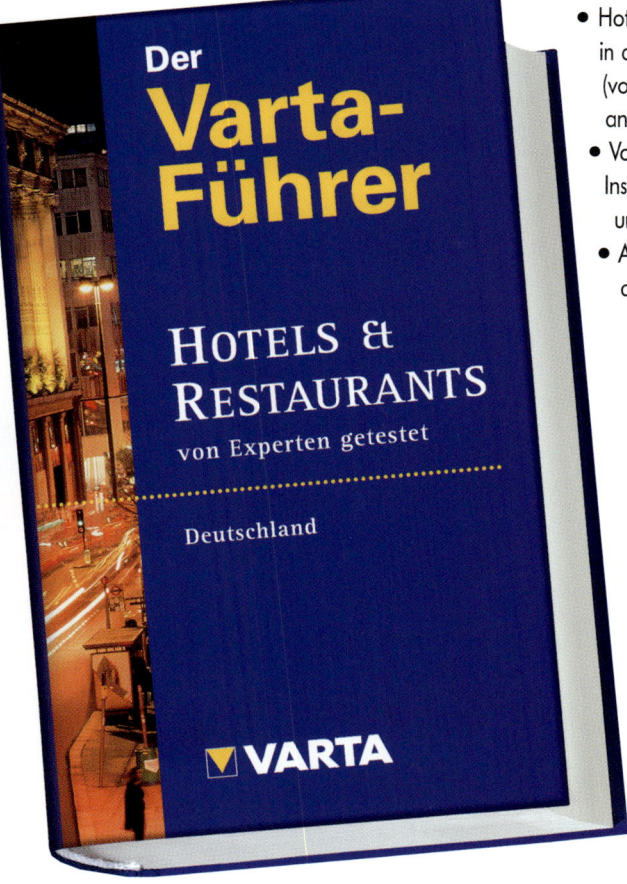

- Hotels und Restaurants in allen Preisklassen (von preiswert bis anspruchsvoll)
- Von unabhängigen Inspektoren geprüft und bewertet
- Alle Daten zusätzlich auf CD-ROM

Der Varta-Führer

HOTELS & RESTAURANTS
von Experten getestet

Deutschland

VARTA

Der Meistgekaufte

Baedeker Programm
Reiseziele in aller Welt

Baedeker Allianz Reiseführer

- Ägypten
- Algarve
- Amsterdam
- Andalusien
- Athen
- Australien
- Bali
- Baltikum
- Bangkok
- Barcelona
- Belgien
- Berlin
- Berlin (engl.)
- Bodensee · Oberschwaben
- Brasilien
- Bretagne
- Brüssel
- Budapest
- Burgund
- Chicago · Große Seen
- China
- Costa Blanca
- Costa Brava
- Dänemark
- Deutschland
- Djerba · Südtunesien
- Dominikanische Republik
- Dresden
- Elba
- Elsass · Vogesen
- Finnland
- Florenz
- Florida
- Franken
- Frankfurt am Main
- Frankreich
- Französische Atlantikküste
- Fuerteventura
- Gardasee
- Germany (engl.)
- Gomera
- Gran Canaria
- Griechenland
- Griechische Inseln
- Großbritannien
- Hamburg
- Harz
- Hawaii
- Hongkong · Macao
- Ibiza · Formentera
- Indien
- Irland
- Ischia · Capri · Procida
- Israel
- Istanbul
- Istrien · Dalmatinische Küste
- Italien
- Italien · Norden
- Italienische Adria
- Italienische Riviera · Ligurien
- Japan
- Jordanien
- Kalifornien
- Kanada
- Kanada · Osten
- Kanada · Westen
- Kanalinseln
- Karibik
- Kenia
- Köln
- Kopenhagen
- Korfu · Ionische Inseln
- Korsika
- Kos
- Kreta
- Kuba
- Kykladen
- La Palma
- Lanzarote
- Lissabon
- Loire
- Lombardei · Mailand · Oberital. Seen
- London
- Madeira